21 世纪高等学校
经济管理类规划教材 **高校系列**

U0725168

Excel 2010
在会计中的应用
立体化教程

◎ 韩丹 主编

◎ 王艳 白鑫 副主编

人 民 邮 电 出 版 社

北 京

图书在版编目（CIP）数据

Excel 2010在会计中的应用立体化教程 / 韩丹主编
. — 北京：人民邮电出版社，2015.8
21世纪高等学校经济管理类规划教材. 高校系列
ISBN 978-7-115-39357-9

Ⅰ. ①E… Ⅱ. ①韩… Ⅲ. ①表处理软件－应用－会
计－高等学校－教材 Ⅳ. ①F232

中国版本图书馆CIP数据核字(2015)第104000号

内 容 提 要

本书主要讲解Excel 2010在会计中的应用。内容主要包括Excel 2010的基本操作、Excel数据的输入与编辑、Excel单元格与工作表的管理、Excel表格格式的设置、Excel公式与函数的使用、Excel表格数据的分析与统计、Excel表格数据的管理、Excel图片与图形的使用、Excel图表的使用、Excel迷你图与数据透视图表的使用、Excel的其他应用。本书在最后一章和附录中结合所学的Excel知识制作了多个专业性和实用性较强的Excel表格。

本书内容翔实，结构清晰，图文并茂，每章均以学习要点和学习目标、知识讲解、课堂案例、课堂练习、拓展知识、课后习题的结构详细讲解相关知识点软件的使用。其中，大量的案例和练习可以引领读者快速有效地学习到实用技能。

本书不仅可供普通高等院校本科、独立院校及高职院校会计、财务管理等相关专业作为教材使用，还可供相关行业及专业工作人员学习和参考。

♦ 主　　编　韩　丹
　　副主编　王　艳　白　鑫
　　责任编辑　许金霞
　　责任印制　彭志环
♦ 人民邮电出版社出版发行　　北京市丰台区成寿寺路 11 号
　　邮编　100164　　电子邮件　315@ptpress.com.cn
　　网址　http://www.ptpress.com.cn
　　北京七彩京通数码快印有限公司印刷
♦ 开本：787×1092　1/16
　　印张：18　　　　　　　　2015 年 8 月第 1 版
　　字数：459 千字　　　　　2024 年 7 月北京第 9 次印刷

定价：48.00 元（附光盘）

读者服务热线：**(010)81055256**　印装质量热线：**(010)81055316**
反盗版热线：**(010)81055315**

前　言

随着近年来本科教育课程改革的不断深入、计算机软硬件的日新月异，以及教学方式的不断发展，很多教材的软件版本、硬件型号、教学结构等方面都已不再适应目前的教授和学习。

有鉴于此，我们认真总结了教材编写经验，用了2~3年的时间深入调研各地、各类本科院校的教材需求，组织了一批优秀的、具有丰富教学经验和实践经验的作者团队编写了本套教材，以帮助各类本科院校培养优秀的技能型人才。

本着"学用结合"的原则，我们在教学方法、教学内容、教学资源3个方面体现出了自己的特色。

教学方法

本书精心设计"学习要点和学习目标→知识讲解→课堂练习→拓展知识→课后习题"5段教学法，激发学生的学习兴趣，细致而巧妙地讲解理论知识，对经典案例进行分析，训练学员的动手能力，通过课后练习帮助学生强化巩固所学的知识和技能，提高实际应用能力。

◎ **学习要点和学习目标**：以项目列举方式归纳出章节重点和主要的知识点，帮助学生重点学习这些知识点，并了解其必要性和重要性。

◎ **知识讲解**：深入浅出地讲解理论知识，着重实际训练，理论内容的设计以"必需、够用"为度，强调"应用"，配合经典实例介绍如何在实际工作当中灵活应用这些知识点。

◎ **课堂练习**：紧密结合理论内容提出操作要求，并提供适当的操作思路以及专业背景知识供学生参考，要求学生独立完成操作，以充分训练学生的动手能力，并提高其独立完成任务的能力。

◎ **拓展知识**：精选出相关提高应用知识，学生可以深入、综合地了解一些提高应用知识。

◎ **课后习题**：结合每章内容给出大量难度适中的上机操作题，学生可通过练习，强化巩固每章所学知识，从而能温故而知新。

教学内容

本书的教学目标是循序渐进地帮助学生掌握Excel在会计中的相关应用，全书共11章，包括如下几个方面的内容。

◎ **第1章至第4章**：主要讲解Excel 2010操作知识，包括Excel基础知识、Excel表格的操作与设置、Excel数据的计算与管理、Excel图形与图表的使用等知识。

◎ **第5章至第7章**：主要讲解Excel在会计账簿与会计报表方面的应用，包括Excel在会计凭证中的应用、Excel在会计账簿中的应用、Excel在会计报表中的应用等知识。

◎ **第8章至第10章**：主要讲解Excel在相关会计方面的应用，包括Excel在应收账款管理中的应用、Excel在工资管理中的应用、Excel在固定资产管理中的应用等知识。

◎ **第11章**：以使用Excel进行会计财务处理为综合案例，从了解实例目标、专业背景到分析，从而实现财务处理系统的制作过程。

◎ **附录**：给出Excel财务与会计函数应用的速查表。

教学资源

提供立体化教学资源，使教师得以方便地获取各种教学资料，丰富教学手段。本书的教学资源包括以下三方面的内容。

（1）配套光盘

本书配套光盘中包含图书中实例涉及的素材与效果文件、各章课堂案例和课后习题的操作演示以及模拟试题库3个方面的内容。模拟试题库中含有丰富的关于Excel会计应用的相关试题，包括填空题、单项选择题、多项选择题、判断题、操作题等多种题型，读者可自动组合出不同的试卷进行测试。另外，还提供了两套完整模拟试题，以便读者测试和练习。

（2）教学资源包

本书配套精心制作的教学资源包，包括PPT教案和教学教案，以便教师顺利开展教学工作。

（3）教学扩展包

教学扩展包中包括方便教学的拓展资源以及每年定期更新的拓展案例两个方面的内容。其中拓展资源包含Excel会计应用案例素材等。

特别提醒：教学资源包和教学扩展包可访问人民邮电出版社教学服务与资源网（http://www.ptpedu.com.cn）搜索下载，或者发电子邮件至dxbook@qq.com索取。

本书由韩丹担任主编，王艳、白鑫担任副主编。其中，韩丹编写第1章~第3章、第7章和附录，王艳编写第4章~第6章和第8章，白鑫编写第9章~第11章。虽然编者在编写本书的过程中倾注了大量心血，但恐百密之中仍有疏漏，恳请广大读者不吝赐教。

编者
2015年4月

目　录

第1章　Excel基础知识　　　　　　　　1

1.1　认识Excel 2010　　　　　　　　　2
  1.1.1　启动与退出Excel 2010　　　2
  1.1.2　熟悉Excel 2010的工作界面　3
  1.1.3　认识工作簿、工作表、单
     元格　　　　　　　　　4
1.2　创建并管理工作簿　　　　　　　　5
  1.2.1　新建工作簿　　　　　　　5
  1.2.2　保存工作簿　　　　　　　6
  1.2.3　关闭工作簿　　　　　　　7
  1.2.4　打开工作簿　　　　　　　7
1.3　输入并编辑Excel数据　　　　　　8
  1.3.1　选择单元格　　　　　　　8
  1.3.2　输入数据　　　　　　　　9
  1.3.3　快速填充数据　　　　　　11
  1.3.4　删除与修改数据　　　　　11
  1.3.5　移动与复制数据　　　　　12
  1.3.6　查找与替换数据　　　　　13
  1.3.7　课堂案例——创建银行
     存款余额调节表　　　14
1.4　课堂练习　　　　　　　　　　　　17
  1.4.1　制作支票使用登记表　　　17
  1.4.2　制作采购明细表　　　　　18
1.5　拓展知识　　　　　　　　　　　　19
1.6　课后习题　　　　　　　　　　　　20

第2章　Excel表格的操作与设置　　　21

2.1　操作工作表　　　　　　　　　　　22
  2.1.1　选择工作表　　　　　　　22
  2.1.2　插入工作表　　　　　　　22
  2.1.3　删除工作表　　　　　　　23
  2.1.4　重命名工作表　　　　　　23

  2.1.5　移动和复制工作表　　　　24
  2.1.6　隐藏与显示工作表　　　　24
  2.1.7　课堂案例1——编辑材料
     领料单　　　　　　　25
2.2　操作单元格　　　　　　　　　　　26
  2.2.1　插入与删除单元格　　　　26
  2.2.2　合并与拆分单元格　　　　27
  2.2.3　调整单元格行高和列宽　　28
  2.2.4　隐藏和显示单元格　　　　28
  2.2.5　课堂案例2——编辑借
     款单　　　　　　　　29
2.3　设置Excel表格格式　　　　　　　31
  2.3.1　设置字符格式　　　　　　31
  2.3.2　设置对齐方式　　　　　　32
  2.3.3　设置数字格式　　　　　　33
  2.3.4　设置边框与底纹　　　　　34
  2.3.5　套用表格样式　　　　　　35
  2.3.6　设置工作表背景　　　　　36
  2.3.7　课堂案例3——设置"设备
     报价表"　　　　　　36
2.4　课堂练习　　　　　　　　　　　　40
  2.4.1　制作收款收据　　　　　　40
  2.4.2　制作存货盘存表　　　　　41
2.5　拓展知识　　　　　　　　　　　　42
2.6　课后习题　　　　　　　　　　　　42

第3章　Excel数据的计算与管理　　　43

3.1　使用公式与函数计算数据　　　　　44
  3.1.1　认识公式与函数　　　　　44
  3.1.2　公式的使用　　　　　　　44
  3.1.3　单元格的引用　　　　　　46
  3.1.4　函数的使用　　　　　　　48

3.1.5　常用函数的使用　　　49
3.1.6　课堂案例1——计算日常
　　　　费用情况　　　51
3.2　管理Excel表格数据　　　52
3.2.1　数据的筛选　　　52
3.2.2　数据的排序　　　54
3.2.3　数据的分类汇总　　　55
3.2.4　课堂案例2——管理费用
　　　　明细表　　　56
3.3　保护Excel表格数据　　　58
3.3.1　保护单元格　　　58
3.3.2　保护工作表　　　58
3.3.3　保护工作簿　　　59
3.3.4　课堂案例3——保护往来
　　　　客户一览表　　　59
3.4　打印Excel表格数据　　　61
3.4.1　设置主题　　　61
3.4.2　设置页面　　　61
3.4.3　预览并打印表格数据　　　62
3.4.4　课堂案例4——预览并打印
　　　　差旅费报销单　　　63
3.5　课堂练习　　　66
3.5.1　制作绩效考核表　　　66
3.5.2　制作产品销售记录表　　　67
3.6　拓展知识　　　68
3.7　课后习题　　　69

第4章　Excel图形与图表的使用　　　71
4.1　插入图片或图形元素　　　72
4.1.1　插入图片或剪贴画　　　72
4.1.2　使用 SmartArt图形　　　73
4.1.3　使用艺术字与形状　　　75
4.1.4　课堂案例1——制作会计
　　　　组织结构图　　　76
4.2　使用图表分析数据　　　80
4.2.1　使用图表　　　80
4.2.2　使用迷你图　　　82
4.2.3　组合使用迷你图与图表　　　84

4.2.4　课堂案例2——制作产品
　　　　销量分析表　　　84
4.3　使用数据透视图表分析数据　　　88
4.3.1　使用数据透视表　　　88
4.3.2　使用切片器　　　89
4.3.3　使用数据透视图　　　90
4.3.4　课堂案例3——制作年度
　　　　销售数据统计表　　　91
4.4　课堂练习　　　95
4.4.1　制作产品宣传单　　　95
4.4.2　制作生产误差散点图　　　96
4.5　拓展知识　　　97
4.6　课后习题　　　98

第5章　Excel在会计凭证中的应用　　　99
5.1　了解会计核算流程　　　100
5.1.1　手工记账会计核算流程　　　100
5.1.2　Excel记账会计核算流程　　　101
5.2　建立和处理会计科目表　　　102
5.2.1　认识会计科目　　　102
5.2.2　添加"记录单"按钮　　　103
5.2.3　记录单的使用　　　104
5.2.4　课堂案例1——建立会计
　　　　科目表　　　104
5.3　填制会计凭证　　　108
5.3.1　会计凭证概述　　　108
5.3.2　会计凭证的基本内容与
　　　　填制要求　　　109
5.3.3　定义单元格名称　　　110
5.3.4　设置数据有效性　　　111
5.3.5　相关函数的使用　　　111
5.3.6　课堂案例2——建立会计
　　　　凭证表　　　112
5.4　课堂练习　　　119
5.4.1　自制原始凭证——收料单　　　119
5.4.2　填制并打印通用记账凭证　　　120
5.5　拓展知识　　　122
5.6　课后习题　　　122

第6章 Excel在会计账簿中的应用 125

6.1 会计账簿概述　126
6.1.1 会计账簿的作用　126
6.1.2 会计账簿的分类　126

6.2 登记日记账　127
6.2.1 日记账的格式　127
6.2.2 设置条件格式　128
6.2.3 课堂案例1——设置自动
提示借贷是否平衡　129

6.3 登记分类账　131
6.3.1 总分类账的格式与登记方法　131
6.3.2 明细分类账的格式与登记
方式　131
6.3.3 课堂案例2——设置总
分类账　132

6.4 编制科目汇总表　140
6.4.1 科目汇总表的格式　140
6.4.2 科目汇总表的编制方法　140
6.4.3 课堂案例3——制作科目
汇总表　141

6.5 课堂练习　143
6.5.1 登记现金日记账　143
6.5.2 制作科目余额表　144

6.6 拓展知识　146

6.7 课后习题　147

第7章 Excel在会计报表中的应用 149

7.1 了解会计报表　150
7.1.1 会计报表的概念与作用　150
7.1.2 会计报表的分类　150

7.2 编制资产负债表　151
7.2.1 资产负债表的概念　151
7.2.2 资产负债表的格式　152
7.2.3 资产负债表的编制方法　153
7.2.4 课堂案例1——制作资产
负债表　154

7.3 编制利润表　158
7.3.1 利润表的概念与格式　158
7.3.2 利润表的编制方法　159
7.3.3 使用定位条件　160
7.3.4 课堂案例2——制作利润表　160

7.4 课堂练习　164
7.4.1 制作利润分配表　165
7.4.2 编制现金流量表　166

7.5 拓展知识　168

7.6 课后习题　169

第8章 Excel在应收账款管理中的应用 171

8.1 应收账款管理　172
8.1.1 应收账款的作用与影响　172
8.1.2 应收账款管理的概念　173
8.1.3 应收账款管理的内容　173
8.1.4 课堂案例1——登记并分析
应收账款数据　173

8.2 逾期应收账款管理　178
8.2.1 逾期应收账款的产生原因　178
8.2.2 逾期应收账款的处理方式　178
8.2.3 应收账款的账龄分析　179
8.2.4 课堂案例2——进行应收账款
账龄分析　179

8.3 计提应收账款坏账准备　182
8.3.1 计提坏账准备的范围　182
8.3.2 计提坏账准备的方法　183
8.3.3 课堂案例3——计提各账龄
期间应收账款坏账准备　184

8.4 课堂练习　186
8.4.1 制作应收账款到期提醒表　186
8.4.2 制作应收账款催款通知单　188

8.5 拓展知识　189

8.6 课后习题　190

第9章 Excel在工资管理中的应用 191

9.1 收集工资管理的相关资料　192
9.1.1 公司的基本情况　192

9.1.2 工资项目的相关规定 193
9.2 设置工资项目 194
9.2.1 设置应发工资项目 194
9.2.2 设置应扣工资项目 195
9.2.3 设置实发工资项目 196
9.2.4 课堂案例1——制作员工
工资表 197
9.3 查询与分析工资数据 203
9.3.1 查询工资数据 203
9.3.2 分析工资数据 203
9.3.3 课堂案例2——查询并分析
工资数据 203
9.4 设置并打印工资条 209
9.4.1 生成工资条 209
9.4.2 打印工资条 211
9.4.3 课堂案例3——设置并打印
工资条 211
9.5 课堂练习 215
9.5.1 制作工资现金发放表 215
9.5.2 制作银行代发工资表 216
9.6 拓展知识 218
9.7 课后习题 218

第10章 Excel在固定资产管理中的
应用 221
10.1 固定资产管理概述 222
10.1.1 固定资产的概念与分类 222
10.1.2 固定资产管理的重要性 223
10.1.3 固定资产管理的任务 223
10.2 固定资产卡片账的管理 223
10.2.1 固定资产的增减变动 224
10.2.2 固定资产的基础资料 224
10.2.3 课堂案例1——登记并
查询固定资产信息 224
10.3 固定资产的折旧处理 227
10.3.1 固定资产折旧概述 227
10.3.2 固定资产折旧方法 228
10.3.3 折旧函数的使用 229

10.3.4 固定资产折旧的计算部分 231
10.3.5 课堂案例2——进行固定
资产折旧处理 232
10.4 课堂练习 235
10.4.1 分类汇总固定资产折旧
项目 235
10.4.2 使用函数汇总固定资产
折旧项目 236
10.5 拓展知识 238
10.6 课后习题 239

第11章 综合案例——使用Excel进行
会计财务处理案例 241
11.1 实例目标 242
11.2 实例背景 242
11.2.1 企业资料和期初数据 242
11.2.2 发生的相关经济业务 244
11.3 实例分析 249
11.4 制作过程 249
11.4.1 建立财务处理系统 250
11.4.2 填制会计凭证 250
11.4.3 生成总分类账 252
11.4.4 编制科目汇总表 254
11.4.5 编制科目余额表 255
11.4.6 编制资产负债表 257
11.4.7 编制利润表 258
11.4.8 编制现金流量表 259
11.5 课堂练习 264
11.5.1 建立日记账 264
11.5.2 建立明细分类账 265
11.6 拓展知识 266
11.7 课后习题 267

附录 Excel财务与会计函数应用
速查表 269
1. 轻松计算每年还款金额 269

2. 计算按条件还款时每季度（月）
   应偿还金额　　　　　　　　269
3. 计算贷款指定期间的本金偿还金额　270
4. 根据贷款年限计算每年还款的本金
   金额　　　　　　　　　　　270
5. 根据贷款年限计算每年利息金额　270
6. 根据贷款年限计算房屋贷款每月
   应还利息　　　　　　　　　271
7. 计算贷款在一个期间累计偿还的
   本金金额　　　　　　　　　271
8. 计算贷款在一个期间累计偿还的
   利息总额　　　　　　　　　272
9. 计算企业项目投资的未来值　272
10. 计算企业投资项目的投资期数　272
11. 计算企业项目投资的净现值　272
12. 计算企业投资项目期间需要支付
    的投资利息　　　　　　　　273

13. 计算不定期盈利额的净现值　273
14. 使用FV函数计算住房公积金的
    未来值　　　　　　　　　　274
15. 计算贷款还清年限　　　　　274
16. 计算投资的内部收益率　　　274
17. 快速计算投资的修正内部收益率　274
18. 快速计算某一借款的收益率　275
19. 计算购买某项保险的收益率　275
20. 采用直线法计算固定资产的每月
    折旧额　　　　　　　　　　275
21. 采用固定余额递减法计算每月折旧　276
22. 采用双倍余额递减法计算每年折旧　276
23. 计算固定资产某一时段的设备
    折旧值　　　　　　　　　　277
24. 采用年数总和法计算每月折旧额　277
25. 采用直线法计算累计折旧额　277
26. 采用余额递减法计算累计折旧额　278

第**1**章

Excel基础知识

　　使用Excel 2010不仅可以制作各类表格，而且可以计算、管理和分析表格数据。为了使读者能熟练将Excel 2010与会计应用结合使用，本章将详细讲解Excel 2010的基础知识，包括认识Excel 2010、创建并管理工作簿，以及选择单元格、输入数据、快速填充数据、编辑数据等知识。

✱ 学习要点

- ◎ 认识Excel 2010
- ◎ 创建并管理工作簿
- ◎ 输入和快速填充数据
- ◎ 删除与修改数据
- ◎ 移动与复制数据
- ◎ 查找与替换数据

✱ 学习目标

- ◎ 了解Excel 2010的基本知识，如启动与退出Excel 2010、熟悉Excel 2010的工作界面等
- ◎ 熟练掌握创建并管理工作簿的操作方法，如新建、保存、关闭、打开工作簿等
- ◎ 熟练掌握输入与编辑数据的操作方法，如选择单元格、输入数据、快速填充数据、删除与修改数据等

1.1 认识Excel 2010

Excel 2010是Microsoft公司推出的Office 2010办公软件的核心组件之一。Excel的功能非常强大，可以使用它制作出不同部门所需的表格，如人事部所需的档案管理表和人员调动表等；销售部所需的产品价格表和销售业绩表等；财务部所需的会计凭证和会计报表等。下面首先讲解启动与退出Excel 2010的方法。

1.1.1 启动与退出Excel 2010

要使用Excel 2010，必须先启动Excel 2010；在其中执行完毕相应的操作后，可退出Excel 2010。

1. 启动Excel 2010

启动Excel 2010的方法主要有以下3种。

◎ **通过"开始"菜单启动**：在桌面左下角单击 按钮，选择【所有程序】→【Microsoft Office】→【Microsoft Excel 2010】菜单命令，如图1-1所示。

◎ **双击桌面快捷图标启动**：安装Office 2010组件后，系统并不会自动在桌面上创建Excel 2010快捷图标，此时可手动添加，其方法为在桌面左下角单击 按钮，选择【所有程序】→【Microsoft Office】菜单命令，在其子菜单的"Microsoft Excel 2010"命令上单击鼠标右键，在弹出的快捷菜单中选择【发送到】→【桌面快捷方式】菜单命令，完成后在桌面上可看到Excel 2010快捷图标，如图1-2所示，双击该图标即可启动Excel 2010。

◎ **双击Excel文件启动**：在计算机中找到保存的Excel文件，然后双击需打开的Excel文件，如图1-3所示，即可启动Excel 2010并打开该文件。

图1-1 通过"开始"菜单启动　图1-2 双击桌面快捷图标启动　图1-3 双击Excel文件启动

2. 退出Excel 2010

完成表格数据的编辑后，即可关闭打开的窗口并退出Excel程序。退出Excel 2010的方法主要有以下几种。

◎ 在Excel 2010工作界面中选择【文件】→【退出】菜单命令。

◎ 在标题栏右侧单击"关闭"按钮 或按【Alt+F4】组合键。

◎ 在桌面任务栏的工作簿控制按钮上单击鼠标右键，在弹出的快捷菜单中选择"关闭窗口"命令。

1.1.2 熟悉Excel 2010的工作界面

启动Excel 2010后即可进入Excel 2010的工作界面，熟悉该工作界面对表格数据的编辑非常重要。Excel 2010的工作界面主要由快速访问工具栏、标题栏、"文件"菜单、功能选项卡与功能区、编辑栏、"帮助"按钮、工作表编辑区、状态栏和视图栏组成，如图1-4所示。下面分别介绍各组成部分的功能。

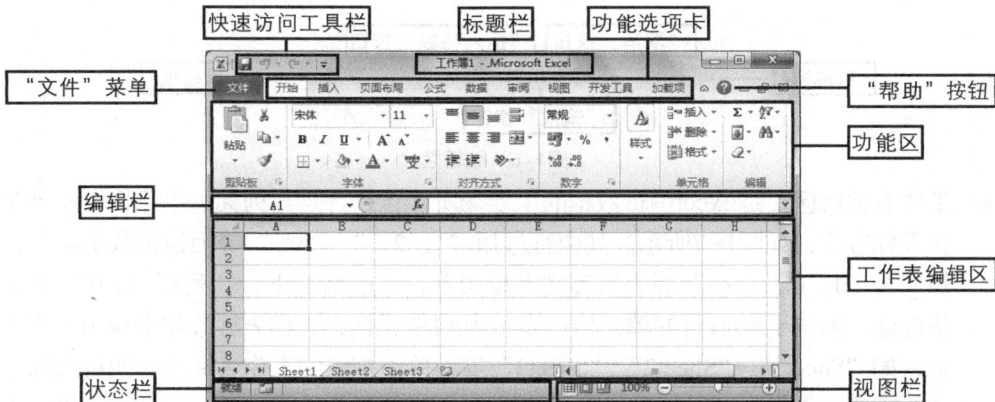

图1-4　Excel 2010工作界面

◎ **快速访问工具栏**：默认情况下，快速访问工具栏中只显示Excel中常用的"保存"按钮、"撤销"按钮和"恢复"按钮，单击相应的按钮可快速执行所需的操作。

◎ **标题栏**：主要用来显示文档名 工作簿1 和程序名 Microsoft Excel。在标题栏右侧有一个窗口控制按钮组，在其中单击"最小化"按钮可缩小窗口到任务栏并以图标按钮显示；单击"最大化"按钮可满屏显示窗口，且按钮变为"向下还原"按钮，再次单击该按钮将恢复窗口到原始大小。

◎ **"文件"菜单**：包含了对表格执行操作的命令集，如"保存""打开""关闭""新建""打印"等命令，选择相应的命令后，在"文件"菜单右侧还可以预览窗格，这样在同一界面中就可查看到最终效果。

◎ **功能选项卡与功能区**：功能选项卡与功能区是对应的关系，单击某个选项卡即可展开相应的功能区，在功能区中有许多自动适应窗口大小的工具栏，每个工具栏中为用户提供了相应的组，每个组中包含了不同的命令、按钮或下拉列表框等，如图1-5所示。有的组右下角还显示了一个"对话框启动器"按钮，单击该按钮将打开相关的对话框或任务窗格进行更详细的设置。

图1-5　功能选项卡与功能区

3

◎ **“帮助”按钮**：单击“帮助”按钮可打开“Excel帮助”窗口，在其中单击所需的主题超链接，或在下拉列表框中输入需查找的帮助信息，然后单击按钮，在打开的窗口中再单击下级超链接，可详细查看相应的帮助信息。

◎ **编辑栏**：用来显示和编辑当前活动单元格中的数据或公式。默认情况下，编辑栏中包括名称框、“插入函数”按钮和编辑框，但在单元格中输入数据或插入公式与函数时，编辑栏中的“取消”按钮和“输入”按钮将显示出来，如图1-6所示。

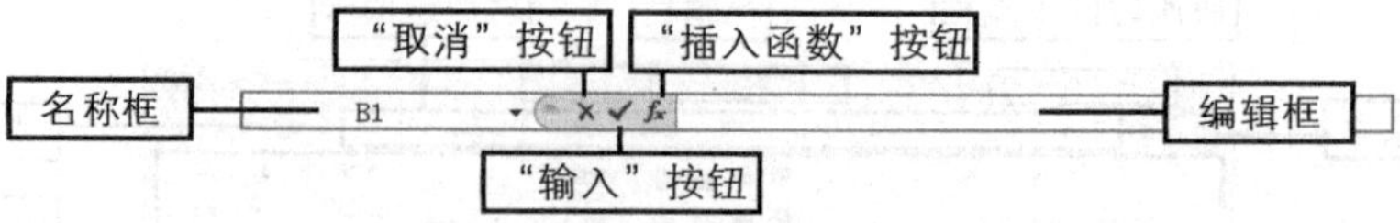

图1-6　编辑栏

◎ **工作表编辑区**：是Excel编辑数据的主要场所，包括行号与列标、单元格、滚动条、工作表标签等，如图1-7所示。其中行号用“1，2，3，……”等阿拉伯数字表示，列标用“A，B，C，……”等大写英文字母表示，一般情况下，“列标+行号”表示单元格地址，如位于A列1行的单元格可表示为A1单元格；工作表标签用来显示工作表的名称，如“Sheet1”“Sheet2”“Sheet3”等，单击相应的工作表标签，即可选择并切换到所需的工作表。在工作表标签左侧单击或工作表标签滚动显示按钮，当前工作表标签将返回到最左侧或最右侧的工作表标签，单击或工作表标签滚动显示按钮将向前或向后切换一个工作表标签。另外，当Excel窗口中的左右内容不能完全显示时，可拖动水平滚动条；当上下内容不能完全显示时，可拖动垂直滚动条。

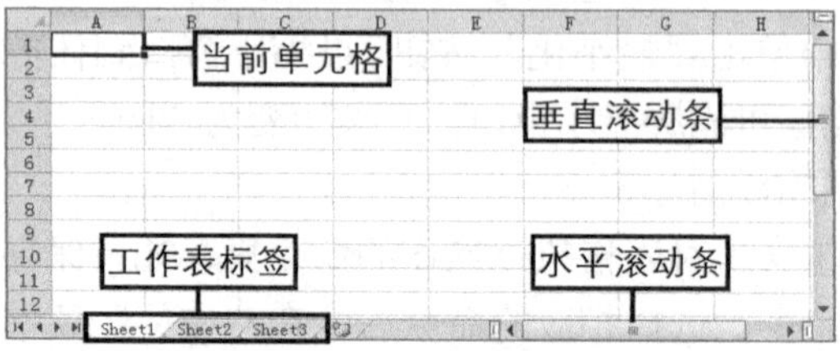

图1-7　工作表编辑区

◎ **状态栏与视图栏**：状态栏位于窗口最底端的左侧，用于显示当前工作表或单元格区域的相关信息。视图栏位于状态栏的右侧，单击视图按钮组中的相应按钮可切换视图模式；单击当前显示比例按钮，可打开“显示比例”对话框调整显示比例；单击按钮、按钮或拖动滑块可调节页面显示比例。

1.1.3 认识工作簿、工作表、单元格

工作簿、工作表、单元格是Excel中的主要操作对象。一个工作簿中包含了一张或多张工作表，工作表又是由排列成行或列的单元格组成，由此可见，单元格依附在工作表中，而工作表则依附在工作簿中，因此它们三者之间存在着包含与被包含的关系。

◎ **工作簿**：工作簿是用来存储和处理数据的主要文档，也称为电子表格。在计算机中工作簿以文件的形式独立存在，Excel 2010创建的文件扩展名为“.xlsx”。默认情况下，新建的工作簿以“工作簿1”命名，若继续新建工作簿将以“工作簿2”“工作簿3”“工作簿4”等命名，且工作簿名称将显示在标题栏的文档名处。

◎ **工作表**：工作表是Excel的工作场所，用来显示和分析数据，它总是存储在工作簿中。默认情况下，一张工作簿中只包含3张工作表，分别以"Sheet1""Sheet2""Sheet3"命名。

◎ **单元格**：单元格是Excel中存储数据的最基本元素，它通过行号和列标进行命名和引用。单个单元格地址可表示为"列标+行号"；而多个连续的单元格则称为"单元格区域"，其地址表示为"单元格:单元格"，如B3单元格与D7单元格之间连续的单元格可表示为B3:D7单元格区域。

1.2　创建并管理工作簿

工作簿的创建与管理，是Excel的基本操作之一，因此用户必须熟练掌握其操作方法，以方便日后制作相应的表格。创建与管理工作簿主要包括新建、保存、关闭、打开等操作。

1.2.1　新建工作簿

要使用Excel制作表格，首先应学会新建工作簿。新建工作簿的方法有两种：一是新建空白工作簿；二是新建基于模板样式的工作簿。

1. 新建空白工作簿

启动Excel后，系统将自动新建一篇名为"工作簿1"的空白工作簿。为了满足需要用户还可在该基础上新建更多的空白工作簿。新建空白工作簿的具体操作如下。

（1）选择【文件】→【新建】菜单命令，在窗口中间的"可用模板"列表框中选择"空白工作簿"选项，在右下角单击"创建"按钮，如图1-8所示，或按【Ctrl+N】组合键。

（2）系统将新建一篇名为"工作簿2"的空白工作簿。

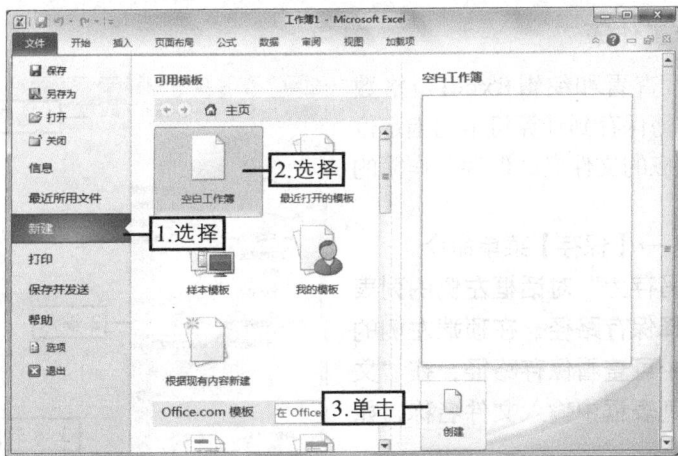

图1-8　新建空白工作簿

2. 新建基于模板样式的工作簿

Excel自带了许多具有专业表格样式的模板，这些模板具有固定的格式，用户在使用时只需填入相应的数据或稍作修改即可快速创建出所需的工作簿，这样大大提高了工作效率。新建基于模板样式的工作簿的具体操作如下。

（1）选择【文件】→【新建】菜单命令，在"可用模板"列表框中选择"样本模板"选项。

（2）在展开的列表框中选择所需的模板，如图1-9所示，然后单击"创建"按钮□即可新建所选模板样式的工作簿。

图1-9　新建基于模板样式的工作簿

知识提示　向下拖动"可用模板"列表框中的垂直滚动条，在"Office.com模板"栏中选择相应的模板样式，可快速在网络中搜索所需的模板样式，下载后可使用该模板样式新建工作簿。

1.2.2　保存工作簿

在Excel中创建的工作簿必须通过保存操作才能存储在计算机中，否则退出Excel后其中的所有内容将消失，因此在编辑Excel表格时必须养成保存工作簿的习惯。

1．直接保存工作簿

为了方便以后查看和编辑Excel表格数据，可将新建工作簿保存到计算机中的指定位置，并为其输入相应的文件名。保存工作簿的具体操作如下。

（1）选择【文件】→【保存】菜单命令。

（2）在打开的"另存为"对话框左侧的列表框中依次选择保存路径，在顶端左侧的下拉列表框中可查看保存路径，在"文件名"下拉列表框中输入文件名称，如图1-10所示。

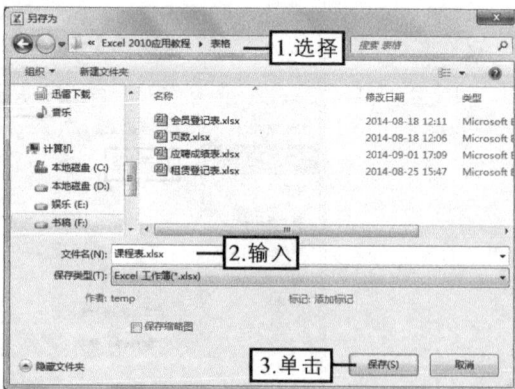

（3）完成后单击 保存(S) 按钮应用设置。

图1-10　"另存为"对话框

操作技巧　在快速访问工具栏中单击"保存"按钮□或按【Ctrl+S】组合键可快速保存工作簿。对已保存过的工作簿再次进行保存时，将不再打开"另存为"对话框，而是将修改结果直接保存到已保存过的工作簿中。

2. 另存工作簿

若需对已保存过的工作簿进行编辑，但又不想影响原来工作簿中的内容，可以将编辑后的工作簿保存到其他位置，或以其他的名称进行保存。另存工作簿的具体操作如下。

（1）选择【文件】→【另存为】菜单命令。

（2）在打开的"另存为"对话框左侧的列表框中依次选择新的保存路径，在顶端左侧的下拉列表框中可查看保存路径，在"文件名"下拉列表框中输入新的文件名称。

（3）完成后单击 保存(S) 按钮应用设置。

> **知识提示** 要将另存的工作簿与原工作簿保存在同一文件夹中，必须将其重命名，否则另存的工作簿将覆盖原工作簿；若以原来的工作簿命名进行另存，则需将其保存到其他文件夹下。

3. 自动保存工作簿

为了避免在编辑表格数据时遇到停电或死机等突发事件造成数据丢失的情况，可以设置自动保存工作簿，即每隔一段时间后，Excel将自动保存所编辑的数据。其具体操作如下。

（1）选择【文件】→【选项】菜单命令。

（2）在打开的"Excel选项"对话框中单击"保存"选项卡，在右侧单击选中"保存自动恢复信息时间间隔"复选框，在数值框中输入时间，如图1-11所示，完成后单击 确定 按钮。

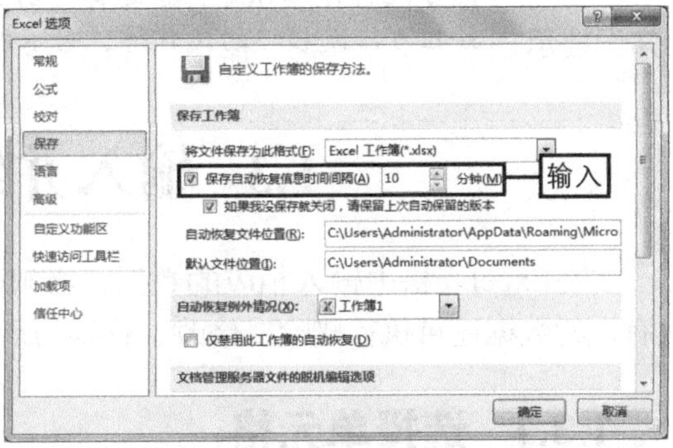

图1-11　设置自动保存时间间隔

> **知识提示** 设置工作簿的自动保存时间间隔时，时间设得太长容易因各种原因造成不能及时保存数据；设得太短，又可能因频繁的保存影响数据的编辑，因此一般以10~15分钟为宜。

1.2.3　关闭工作簿

完成表格数据的编辑与保存后，可关闭工作簿。关闭工作簿即关闭当前编辑的工作簿文件，并不是退出Excel程序。关闭工作簿的方法主要有以下两种。

◎　选择【文件】→【关闭】菜单命令。

◎　在功能选项卡右侧单击"关闭"按钮⊠。

1.2.4　打开工作簿

要查看或编辑保存在计算机中的Excel文件时，必须先打开该工作簿，其具体操作如下。

（1）选择【文件】→【打开】菜单命令，或按【Ctrl+O】组合键。

（2）在打开的"打开"对话框左侧的列表框中选择保存路径，在顶端左侧下拉列表框中查看保存路径，在中间的列表框中选择打开的文件，然后单击 打开(O) 按钮，如图1-12所示。

图1-12 "打开"对话框

单击 [打开(O)] 按钮右侧的 按钮，在打开的下拉列表中可以选择相应的选项以不同的方式打开工作簿，若选择"打开并修复"选项，在打开的对话框中单击 [修复(R)] 知识提示 按钮可修复损坏的工作簿，若不能修复，可单击 [提取数据(E)] 按钮提取表格中的数据。

1.3 输入并编辑Excel数据

要在Excel表格中输入相应的数据，必须先选择所需的单元格或单元格区域，完成后对输入有误的数据还可执行删除、修改、移动与复制、查找与替换等编辑操作。

1.3.1 选择单元格

在工作表中可根据需要选择单个单元格、所有单元格、多个单元格、整行或整列单元格，其选择方法分别如下。

◎ **选择单个单元格**：用鼠标左键单击单元格，或在名称框中输入单元格的列标与行号后按【Enter】键即可选择所需的单元格。所选的单元格将被黑色方框包围，且名称框中也会显示该单元格的名称，其行号列标也会突出显示，如图1-13所示。

◎ **选择所有单元格**：单击行标记和列标记左上角交叉处的"全选"按钮 ，或按【Ctrl+A】组合键，即可选择工作表中所有单元格，如图1-14所示。

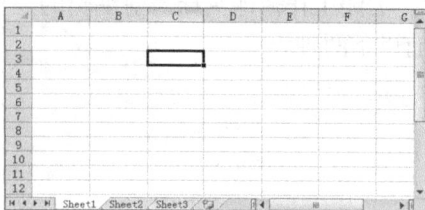

图1-13 选择单个单元格

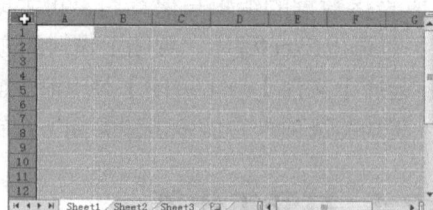

图1-14 选择所有单元格

◎ **选择单元格区域**：先选择一个单元格，然后按住鼠标左键不放并拖动至目标单元格再释放鼠标（或按住【Shift】键不放，单击选择目标单元格），即可选择以这两个单元格为对角线的矩形所在范围内的所有单元格，如图1-15所示。

◎ **选择不连续的单元格或单元格区域**：按住【Ctrl】键不放，然后依次选择所需的单元格或单元格区域即可同时选择多个不相邻的单元格或单元格区域，如图1-16所示。

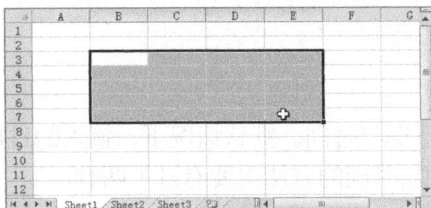

图1-15　选择单元格区域

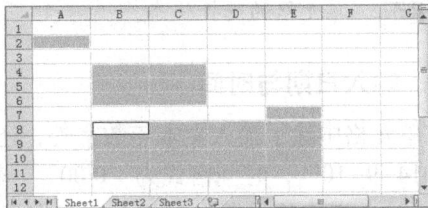

图1-16　选择不连续的单元格或单元格区域

◎ **选择整行**：将鼠标光标移至需选择行的行号上，当鼠标光标变为 ➡ 形状时，单击鼠标左键即可选择该行的所有单元格，如图1-17所示。

◎ **选择整列**：将鼠标光标移至需选择列的列标上，当鼠标光标变为 ⬇ 形状时，单击鼠标左键即可选择该列的所有单元格，如图1-18所示。

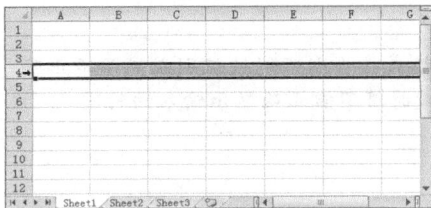

图1-17　选择整行

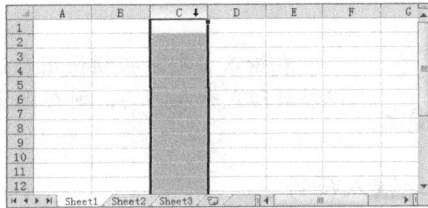

图1-18　选择整列

1.3.2　输入数据

在Excel中可以输入不同类型的数据，如文本、数字、日期与时间、符号等。下面分别讲解不同类型数据的输入方法。

1. 输入文本与数字

文本与数字是Excel表格中的重要数据，文本用来说明并解释表格中的其他数据，数字则用来直观地描述表格中各类数据的具体数值，如序列编号、产品价格、销售数量等。在单元格中输入文本与数字的方法相同，主要有以下3种。

◎ **选择单元格输入**：单击需输入文本或数字的单元格，然后切换到相应的输入法，输入文本或数字后按【Enter】键或单击其他单元格即可。

◎ **双击单元格输入**：双击需输入文本或数字的单元格，将文本插入点定位到其中，然后在所需的位置输入相应的文本或数字，完成后按【Enter】键或单击其他单元格即可。此方法适合用来编辑单元格中的某个数据。

◎ **在编辑栏中输入**：选择需输入文本或数字的单元格，然后将鼠标光标移至编辑栏中单击，并在文本插入点处输入所需的数据，完成后单击✓按钮或按【Enter】键即可。此方法适合用来输入或编辑较长的数据。

在单元格中输入文本与数字后的效果如图1-19所示。

图1-19　输入文本与数字后的效果

知识提示 在单元格中输入数据后，按【Enter】键可完成输入，按【Tab】键可选择当前单元格右侧的单元格，按【Ctrl+Enter】组合键可完成输入同时保持当前输入数据单元格的选择状态。

2. 输入日期与时间

在单元格中除了输入文本与数字外，还可输入日期与时间。默认情况下，输入的日期格式为"2014-9-10"，时间格式为"0:00"。输入日期与时间的方法主要有以下两种。

◎ **输入指定的日期与时间**：在工作表中选择需输入指定日期与时间的单元格，然后输入形如"2014-9-10"或"2014/9/10"的日期格式，或形如"0:00"的时间格式，完成后按【Enter】键系统将自动显示为默认格式。

◎ **输入系统的当前日期与时间**：在工作表中选择需输入当前日期与时间的单元格，按【Ctrl+：】组合键系统将自动输入当天日期，按【Ctrl+Shift+：】组合键系统将自动输入当前时间，完成后按【Enter】键完成输入。

知识提示 在输入日期时必须使用合法的日期格式，否则不能被识别或显示不正确。如果以整数形式输入时间，则在设置时间格式时将不能正确显示输入的时间。

3. 输入符号

在Excel表格中当需要输入一些特殊符号时，如§、●、※、◎等，可通过"符号"对话框进行输入，其具体操作如下。

（1）选择需输入符号的单元格，在【插入】→【符号】组中单击"符号"按钮Ω。

（2）在打开的"符号"对话框的"符号"选项卡中可选择所需的符号，如图1-20所示，也可单击"特殊字符"选项卡，在其中选择所需的特殊字符，如图1-21所示，然后单击 插入(I) 按钮插入一个所选的符号；若多次单击 插入(I) 按钮则插入多个所选的符号；若需输入其他符号，可继续选择所需的符号，单击 插入(I) 按钮。

（3）完成后单击 关闭 按钮关闭"符号"对话框，返回工作表中可看到插入符号后的效果。

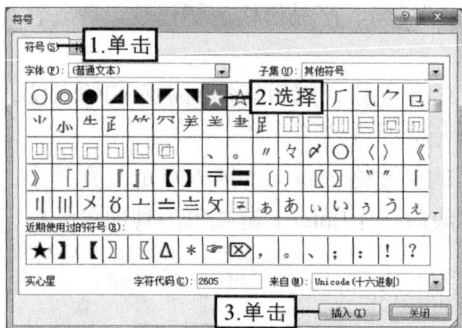

图1-20 在"符号"对话框中选择符号　　　图1-21 在"符号"对话框中选择特殊字符

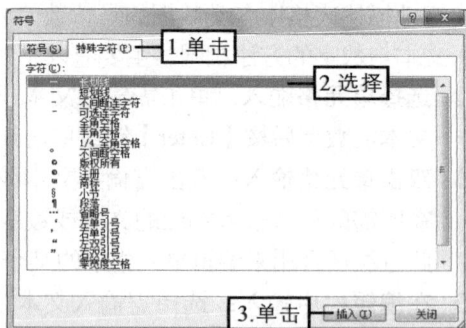

操作技巧 在输入法状态条的 ▦ 图标上单击鼠标右键，在弹出的快捷菜单中选择软键盘类型，在打开的软键盘中选择所需的特殊符号也可将其插入到表格中。

1.3.3 快速填充数据

使用Excel提供的快速填充数据功能,可以在表格中快速并准确地输入一些相同或有规律的数据,这样不仅提高了工作效率,而且降低了出错率。快速填充数据的方法有如下几种。

◎ **用鼠标左键拖动控制柄填充:** 选择单元格或单元格区域后,所选对象的四周将出现一个黑色边框的选区,该选区的右下角会出现一个控制柄,将鼠标光标移至该选区的控制柄上,当鼠标光标变为➕形状时,按住鼠标左键不放进行拖动,在拖动经过的单元格区域中将快速填充数据,如图1-22所示。

◎ **用鼠标右键拖动控制柄填充:** 选择单元格或单元格区域后,将鼠标光标移至该选区的右下角的控制柄上,当鼠标光标变为➕形状时,按住鼠标右键不放进行拖动,释放鼠标右键,在弹出的快捷菜单中(如图1-23所示)选择相应的命令可填充相同或有规律的数据。

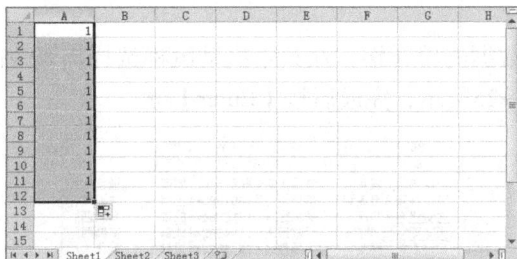

图1-22　使用鼠标左键拖动控制柄填充　　　　图1-23　使用鼠标右键拖动控制柄填充

知识提示 按住鼠标左键拖动控制柄填充数据后,其右下角将出现"自动填充选项"按钮,单击该按钮,在打开的下拉列表中单击选中相应的单选项可根据需要快速填充相应的数据,如单击选中"复制单元格"单选项可填充相同数据,单击选中"填充序列"单选项可填充有规律的数据。

◎ **用"序列"对话框填充数据:** 选择起始单元格,在【开始】→【编辑】组中单击"填充"按钮,在打开的下拉列表中选择"序列"选项,在打开的"序列"对话框的"序列产生在"栏中设置填充数据的行或列,在"类型"栏中设置填充数据的类型,在"步长值"文本框中设置序列之间的差值,在"终止值"文本框中设置填充序列的数量,如图1-24所示,完成后单击 确定 按钮。

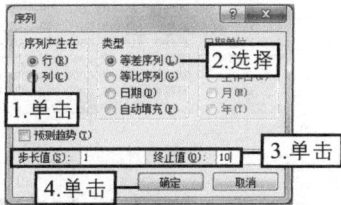

图1-24　使用"序列"对话框填充数据

操作技巧 若同时选择需输入相同数据的多个单元格或单元格区域,然后输入相应的数据,完成后按【Ctrl+Enter】组合键可同时在所选的多个单元格或单元格区域中输入相同的数据。

1.3.4 删除与修改数据

在单元格中输入数据后,难免会出现数据输入错误或发生变化等情况,此时可以删除不需要的数据,并将其修改为所需的数据。

1. 删除数据

当不需要Excel表格中的数据时,可以删除单元格中的数据,而保留单元格。删除数据的方法有以下两种。

◎ 直接按【Delete】键快速清除所选单元格或单元格区域中的数据。

◎ 在【开始】→【编辑】组中单击"清除"按钮 ⌀·,在打开的下拉列表中选择"全部清除"选项可清除单元格的所有内容和格式;选择"清除格式"选项可只清除单元格中的数据格式;选择"清除内容"选项可只清除单元格中的内容;选择"清除批注"选项可清除单元格中添加的批注;选择"清除超链接"选项可清除单元格中创建的超链接。

2. 修改数据

在Excel表格中修改数据的方法与输入文本的方法基本相同,其方法有以下3种。

◎ **选择单元格修改全部数据**:选择需修改数据的单元格,在其中重新输入修改后的数据,完成后按【Enter】键。

◎ **双击单元格修改部分数据**:双击需修改数据的单元格,在其中拖动鼠标选择需修改的部分数据,然后输入所需的数据,如图1-25所示,完成后按【Enter】键。

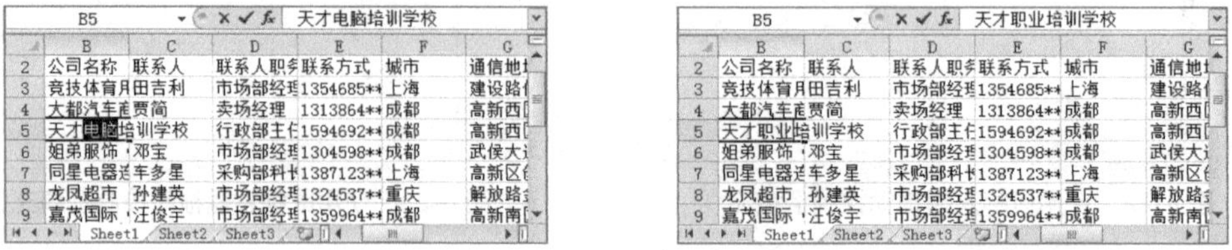

图1-25 双击单元格修改部分数据

◎ **在编辑栏中修改数据**:选择需修改数据的单元格,将文本插入点定位到编辑栏中,然后选择需修改的数据并输入正确的数据,如图1-26所示,完成后按【Enter】键。

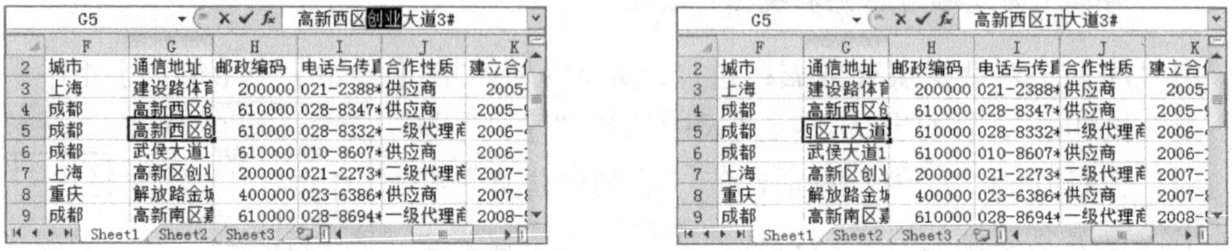

图1-26 在编辑栏中修改数据

1.3.5 移动与复制数据

当需要调整单元格之间相应数据的位置,或在其他单元格中编辑相同的数据时,可利用Excel的移动与复制功能快速修改数据,避免重复输入,以减少工作量。

1. 移动数据

移动数据是指将原位置的数据粘贴到新位置,同时删除原位置的数据。移动数据的方法有以下3种。

◎ 选择要移动数据的单元格,在【开始】→【剪贴板】组中单击"剪切"按钮 ✄,然后选择目标单元格,单击"粘贴"按钮 📋 即可。

◎ 将鼠标光标移动到所选单元格的边框上，当鼠标光标变成形状时，按住鼠标左键不放拖动至目标单元格后释放鼠标也可移动数据。

◎ 选择要移动数据的单元格，按【Ctrl+X】组合键，然后选择目标单元格，按【Ctrl+V】组合键也可移动数据。

2. 复制数据

复制数据是指将原位置的数据粘贴到新位置，同时保留原位置的数据。复制数据与移动数据的方法相似，主要有以下3种。

◎ 选择要复制数据的单元格，在【开始】→【剪贴板】组中单击"复制"按钮，然后选择目标单元格，单击"粘贴"按钮可直接粘贴复制的数据，若单击"粘贴"按钮下方的按钮，在打开的下拉列表中选择相应的选项，如图1-27所示，可将复制的数据根据需要进行粘贴，如粘贴公式、粘贴数值、其他粘贴选项等。

◎ 将鼠标光标移动到所选单元格的边框上，按住【Ctrl】键，当鼠标光标变成形状时，如图1-28所示，按住鼠标左键不放拖动至目标单元格后释放鼠标也可复制数据。

◎ 选择要复制数据的单元格，按【Ctrl+C】组合键，然后选择目标单元格，按【Ctrl+V】组合键也可复制数据。

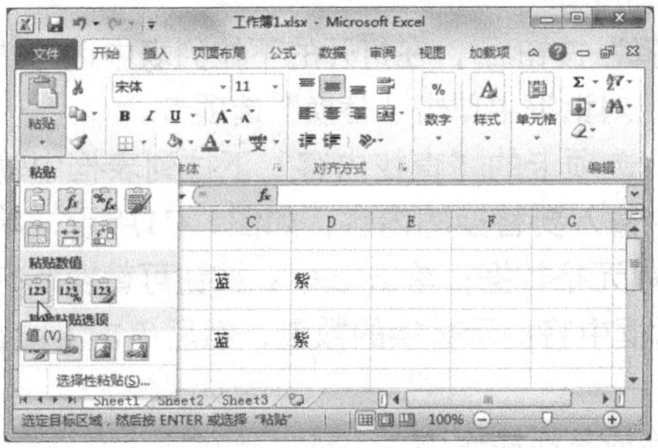

图1-27 "粘贴"菜单 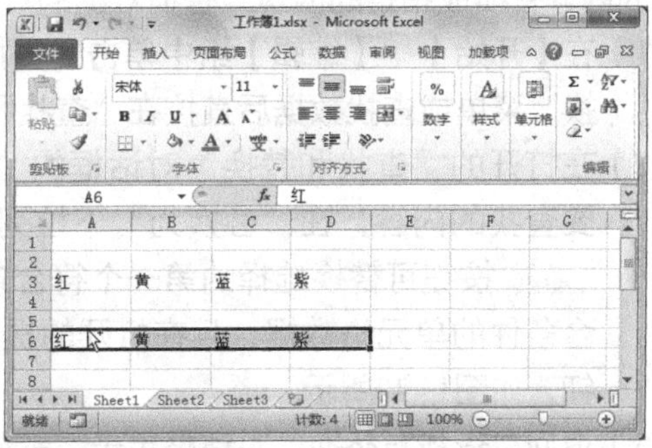   图1-28 拖动单元格复制数据

> **知识提示** 完成数据的复制，在目标单元格的右下角将出现"粘贴选项"按钮，单击该按钮，在打开的下拉列表中也可选择相应的选项，复制的数据将根据需要进行粘贴，如粘贴公式、粘贴数值、其他粘贴选项等。

1.3.6 查找与替换数据

在数据量较多的Excel表格中手动查找与替换数据不仅浪费时间，且容易出错，此时可利用Excel的查找和替换功能快速查找满足条件的单元格数据，并将数据替换为需要的数据。

1. 查找数据

在查阅或编辑表格数据时，利用Excel的"查找"功能可以快速找到所有符合条件的数据。查找数据的具体操作如下。

（1）在【开始】→【编辑】组中单击"查找和选择"按钮，在打开的下拉列表中选择"查找"选项。

（2）在打开的"查找和替换"对话框的"查找内容"下拉列表框中输入要查找的内容，单击 查找下一个(F) 按钮，在工作表中将以所选单元格位置开始查找第一个符合条件的数据所在的单元格，且选择该单元格，如图1-29所示。

（3）若单击 查找全部(I) 按钮，在"查找和替换"对话框的下方区域将显示所有符合条件数据的具体信息，如图1-30所示，完成后单击 关闭 按钮关闭对话框。

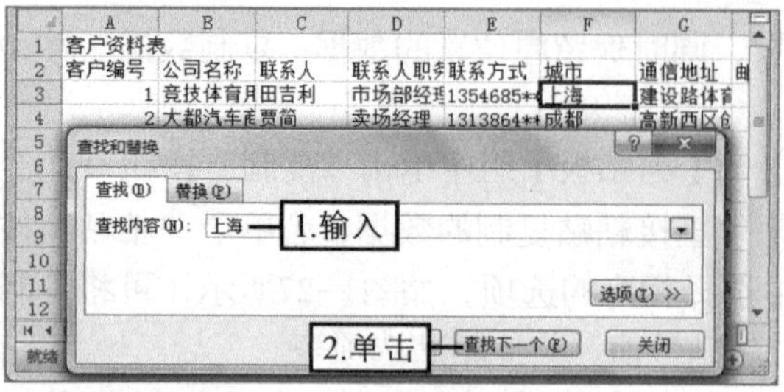

图1-29　查找第一个符合条件的数据

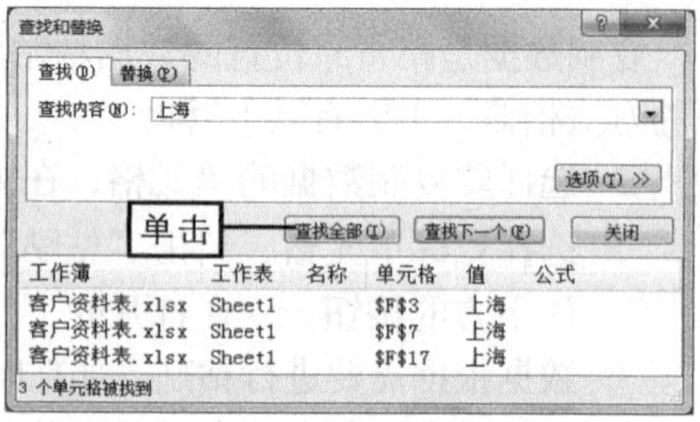

图1-30　查找所有符合条件的数据

2. 替换数据

如果需要修改工作表中查找到的所有数据，可利用Excel的"替换"功能快速地将符合条件的内容替换成指定的内容。替换数据的具体操作如下。

（1）在【开始】→【编辑】组中单击"查找和选择"按钮，在打开的下拉列表中选择"替换"菜单或查找数据后直接在"查找和替换"对话框中单击"替换"选项卡。

（2）在打开的"查找和替换"对话框的"替换"选项卡的"查找内容"下拉列表框中输入要查找的内容，在"替换为"下拉列表框中输入要替换的内容，如图1-31所示，单击 替换(R) 按钮可替换选择的第一个符合条件的单元格数据；单击 全部替换(A) 按钮可替换所有符合条件的单元格数据，且在打开的提示对话框中将提示替换的数量，然后单击 确定 按钮，如图1-32所示。

（3）返回"查找与替换"对话框单击 关闭 按钮完成替换操作。

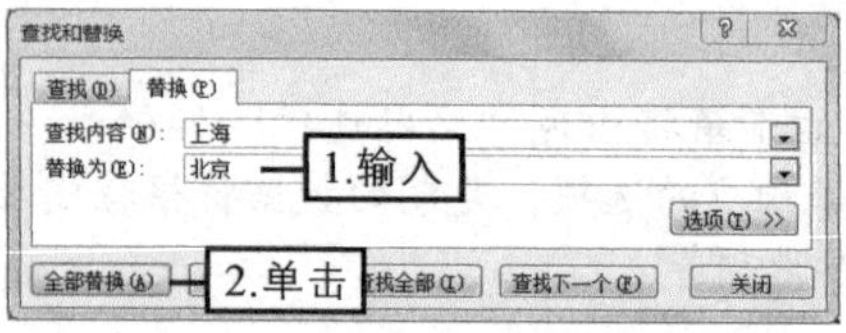

图1-31　输入查找与替换内容

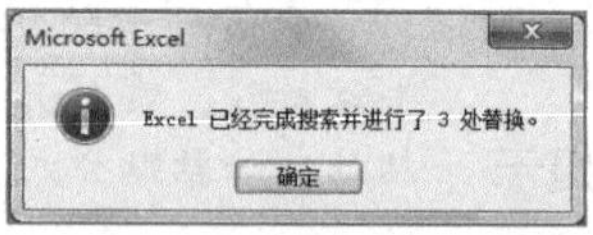

图1-32　提示替换的数量

> **知识提示**
>
> 按【Ctrl+F】组合键可快速打开"查找和替换"对话框的"查找"选项卡，按【Ctrl+H】组合键可快速打开"查找和替换"对话框的"替换"选项卡，在"查找"或"替换"选项卡中单击 选项(T) 按钮，可展开相应的对话框，在其中可进行更详细的设置，如设置查找和替换内容的格式、范围、搜索方式等。

1.3.7　课堂案例——创建银行存款余额调节表

本案例将创建"银行存款余额调节表"工作簿，在其中输入相应的数据，然后执行修改、清除、复制、移动等编辑操作，完成后保存并退出工作簿，其参考效果如图1-33所示。

效果所在位置　光盘:\效果文件\第1章\课堂阿狸\银行存款余额调节表.xlsx

视频演示　　　光盘:\视频文件\第1章\创建"银行存款余额调节表".swf

图1-33　　"银行存款余额调节表"的参考效果

职业素养

银行存款余额调节表是在银行对账单余额与企业账面存款余额的基础上，各自加上对方已收、本单位未收账项数额，减去对方已付、本单位未付账项数额，以调整双方余额使其一致的一种方法。银行存款余额调节表是一种对账记录的工具，并不是凭证，如果余额相等，表明企业和银行的账目可能没有差错；反之，说明记账有错误，应进一步查明原因，予以更正。

（1）在桌面左下角单击●按钮，选择【所有程序】→【Microsoft Office】→【Microsoft Excel 2010】菜单命令启动Excel 2010，如图1-34所示。

（2）选择A1单元格，输入表题文本"银行存款余额调节表"，然后按【Enter】键。用相同的方法依次选择相应的单元格，输入所需的数据，如图1-35所示。

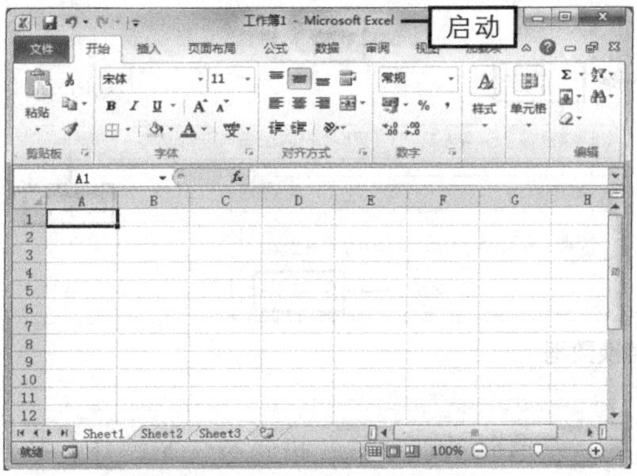

图1-34　启动Excel 2010

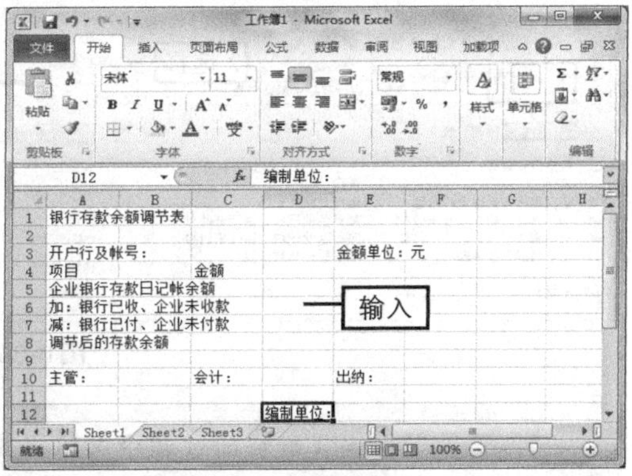

图1-35　输入数据

（3）选择A4:C8单元格区域，将鼠标光标移到所选区域的边框上，此时鼠标光标变成形状，按住鼠标左键不放拖动至F8单元格，完成后释放鼠标即可复制所选单元格区域中的数据到相应的单元格中，如图1-36所示。

图1-36 复制数据

（4）选择D5单元格，在编辑栏中选择"企业银行存款日记帐"文本，然后输入"银行对账单"文本，如图1-37所示，用相同的方法将D6和D7单元格中的"银行"文本修改为"企业"，将"企业"文本修改为"银行"。

图1-37 修改数据

（5）选择A1单元格，在【开始】→【编辑】组中单击"查找和选择"按钮 ，在打开的下拉列表中选择"替换"选项。

（6）在打开的"查找和替换"对话框的"替换"选项卡的"查找内容"下拉列表框中输入查找内容"帐"，在"替换为"下拉列表框中输入替换内容"账"，单击 全部替换(A) 按钮替换所有符合条件的单元格数据，且在打开的提示对话框中将提示替换的数量，然后单击 确定 按钮，如图1-38所示，返回"查找与替换"对话框单击 关闭 按钮。

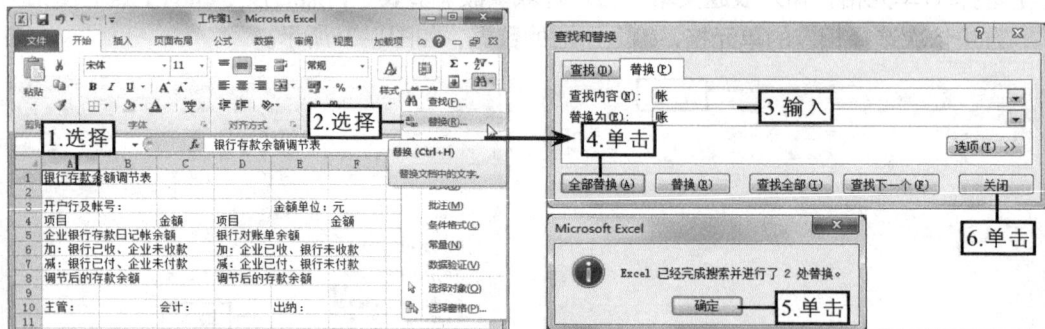

图1-38 替换数据

知识提示

在编辑数据的过程中若将正确的数据修改错了，可执行撤销与恢复操作。要撤销与恢复数据，可在快速访问工具栏中单击"撤销"按钮 或"恢复"按钮 撤销或恢复上一步操作；也可连续单击该按钮撤消或恢复多步操作；或单击该按钮右侧的按钮 ，在打开的下拉列表中选择某一步操作撤销或恢复到指定的某步操作；另外，按【Ctrl+Z】组合键或按【Ctrl+Y】组合键也可执行撤销或恢复操作。

（7）返回工作表，在快速访问工具栏中单击"保存"按钮 。

（8）在打开的"另存为"对话框左侧的列表框中依次选择保存路径，在"文件名"下拉列表框中输入文件名称"银行存款余额调节表"，完成后单击 按钮，如图1-39所示。

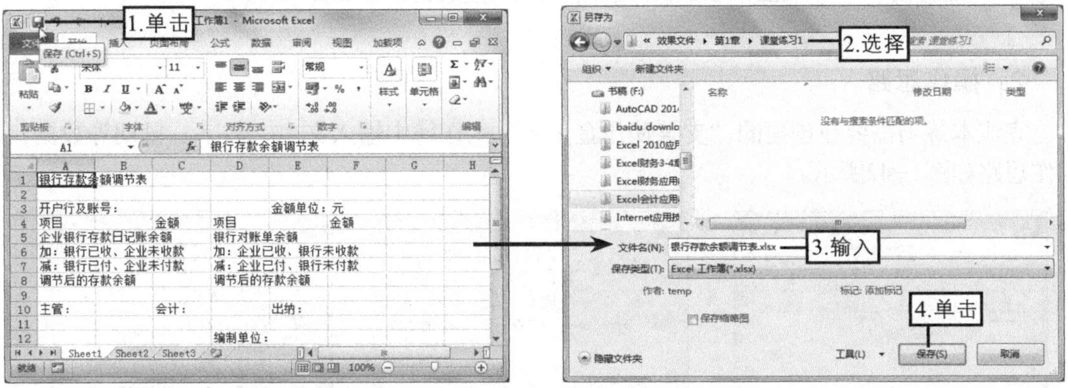

图1-39 保存工作簿

（9）完成表格数据的输入与编辑后，在标题栏右侧单击"关闭"按钮 退出Excel 2010，如图1-40所示。

图1-40 退出Excel 2010

1.4 课堂练习

分别制作支票使用登记表和采购明细表，结合本章所学的知识点进行综合练习，使读者熟练掌握Excel数据的输入与编辑方法。

1.4.1 制作支票使用登记表

1. 练习目标

本练习的目标是制作支票使用登记表，并在其中输入不同类型的数据。本练习完成后的参考效果如图1-41所示。

图1-41 支票使用登记表的参考效果

效果所在位置　光盘:\效果文件\第1章\课堂练习\支票使用登记表.xlsx

视频演示　　　光盘:\视频文件\第1章\制作"支票使用登记表".swf

2. 操作思路

完成本练习需要在创建的"支票使用登记表"工作簿中输入文本、数字、日期等数据，其操作思路如图1-42所示。

① 创建工作簿　　　　② 输入表题与表头文本　　　　③ 输入不同类型的数据

图1-42　"支票使用登记表"的制作思路

（1）启动Excel 2010，将新建的工作簿以"支票使用登记表"为名进行保存。

（2）选择A1单元格，输入表题文本"支票使用登记表"，然后按【Enter】键，选择A2单元格，输入文本"日期"，然后按【Tab】键，用相同的方法依次在A2:G2单元格区域中输入相应的数据。

（3）选择A3单元格，输入日期"2014-3-12"，然后按【Enter】键，系统将自动调整列宽使其完整显示输入的日期，完成后用相同的方法在其他单元格中输入相应的文本和数据。

（4）单击"保存"按钮🖫保存工作簿所做的修改，完成后在功能选项卡右侧单击"关闭"按钮⊠关闭工作簿。

1.4.2 制作采购明细表

1. 练习目标

本练习的目标是制作采购明细表，并在其中快速填充数据和编辑相应的数据。本练习完成后的参考效果如图1-43所示。

图1-43　采购明细表的参考效果

素材所在位置	光盘:\素材文件\第1章\课堂练习\采购明细表.xlsx
效果所在位置	光盘:\效果文件\第1章\课堂练习\采购明细表.xlsx
视频演示	光盘:\视频文件\第1章\制作"采购明细表".swf

2. 操作思路

完成本练习需要打开提供的素材文件，然后在其中输入数据、快速填充数据、插入符号等，其操作思路如图1-44所示。

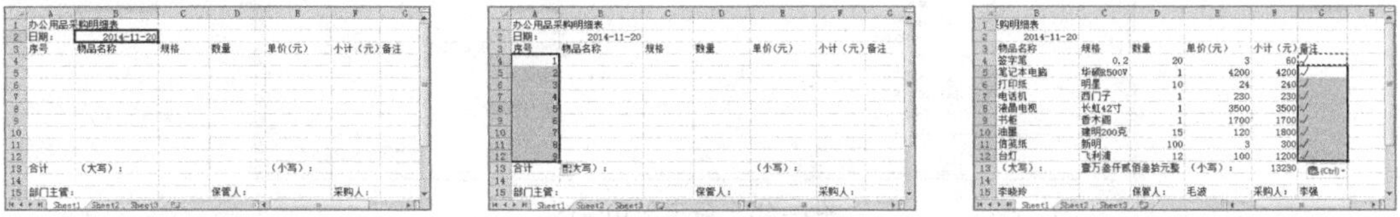

① 输入数据　　　　　　② 快速填充数据　　　　　　③ 插入并复制符号

图1-44　采购明细表的制作思路

（1）打开素材文件"采购明细表.xlsx"，选择B2单元格，输入日期"2014-11-20"。

（2）选择A4和A5单元格，分别输入数据"1"和"2"，然后选择A4:A5单元格区域，使用鼠标左键向下拖动控制柄到A12单元格后，释放鼠标快速填充序列数据。

（3）依次选择相应的单元格，输入所需的数据，然后选择G4单元格，在【插入】→【符号】组中单击"符号"按钮Ω，在打开的"符号"对话框的"符号"选项卡下选择"√"符号，单击 插入(I) 按钮插入符号，然后单击 关闭 按钮关闭"符号"对话框。

（4）选择G4单元格，按【Ctrl+C】组合键，然后选择G5:G12单元格区域，按【Ctrl+V】组合键将符号"√"复制到G5:G12单元格区域中，完成后保存工作簿并退出Excel 2010。

1.5 拓 展 知 识

每个人使用软件的习惯不同，为了满足不同用户的使用习惯，Excel 2010提供了自定义工作界面的功能。下面主要介绍自定义快速访问工具栏和自定义功能区的方法。

◎ **自定义快速访问工具栏**：在快速访问工具栏右侧单击 按钮，在打开的下拉列表中选择常用的选项，如选择"打开"选项，可添加命令按钮到快速访问工具栏中；若在快速访问工具栏的某命令按钮上单击鼠标右键，在弹出的快捷菜单中选择"从快速访问工具栏中删除"命令则可从快速访问工具栏中删除该命令按钮。

◎ **隐藏或显示功能区**：双击某个功能选项卡，或单击功能选项卡右端的"功能区最小化"按钮 ，可将功能区最小化显示；再次双击某个功能选项卡，或单击功能选项卡右端的"功能区最小化"按钮 可将其显示为默认状态。

◎ **自定义功能区**：在Excel 2010工作界面中选择【文件】→【选项】菜单命令，在打开的"Excel选项"对话框中单击"自定义功能区"选项卡，在右侧的列表框中单击选中或撤销选中相应的主选项卡对应的复选框，可在功能区中显示或隐藏相应的主选项卡。另外，还可单击 新建选项卡(W) 按钮或 新建组(N) 按钮，根据需要新建选项卡，并在其中创建相应的组和命令等，如图1-45所示。

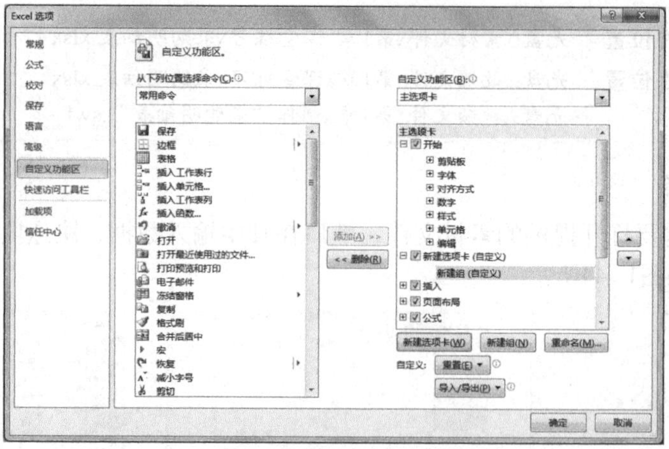

图1-45　自定义功能区

知识提示　　在"Excel选项"对话框中单击"快速访问工具栏"选项卡，在其中也可根据需要自定义快速访问工具栏。

1.6　课后习题

创建"销量对比表.xlsx"工作簿，在其中输入文本、数字、符号，并快速填充序列数据，完成后的效果如图1-46所示。

提示： 首先创建"销量对比表.xlsx"工作簿，在其中输入表题与表头，然后在A3:A10单元格区域中快速填充员工编号，在B3:E10单元格区域中依次输入相应的文本与数字，在F3:F10单元格区域中插入相应的符号。

效果所在位置　　光盘:\效果文件\第1章\课后习题\销量对比表.xlsx

视频演示　　光盘:\视频文件\第1章\制作"销量对比表".swf

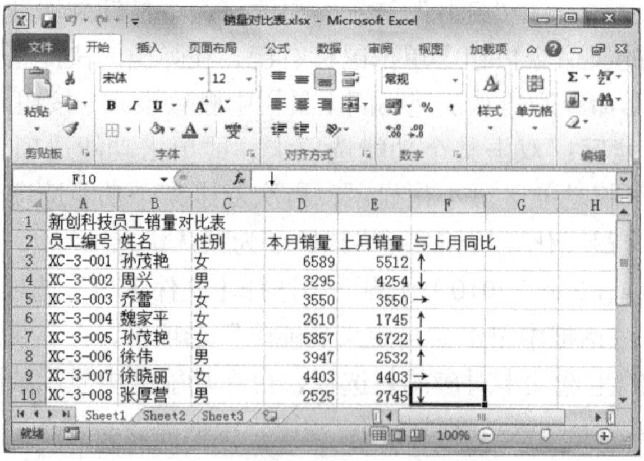

图1-46　销量对比表的参考效果

第2章

Excel表格的操作与设置

为了使Excel表格内容更丰富，数据更专业，样式更美观，不仅可以对工作表和单元格执行相应的操作，还可以设置单元格格式、套用表格样式、设置工作表背景等。本章将详细讲解工作表与单元格的基本操作，以及设置表格格式的相关操作。读者通过学习应熟练掌握Excel表格的操作与设置方法。

✳ 学习要点

◎ 操作工作表
◎ 操作单元格
◎ 设置单元格格式
◎ 套用表格样式
◎ 设置工作表背景

✳ 学习目标

◎ 熟练掌握工作表和单元格的基本操作，如插入工作表、移动与复制工作表，以及插入与删除单元格、合并与拆分单元格、调整单元格行高和列宽等
◎ 熟练掌握设置Excel表格格式的方法，如设置字符格式、设置对齐方式、设置数字格式、设置边框与底纹、套用表格样式等

2.1 操作工作表

为了有效、合理地管理Excel工作表的数量和其中的内容，可对工作表执行相应的操作。如可以将多个工作表放置到同一个工作簿中，并分别为其重命名；也可以将一个工作表中的数据移动或复制到多个工作表中使用等。

2.1.1 选择工作表

默认情况下，打开工作簿后系统将自动选择"Sheet1"工作表，若需对其他工作表进行编辑，则需先选择所需的工作表。选择工作表的方法有以下几种。

◎ **选择一张工作表**：单击需选择的工作表标签，如图2-1所示。如果看不到所需标签，可单击标签滚动按钮将其显示出来，然后再单击该标签。选择并切换到的工作表标签呈白色显示。

◎ **选择相邻工作表**：单击第一个工作表标签，然后按住【Shift】键不放并单击需选择的最后一个工作表标签，即可选择这两张工作表之间的所有工作表，如图2-2所示。

图2-1 选择一张工作表

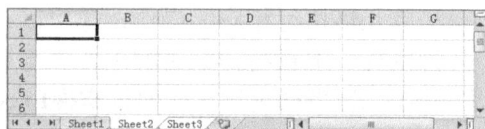

图2-2 选择相邻工作表

◎ **选择不相邻工作表**：单击第一个工作表标签，然后按住【Ctrl】键不放单击不相邻的任意一个工作表标签即可选择不相邻的工作表，如图2-3所示。

◎ **选择工作簿中的所有工作表**：在任意一个工作表标签上单击鼠标右键，在弹出的快捷菜单中选择"选定全部工作表"命令（如图2-4所示）即可选择同一工作簿中的所有工作表。

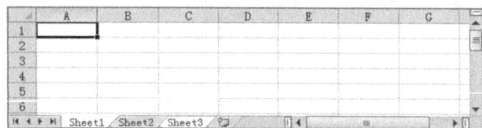

图2-3 选择不相邻的工作表

图2-4 选择所有工作表

知识提示 选择多张工作表后，在窗口的标题栏中将显示"[工作组]"字样。若要取消选择工作簿中的多张工作表，可单击任意一个工作表。若看不到未选择的工作表，可在选择工作表的标签上单击鼠标右键，在弹出的快捷菜单上选择"取消组合工作表"命令即可。

2.1.2 插入工作表

当工作表数量不够使用时，可增加工作表的数量。插入工作表的方法有以下3种。

◎ 在工作表标签后单击"插入工作表"按钮，或直接按【Shift+F11】组合键都可快速插入新的工作表。默认情况下，插入工作表后工作表标签名称将依次以"Sheet4""Sheet5""Sheet6"等命名。

◎ 选择一张或多张工作表，在【开始】→【单元格】组中单击"插入"按钮下方的按钮，在打开的下拉列表中选择"插入工作表"选项可插入与选择工作表相同个数的工作表，且插入的工作表将出现在选择的工作表之前。

◎ 在工作表标签上单击鼠标右键，在弹出的快捷菜单中选择"插入"命令，在打开的"插入"对话框的"常用"选项卡中选择"工作表"选项，如图2-5所示，可插入新的空白工作表；在"电子表格方案"选项卡中选择相应的选项，可插入基于模板的工作表，完成后单击 确定 按钮。

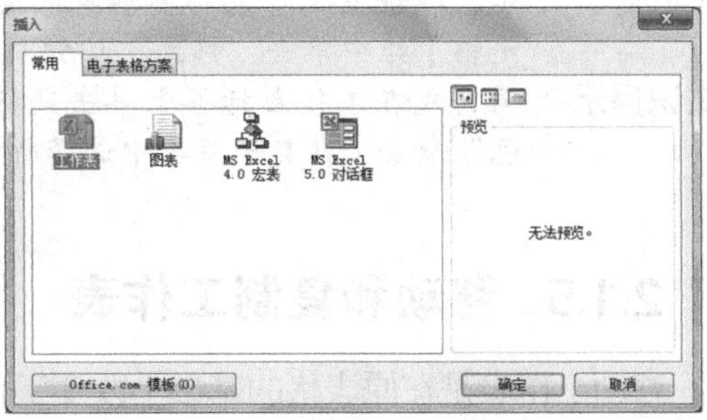

图2-5　"插入"对话框

2.1.3　删除工作表

在工作簿中删除一些多余的工作表可以节省计算机资源并有效地利用工作表数量。删除工作表的方法有以下两种。

◎ 选择需删除的工作表，在【开始】→【单元格】组中单击"删除"按钮下方的按钮，在打开的下拉列表中选择"删除工作表"选项即可。

◎ 在需删除的工作表标签上单击鼠标右键，在弹出的快捷菜单中选择"删除"命令也可删除所选的工作表。

操作技巧　　若要删除的工作表中包含有数据，将打开询问是否永久删除这些数据的提示对话框，单击 删除 按钮将删除工作表和工作表中的数据，单击 取消 按钮将取消删除工作表的操作。

2.1.4　重命名工作表

默认情况下，工作表的名称为"Sheet1""Sheet2""Sheet3"等，为了便于记忆和查询，可为工作表重命名，但是在同一个工作簿中不能有两个相同名称的工作表。重命名工作表的方法有以下3种。

◎ 双击需重命名的工作表标签，此时该工作表的名称自动呈黑底白字显示，直接在呈可编辑状态的工作表标签中输入相应的名称，完成后按【Enter】键，如图2-6所示。

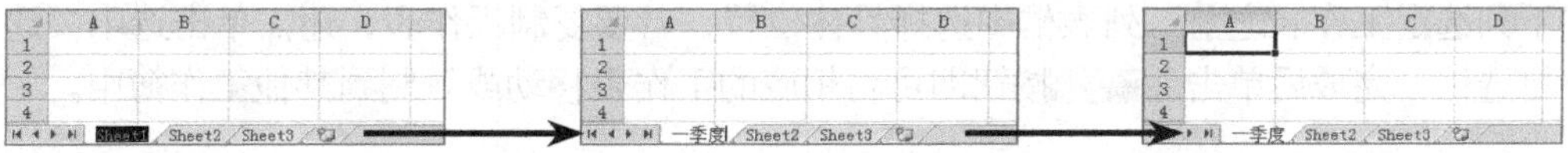

图2-6　重命名工作表

◎ 选择需重命名的工作表，在【开始】→【单元格】组中单击"格式"按钮，在打开的下拉列表的"组织工作表"栏中选择"重命名工作表"选项，然后输入相应的名称，完成后按【Enter】键。

◎ 在需重命名的工作表标签上单击鼠标右键，在弹出的快捷菜单中选择"重命名"命令，然后输入相应的名称，完成后按【Enter】键。

> 在Excel中为了更明显地区分和查找所需工作表，还可将工作表名称突出显示，即设置工作表标签颜色。其方法为：选择所需的工作表，在【开始】→【单元格】组中单击"格式"按钮，在打开的下拉列表中选择"工作表标签颜色"选项，或在工作表标签上单击鼠标右键，在弹出的快捷菜单中选择"工作表标签颜色"命令，在其子菜单中选择所需的颜色，完成后单击其他工作表标签即可。

知识提示

2.1.5 移动和复制工作表

移动工作表是在原表格的基础上改变工作表的位置，复制工作表是在原表格的基础上快速添加多个同类型的表格。根据移动或复制工作表的位置不同，分为两种情况：一是在同一工作簿中移动或复制；二是在不同工作簿之间移动或复制。

1. 在同一工作簿中移动或复制

为了提高工作效率，避免重复制作相同的工作表，在同一工作簿中可将一个工作表移动或复制到另一位置。移动与复制工作表的方法主要有以下两种。

◎ 选择需移动或复制的工作表，在【开始】→【单元格】组中单击"格式"按钮，在打开的下拉列表的"组织工作表"栏中选择"移动或复制工作表"选项，在打开的"移动或复制工作表"对话框中选择移动或复制工作表的位置，如图2-7所示，若要复制工作表，还需单击选中"建立副本"复选框，完成后单击 确定 按钮。

图2-7 "移动或复制工作表"对话框

◎ 将鼠标光标移到需移动或复制的工作表标签上，按住鼠标左键不放，若复制还需按住【Ctrl】键，当鼠标光标变成或形状时，将其拖动到目标位置之后，此时工作表标签上有一个符号将随鼠标光标移动，释放鼠标后在目标位置处可看到移动或复制的工作表。

2. 在不同工作簿中移动或复制

要在不同工作簿之间移动或复制工作表，首先需打开源工作簿和目标工作簿，然后在源工作簿的工作表标签上单击鼠标右键，在弹出的快捷菜单中选择"移动或复制"命令，在打开的"移动与复制工作表"对话框的"将选定工作表移至工作簿"下拉列表框中选择目标工作簿，在"下列选定工作表之前"列表框中选择具体位置，若要复制工作表，还需单击选中"建立副本"复选框，完成后单击 确定 按钮即可将相应的工作表移动或复制到其他工作簿中。

2.1.6 隐藏与显示工作表

为了使工作表中的数据不轻易被他人查看，可隐藏相关的工作表，待需要查看时再将其显示出来。隐藏和显示工作表的方法如下。

◎ **隐藏工作表**：选择需隐藏的工作表，在【开始】→【单元格】组中单击"格式"按钮，在打开的下拉列表的"可见性"栏中选择【隐藏和取消隐藏】→【隐藏工作表】选项即可。

◎ **显示工作表**：在【开始】→【单元格】组中单击"格式"按钮，在打开的下拉列表的"可见性"栏中选择【隐藏和取消隐藏】→【取消隐藏工作表】选项，在打开的"取消隐藏"对话框中选择需显示的工作表，如图2-8所示，单击 确定 按钮即可将所选的工作表显示出来。

图2-8 "取消隐藏"对话框

知识提示 若在同一工作簿中隐藏了多张工作表，则需在"取消隐藏"对话框中首先选择需显示的工作表选项（一次只能选择一个），然后单击 确定 按钮。

2.1.7 课堂案例1——编辑材料领料单

本案例将在提供的素材文件中对工作表执行选择、重命名、移动与复制、删除等操作，达到有效地利用工作表的目的，编辑"材料领料单"前后的对比效果如图2-9所示。

素材所在位置 光盘:\素材文件\第2章\课堂案例1\材料领料单.xlsx
效果所在位置 光盘:\效果文件\第2章\课堂案例1\材料领料单.xlsx
视频演示 光盘:\视频文件\第2章\编辑"材料领料单".swf

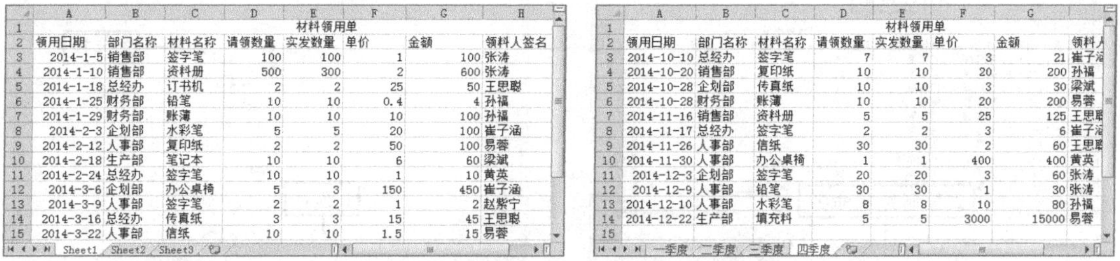

图2-9 编辑"材料领料单"前后的对比效果

（1）打开素材文件"材料领料单.xlsx"，双击"Sheet1"工作表标签，此时该工作表的名称呈黑底白字显示。

（2）直接在呈可编辑状态的工作表标签中输入工作表名称"一季度"，然后按【Enter】键，如图2-10所示。

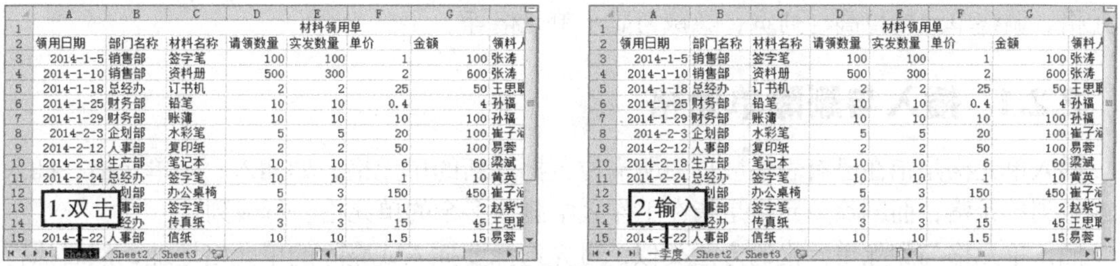

图2-10 重命名工作表

（3）选择"一季度"工作表，在其工作表标签上单击鼠标右键，在弹出的快捷菜单中选择"移动或复制"命令。

（4）在打开的"移动或复制工作表"对话框中选择移动或复制工作表的位置，这里在"下列选定工作表之前"列表框中选择"Sheet2"选项，然后单击选中"建立副本"复选框，完成后单击 确定 按钮，如图2-11所示。

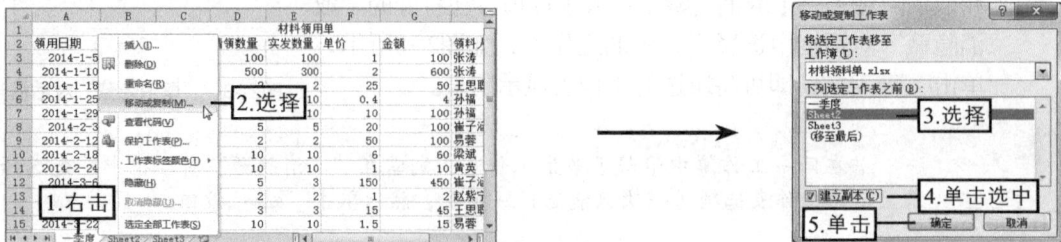

图2-11　移动并复制工作表

（5）在复制的"一季度 (2)"工作表中编辑数据，然后将该工作表重命名为"二季度"，用相同的方法复制并重命名多个工作表，如图2-12所示。

（6）选择"Sheet2"和"Sheet3"工作表，在其上单击鼠标右键，在弹出的快捷菜单中选择"删除"命令，如图2-13所示，完成后删除所选的工作表。

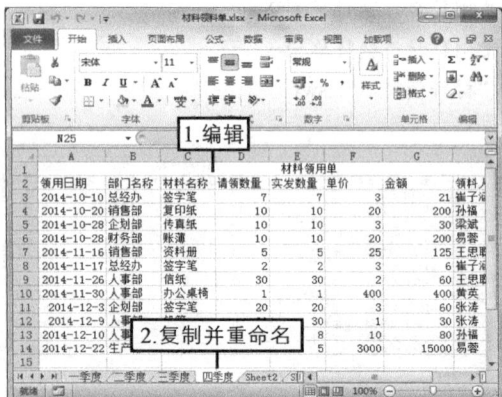

图2-12　复制并重命名多个工作表

图2-13　删除工作表

2.2　操作单元格

在Excel中编辑数据时难免会对单元格进行编辑操作，如插入与删除单元格、合并与拆分单元格、调整单元格行高与列宽、隐藏与显示单元格等。

2.2.1　插入与删除单元格

插入单元格是指在已有表格数据的所需位置插入新的单元格，如插入一个单元格、插入整行或整列单元格，而删除单元格是指在工作表中删除多余的单元格、行或列。

插入单元格与删除单元格的方法类似，可先选择要插入或删除的单元格地址，然后执行相应的操作。其主要方法有如下两种。

◎ **快速插入或删除单元格**：在【开始】→【单元格】组中直接单击"插入"按钮 或"删除"按钮 可快速插入或删除单元格；若单击"插入"按钮 或"删除"按钮 右侧的 按钮，在打开的下拉列表中选择"插入工作表行"选项或"删除工作表行"选项可快速插入或删除整行，选择"插入工作表列"命令或"删除工作表列"命令可快速插入或删除整列。

◎ **通过对话框插入或删除**：在【开始】→【单元格】组中单击"插入"按钮 或"删除"按钮 右侧的 按钮，在打开的下拉列表中选择"插入单元格"选项或"删除单元格"选项，在打开的"插入"对话框（如图2-14所示）或"删除"对话框（如图2-15所示）中单击选中相应的单选项，完成后单击 确定 按钮也可插入或删除所需的单元格。

图2-14 "插入"对话框   图2-15 "删除"对话框

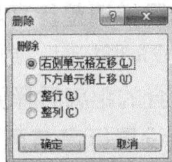

知识提示　在需要插入或删除单元格的位置单击鼠标右键，在弹出的快捷菜单中选择"插入"或"删除"命令也可打开"插入"或"删除"对话框。另外，选择某行或列后，在其上单击鼠标右键，在弹出的快捷菜单中选择"插入"或"删除"命令也可快速插入或删除整行或整列单元格。

2.2.2 合并与拆分单元格

在编辑表格数据时，常常需要合并与拆分工作表中的单元格，如将首行的多个单元格合并以突出显示工作表的表题等，当合并后的单元格不能满足要求时，则可拆分合并后的单元格。

要合并与拆分单元格，可先选择要合并的单元格区域，在【开始】→【对齐方式】组中单击"合并后居中"按钮 右侧的 按钮，在打开的下拉列表中选择相应的选项，如图2-16所示。

图2-16 "合并"下拉列表

下面对合并对拆分单元格的相关选项的含义与作用进行介绍。

◎ **选择"合并后居中"选项**：表示将所选的单元格区域合并为一个单元格，且其中的数据居中显示。

◎ **选择"跨越合并"选项**：表示将所选的多行单元格区域中的每行分别进行合并。

◎ **选择"合并单元格"选项**：表示只将所选的单元格区域合并为一个单元格。

27

◎ **选择"取消单元格合并"选项**：表示将合并的单元格拆分为原来的单元格。

知识提示 若选择要合并的单元格区域，单击"合并后居中"按钮可快速合并单元格并居中显示数据；若选择合并后的单元格，再次单击"合并后居中"按钮则可拆分合并后的单元格。

2.2.3 调整单元格行高和列宽

默认状态下，单元格的行高和列宽是固定不变的，但是当单元格中的数据太多而不能完全显示时，则可调整单元格的行高或列宽使单元格的内容完全显示出来。调整单元格行高或列宽的方法主要有以下3种。

◎ **拖动鼠标调整行高与列宽**：将鼠标光标移至行号或列标间的间隔线处，当鼠标光标变为╋或╬形状时，单击在鼠标光标右侧将显示具体的数据，然后按住鼠标左键不放拖动至适合的距离后释放鼠标即可。它是调整单元格行高和列宽最快捷的方法。

◎ **精确设置行高与列宽**：选择需调整行高或列宽的单元格，在【开始】→【单元格】组中单击"格式"按钮，在打开的下拉列表的"单元格大小"栏中选择"行高"或"列宽"选项，在打开的"行高"对话框（如图2-17所示）或"列宽"对话框（如图2-18所示）的文本框中输入精确的数值，完成后单击 确定 按钮。

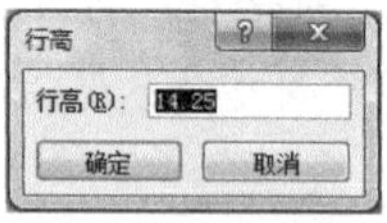

图2-17 "行高"对话框 　　　　　图2-18 "列宽"对话框

◎ **自动调整行高与列宽**：选择需调整行高或列宽的单元格，在【开始】→【单元格】组中单击"格式"按钮，在打开的下拉列表的"单元格大小"栏中选择"自动调整行高"或"自动调整列宽"选项，系统可自动将单元格大小调整为刚好完全显示单元格中的内容。

知识提示 单击"格式"按钮下方的按钮，在打开的下拉列表中的"单元格大小"栏中选择"默认列宽"选项，在打开对话框中可设置Excel默认的列宽值。

2.2.4 隐藏和显示单元格

在工作簿中除了可以隐藏或显示工作表外，还可隐藏或显示表格中的某行或某列单元格，待需要时再将隐藏的行或列重新显示出来。隐藏或显示单元格的方法如下。

◎ **隐藏单元格**：选择需隐藏的行或列，在【开始】→【单元格】组中单击"格式"按钮，在打开的下拉列表的"可见性"栏中选择【隐藏和取消隐藏】→【隐藏行】选项或选择【隐藏和取消隐藏】→【隐藏列】选项即可隐藏所选行或列。

◎ **显示单元格**：选择整个工作表，在【开始】→【单元格】组中单击"格式"按钮，在打开的下拉列表的"可见性"栏中选择【隐藏和取消隐藏】→【取消隐藏行】选项或选择【隐藏和取消隐藏】→【取消隐藏列】选项即可将隐藏的行或列重新显示出来。

操作技巧 将鼠标光标移到隐藏了行或列的行号或列标间的间隔线上，然后拖动鼠标至隐藏的数据能完全显示时，释放鼠标也可将隐藏的行或列重新显示出来。

2.2.5 课堂案例2——编辑借款单

本案例将在提供的素材文件中插入单元格、合并单元格、调整单元格行高与列宽，使表格内容的显示更直观。完成后的参考效果如图2-19所示。

素材所在位置 光盘:\素材文件\第2章\课堂案例2\借款单.xlsx
效果所在位置 光盘:\效果文件\第2章\课堂案例2\借款单.xlsx
视频演示 光盘:\视频文件\第2章\编辑"借款单".swf

图2-19 "借款单"的参考效果

（1）打开素材文件"借款单.xlsx"，选择第1行，在【开始】→【单元格】组中单击"插入"按钮右侧的按钮，在打开的下拉列表中选择"插入工作表行"选项插入整行。

（2）选择A1单元格，输入公司名称"德源投资咨询有限公司"，完成后按【Enter】键，如图2-20所示。

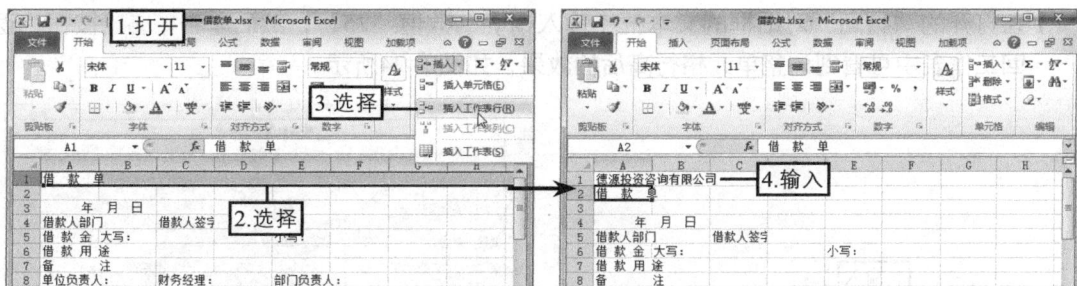

图2-20 插入行并输入数据

操作技巧 要重复插入或删除所需的单元格，可选择要插入或删除单元格的位置，连续单击"插入"按钮（按【Ctrl+Y】组合键）或单击"删除"按钮（按【Ctrl+-】组合键）。

（3）选择A1:F1单元格区域，在【开始】→【对齐方式】组中单击"合并后居中"按钮 📄。

（4）分别选择A2:F2、D5:F5、C6:D6、B7:F7、B8:F8单元格区域，合并后居中显示单元格数据，如图2-21所示。

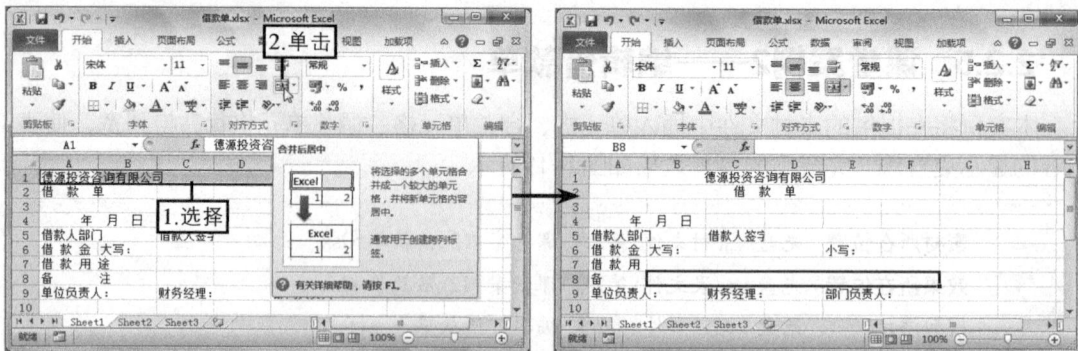

图2-21 合并后居中显示数据

（5）选择A¯F列，将鼠标光标移至列标间的间隔线处，此时鼠标光标变为 ╬ 形状，然后按住鼠标左键不放向右拖动至适合的距离后释放鼠标，如图2-22所示。

（6）选择第1¯9行，在【开始】→【单元格】组中单击"格式"按钮 📄，在打开的下拉列表的"单元格大小"栏中选择"行高"选项，如图2-23所示。

图2-22 调整单元格列宽

图2-23 选择"行高"命令

（7）在打开的"行高"对话框的文本框中输入精确的数值"25"，然后单击 确定 按钮，返回工作表中可看到调整单元格行高后的效果，如图2-24所示。

图2-24 调整单元格行高

2.3 设置Excel表格格式

Excel表格只是表现数据的方式，为了使表格数据显示更直观，可以设置单元格格式更改数据的外观而不会更改数据本身。

2.3.1 设置字符格式

Excel中数据的默认字体为宋体，字号为11号。用户可根据需要设置单元格中数据的字体、字号、字形、字体颜色等字符格式。

1. 通过"字体"组设置

在工作表中选择要设置字体格式的单元格、单元格区域、文本或字符后，在【开始】→【字体】组中（如图2-25所示）单击相应的按钮或在其下拉列表框中选择相应的选项可快速地设置字体格式；也可单击"对话框启动器"按钮，在打开的"设置单元格格式"对话框的"字体"选项卡中进行更详细的设置，如不同样式的下划线、字体的特殊效果（如删除线、上标和下标）等，如图2-26所示。

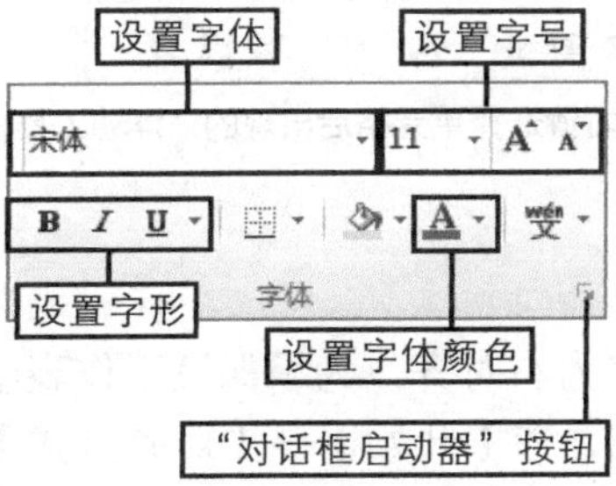

图2-25 "字体"组 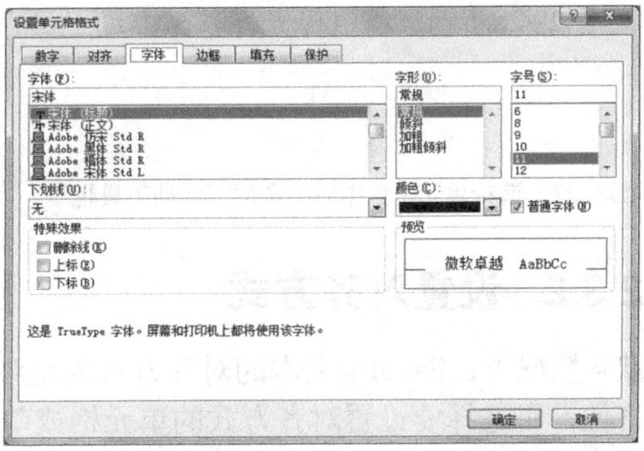　　　　图2-26 通过"设置单元格格式"对话框设置字体格式

"字体"组中相应按钮及下拉列表框的作用如下。

◎ **设置字体**：字体指数据的外观，如宋体、黑体、楷体等字体。不同的字体，其外观也不同。要设置字体，可在"字体"下拉列表框中选择计算机中已安装的各种字体。

◎ **设置字号**：字号指数据的大小。Excel支持两种字号表示方法：一种为中文，如初号、一号、三号等，编号越小，数据就越大；另一种为数字，如10、10.5、15等，字号越大，数据就越大。要设置字号，可在"字号"下拉列表框中选择相应的字号，也可单击"增大字号"按钮A或"减小字号"按钮A，直到"字号"下拉列表框中显示所需的字号即可。

◎ **设置字形**：字形指数据的一些特殊外观，如加粗、倾斜、添加下划线等。要设置字形，可单击"加粗"按钮B加粗显示所选字符；单击"倾斜"按钮I倾斜显示所选字符；单击"下划线"按钮U为所选字符添加当前显示的下划线效果；单击U按钮右侧的·按钮，在打开的下拉列表中可选择其他下划线效果。

◎ **设置字体颜色**：默认的数据颜色为黑色，通过设置字体颜色可以突出重点，使表格更生动。要设置字体颜色，可单击"字体颜色"按钮▲为所选字符设置当前显示的字体颜色；单击▲按钮右侧的﹀按钮，在打开的下拉列表中可选择其他字体颜色。

> **操作技巧**　选择单元格或单元格区域后，在其上单击鼠标右键，在弹出的快捷菜单中选择"设置单元格格式"命令，或直接按【Ctrl+1】组合键，也可打开"设置单元格格式"对话框。

2. 通过"浮动工具栏"设置

通过浮动工具栏也可设置字体、字号、字形、字体颜色等，浮动工具栏中的相应按钮及下拉列表框的作用与"字体"组中相同。浮动工具栏主要有如下两种表现形式。

◎ **对单元格中的部分数据进行设置**：双击需要设置字体格式的单元格，将文本插入点定位到单元格中，拖动鼠标选择单元格中需要设置字体格式的数据，此时将出现一个半透明的"浮动工具栏"，如图2-27所示，将鼠标光标移至浮动工具栏并执行相应的操作即可为所选的数据设置字体格式。

◎ **对单元格中的所有数据进行设置**：选择需要设置字体格式的单元格或单元格区域，在其上单击鼠标右键，此时除了弹出右键快捷菜单，还将出现一个"浮动工具栏"，如图2-28所示，将鼠标光标移至浮动工具栏并执行相应的操作即可设置字体格式。

图2-27　选择单元格数据后出现的"浮动工具栏"　　　图2-28　右键选择单元格后出现的"浮动工具栏"

2.3.2　设置对齐方式

默认情况下，Excel中文本的对齐方式为左对齐、数字为右对齐，为了保证工作表中数据的整齐性，可选择要设置对齐方式的单元格或单元格区域，在【开始】→【对齐方式】组中（如图2-29所示）单击相应的按钮设置不同的对齐方式；也可单击"对话框启动器"按钮，在打开的"设置单元格格式"对话框的"对齐方式"选项卡中更详细地设置数据的对齐方式、字符缩进量、文本排列方向和角度等，如图2-30所示。

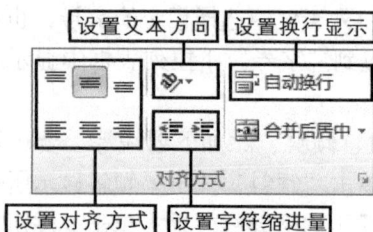

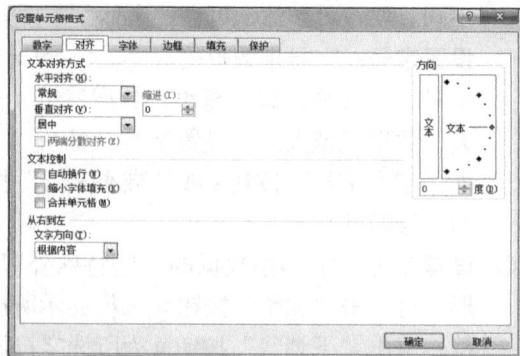

图2-29　"对齐方式"组　　　图2-30　通过"设置单元格格式"对话框设置对齐方式

"对齐方式"组中相应按钮的作用如下。

◎ **设置对齐方式**：单击▤按钮，使数据靠单元格顶端对齐；单击▤按钮，使数据在单元格中上下居中对齐；单击▤按钮，使数据靠单元格底端对齐；单击▤按钮，使数据靠单元格左端对齐；单击▤按钮，使数据在单元格中左右居中对齐；单击▤按钮，使数据靠单元格右端对齐。

◎ **设置文本方向**：单击▤按钮，在打开的下拉列表中可选择不同的文本方向选项，如逆时针角度、顺时针角度、竖排文字等。

◎ **设置换行显示**：单击▤自动换行按钮，可将单元格中不能完全显示的内容换行显示。

◎ **设置字符缩进量**：单击▤按钮可减少字符缩进量，单击▤按钮可增加字符缩进量。每单击一次减少或增加4个字符。

2.3.3 设置数字格式

Excel中的数字格式包括"常规""数值""货币""会计专用""日期""百分比""分数"等类型，用户可根据需要设置所需的数字格式。要设置数字格式，首先要选择设置数字格式的单元格和单元格区域，然后在【开始】→【数字】组中（如图2-31所示）执行相应的操作；也可单击"对话框启动器"按钮▤，在打开的"设置单元格格式"对话框的"数字"选项卡的"分类"列表框中选择不同的数字格式，如数值、货币、日期等，在右侧设置数据的具体类型等，在下方的提示文字中查看所选数字格式的应用范围，如图2-32所示为在"分类"列表框中选择"自定义"选项，在右侧的"类型"栏下的列表框中选择所需的数字格式，并在其文本框中自定义数字格式后的效果。

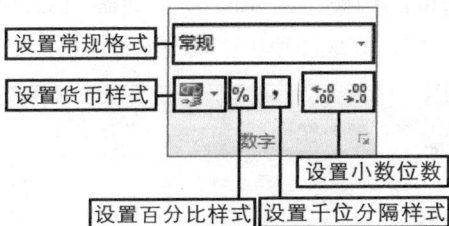

图2-31　"数字"组　　　　图2-32　通过"设置单元格格式"对话框设置数字格式

"数字"组中相应按钮及下拉列表框的作用如下。

◎ **设置常规格式**：在"常规"下拉列表框中可以选择"常规"选项取消设置的数字格式，也可选择其他选项设置货币、日期、时间、百分比、分数等数字格式。

◎ **设置货币样式**：单击▤按钮，将所选单元格的数据显示为中文的货币样式；单击▤按钮右侧的·按钮，在打开的下拉列表中可选择不同国家的货币样式。

◎ **设置百分比样式**：单击%按钮，将所选单元格的数据显示为百分比样式。

◎ **设置千位分隔样式**：单击，按钮，将所选单元格的数据显示为千位分隔符样式。

◎ **设置小数位数**：单击▤按钮，将增加所选单元格中数据的小数位数；单击▤按钮，将减少所选单元格中数据的小数位数。

2.3.4 设置边框与底纹

为了使制作的表格轮廓更清晰，更具层次感，底纹效果更美观，可设置单元格的边框与填充颜色。

1. 设置边框

在Excel中不仅可以为单元格添加默认的边框样式，还可以手动绘制边框，以及为单元格自定义边框的线条样式、线条颜色、边框位置等。

◎ **添加默认的边框样式**：在【开始】→【字体】组中单击⊞按钮可为所选单元格或单元格区域添加当前显示的边框样式；单击⊞按钮右侧的▾按钮，在打开的下拉列表（如图2-33所示）的"边框"栏中选择任一种边框样式可快速设置边框，若选择"无边框"选项可撤销单元格边框样式的显示状态。

◎ **手动绘制边框**：在"边框"下拉列表的"绘制边框"栏中选择相应的选项，可手动绘制边框或边框网格，并设置线条颜色与线型。如绘制一个红色的双线条边框，可先选择"线条颜色"为"红色"，"线型"为"双线条"，然后选择"绘图边框"选项，此时鼠标光标变为⌀形状，在需要绘制边框的单元格中按住鼠标左键不放拖动到所需位置后释放鼠标，如图2-34所示，完成后双击鼠标退出边框绘制状态即可。

◎ **自定义边框样式**：在"边框"下拉列表中若选择"其他边框"命令，可打开"设置单元格格式"对话框的"边框"选项卡，如图2-35所示，在"线条"栏中可设置线条样式和颜色，在"预置"栏中可选择需设置单元格边框的构架，在"边框"栏中可精确设置各个位置上的单元格边框，完成后单击 确定 按钮即可。

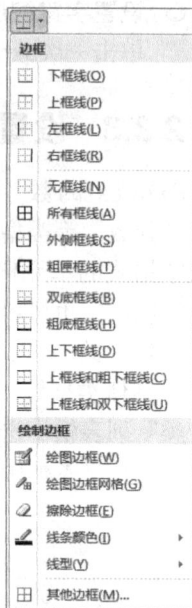

图2-33 "边框"下拉列表

图2-34 绘制边框

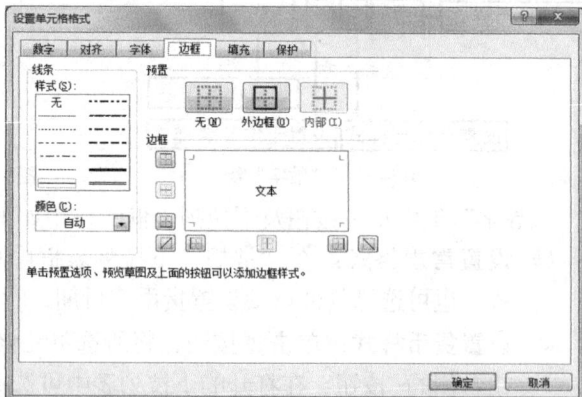

图2-35 通过"设置单元格格式"对话框设置边框

知识提示 要擦除已绘制的边框，可在"边框"下拉列表的"绘制边框"栏中选择"擦除边框"选项，此时鼠标光标变为⌀形状，用鼠标光标单击已绘制的边框样式，或选择已绘制的边框样式区域即可。

2. 设置填充颜色

要设置单元格或单元格区域的填充颜色，其方法有如下两种。

◎ **快速设置填充颜色**：在【开始】→【字体】组中单击 按钮可为所选单元格或单元格区域应用当前显示的填充颜色；单击 按钮右侧的 按钮，在打开的下拉列表中可根据需要选择相应的填充颜色，如图2-36所示。

◎ **通过"设置单元格格式"对话框设置**：在"设置单元格格式"对话框中单击"填充"选项卡，在"背景色"栏的颜色块中可选择所需的颜色；单击 其他颜色(M)… 按钮，在打开的对话框中可选择更多的颜色；单击 填充效果(I)… 按钮，在打开的对话框中可设置渐变颜色、预设效果、底纹样式等；在"图案颜色"下拉列表框中可选择图案的颜色；在"图案样式"下拉列表框中可选择图案样式，完成后单击 确定 按钮，如图2-37所示。

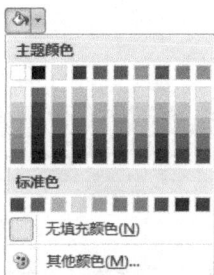

图2-36 "填充颜色"下拉列表　　图2-37 通过"设置单元格格式"对话框设置填充颜色

> **知识提示** 要删除单元格中添加的填充颜色，可在"填充颜色"下拉列表中选择"无填充颜色"选项，或在"设置单元格格式"对话框中单击 无颜色 按钮。

2.3.5 套用表格样式

Excel提供的套用表格格式功能可以快速为表格设置其格式，这样不仅保证了表格格式质量，而且提高了工作效率。默认情况下，套用表格格式有浅色、中等深浅和深色3大类型供用户选择。套用表格格式的具体操作如下。

（1）选择需套用表格格式的单元格区域，在【开始】→【样式】组中单击"套用表格格式"按钮，在打开的下拉列表框中选择所需的格式。

（2）在打开的"套用表格式"对话框中确认套用表格格式的单元格区域，如图2-38所示，然后单击 确定 按钮即可快速套用表格格式。

> **知识提示** 在"套用表格格式"下拉列表中选择"新建表样式"选项，在打开的"新建表快速样式"对话框中可自定义并创建表格样式。

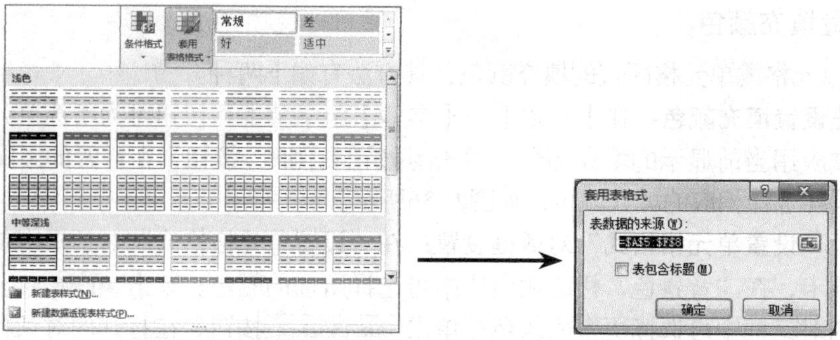

图2-38　套用表格格式

> 在Excel中除了可以套用表格格式外，还可应用预设的单元格样式，即具有特定格式的单元格设置选项。要应用单元格样式，首先需选择要应用样式的单元格或单元格区域，然后在【开始】→【样式】组中单击"单元格样式"按钮，在打开的下拉列表选择相应的选项，完成后即可为所选区域应用所需的样式。

2.3.6　设置工作表背景

默认情况下，Excel工作表中的数据呈白底黑字显示。为了使工作表更美观，除了为其填充颜色外，还可插入喜欢的图片作为背景。

设置工作表背景的方法很简单，可在【页面布局】→【页面设置】组中单击背景按钮，在打开的"工作表背景"对话框左侧的列表框中选择背景图片的保存路径，在中间区域选择所需的背景图片，如图2-39所示，完成后单击插入(S)按钮应用设置。

图2-39　设置工作表背景

> 为单元格设置的颜色或图案效果可以通过打印机打印到纸张上，但是为工作表设置的背景效果不能通过打印机打印输出。

2.3.7　课堂案例3——设置"设备报价表"

本案例将为提供的素材文件设置字体格式、对齐方式、数字格式、边框与填充颜色，使表格效果更美观，表格轮廓更清晰。完成后的参考效果如图2-40所示。

素材所在位置　光盘:\素材文件\第2章\课堂案例3\设备报价表.xlsx

效果所在位置　光盘:\效果文件\第2章\课堂案例3\设备报价表.xlsx

视频演示　　　光盘:\视频文件\第2章\设置设备报价表.swf

图2-40 "设备报价表"的参考效果

（1）打开素材文件"设备报价表.xlsx"，选择合并后的A1单元格，在【开始】→【字体】组的"字体"下拉列表框中选择"方正兰亭粗黑简体"选项，在"字号"下拉列表框中选择"16"选项，然后在"字体"组的右下角单击"对话框启动器"按钮。

（2）打开"设置单元格格式"对话框的"字体"选项卡，在"下划线"下拉列表框中选择"会计用双下划线"选项，在"颜色"下拉列表框中选择"深红"选项，完成后单击 确定 按钮，如图2-41所示。

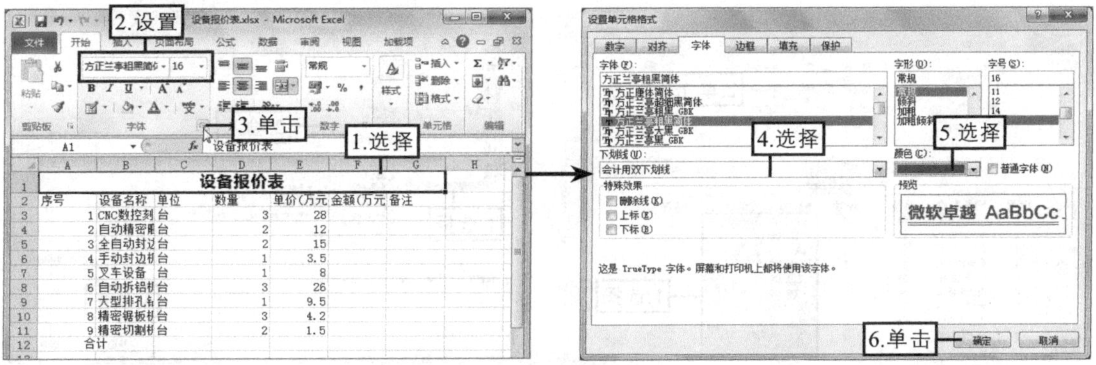

图2-41 设置表题的字体格式

（3）选择A2:G2单元格区域，在"字体"组的"字号"下拉列表框中选择"12"选项，然后单击 B 按钮加粗显示表头字体，如图2-42所示。

（4）选择A2:G12单元格区域，在"对齐方式"组中单击 ≡ 按钮使所选区域的数据居中显示，然后在"对齐方式"组的右下角单击"对话框启动器"按钮。

（5）打开"设置单元格格式"对话框的"对齐"选项卡，在"文本控制"栏中单击选中"缩小字体填充"复选框使单元格数据根据单元格的大小自动缩小字体显示，完成后单击 确定 按钮，如图2-43所示。

图2-42 设置表头的字体格式

图2-43 设置对齐方式

（6）选择E3:F12单元格区域，在"数字"组中直接单击▦按钮，将所选单元格的数据显示为中文的货币样式，如图2-44所示。

（7）选择A3:A11单元格区域，在"数字"组的右下角单击"对话框启动器"按钮▦，在打开的"设置单元格格式"对话框的"数字"选项卡的"分类"列表框中选择"自定义"选项，在右侧的"类型"栏下的文本框中输入数据"000"，如图2-45所示，完成后单击 确定 按钮即可将所选区域中的数据设置为"0"开头的数据。

图2-44 设置货币格式

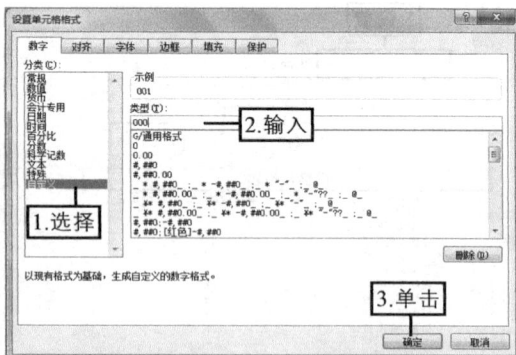

图2-45 自定义以"0"开头的数字

> **操作技巧** 在输入以"0"开头的数据前，先在英文状态下输入单引号"'"，或将所选的单元格区域的数字格式设置为"文本"类型，然后再输入以"0"开头的数据，即可以文本形式存储数据。

（8）选择A2:G12单元格区域，在"字体"组中单击▦按钮右侧的▾按钮，在打开的下拉列表中选择"其他边框"选项。

（9）打开"设置单元格格式"对话框的"边框"选项卡，在"样式"列表框中选择"——"选项，在"预置"栏中单击"外边框"按钮▦，继续在"样式"列表框中选择"……"选项，在"颜色"下拉列表框中选择"紫色"选项，在"预置"栏中单击"内部"按钮▦，完成后单击 确定 按钮，如图2-46所示。

图2-46 设置边框

（10）单击"全选"按钮▢选择所有单元格，然后在"字体"组中单击▨按钮右侧的▾按钮，在打开的下拉列表中选择"白色，背景1"选项，如图2-47所示。

（11）选择A2:G12单元格区域，在"字体"组的右下角单击"对话框启动器"按钮▢，在打开的"设置单元格格式"对话框中单击"填充"选项卡，然后单击▭填充效果(I)...▭按钮，如图2-28所示。

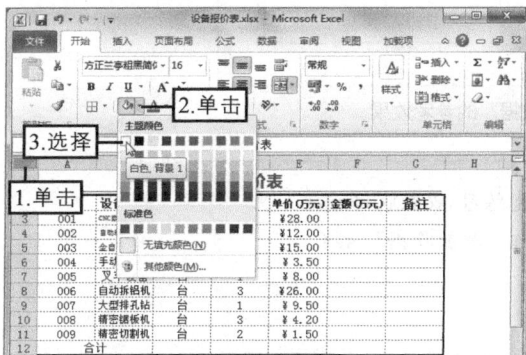

图2-47 设置填充颜色

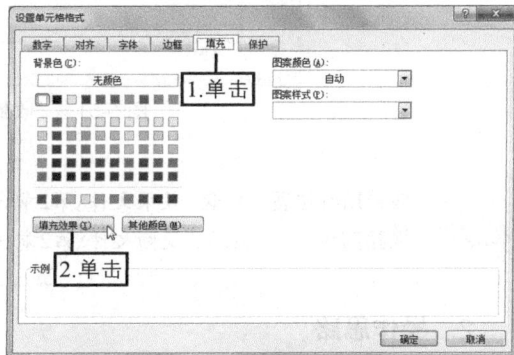

图2-48 打开"填充效果"对话框

（12）在打开的"填充效果"对话框的"颜色2"下拉列表框中选择"橙色，强调文字颜色6，淡色40%"选项，在"底纹样式"栏中单击选中"中心辐射"单选项，如图2-49所示，完成后依次单击▭确定▭按钮，返回工作表中调整行高与列宽后的效果如图2-50所示。

图2-49 设置渐变的填充效果

图2-50 最终效果

2.4 课堂练习

本课堂练习将分别制作收款收据和存货盘存表，结合本章所学的知识点进行综合练习，使读者熟练掌握Excel表格的操作与设置方法。

2.4.1 制作收款收据

1. 练习目标

本练习的目标是制作"收款收据"，需要在其中输入相应的数据并设置单元格格式。本练习完成后的参考效果如图2-51所示。

图2-51 "收款收据"的参考效果

> 效果所在位置 光盘:\效果文件\第2章\课堂练习\收款收据.xlsx
> 视频演示 光盘:\视频文件\第2章\制作"收款收据".swf

2. 操作思路

完成本练习需要在创建的"收款收据"工作簿中输入相应的数据，然后合并单元格、设置单元格格式、调整单元格行高与列宽等，其操作思路如图2-52所示。

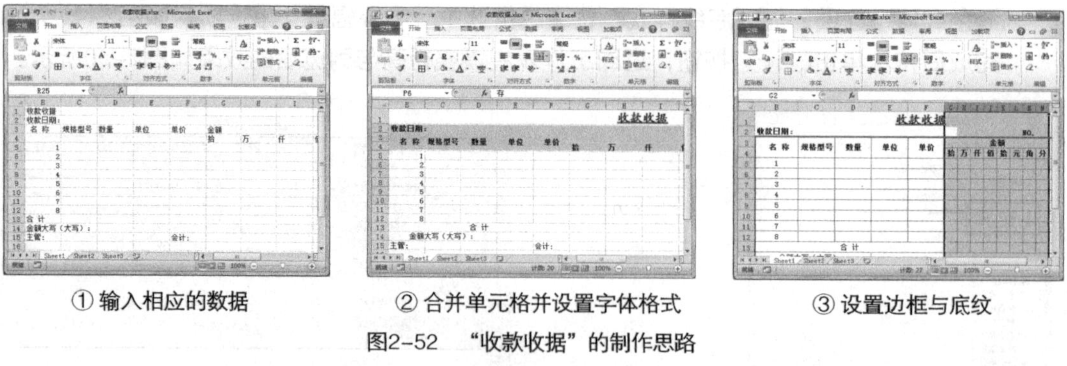

① 输入相应的数据   ② 合并单元格并设置字体格式   ③ 设置边框与底纹

图2-52 "收款收据"的制作思路

（1）启动Excel，将新建的工作簿以"收款收据"为名进行保存，然后选择相应的单元格输入所需的数据。

（2）合并相应的单元格，然后选择合并后的B1:O1单元格区域，设置其字体格式为"楷体_

GB2312、18、加粗",并为其文本设置双下划线,继续选择B2:O4和P6:P10单元格区域,设置其字体格式为"加粗"。

(3)选择B2:P15单元格区域,设置其对齐方式为"居中"。

(4)选择B3:O14单元格区域,设置其内部边框样式为"┈┈",外部边框样式为"━━",然后设置所有单元格的底纹为"白色,背景1,深色35%",并设置A1:Q16单元格区域的底纹为"白色",完成后调整单元格行高与列宽。

2.4.2 制作存货盘存表

1. 练习目标

本练习的目标是制作存货盘存表,需要在其中对工作表和单元格进行操作,并设置单元格格式。本练习完成后的参考效果如图2-53所示。

图2-53 "存货盘存表"的参考效果

素材所在位置	光盘:\素材文件\第2章\课堂练习\存货盘存表.xlsx
效果所在位置	光盘:\效果文件\第2章\课堂练习\存货盘存表.xlsx
视频演示	光盘:\视频文件\第2章\制作"存货盘存表".swf

2. 操作思路

完成本练习需要在提供的素材文件中重命名工作表、复制工作表、删除工作表,然后编辑数据并插入单元格,完成后设置单元格格式,其操作思路如图2-54所示。

① 对工作表进行操作　　② 编辑数据并对单元格进行操作　　③ 设置单元格格式

图2-54 "存货盘存表"的制作思路

(1)打开素材文件"存货盘存表.xlsx",将"Sheet1"工作表重命名为"玻璃杯",然后复制"玻璃杯"工作表,并将其重命名为"保温杯",完成后删除"Sheet2"和"Sheet3"工作表。

（2）在"保温杯"工作表中编辑数据，然后选择第15⁻16行，插入两行，并在其中输入相应的数据，完成后调整单元格列宽。

（3）在"玻璃杯"工作表中分别设置"单价"和"金额"列的数据格式为"货币格式"，然后选择A3:L4单元格区域，应用其单元格样式为"强调文字颜色2"。

（4）用相同的方法在"保温杯"工作表中设置货币格式，并应用单元格样式。

2.5 拓 展 知 识

在Excel中设置单元格格式后，还可使用格式刷快速复制格式，即将某个已有的单元格格式快速地应用到其他单元格或单元格区域中。使用格式刷复制格式可分为以下两种情况。

◎ **一次格式复制**：选择要复制格式的单元格或单元格区域，单击"格式刷"按钮 ✓ ，此时鼠标光标变成 ✿▲ 形状，然后单击需要应用该格式的单元格或单元格区域，完成格式的复制并退出格式刷状态。

◎ **多次格式复制**：选择要复制格式的单元格或单元格区域，双击"格式刷"按钮 ✓ ，此时鼠标光标变成 ✿▲ 形状，然后单击需要应用该格式的单元格或单元格区域，此时将不会立即退出格式刷状态，仍可继续进行多次格式复制，直到完成格式的复制后再次单击"格式刷"按钮 ✓ 或按【Esc】键可退出格式刷状态。

2.6 课 后 习 题

打开"产品报价单.xlsx"工作簿，在其中对工作表和单元格进行操作，然后设置单元格格式并套用表格格式，设置前后的对比效果如图2-55所示。

提示：合并A1:H1单元格区域，设置其字符格式为"方正粗活意简体，18，深红"，然后为A2:H20单元格区域套用表格格式为"表样式中等深浅3"，并设置"单价"和"总价"列的数据格式为"货币格式"，调整单元格行高与列宽，完成后删除"Sheet2"和"Sheet3"工作表，再复制两张"Sheet1"工作表，分别将其重命名为"美白系列""保湿系列""柔肤系列"，并在其中编辑相应的数据。

素材所在位置　　光盘:\素材文件\第2章\课后习题\产品报价单.xlsx
效果所在位置　　光盘:\效果文件\第2章\课后习题\产品报价单.xlsx
视频演示　　　　光盘:\视频文件\第2章\制作"产品报价单".swf

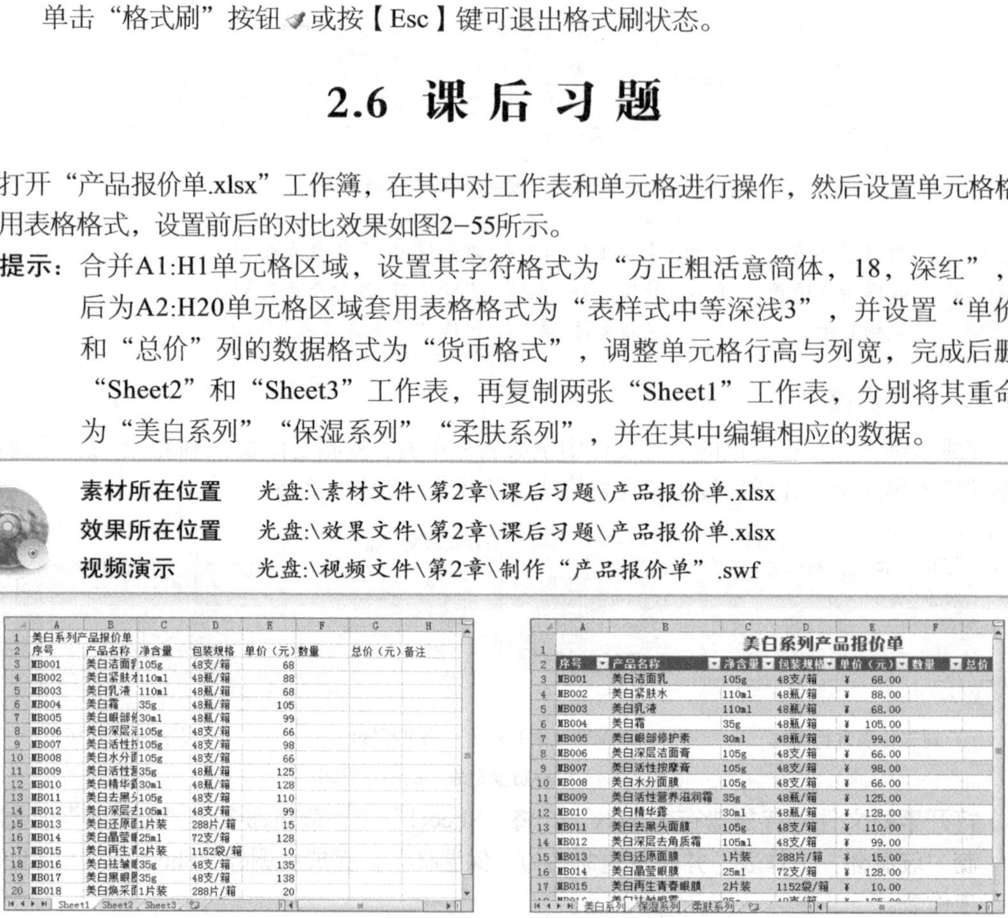

图2-55　产品报价单设置前后的对比效果

第**3**章

Excel数据的计算与管理

    Excel的数据处理功能非常强大，它不仅可以计算复杂数据，还可以将表格数据管理得有条不紊。本章主要讲解使用公式与函数计算数据、数据筛选、数据排序、数据分类汇总以及保护并打印表格数据等操作。读者通过掌握这些操作，不仅能制作出更专业的表格，而且还可提高工作效率。

✳ 学习要点

◎ 使用公式与函数计算数据
◎ 管理Excel表格数据
◎ 保护Excel表格数据
◎ 打印Excel表格数据

✳ 学习目标

◎ 认识公式与函数，并熟练掌握公式与函数的使用方法以及单元格的引用
◎ 熟练掌握管理Excel表格数据的操作，主要包括数据的筛选、数据的排序、数据的分类汇总等操作
◎ 熟练掌握保护与打印Excel表格数据的操作，主要包括保护工作表、保护工作簿、设置页面、预览并打印表格数据等操作

3.1 使用公式与函数计算数据

在Excel中利用公式可以计算一些简单的数据，而利用函数则可以轻松地完成各种复杂数据的处理工作，并简化公式的使用。

3.1.1 认识公式与函数

使用公式与函数计算数据之前，首先应对公式与函数有简单的认识，如公式与函数的定义、结构及其组成部分等。

◎ **公式**：Excel中的公式是对工作表中的数据进行计算的等式，它以等号"="开始，其后是公式表达式，如"=A2+SUM(B2:D2)/3"。公式表达式中包含了运算符、数值或任意字符串、函数及其参数以及单元格引用等元素，其中运算符是Excel公式中的基本元素，它是指对公式中的元素进行特定类型的运算。

◎ **函数**：函数是一种在需要时直接调用的表达式，通过使用一些称为参数的特定数值来按特定的顺序或结构进行计算。函数的结构为：=函数名(参数1,参数2,…)，其中函数名是指函数的名称，每个函数都有唯一的函数名，如SUM和IF等；参数则是指函数中用来执行操作或计算的值，当函数名称后没有任何参数时必须加上一组空括号。

知识提示 使用公式与函数时，其中的所有左括号和右括号必须成对出现。特别是在使用多层嵌套括号时，如果输入的括号不匹配，在确认公式时Excel将弹出提示信息说明公式存在问题，必须加以更正后才能执行公式。

3.1.2 公式的使用

要使用公式计算单元格中的数据，首先应在所需的单元格中输入公式，当输入的公式不满足需求时，再对其进行编辑，如复制公式、修改公式、显示公式、将公式转换为数值。

1. 输入公式

输入公式的方法与输入数据类似，可在单元格中输入，也可在编辑栏中输入。只是输入公式前需先在单元格或编辑栏中输入等号"="，然后输入公式表达式，完成后按【Ctrl+Enter】组合键或单击编辑栏上的✔按钮，退出公式编辑状态，并计算公式结果，如图3-1所示。

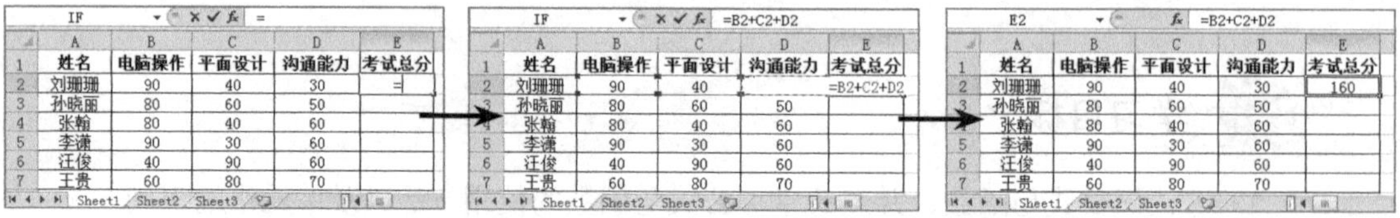

图3-1 输入公式

知识提示 若输入的公式中涉及引用单元格数据，可直接手动输入单元格名称，也可单击相应的单元格进行引用，被引用的单元格边框将用不同的颜色显示，且公式中的单元格引用地址颜色与相应单元格边框颜色相同。

2. 复制公式

复制公式是计算同类数据最快捷的方法。在复制公式的过程中，Excel会自动改变引用单元格的地址，这样省去了手动输入大量公式的操作，提高了工作效率。复制公式的方法主要有以下两种。

◎ **拖动控制柄复制公式**：选择包含公式的目标单元格，将鼠标光标移至该单元格右下角的控制柄上，按住鼠标左键不放并拖动选择要复制公式的单元格区域，释放鼠标后即可使所选的单元格区域中含有相同的计算公式，并计算出相应的结果，如图3-2所示。

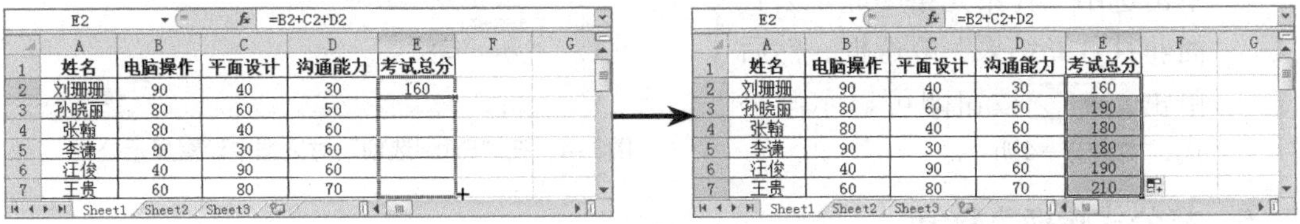

图3-2 拖动控制柄复制公式

◎ **使用快捷键复制公式**：选择包含公式的目标单元格，按【Ctrl+C】组合键复制公式，然后选择要复制公式的单元格或单元格区域，按【Ctrl+V】组合键粘贴公式即可，如图3-3所示。

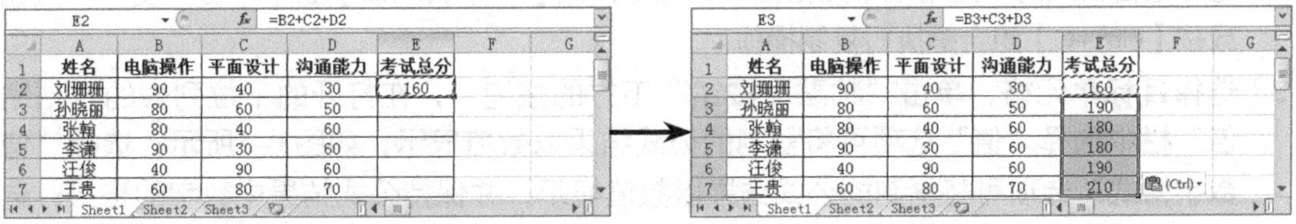

图3-3 使用快捷键复制公式

3. 修改公式

修改公式的方法与修改数据类似，主要有以下3种。

◎ **选择单元格修改公式**：选择需修改公式的单元格，在其中重新输入修改后的公式，完成后按【Ctrl+Enter】组合键。

◎ **双击单元格修改公式**：双击需修改公式的单元格，在其中选择需修改的部分公式，然后输入正确的部分公式，完成后按【Ctrl+Enter】组合键。

◎ **在编辑栏中修改公式**：选择需修改公式的单元格，将文本插入点定位到编辑栏中，然后选择需修改的部分公式并输入正确的部分公式，完成后按【Ctrl+Enter】组合键。

操作技巧 在输入公式的同时，单击编辑栏中的"取消"按钮×可取消输入并删除已输入的公式。另外，选择输入公式的单元格或单元格区域，直接按【Delete】键可删除所选单元格中的公式。

4. 显示公式

默认情况下，在单元格中完成公式的输入后，单元格中将只显示公式的计算结果，而公式本身则只在编辑栏的编辑框中显示。为了方便用户检查公式的正确性，可在单元格中将公式显示出来。显示公式的方法有两种。

◎ 在【公式】→【公式审核】组中单击 显示公式 按钮，即可显示工作表中所有单元格的公式，再次单击该按钮则显示公式的计算结果。

◎ 选择【文件】→【选项】菜单命令，在打开的"Excel选项"对话框中单击"高级"选项卡，在"此工作表的显示选项"栏中单击选中"在单元格中显示公式而非其计算结果"复选框，然后单击 确定 按钮即可显示出公式，如图3-4所示。

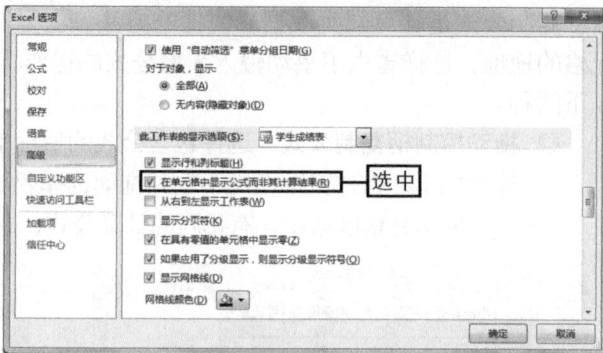

图3-4　在"Excel选项"对话框中设置显示公式

5. 将公式转换为数值

为了使单元格中引用的公式结果不发生改变，可利用Excel的选择性粘贴功能将公式结果转化为数值，这样即使改变单元格中引用公式的数据，其结果也不会发生变化。将公式转换为数值的具体操作如下。

（1）选择包含公式的单元格或单元格区域，在【开始】→【剪贴板】组中单击"复制"按钮 或按【Ctrl+C】组合键执行复制操作。

（2）选择目标单元格，单击"粘贴"按钮 下方的按钮 ，在打开的下拉列表的"粘贴数值"栏中选择"值"选项可将复制的公式结果以数值显示，如图3-5所示；选择"值和数字格式"选项可将复制的公式结果以数值显示，并保持公式结果中数字的格式；选择"值和源格式"选项可将复制的公式结果以数值显示，并保持公式结果中数据原来的格式；还可选择"选择性粘贴"选项，在打开的"选择性粘贴"对话框的"粘贴"栏中单击选中"数值"单选项，如图3-6所示，完成后单击 确定 按钮。

图3-5　在下拉列表中选择相应的选项

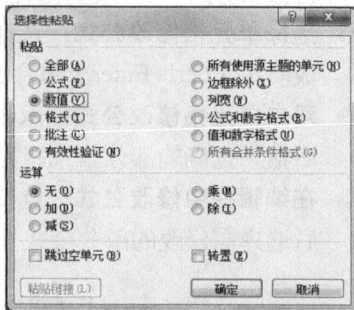

图3-6　"选择性粘贴"对话框

3.1.3　单元格的引用

在Excel中单元格和单元格区域引用的作用在于标识工作表上的单元格或单元格区域，并指明公式中所使用的数据的地址。通过单元格和单元格区域的引用，可以在一个公式中使用工作表不同单元格中包含的数据，或在多个公式中使用同一个单元格的值，也可以引用同一个工作簿中不同工作表中的单元格或不同工作簿中的单元格数据。

1. 相对引用、绝对引用和混合引用

根据单元格计算方式的不同，单元格引用可以分为相对引用和绝对引用，若相对引用与绝对引用同时存在于一个单元格的地址引用中，则称为混合引用。

◎ **相对引用**：指在公式中单元格的地址相对于公式所在的位置而发生改变。在相对引用中，当复制相对引用的公式时，被粘贴公式中的引用将被更新，并指向与当前公式位置相对应的其他单元格，如图3-7所示。默认情况下，Excel中使用相对引用。

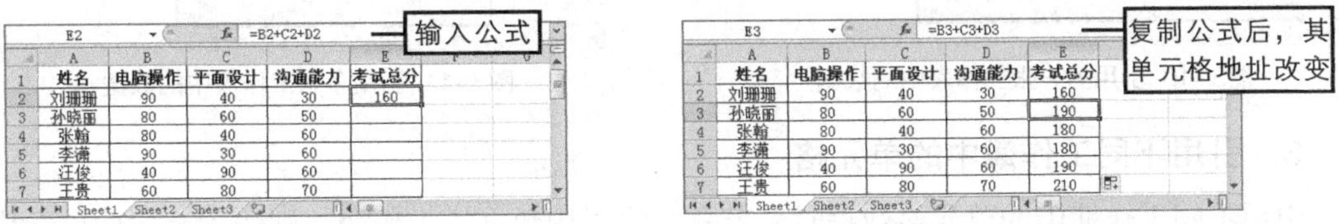

图3-7 相对引用

◎ **绝对引用**：指复制或移动公式到新位置后，公式中引用的单元格地址保持不变。在绝对引用中，单元格的列标和行号之前分别加入了符号"$"。如果在复制公式时不希望引用的地址发生改变，则应使用绝对引用，如图3-8所示。

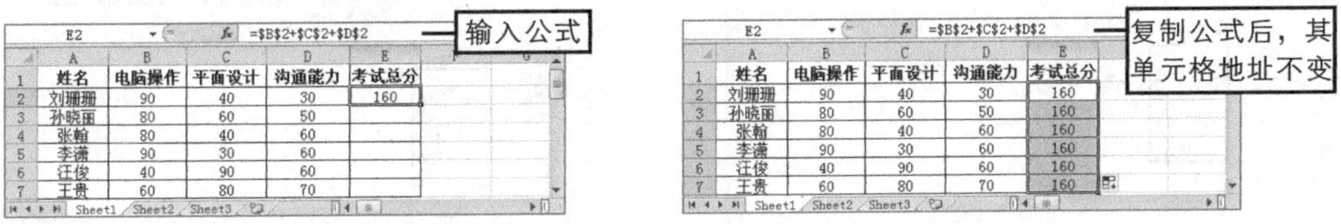

图3-8 绝对引用

◎ **混合引用**：指在一个单元格地址引用中，同时存在相对引用与绝对引用。当公式中使用了混合引用后，若改变公式所在的单元格地址，则相对引用的单元格地址改变，而绝对引用的单元格地址不变，如图3-9所示。

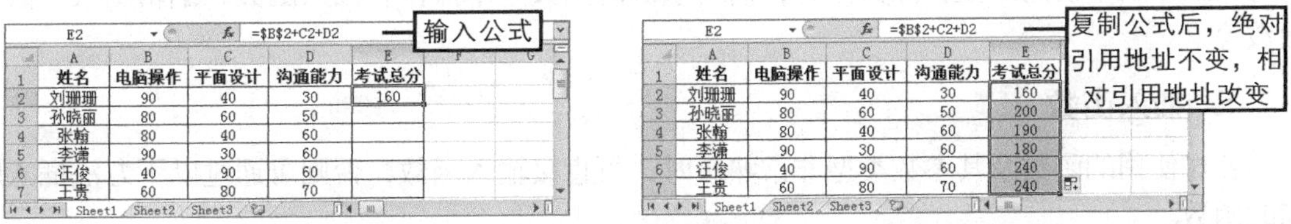

图3-9 混合引用

> **知识提示**
>
> 要将相对引用转换为绝对引用，可直接在需转换的单元格列标和行号之前添加符号"$"；也可在公式的单元格地址前或后按【F4】键，如"=B2"，第1次按【F4】键变为"B2"，第2次按【F4】键变为"B$2"，第3次按【F4】键变为"$B2"，第4次按【F4】键变为"B2"。

2. 引用不同工作表中的单元格

在同一工作簿的不同工作表中引用单元格数据，有以下两种情况。

◎ **在同一工作簿的另一张工作表中引用单元格数据**：只需在单元格地址前加上工作表的名称和感叹号(!)，其格式为：工作表名称!单元格地址。图3-10所示为在Sheet2工作表的A2:F10单元格区域中引用Sheet1工作表的A2:F10单元格区域中的值。

◎ **在同一工作簿的多张工作表中引用单元格数据**：只需在感叹号(!)前面加上工作表名称的范围，其格式为：工作表名称:工作表名称！单元格地址。图3-11所示为在Sheet3工作表的B2单元格中引用Sheet1和Sheet2工作表的B2单元格中的和的值。

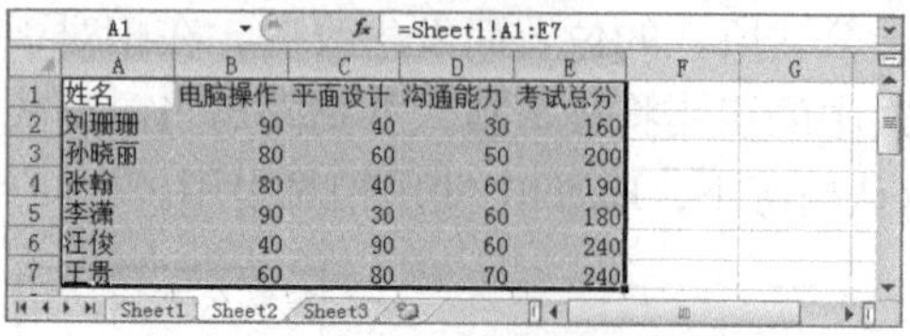

图3-10 引用另一张工作表中的数据

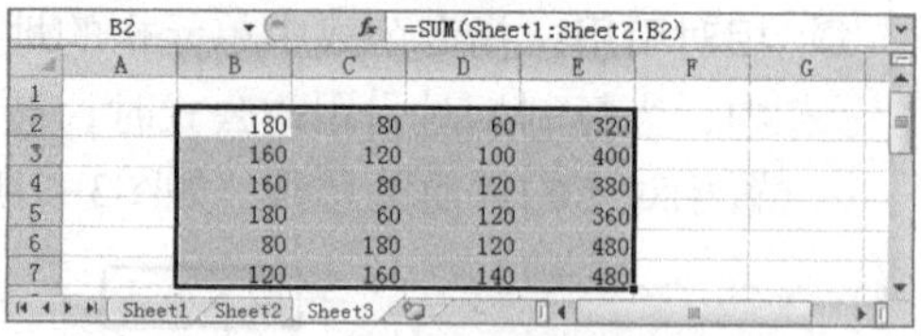

图3-11 引用多张工作表中的数据

3. 引用不同工作簿中的单元格

引用不同工作簿中的单元格数据时，若打开需引用数据的工作簿，则输入公式后单元格的引用格式为：=[工作簿名称]工作表名称！单元格地址，如图3-12所示；若关闭需引用数据的工作簿，则公式格式将自动变为：'工作簿存储地址[工作簿名称]工作表名称'！单元格地址，如图3-13所示。

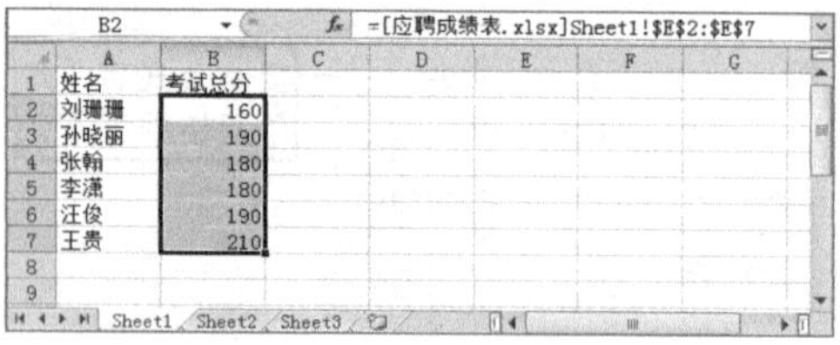

图3-12 打开需引用数据的工作簿的效果

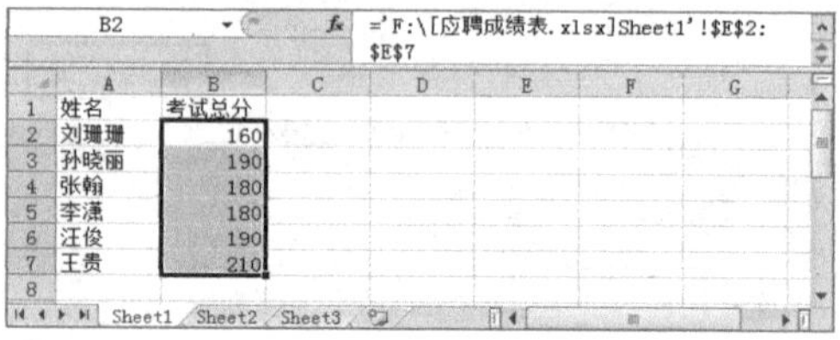

图3-13 关闭需引用数据的工作簿的效果

3.1.4 函数的使用

在工作表中使用函数计算数据时，需要掌握的函数基本操作有插入函数、编辑函数、嵌套函数等。

1. 插入函数

若对使用的函数及其参数类型非常熟悉时，可直接输入函数，否则可通过以下方法插入所需的函数。

◎ **选择函数类别快速插入函数**：选择需插入函数的单元格，在【公式】→【函数库】组中列出了各类函数，单击所需的函数类别旁的▾按钮，在打开的下拉列表中选择需要插入的函数，然后根据提示设置函数参数，完成后在所选的单元格中即可查看其计算结果。

◎ **通过"插入函数"对话框插入函数**：选择需插入函数的单元格，在"编辑栏"中单击 *fx* 按钮或在【公式】→【函数库】组中单击"插入函数"按钮 *fx*，在打开的"插入函数"对话框中选择函数类别和所需的函数，如图3-14所示，然后单击 确定 按钮，在打开的"函数参数"对话框中根据提示设置函数参数，如图3-15所示，完成后单击 确定 按钮即可计算出其结果。

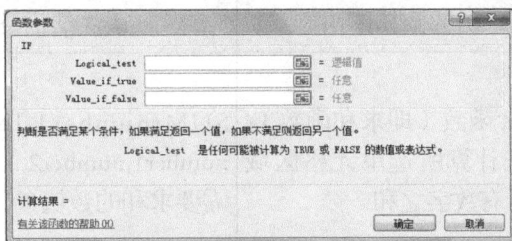

图3-14　选择函数类别和所需的函数

图3-15　设置函数参数

> **知识提示**
> 在"插入函数"对话框的"搜索函数"文本框中输入需要的计算目标，然后单击右侧的 转到(G) 按钮，Excel会自动推荐相应的函数供用户使用。另外，选择相应的函数后，在对话框左下角单击"有关该函数的帮助"超链接，可查看相应函数的功能及操作方法。

2. 编辑函数

编辑函数与编辑公式的方法基本相同，如复制与显示函数只需选择所需的单元格执行相应的操作，而修改函数则需选择所需的单元格后，将文本插入点定位在相应的单元格或编辑栏中进行修改操作。

3. 嵌套函数

在处理某些复杂数据时，使用嵌套函数可简化函数参数。当嵌套函数作为参数使用时，它返回的数值类型必须与参数使用的数值类型相同。如参数值为TRUE或FALSE值时，那么嵌套函数也必须返回TRUE或FALSE值，否则Excel将提示出错。使用嵌套函数的具体操作如下。

（1）选择要输入嵌套函数的目标单元格。

（2）在原函数的参数位置处插入Excel自带的一种函数，也可直接输入嵌套的函数，如函数"=IF(B3>0,SUM(B3+C3),C3)"表示如果B3单元格的值大于0，则继续使用SUM函数计算B3和C3单元格的和，否则返回C3单元格的值，如图3-16所示。

图3-16　嵌套函数

（3）按【Ctrl+Enter】组合键计算出结果。

> **操作技巧**
> Excel提供的自动求和功能可以快速对同一行或同一列中的数字进行求和。要使用该功能，首先应选择单元格或单元格区域，在【开始】→【编辑】组或【公式】→【函数库】组中单击"自动求和"按钮Σ，系统将自动插入求和函数对所选单元格对应的行或列中包含数值的单元格进行求和；单击"自动求和"按钮Σ右侧的 按钮，在打开的下拉列表中还可选择平均值、计数、最大值或最小值函数。

3.1.5　常用函数的使用

Excel中提供了多种函数，每个函数的功能、语法结构及其参数的含义各不相同。下面介绍几种常用函数的使用，如表3-1所示。

表3-1 常用函数

函数及其作用	语法结构及其参数	举例
SUM 函数（即求和函数）：用来计算所选单元格区域内所有数字之和	SUM(number1,[number2],…)，number1,number2,… 为 1 到 255 个需要求和的数值参数	"=SUM(A1:A3)" 表示计算 A1:A3 单元格区域中所有数字的和 ；"=SUM(B3,D3,F3)" 表示计算 B3、D3、F3 单元格中的数字之和
AVERAGE 函数（即平均值函数）：用来计算所选单元格区域内所有数据的平均值	AVERAGE(number1,[number2],…)，number1,number2,… 为 1 到 255 个需要计算平均值的数值参数	"=AVERAGE(A2:E2)" 表示计算 A2:E2 单元格区域中的数字的平均值
COUNT 函数（即计数函数）：用来计算包含数字的单元格以及参数列表中数字的个数	COUNT(value1,[value2],…)，value1,value2,… 为 1 到 255 个需要计算数字个数的数值参数	"=COUNT(B3:B8)" 表示计算 B3:B8 单元格区域中包含数字的单元格的个数
MAX 函数（即最大值函数）：用来计算所选单元格区域内所有数据的最大值	MAX(number1,[number2],…)，number1,number2,… 为 1 到 255 个需要计算最大值的数值参数	"=MAX(A2:E2)" 表示计算 A2:E2 单元格区域中的数字的最大值
MIN 函数（即最小值函数）：用来计算所选单元格区域中所有数据的最小值	MIN(number1,[number2],…)，number1,number2,… 为 1 到 255 个需要计算最小值的数值参数	"=MIN(A2:E2)" 表示计算 A2:E2 单元格区域中的数字的最小值
IF 函数（即条件函数）：用来执行真假值判断，并根据逻辑计算的真假值返回不同结果	IF(logical_test,[value_if_true],[value_if_false])，其中 logical_test 表示计算结果为 true 或 false 的任意值或表达式 ；value_if_true 表示 logical_test 为 true 时要返回的值，可以是任意数据 ；value_if_false 表示 logical_test 为 true 时要返回的值，也可以是任意数据	"=IF(A3<=150," 预算内 "," 超出预算 ")" 表示如果 A3 单元格中的数字小于等于 150，其结果将返回 "预算内"；否则，返回 "超出预算"

知识提示　　SUM、AVERAGE、MAX和MIN函数参数中number1是必需的，number2等后续数值是可选的；COUNT函数参数中value1是必需的，value2等后续数值是可选的；IF函数参数中logical_test是必需的，value_if_true和value_if_false是可选的。

3.1.6 课堂案例1——计算日常费用情况

本案例将在提供的素材文件中使用公式计算余额、使用SUM函数自动求和、使用IF函数判断费用是否超支，完成后的参考效果如图3-17所示。

素材所在位置	光盘:\素材文件\第3章\课堂案例1\日常费用计算表.xlsx
效果所在位置	光盘:\效果文件\第3章\课堂案例1\日常费用计算表.xlsx
视频演示	光盘:\视频文件\第3章\计算日常费用情况.swf

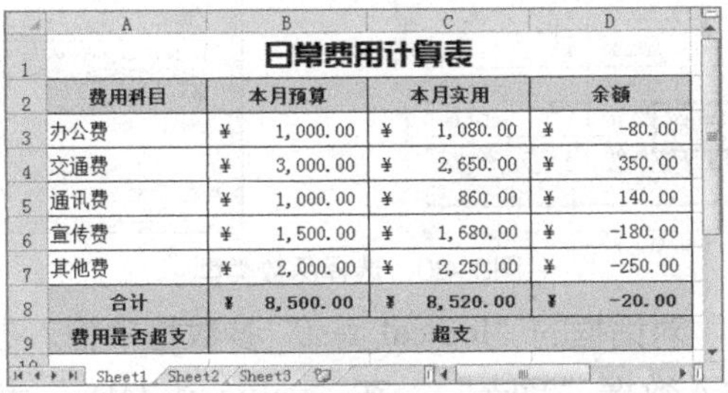

日常费用计算表

费用科目	本月预算	本月实用	余额
办公费	¥ 1,000.00	¥ 1,080.00	¥ -80.00
交通费	¥ 3,000.00	¥ 2,650.00	¥ 350.00
通讯费	¥ 1,000.00	¥ 860.00	¥ 140.00
宣传费	¥ 1,500.00	¥ 1,680.00	¥ -180.00
其他费	¥ 2,000.00	¥ 2,250.00	¥ -250.00
合计	¥ 8,500.00	¥ 8,520.00	¥ -20.00
费用是否超支	超支		

图3-17　日常费用计算表的参考效果

（1）打开素材文件“日常费用计算表.xlsx”，选择D3:D7单元格区域，输入公式“=”，然后选择B3单元格，在其后输入减号“-”，再选择C3单元格，完成后按【Ctrl+Enter】组合键计算出结果，如图3-18所示。

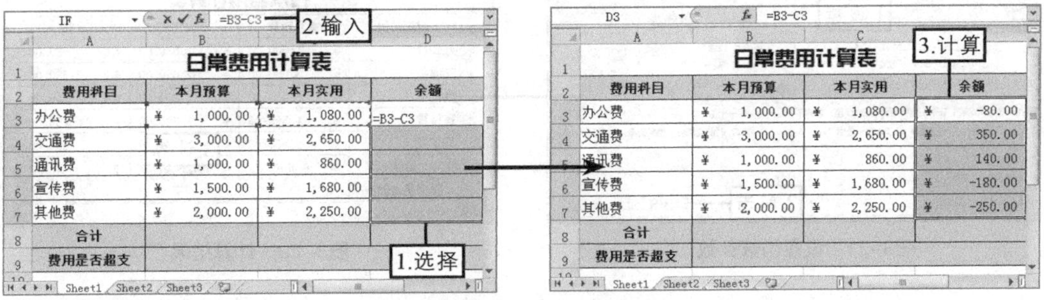

图3-18　使用公式计算余额

（2）选择B8:D8单元格区域，在【公式】→【函数库】组中单击“自动求和”按钮Σ，系统自动对所选单元格下方对应列中包含数值的单元格进行求和，如图3-19所示。

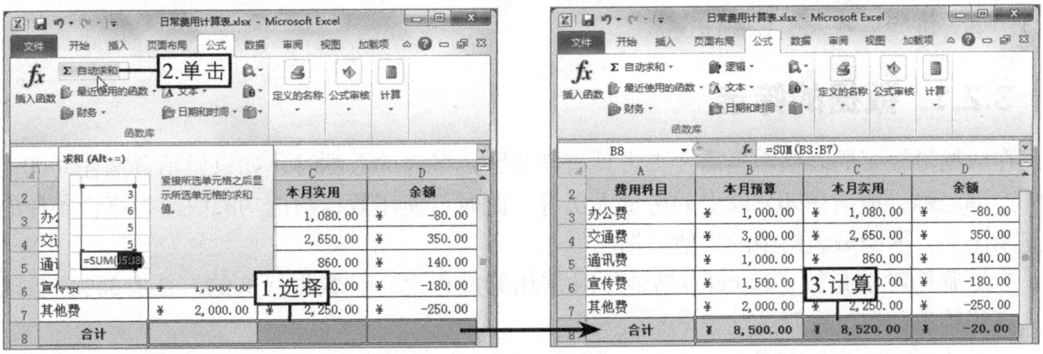

图3-19　使用自动求和功能

（3）选择合并后的B9单元格，在【公式】→【函数库】组中单击"插入函数"按钮 fx。

（4）在打开的"插入函数"对话框的"选择函数"列表框中选择"IF"函数，然后单击 确定 按钮，如图3-20所示。

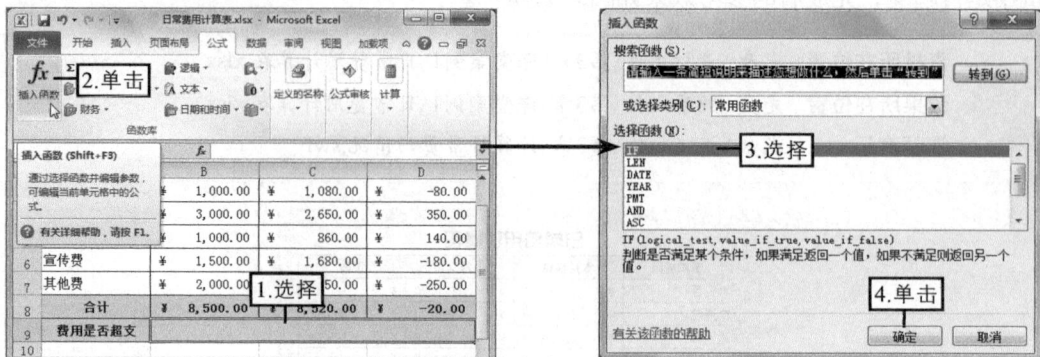

图3-20　选择函数类型

（5）在打开的"函数参数"对话框的"logical_test"参数框中输入数据"D8<0"，在"value_if_true"参数框中输入数据"超支"，在"value_if_false"参数框中输入数据"没有超支"，且"value_if_true"参数框中的文本自动添加引用，如图3-21所示。

（6）完成后单击 确定 按钮在B9单元格中计算出相应的结果，如图3-22所示。

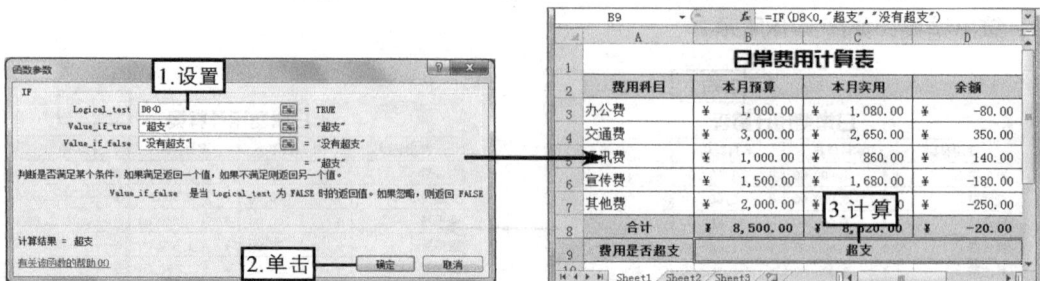

图3-21　设置函数参数

图3-22　计算结果

3.2　管理Excel表格数据

为了使表格中的数据更整齐，查阅起来更方便，可以管理Excel表格数据，即对表格数据进行筛选、排序、分类汇总等操作。

3.2.1　数据的筛选

在数据量较多的表格中当需要查看具有某些特定条件的数据时，如只显示金额在5000元以上的产品名称、成绩在90分以上的考试人员等，此时可使用数据筛选功能快速将符合条件的数据显示出来，而隐藏表格中的其他数据。

数据筛选功能是管理Excel表格数据时常用的操作之一，数据筛选的方法有3种：自动筛选、高级筛选和自定义筛选。

1. 自动筛选

自动筛选数据就是根据用户设定的筛选条件，自动将表格中符合条件的数据显示出来，而将表格中的其他数据进行隐藏。

自动筛选的方法非常简单，只需在工作表中选择要进行筛选的表头数据，在【数据】→【排序和筛选】组中单击"筛选"按钮▼，完成后即可在表头的各字段名右侧显示出黑色三角形按钮▽，单击该按钮，在打开的下拉列表中选择筛选条件，则表格中将显示出符合筛选条件的记录。

> **知识提示** 要取消已设置的数据筛选状态，显示表格中的全部数据，只需在工作表中再次单击"筛选"按钮▼即可。

2. 自定义筛选

自定义筛选是在自动筛选的基础上进行操作的，即在自动筛选后的需自定义的字段名右侧单击▽按钮，在打开的下拉列表中选择相应的选项，即确定筛选条件后在打开的"自定义自动筛选方式"对话框中设置自定义的筛选条件，然后单击 确定 按钮完成操作，如图3-23所示。

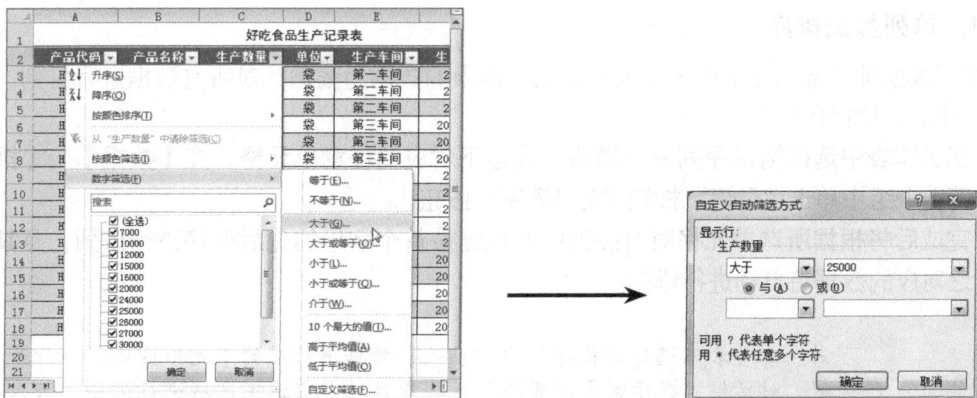

图3-23 自定义筛选数据

> **知识提示** 在"自定义自动筛选方式"对话框左侧的下拉列表框中只能执行选择操作，而右侧的下拉列表框可选择或直接输入数据。在输入筛选条件时，可使用通配符代替字符或字符串，如用"？"代表任意单个字符，用"*"代表任意多个字符。

3. 高级筛选

由于自动筛选是根据Excel提供的条件进行数据筛选，若要根据自己设置的筛选条件对数据进行筛选，则需使用高级筛选功能。高级筛选功能可以筛选出同时满足两个或两个以上约束条件的记录。高级筛选的具体操作如下。

（1）在工作表的空白单元格中输入设置的筛选条件，然后选择需要进行筛选的单元格区域。

（2）在【数据】→【排序和筛选】组中单击 高级 按钮。

（3）在打开的"高级筛选"对话框中选择存放筛选结果的位置，在"条件区域"参数框中输入或选择设置条件所在的单元格区域，然后单击 确定 按钮完成操作，如图3-24所示。

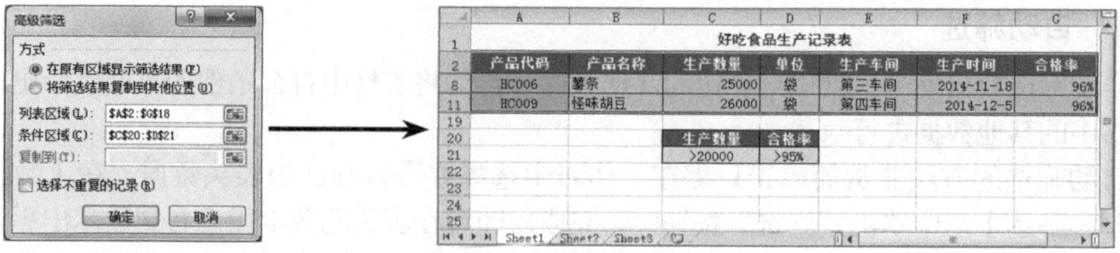

图3-24　数据的高级筛选

知识提示 在"高级筛选"对话框中单击选中"在原有区域显示筛选结果"单选项可在原有区域中显示筛选结果；单击选中"将筛选结果复制到其他位置"单选项可在"复制到"参数框中设置存放筛选结果的单元格区域；单击选中"选择不重复的记录"复选框，当有多行满足条件时将只显示或复制唯一一行，排除重复的行。

3.2.2　数据的排序

数据排序是指将表格中的数据种类按一定的方式重新排列，它有助于快速直观地显示、组织并查找所需数据。数据排序的方法有3种：单列数据排序、多列数据排序和自定义排序。

1．单列数据排序

单列数据排序是指在工作表中以一列单元格中的数据为依据，对所有数据进行排列。单列数据排序的具体操作如下。

（1）在工作表中选择需排序列中"表头"数据下对应的任意单元格，在【数据】→【排序和筛选】组中单击"升序"按钮 或"降序"按钮 。

（2）完成后将根据所选单元格对对应列中的数据按首个字母的先后顺序进行排列，且其他与之对应的数据将自动进行排列。

知识提示　若在工作表中选择需排序列中"表头"数据下对应的单元格区域，将打开"排序提醒"对话框，提示需要扩展选定区域或只对当前选定区域进行排序。若只对当前选定区域进行排序，其他与之对应的数据将不自动进行排序。

2．多列数据排序

多列数据排序是指按照多个条件对数据进行排序，即在多列数据中进行排序。在多列数据排序过程中，要以某个数据为依据进行排列，该数据称为关键字。以关键字进行排序，对应其他列中的单元格数据将随之发生改变。多列数据排序的具体操作如下。

（1）在工作表中选择多列数据对应的单元格区域，且应先选择关键字所在的单元格，然后在【数据】→【排序和筛选】组中单击"升序"按钮 或"降序"按钮 。

（2）完成后将自动以该关键字进行排序，未选择的单元格区域将不参与排序。

知识提示　单列数据排序可以保持工作表中数据的对应关系；而多列数据排序可能会打乱整个工作表中数据的对应关系，因此用户在使用多列数据排序时应注意数据的对应关系是否发生变化。

3. 自定义排序

当单列数据排序和多列数据排序都不能满足实际需要时，可利用Excel提供的自定义排序功能设置多个关键字对数据进行排序，还可以其他关键字对相同排序的数据进行排序。自定义排序的具体操作如下。

（1）在工作表中选择需要排序的任意一个单元格或单元格区域，在【数据】→【排序和筛选】组中单击"排序"按钮 。

（2）在打开的"排序"对话框中默认只有一个主要关键字，用户可根据需要单击 添加条件(A) 按钮添加次要关键字，并在"排序依据"和"次序"下拉列表框中选择相应的选项，也可单击 删除条件(D) 按钮删除不需要的次要关键字，如图3-25所示。

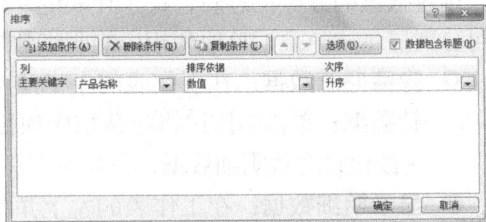

图3-25 "排序"对话框

（3）完成后单击 确定 按钮，工作表中的数据即可根据设置的排序条件进行排序。

> **知识提示**
> 在"排序"对话框中单击 选项(O)... 按钮，可在打开的"排序选项"对话框中设置以行、列、字母或笔划等方式进行排序。

3.2.3 数据的分类汇总

数据的分类汇总是指当表格中的记录愈来愈多，且出现相同类别的记录时，可按某一字段进行排序，然后将相同项目的记录集合在一起，分门别类地进行汇总。

1. 创建分类汇总

分类汇总是按照表格数据中的分类字段进行汇总，同时还需要设置分类的汇总方式和汇总项。其具体操作如下。

（1）先对工作表中的数据以汇总选项进行排序，选择需要进行分类汇总单元格区域中的任意一个单元格，在【数据】→【分级显示】组中单击"分类汇总"按钮 。

（2）在打开的"分类汇总"对话框的"分类字段"下拉列表框中选择要进行分类汇总的字段名称；在"汇总方式"下拉列表框中选择计算分类汇总的汇总函数，如"求和"等；在"选定汇总项"列表框中单击选中需要进行分类汇总的选项的复选框。

（3）单击 确定 按钮，其汇总后的结果将显示在相应的科目数据下方，如图3-26所示。

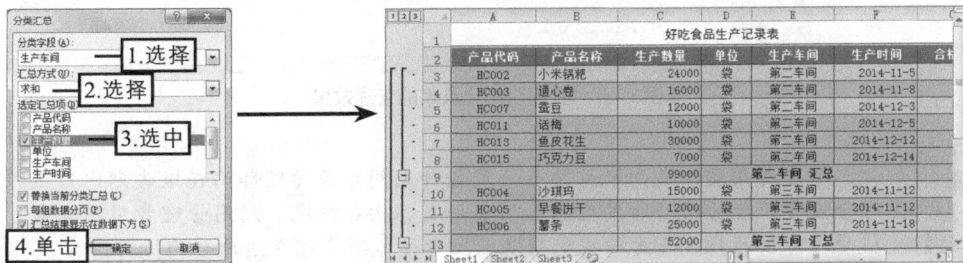

图3-26 数据的分类汇总

55

知识提示 在"分类汇总"对话框中单击选中"每组数据分页"复选框可按每个分类汇总自动分页；单击选中"汇总结果显示在数据下方"复选框可指定汇总行位于明细行的下面；单击 全部删除(R) 按钮可删除已创建好的分类汇总。

2. 显示或隐藏分类汇总

创建数据的分类汇总后，在工作表的左侧将显示不同级别分类汇总的按钮，单击相应的按钮可分别显示或隐藏汇总项和相应的明细数据。

◎ **隐藏明细数据**：在工作表的左上角单击1按钮将隐藏所有项目的明细数据，只显示合计数据；单击2按钮将隐藏相应项目的明细数据，只显示相应项目的汇总项；而单击⊟按钮将隐藏明细数据，只显示汇总项。

◎ **显示明细数据**：在工作表的左上角单击3按钮将显示各项目的明细数据，也可单击⊞按钮将折叠的明细数据显示出来。

知识提示 在【数据】→【分级显示】组中单击 显示明细数据 或 隐藏明细数据 按钮也可显示或隐藏单个分类汇总的明细行。

3.2.4 课堂案例2——管理费用明细表

本案例将在提供的素材文件中以费用项目为关键字进行排序，然后分类汇总各项目的金额，完成后的参考效果如图3-27所示。

素材所在位置 光盘:\素材文件\第3章\课堂案例2\费用明细管理表.xlsx
效果所在位置 光盘:\效果文件\第3章\课堂案例2\费用明细管理表.xlsx
视频演示 光盘:\视频文件\第3章\管理费用明细表.swf

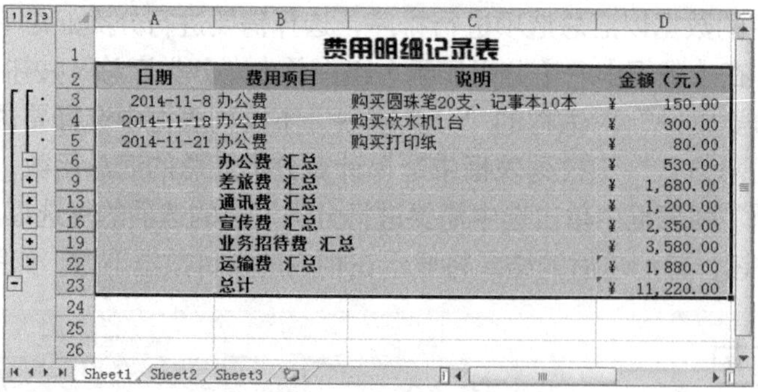

图3-27 费用明细记录表的管理效果

职业素养 管理费用明细表用来反映在一定会计期间企业管理部门在报告期内为组织和管理企业生产经营活动所发生的各项费用及其构成情况。利用管理费用明细表可以分析管理费用的构成及其增减变动情况，考核各项管理费用计划的执行情况。

（1）打开素材文件"管理费用明细表.xlsx"，选择B3单元格，在【数据】→【排序和筛选】组中单击"升序"按钮，将工作表中的数据以"费用项目"列为依据进行升序排列，如图3-28所示。

（2）选择A2:D16单元格区域，在【数据】→【分级显示】组中单击"分类汇总"按钮，如图3-29所示。

图3-28 以"费用项目"为依据进行排序　　　　　　图3-29 选择分类汇总区域

（3）在打开的"分类汇总"对话框的"分类字段"下拉列表框中选择"费用项目"选项，在"选定汇总项"列表框中单击选中"金额（元）"复选框，如图3-30所示。

（4）单击 确定 按钮，工作表中的数据将按照费用项目汇总合计金额，如图3-31所示。

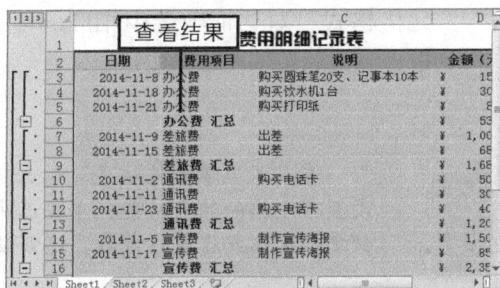

图3-30 设置分类汇总选项　　　　　　　　　　图3-31 分类汇总后的效果

（5）在工作表的左上角单击 1 按钮显示出所有项目的合计数据，如图3-32所示。

（6）单击 2 按钮显示出相应项目的汇总项，并单击"办公费"汇总项左侧对应的 + 按钮显示出该项目的明细数据，如图3-33所示。

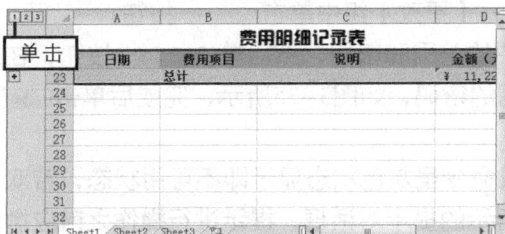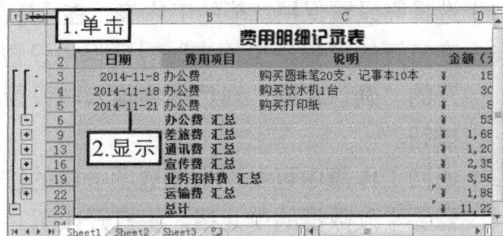

图3-32 隐藏明细数据　　　　　　　　　図3-33 显示各项目的汇总项和指定项目的明细数据

3.3　保护Excel表格数据

在Excel表格中可能会存放一些重要的数据，因此，利用Excel提供的保护单元格、保护工作表和保护工作簿等功能对表格数据进行保护，可以有效地避免他人盗用或恶意更改数据。

3.3.1　保护单元格

为了确保单元格中数据的安全性，默认情况下，Excel设置了锁定单元格的功能，用户也可根据需要自行设置单元格的锁定状态，或隐藏单元格中的计算公式。设置单元格保护功能的方法有如下两种。

◎ **选择命令设置**：选择工作表中的所有单元格，在【开始】→【单元格】组中单击"格式"按钮，在打开的下拉列表的"保护"栏中选择"锁定单元格"选项取消单元格的锁定状态，然后再选择需锁定的单元格，再次单击"格式"按钮，在打开的下拉列表的"保护"栏中选择"锁定单元格"选项即可锁定所选的单元格。

◎ **通过"设置单元格格式"对话框设置**：选择工作表中的所有单元格，单击鼠标右键，在弹出的快捷菜单中选择"设置单元格格式"命令，在打开的"设置单元格格式"对话框中单击"保护"选项卡，撤销其中选中的所有复选框，如图3-34所示，单击 确定 按钮，然后再选择需锁定的单元格，在"设置单元格格式"对话框中选中相应的复选框，完成后单击 确定 按钮。

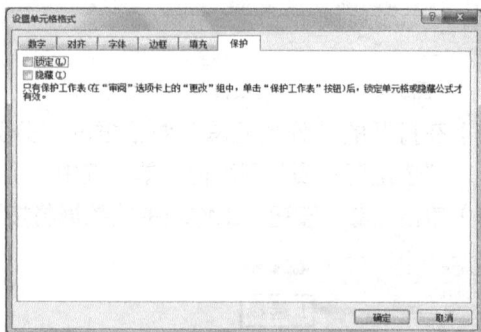

图3-34　设置单元格的保护功能

> **知识提示**　在"设置单元格格式"对话框的"保护"选项卡中单击选中"锁定"复选框可设置单元格的锁定功能；单击选中"隐藏"复选框可隐藏单元格中的公式。设置了锁定单元格或隐藏公式后，还需设置工作表的保护功能才有效。

3.3.2　保护工作表

为了防止他人恶意更改表格数据，可设置工作表的保护功能，允许其他用户查看表格数据，但不能修改工作表中的数据。设置工作表保护功能的具体操作如下。

（1）选择需设置保护功能的工作表，在【审阅】→【更改】组中单击保护工作表按钮。

（2）在打开的"保护工作表"对话框中设置保护的范围和密码，然后单击 确定 按钮，在打开的"确认密码"对话框中输入与设置相同的密码，如图3-35所示，完成后单击 确定 按钮。

（3）返回工作簿中可发现相应选项卡中的按钮或命令呈灰色状态显示即不可用状态，若双击需要修改数据的单元格，将打开如图3-36所示的提示对话框，提示进行操作之前应撤销工作表的保护状态。

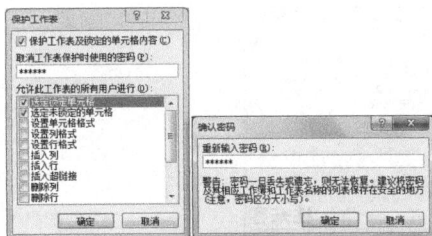

图3-35 设置工作表的保护功能　　　　图3-36 提示对话框

知识提示 设置的保护密码不能过于简单，可以将字母、数字和符号组合使用，而且一定要牢记设置的保护密码，否则将无法取消保护，不能对工作表进行操作。另外，输入密码时应注意大小写状态，否则以后可能会因为大小写不符而失去修改权限。

3.3.3 保护工作簿

在Excel中如果不希望工作簿中的重要数据被他人使用或查看，可设置工作簿的保护功能，确保工作簿的结构和窗口不被他人修改。设置工作簿保护功能的具体操作如下。

（1）打开需设置保护功能的工作簿，在【审阅】→【更改】组中单击 保护工作簿 按钮。

（2）在打开的"保护工作簿"对话框中若单击选中"结构"复选框可以使工作表不被其他用户移动、删除、隐藏、取消隐藏或重命名，也不允许插入新的工作表；若单击选中"窗口"复选框可以使每次打开的工作簿窗口都具有固定的位置和大小，完成后输入相应的密码，并单击 确定 按钮。

（3）在打开的"确认密码"对话框中输入与设置相同的密码，如图3-37所示，完成后单击 确定 按钮即可。

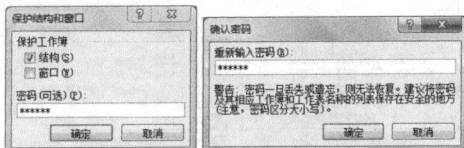

图3-37 设置工作簿的保护功能

知识提示 要撤销工作表或工作簿的保护，可在"更改"组中分别单击 撤消工作表保护 按钮或单击 保护工作簿 按钮，在打开的对话框中输入撤销工作表或工作簿的保护密码，完成后单击 确定 按钮。

3.3.4 课堂案例3——保护往来客户一览表

根据提供的素材文件设置工作表和工作簿的保护功能，以保护表格数据不被他人随意更改或盗用，完成后的参考效果如图3-38所示。

素材所在位置　光盘:\素材文件\第3章\课堂案例3\往来客户一览表.xlsx
效果所在位置　光盘:\效果文件\第3章\课堂案例3\往来客户一览表.xlsx
视频演示　　　光盘:\视频文件\第3章\保护"往来客户一览表".swf

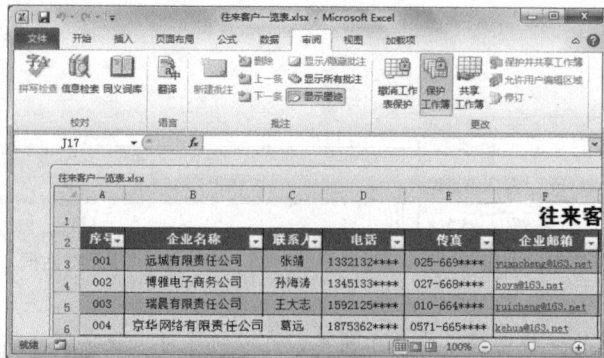

图3-38　保护往来客户一览表后的参考效果

（1）打开素材文件"往来客户一览表.xlsx"，在【审阅】→【更改】组中单击 保护工作表 按钮。

（2）在打开的"保护工作表"对话框的"取消工作表保护时使用的密码"文本框中输入"123456"，其他保持默认设置，然后单击 确定 按钮，在打开的"确认密码"对话框的中再次输入"123456"，然后单击 确定 按钮，如图3-39所示。

图3-39　保护工作表

（3）返回工作簿中可看到相应选项卡中的按钮或命令呈灰色状态不可用状态，继续在【审阅】→【更改】组中单击 保护工作簿 按钮。

（4）在打开的"保护工作簿"对话框中单击选中"结构"和"窗口"复选框，并在"密码"文本框中输入"123456"，然后单击 确定 按钮，在打开的"确认密码"对话框中输入"123456"，然后单击 确定 按钮，如图3-40所示。

图3-40　保护工作簿

（5）返回工作簿中保存并关闭工作簿，当再次打开该工作簿时，其工作簿窗口将缩小，且不能修改工作表中的数据。

3.4 打印Excel表格数据

为了使表格数据具有较强的可读性，并能美观地呈现在纸张上，在打印表格数据之前应先对工作表进行页面设置，然后预览打印效果，满意后就可以开始打印了。

3.4.1 设置主题

主题是一组统一的设计元素，它可以使用主题颜色、字体和效果设置工作簿的外观。通过主题不仅可以快速而轻松地设置整个工作簿的格式，而且可以赋予工作簿专业和时尚的外观。设置主题的方式有如下两种。

◎ **应用预设的主题样式**：在【页面布局】→【主题】组中单击"主题"按钮，在打开的下拉列表中选择一种预设的主题样式，如图3-41所示，工作表中的数据包括图表即可应用该主题的字体格式、颜色、效果等样式；若选择"启用来自Office.com的内容更新"选项则可在网络上查找更多的主题样式。

◎ **自定义主题样式**：在【页面布局】→【主题】组中分别单击▤▾、▨▾、◎▾按钮，在打开的下拉列表中选择主题的颜色、文字字体以及效果选项即可，也可选择相应的选项重新新建所需的主题样式。

图3-41 应用预设的主题样式

3.4.2 设置页面

页面设置是指对需打印表格的页面进行合理的布局和格式设置，如设置页边距、纸张方向、纸张大小、页眉/页脚等。在工作表中可分别在【页面布局】→【页面设置】组和"页面设置"对话框中设置页面。

1. 通过"页面设置"组设置

在【页面布局】→【页面设置】组中可执行如下操作。

◎ **设置页边距**：单击"页边距"按钮，在打开的下拉列表中可选择已定义好的"普通""宽""窄"3种页边距样式，也可选择"自定义页边距"选项，在打开的"页面设置"对话框的"页边距"选项卡中自定义页边距。

◎ **设置纸张方向**：单击纸张方向▾按钮，在打开的下拉列表中可选择"纵向"或"横向"选项的纸张方向。

◎ **设置纸张大小**：单击纸张大小▾按钮，在打开的下拉列表中可选择已定义好的纸张大小，也可选择"其他纸张大小"选项，在打开的"页面设置"对话框的"页面"选项卡中中自定义纸张大小。

◎ **设置打印区域**：在工作表中选择需要打印的单元格区域，然后单击 打印区域 · 按钮，在打开的下拉列表中选择"设置打印区域"选项，可将所选的单元格区域设置为打印区域，且设置的打印区域以虚线框显示，完成后再选择"取消打印区域"选项，可取消设置的打印区域。

2. 通过"页面设置"对话框设置

在【页面布局】→【页面设置】组右下角单击"对话框启动器"按钮，可打开"页面设置"对话框，如图3-42所示，在其中可进行详细的页面设置。

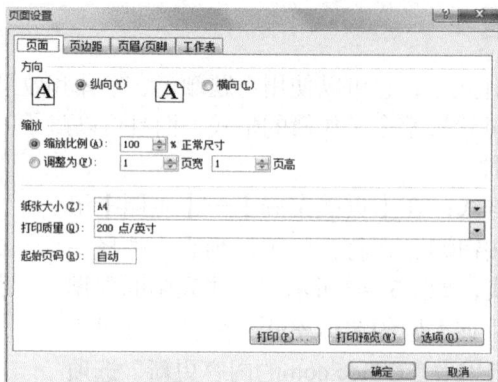

图3-42 通过"页面设置"对话框设置

◎ **设置页面**：在"页面"选项卡的"方向"栏中可设置纸张的排列方向；在"缩放"栏中可设置表格的缩放比例与纸张尺寸；在"纸张大小"下拉列表框中可选择打印纸张的规格，如A4、B5等。

◎ **设置页边距**：在"页边距"选项卡中可以设置表格数据距页面上、下、左、右各边的距离，以及表格在页面中的居中方式等。

◎ **设置页眉/页脚**：在"页眉/页脚"选项卡的"页眉"和"页脚"下拉列表框中可选择一种预设页眉和页脚样式，也可单击 自定义页眉© 或 自定义页脚© 按钮，在打开的"页眉"或"页脚"对话框中自定义喜欢的页眉与页脚样式，完成后单击 确定 按钮。

◎ **设置打印标题与区域**：在"工作表"选项卡的"打印区域"文本框中可设置工作表的打印区域；在"顶端标题行"文本框中可设置固定打印的顶端标题；在"左端标题行"文本框中可设置固定打印的左端标题，完成后即可以报表的形式打印区域数据。

> **知识提示** 在"页面设置"对话框的各选项卡中分别单击 打印® ... 按钮或 打印预览® 按钮可打开打印页面预览并重新设置打印效果。

3.4.3 预览并打印表格数据

为了确保设置以及打印的准确性，在打印表格数据之前可以选择【文件】→【打印】菜单命令打开打印页面，如图3-43所示，在其中预览打印效果，满意后即可开始打印。

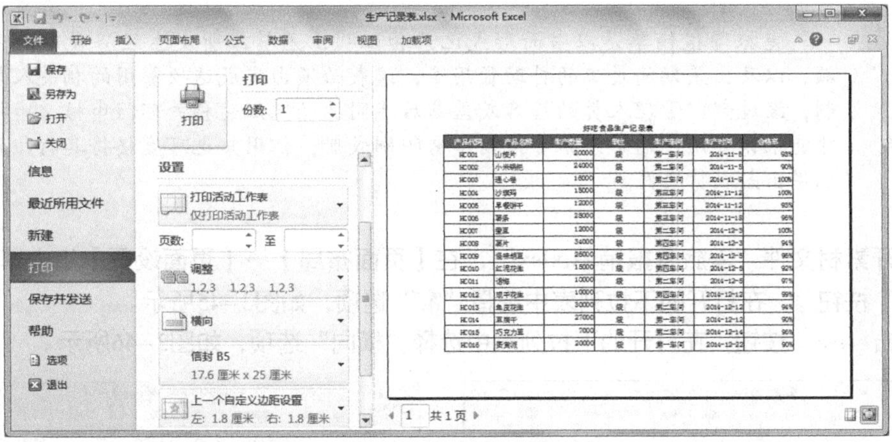

图3-43 打印页面

页面设置、预览、打印表格的方法分别介绍如下。

◎ **设置页面**：若对设置的打印效果仍不满意，可继续在打印页面中间区域的"设置"栏中分别设置打印区域、纸张方向、纸张大小等。

◎ **预览打印效果**：在打印页面的右侧可预览工作表的打印效果。

◎ **打印表格数据**：若对设置的打印效果满意，可在打印页面中间区域的"打印"栏的"份数"数值框中输入打印份数，然后单击"打印"按钮 🖶 连接打印机开始打印。

3.4.4 课堂案例4——预览并打印差旅费报销单

本案例将对提供的素材文件进行页面设置，然后预览并打印表格数据，完成后的参考效果如图3-44所示。

素材所在位置 光盘:\素材文件\第3章\课堂案例4\差旅费报销单.xlsx、标志.png

效果所在位置 光盘:\效果文件\第3章\课堂案例4\差旅费报销单.xlsx

视频演示 光盘:\视频文件\第3章\预览并打印"差旅费报销单".swf

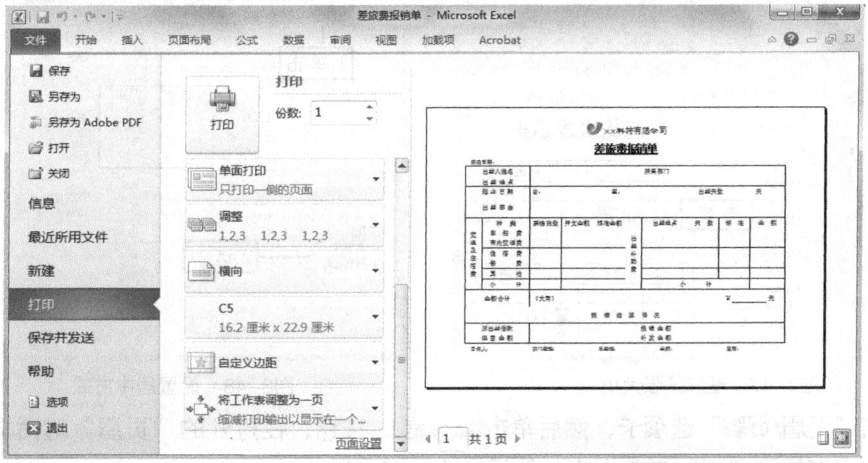

图3-44 预览并打印差旅费报销单的参考效果

职业素养 差旅费报销单是以书面形式记录和证明出差员工所发生经济费用的内容和金额，以及出差期间员工的补助费用等，该表必须由完成这项费用的相关人员进行填制，经过部门管理人员的签名或盖章后连同原始凭证交相关部门审核，审核无误后才能报销费用。通常差旅费报销单需印刷成册，但用户也可直接将其打印到纸张上以供出差人员填写。

（1）打开素材文件"差旅费报销单.xlsx"，在【页面布局】→【页面设置】组中单击"页边距"按钮，在打开的下拉列表中选择"窄"选项，如图3-45所示。

（2）单击纸张方向按钮，在打开的下拉列表中选择"横向"选项，如图3-46所示。

图3-45 设置页边距

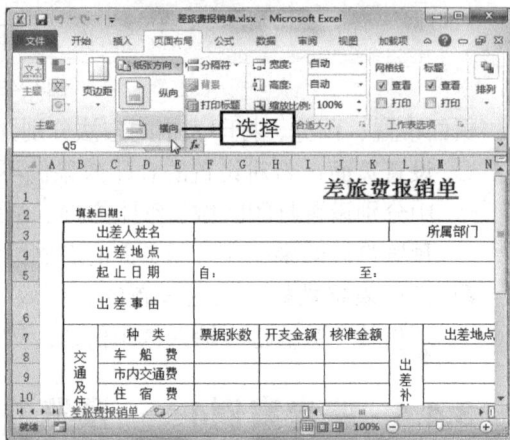

图3-46 设置纸张方向

（3）单击纸张大小按钮，在打开的下拉列表中选择"C5"选项，如图3-47所示。

（4）在【页面布局】→【页面设置】组右下角单击"对话框启动器"按钮，在打开的"页面设置"对话框中单击"页边距"选项卡，在"居中方式"栏中单击选中"水平"和"垂直"复选框，如图3-48所示。

图3-47 设置纸张大小

图3-48 设置居中方式

（5）单击"页眉/页脚"选项卡，然后单击自定义页眉(C)...按钮，在打开的"页眉"对话框中将文本插入点定位到"中"文本框中，然后单击按钮。

（6）在打开的"插入图片"对话框中选择"标志"图片的路径，然后选择该图片，并单击 插入(S) 按钮，如图3-49所示。

图3-49 在页眉中插入图片

（7）返回"页眉"对话框，将文本插入点继续定位到"中"文本框中，然后单击 🖼 按钮，在打开的"设置图片格式"对话框的"大小"选项卡的"比例"栏的"高度"数值框中输入"15%"，完成后单击 确定 按钮，如图3-50所示。

（8）返回"页眉"对话框，在插入的图片后输入文本"××科技有限公司"，然后选择输入的文本，单击 A 按钮，如图3-51所示。

图3-50 设置图片大小

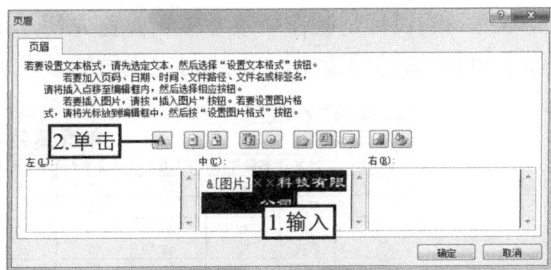

图3-51 输入并选择文本

（9）在打开的"字体"对话框的"字体"列表框中选择"隶书"选项，在"大小"列表框中选择"16"选项，如图3-52所示，完成后依次单击 确定 按钮。

（10）选择【文件】→【打印】菜单命令，在打印页面的右侧预览工作表的打印效果，此时可看到表格数据未显示在一个页面上，因此可在中间区域的"无缩放"下拉列表框中选择"将工作表调整为一页"选项。

> 知识提示
>
> 默认情况下，打印表格数据只打印当前工作表，若要打印整个工作簿，可在中间区域的"设置"栏下的第一个下拉列表框中选择"打印整个工作簿"选项；若要打印的工作表有多页，则可在"页数"栏的数值框中进行设置，即指定打印的起始页面和结束页面。

（11）对预览效果满意后，在打印页面的"打印"栏的"份数"数值框中输入表格的打印份数为"2"，然后单击"打印"按钮 🖨 开始打印表格，如图3-53所示。

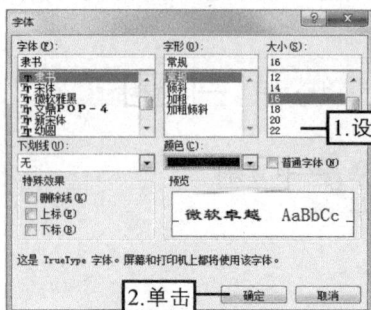

图3-52 设置字体格式

图3-53 预览并打印

3.5 课堂练习

分别制作绩效考核表和产品销售记录表，结合本章所学的知识点进行综合练习，熟练掌握Excel数据的计算与管理方法。

3.5.1 制作绩效考核表

1. 练习目标

本练习的目标是制作绩效考核表，首先使用函数计算相应的数据，然后筛选出年终奖金大于等于5000元的员工数据。本练习完成后的参考效果如图3-54所示。

图3-54 绩效考核表的参考效果

素材所在位置	光盘:\素材文件\第3章\课堂练习\绩效考核表.xlsx
效果所在位置	光盘:\效果文件\第3章\课堂练习\绩效考核表.xlsx
视频演示	光盘:\视频文件\第3章\制作"绩效考核表".swf

2. 操作思路

完成本练习需要在提供的素材文件中使用自动求和功能计算绩效总分，使用IF函数分别判断等级和年终奖金，然后使用数据筛选功能筛选出年终奖金大于等于5000元以上的数据，其操作思路如图3-55所示。

① 自动求和绩效总分 　　　② 判断等级和年终奖金 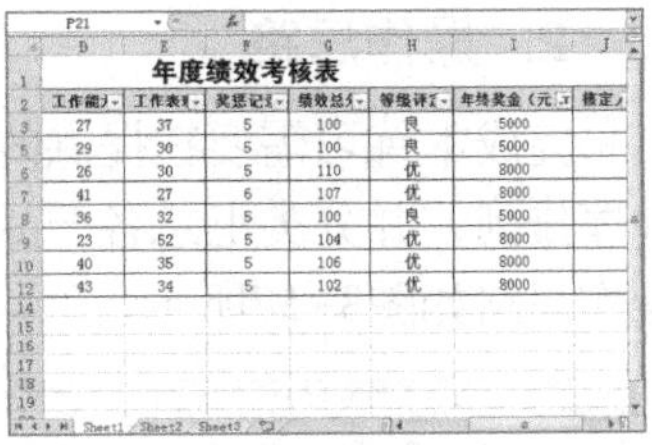　　　③ 数据筛选

图3-55　"绩效考核表"的制作思路

（1）打开素材文件"绩效考核表.xlsx"，选择G3:G12单元格区域，在【公式】→【函数库】组中单击"自动求和"按钮Σ，系统自动对所选单元格左侧对应行中包含数值的单元格进行求和。

（2）分别在H3:H12和I3:I12单元格区域中输入公式"=IF(G3>=102,"优",IF(G3>=100,"良","差"))"和"=IF(H3="优",8000,IF(H3="良",5000,2000))"，完成后按【Ctrl+Enter】组合键。

（3）选择A2:J2单元格区域，在【数据】→【排序和筛选】组中单击"筛选"按钮▽。

（4）在"年终奖金（元）"表头的字段名右侧单击黑色三角形按钮▾，在打开的下拉列表中选择【数字筛选】→【大于或等于】选项。

（5）在打开的"自定义自动筛选方式"对话框的"大于或等于"下拉列表框右侧的下拉列表框中选择"5000"选项，然后单击 确定 按钮在工作表中筛选出符合条件的记录。

3.5.2　制作产品销售记录表

1.　练习目标

本练习的目标是制作产品销售记录表，首先需要根据相关的记录数据计算销售额，然后以产品名称为排序依据分类汇总销售总额，完成后设置表格数据的保护功能。本练习完成后的参考效果如图3-56所示。

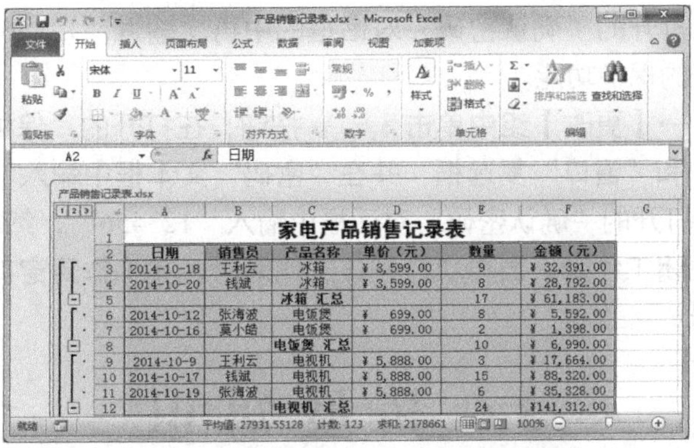

图3-56　产品销售记录表的参考效果

素材所在位置	光盘:\素材文件\第3章\课堂练习\产品销售记录表.xlsx
效果所在位置	光盘:\效果文件\第3章\课堂练习\产品销售记录表.xlsx
视频演示	光盘:\视频文件\第3章\制作"产品销售记录表".swf

2. 操作思路

完成本练习需要在提供的素材文件中使用公式计算各产品的销售额，然后对产品名称进行升序排列，并分类汇总各产品的销售量和销售总额，完成后设置工作表和工作簿保护功能，其操作思路如图3-57所示。

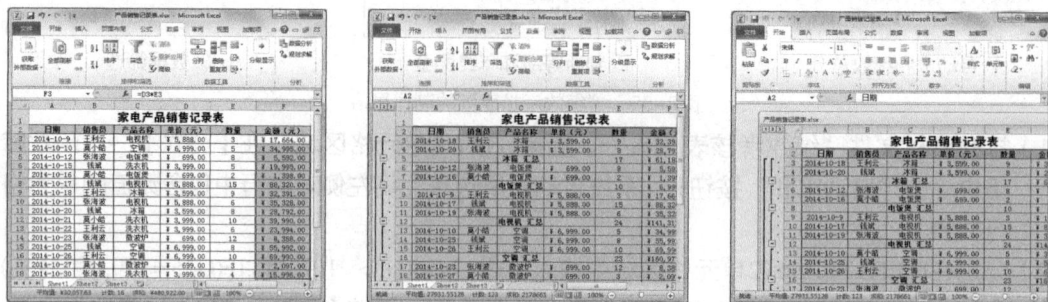

① 使用公式计算数据　　② 数据的排序与分类汇总　　③ 保护工作表与工作簿

图3-57　产品销售记录表的制作思路

（1）打开素材文件"产品销售记录表.xlsx"，选择F3:F18单元格区域，输入公式"=D3*E3"，完成后按【Ctrl+Enter】组合键计算各产品的销售额。

（2）选择C3单元格，在【数据】→【排序和筛选】组中单击"升序"按钮，系统自动将所选单元格对应列中的数据按首个字母的先后顺序进行排列，且其他与之对应的数据将自动进行排列。

（3）选择A2:F18单元格区域，在【数据】→【分级显示】组中单击"分类汇总"按钮，在打开的"分类汇总"对话框的"分类字段"下拉列表框中选择"产品名称"选项，在"选定汇总项"列表框中单击选中"数量"和"金额（元）"复选框，完成后单击确定按钮，其汇总后的结果将显示在相应的科目数据下方。

（4）在【审阅】→【更改】组中单击保护工作表按钮，在打开的"保护工作表"对话框的"取消工作表保护时使用的密码"文本框中输入"123456"，其他保持默认设置，然后单击确定按钮，在打开的"确认密码"对话框的中再次输入"123456"，然后单击确定按钮设置工作表的保护功能。

（5）继续在【审阅】→【更改】组中单击保护工作簿按钮，在打开的"保护工作簿"对话框中单击选中"结构"和"窗口"复选框，并在"密码"文本框中输入"123456"，然后单击确定按钮，在打开的"确认密码"对话框中输入"123456"，然后单击确定按钮。

（6）完成后保存并关闭工作簿，当再次打开该工作簿时，其工作簿窗口将缩小，且不能修改工作表中的数据。

3.6 拓 展 知 识

在单元格中输入公式后，可能出现的常见错误值有####、#NUM!、#N/A、#NAME?、#REF!、#VALUE!等。下面分别解析显示各错误值的原因，并提出解决方法。

◎ ####错误：当单元格中所含的数字、日期或时间超过单元格宽度或者单元格的日期时间产生了一个负值，就会出现错误值####。解决方法是增加单元格列宽、应用不同的数字格式、保证日期与时间公式的正确性。

◎ **#NUM!错误**：通常公式或函数中使用无效数字值时，将出现错误值#NUM!。出错原因是在需要数字参数的函数中使用了无法接受的参数，解决方法是确保函数中使用的参数是数字。如即使需要输入的值是"$2,000"，也应在公式中输入"2000"。

◎ **#N/A错误**：当公式中没有可用数值时，将出现错误值#N/A。在工作表中某些单元格暂没有数值，可以在单元格中输入#N/A，公式在引用这些单元格时，将不进行数值计算，而是返回#N/A。

◎ **#NAME?错误**：在公式中使用了Excel不能识别的文本时将出现错误值#NAME?。解决方法是当公式中使用的名称不存在时，可在【公式】→【定义的名称】组中单击"名称管理器"按钮 ，在打开的对话框中确认使用的名称是否存在，如果所需名称没有被列出，可单击 按钮添加相应的名称；在公式中输入文本时没有使用双引号，Excel将其解释为名称，并将公式中的文本放置在双引号中；如果公式中引用了其他工作表或工作簿中的值或单元格，且工作簿或工作表的名称中包含非字母字符或空格，则该字符必须放置在单引号"'"中。

◎ **#REF!错误**：当单元格引用无效时将出现错误值#REF!，出错原因是删除了其他公式所引用的单元格，或将已移动的单元格粘贴到其他公式所引用的单元格中，解决方法是更改公式，在删除或粘贴单元格之后恢复工作表中的单元格。

◎ **#VALUE!错误**：当使用的参数或操作数类型错误，或当公式自动更正功能不能更正公式，如公式需要数字或逻辑值（如True或False）时，却输入了文本，将出现错误值#VALUE!。解决方法是确认公式或函数所需的运算符或参数是否正确，公式引用的单元格中是否包含有效的数值。如A1单元格包含一个数字，A2单元格包含文本"价格"，则公式=A1+A2将出现#VALUE!错误。

◎ **#NULL!错误——可能有空交点**：当指定并不相交的两个区域的交点时，将出现错误值#NULL!。出错原因是使用了不正确的区域运算符，解决方法是若引用连续的单元格区域，一定使用冒号":"分隔引用区域中的第一个单元格和最后一个单元格；若引用不相交的两个区域，则一定使用联合运算符，即逗号","。

◎ **#DIV/0!错误——是否使用了0作除数？**：当公式中使用了0作除数时，将出现错误值#DIV/0!。解决方法是将除数更改为非零值。如果参数是一个空白单元格，则Excel会认为其值为0，此时，应修改单元格引用，或在用作除数的单元格中输入不为零的值。确认公式或函数中的除数不为零或不为空。

3.7 课后习题

（1）打开"超市产品库存表.xlsx"工作簿，在其中使用公式计算本月库存，然后以产品类别为排序依据，分类汇总不同产品类别的库存量，完成后的参考效果如图3-58所示。

提示： 首先在"超市产品库存表.xlsx"工作簿的G4:G21单元格区域中输入公式"=D4-E4+F4"计算本月库存，然后以产品类别为主要关键字进行升序排列，完成后以"产品类别"为分类字段求和汇总"本月销量"和"本月库存"。

素材所在位置	光盘:\素材文件\第3章\课后习题\超市产品库存表.xlsx
效果所在位置	光盘:\效果文件\第3章\课后习题\超市产品库存表.xlsx
视频演示	光盘:\视频文件\第3章\计算与管理"超市产品库存表".swf

图3-58　超市产品库存表 的参考效果

（2）打开"领料单.xlsx"工作簿，设置表格数据的保护功能，完成后设置页面并打印数据区域，完成后的效果如图3-59所示。

提示：在"领料单.xlsx"工作簿中选择A1:J12单元格区域，取消单元格的锁定状态；在【审阅】→【更改】组中单击保护工作表按钮，在打开的"保护工作表"对话框的列表框中只单击选中"选定未锁定的单元格"复选框，并单击确定按钮，此时在工作表的灰色部分将不能进行数据编辑；设置页面的页边距为"窄"，纸张方向为"横向"，纸张大小为"信封DL"，页边距的居中方式为"水平"和"垂直"，并将工作表内容调整为一页显示；完成后预览打印效果，并打印3份该工作表。

素材所在位置	光盘:\素材文件\第3章\课后习题\领料单.xlsx
效果所在位置	光盘:\效果文件\第3章\课后习题\领料单.xlsx
视频演示	光盘:\视频文件\第3章\设置与打印"领料单".swf

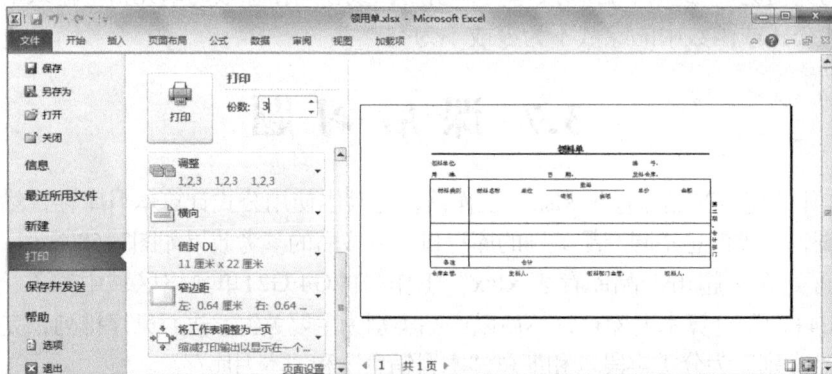

图3-59　"领料单"的参考效果

第**4**章

Excel图形与图表的使用

在Excel表格中若只有数据显示，不仅枯燥乏味，而且不够生动没有说服力，因此可以在表格中插入多种图形对象，丰富表格内容，直观分析表格数据。本章将讲解Excel图形与图表的使用，包括插入图片与剪贴画、SmartArt图形、艺术字、形状等，以及使用图表、迷你图、数据透视图表、切片器等知识。

✳ 学习要点

- ◎ 插入图片或剪贴画
- ◎ 使用SmartArt图形
- ◎ 使用艺术字与形状
- ◎ 使用图表
- ◎ 使用迷你图
- ◎ 使用数据透视图表
- ◎ 使用切片器

✳ 学习目标

- ◎ 掌握各种图形元素的插入与编辑方法，使表格更美观
- ◎ 熟练掌握图表的使用方法，并结合使用迷你图和图表分析数据
- ◎ 熟练掌握数据透视图表的使用方法，使用切片器筛选数据透视表中的数据

4.1 插入图片或图形元素

在Excel表格中除了通过设置表格格式美化表格外，还可以插入图片或图形元素使表格更美观，如插入图片、剪贴画、SmartArt图形、艺术字与形状等。

4.1.1 插入图片或剪贴画

为了使表格内容更个性化，用户可将计算机中保存的图片和系统自带的剪贴画插入表格中，完成后根据需要设置图片和剪贴画格式。

1. 插入图片

在Excel表格中插入计算机中存放的任意格式的图片的具体操作如下。

（1）选择插入图片存放位置的单元格，在【插入】→【插图】组中单击"图片"按钮。

（2）在打开的"插入图片"对话框左侧的列表框中依次选择图片保存位置，在中间区域选择相应的图片，然后单击 插入(S) 按钮即可将所选的图片插入到表格中，如图4-1所示。

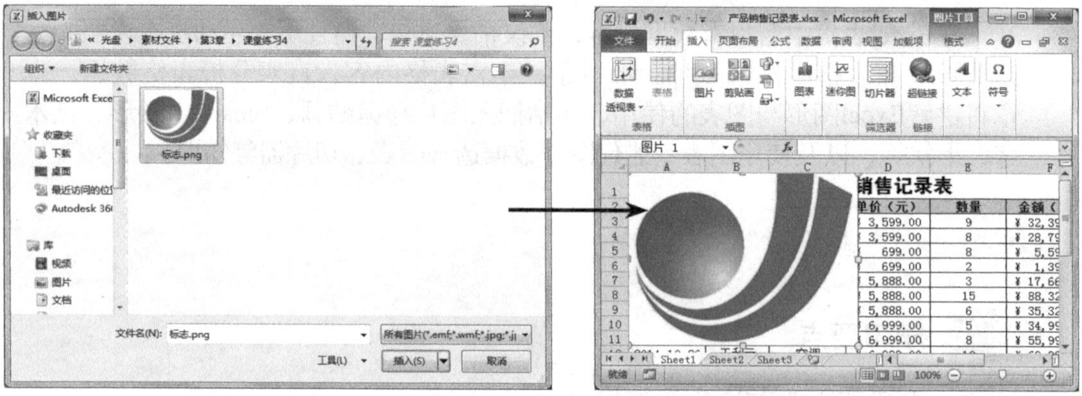

图4-1 插入图片

> 一般情况下，在工作表中一次只能插入一张图片，如果在"插入图片"对话框中按住【Ctrl】或【Shift】键，再选择图片，可同时选择并插入多张图片。插入到工作表中的多张图片将以层叠的方式进行排列。
>
> 操作技巧

2. 插入剪贴画

Excel自带的剪贴画是一种矢量图形，图片可以无限放大而不失真，剪贴画的类别可分为保健、标志、地点、地图、动物和符号等。在Excel中根据不同用户的需要插入一些与表格相符的剪贴画可以陪衬出表格的美观。插入剪贴画的具体操作如下。

（1）选择插入剪贴画存放位置的单元格，在【插入】→【插图】组中单击"剪贴画"按钮。

（2）在打开的"剪贴画"任务窗格的"搜索文字"文本框中输入需要插入的剪贴画类别，然后单击 搜索 按钮，在下面的结果列表框中选择并单击需要插入的剪贴画，如图4-2所示。

图4-2 "剪贴画"任务窗格

（3）完成剪贴画的插入后，在"剪贴画"任务窗格的右上角可单击⊠按钮关闭该任务窗格。

知识提示　在"剪贴画"任务窗格中单击"在Office.com中查找详细信息"超链接可在Office.com中查找到更多类别的剪贴画。

3. 设置图片和剪贴画格式

在工作表中插入图片或剪贴画后，将激活图片工具的"格式"选项卡，如图4-3所示，在其中可根据需要调整对象效果、设置图片样式、更改排列顺序和大小等。

图4-3　图片工具的"格式"选项卡

◎ **调整对象效果**：在"调整"组中单击相应的按钮可对所选的对象进行调整，如更正图片亮度、对比度和清晰度，更改图片颜色，更改艺术效果，更换图片，重设图片等。

◎ **设置图片样式**：在"图片样式"组的列表框中可选择预定义的图片样式，也可分别单击图片边框、图片效果、图片版式按钮，重新设置图片的边框、视觉效果、版式等。

◎ **更改排列顺序**：当工作表中有多个图片时，可在"图片样式"组中单击相应的按钮将图片上移一层、下移一层、组合图片、旋转图片等。

◎ **更改图片大小**：在"大小"组中单击"裁剪"按钮下方的按钮，在打开的下拉列表中可选择相应的裁剪方式对图片进行裁剪，也可在"高度"和"宽度"数值框中输入图片的高度值和宽度值更改图片大小。

知识提示　在"图片样式"和"大小"组中单击"对话框启动器"按钮，或在选择的对象上单击鼠标右键，在弹出的快捷菜单中选择"设置图片格式"命令，都可打开"设置图片格式"对话框，在其中可更详细地设置图片格式。

4.1.2 使用 SmartArt图形

SmartArt图形用于表示不同类型数据的关系结构，如循环、层次结构、关系、矩阵、棱锥图和流程图等，使用它可以创建出具有设计师水准的图形效果。

1. 插入并编辑SmartArt图形

在工作表中插入SmartArt图形后，为了达到通过SmartArt图形来传达某些内容的目的，还需在插入的SmartArt图形中添加文字说明信息。插入并编辑SmartArt图形的具体操作如下。

（1）在【插入】→【插图】组中单击"插入SmartArt图形"按钮。

（2）在打开的"选择SmartArt图形"对话框左侧的列表框中选择图形的类型，在中间的列表框中选择插入的图形，如图4-4所示，完成后单击确定按钮即可将所选的SmartArt图形插入到表格中。

（3）单击SmartArt图形中显示"文本"信息的矩形框，将鼠标光标定位在其中并输入相应的信息内容，如图4-5所示，用相同的方法在其他矩形框中输入相应的信息内容。

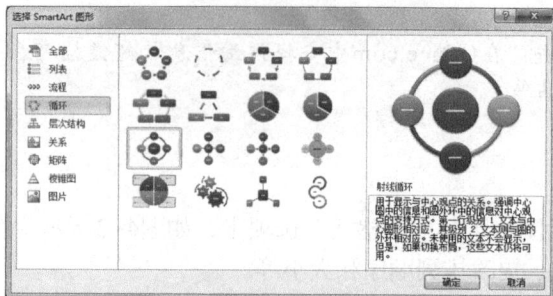

图4-4　选择SmartArt图形

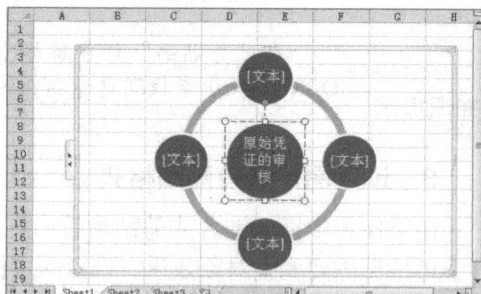

图4-5　在SmartArt图形中添加文本

知识提示　在SmartArt图形左侧单击╎按钮，在打开的"在此处键入文字"文本窗格的文本框中也可依次输入相应的文本内容，完成后若按【Enter】键将只能在相应的矩形框中换行输入并添加形状，并不会结束文字的编辑。

2. 设置SmartArt图形

在工作表中插入SmartArt图形后，将激活SmartArt工具的"设计"选项卡（如图4-6所示）和"格式"选项卡（如图4-7所示），在其中可以根据需要对SmartArt图形的布局、样式、大小等进行设置。

图4-6　SmartArt工具的"设计"选项卡

图4-7　SmartArt工具的"格式"选项卡

通过这两个选项卡设置SmartArt图形的主要操作如下。

◎ **创建图形**：在【设计】→【创建图形】组中单击 添加形状 按钮右侧的·按钮可以在相应的位置添加形状，单击 添加项目符号 按钮可以添加项目符号，以及对所选的项目符号和形状级别进行升级和降级调整等。

◎ **更改SmartArt图形布局**：在【设计】→【布局】组的列表框中可选择相应的布局选项更改SmartArt图形布局。

◎ **设置SmartArt样式**：在【设计】→【SmartArt样式】组单击"更改颜色"按钮 可更改SmartArt图形颜色，在该按钮右侧的列表框中可选择相应的图形样式快速应用SmartArt图形样式。

◎ **设置形状样式**：在【格式】→【形状样式】组的列表框中可选择预定义的形状样式，也可分别单击 形状填充·、 形状轮廓·、 形状效果·按钮，重新设置SmartArt图形中形状的填充效果、轮廓效果、外观效果等。

◎ **设置艺术字样式**：在【格式】→【艺术字样式】组的列表框中可选择预定义的艺术字样式，也可分别单击 文本填充·、 文本轮廓·、 文本效果·按钮，重新设置SmartArt图形中艺术字的填充效果、轮廓效果、外观效果等。

4.1.3 使用艺术字与形状

在Excel中，用户还可将艺术字、形状等图形对象插入到表格中，增加表格的实用性和美观度。

1. 插入并编辑艺术字

艺术字即具有特殊效果的文字，它不仅可以像文字一样随意修改，而且可以像图片一样任意设置其大小、位置等效果。插入并编辑艺术字的具体操作如下。

（1）在【插入】→【文本】组中单击"艺术字"按钮，在打开的下拉列表中选择一种艺术字样式。

（2）插入艺术字后，选择艺术字文本框中的文本内容"请在此输入您自己的内容"，然后输入所需的文本内容即可。

（3）完成后在激活的绘图工具的"格式"选项卡中还可根据需要设置形状样式、设置艺术字样式、更改排列顺序和大小等，如图4-8所示。

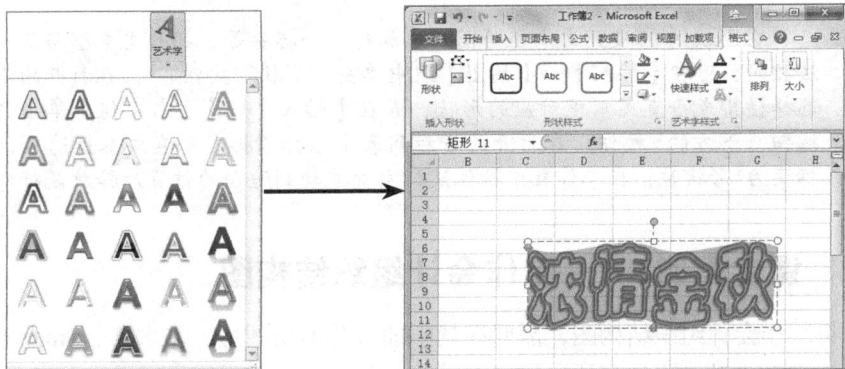

图4-8 插入并编辑艺术字

知识提示　设置艺术字的大小时，艺术字的大小与艺术字文本框的大小将同时改变，若只需改变艺术字的大小，可选择艺术字后，在【开始】→【字体】组中设置文本的大小。

2. 插入并编辑形状

在Excel中还可插入不同类别的形状，如线条、矩形、流程图等，通过形状可以更加形象地展现设计者的意图。插入并编辑形状的具体操作如下。

（1）在【插入】→【插图】组中单击"形状"按钮，在打开的下拉列表中选择不同类别的形状。

（2）当鼠标光标变为+形状时，在工作表中按住鼠标左键拖动到适合的位置后释放鼠标，即可绘制出相应的形状。

（3）选择绘制的形状，或在形状上单击鼠标右键，在弹出的快捷菜单中选择"编辑文字"命令，在形状中输入相应的文本。

（4）完成后在激活的绘图工具的"格式"选项卡中也可根据需要设置形状样式、设置艺术字样式、更改排列顺序和大小等，如图4-9所示。

75

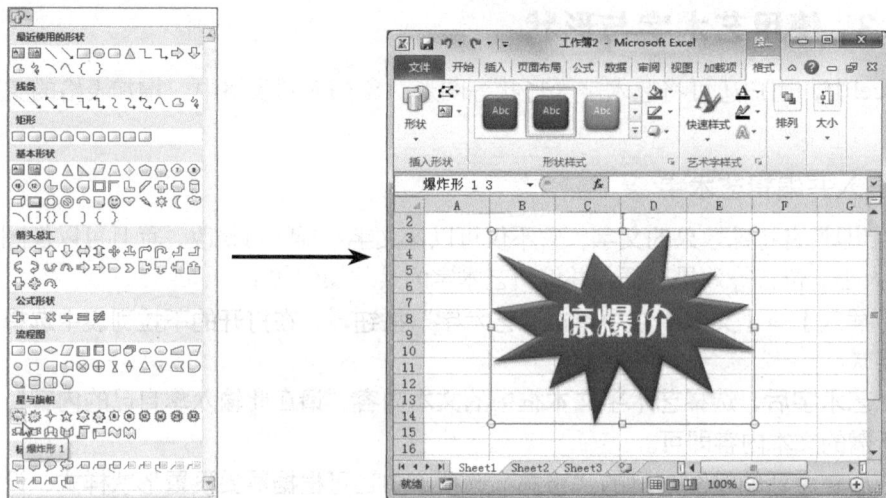

图4-9 插入并编辑形状

在Excel中可使用文本框为图形添加标注和标签等，插入文本框与插入形状的方法相同，可在【插入】→【插图】组中单击"形状"按钮，在打开的下拉列表中选择横排或垂直文本框对应的形状，或在【插入】→【文本】组中单击"文本框"按钮下方的·按钮，在打开的下拉列表中选择横排或垂直文本框选项，当鼠标光标变为↓形状时，在工作表中按住鼠标左键拖动到适合的位置后释放鼠标即可。

4.1.4 课堂案例1——制作会计组织结构图

本案例将制作会计组织结构图，需要在其中插入并编辑图片、艺术字、SmartArt图形等对象，完成后的参考效果如图4-10所示。

素材所在位置　光盘:\素材文件\第4章\课堂案例1\背景.jpg
效果所在位置　光盘:\效果文件\第4章\课堂案例1\会计组织结构图.xlsx
视频演示　　　光盘:\视频文件\第4章\制作"会计组织结构图".swf

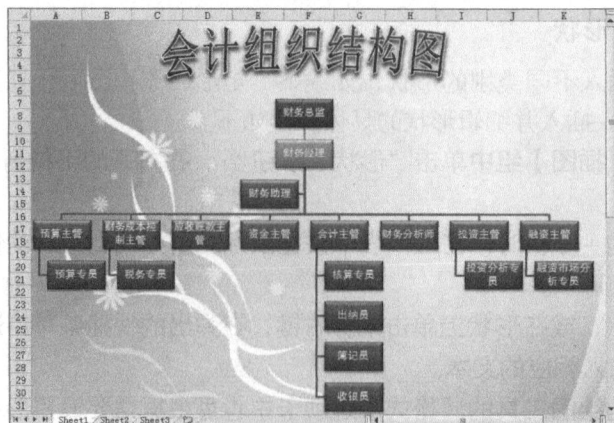

图4-10 会计组织结构图的参考效果

职业素养

建立会计组织结构，可以有效协调各职能岗位之间的合作，是保证会计工作正常进行、充分发挥会计管理作用的一个重要条件。不同的行业部门划分、部门人员职能以及所需人员不同，每个行业、每个部门的组织架构图也不一样，因此要根据企业具体情况制定具体的个性组织架构图。

（1）新建工作簿，将其以"会计组织结构图"为名进行保存，然后在【插入】→【插图】组中单击"图片"按钮 。

（2）在打开的"插入图片"对话框左侧的列表框中选择图片所在的路径，在其下的空白区域选择"背景"图片，单击 插入(S) 按钮，如图4-11所示。

图4-11　插入图片

（3）在【插入】→【文本】组中单击"艺术字"按钮 ，在打开的下拉列表中选择"填充-红色，强调文字颜色2，粗糙棱台"选项。

（4）插入艺术字文本框后，保持文本框中"请在此放置您的文字"文本的选择状态，并输入文本内容"会计组织结构图"，如图4-12所示。

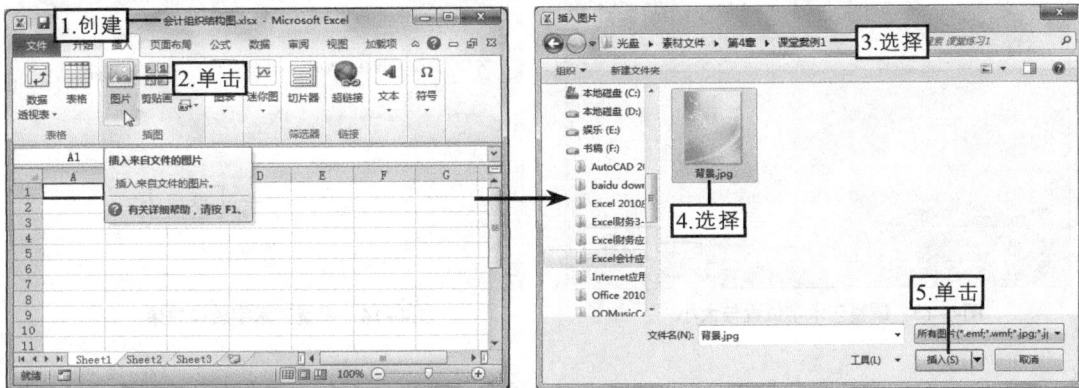

图4-12　插入艺术字

（5）选择艺术字文本框，当鼠标光标变为 形状时，按住鼠标左键不放，向上拖动艺术字文本框到适合的位置后释放鼠标，然后在艺术字文本框中选择艺术字文本内容，将鼠标光标移动到浮动工具栏上，在"字号"下拉列表框中选择"40"选项，如图4-13所示。

（6）在绘图工具的【格式】→【艺术字样式】组中单击"文字效果"按钮 A·，在打开的下拉列表中选择【转换】→【两端近】选项，如图4-14所示。

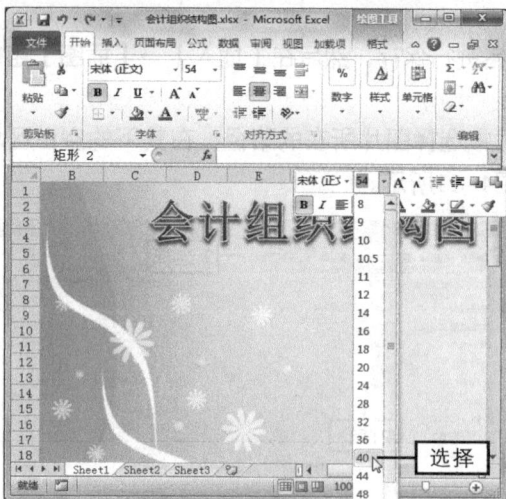

图4-13   调整艺术字位置与大小   图4-14   设置艺术字转换效果

知识提示　为艺术字或文本框中的文本内容应用艺术字样式后，在【格式】→【艺术字样式】组中单击"快速样式"按钮 A，在打开的下拉列表中选择"清除艺术字"选项可清除设置的艺术字样式。

（7）在【插入】→【插图】组中单击"插入SmartArt图形"按钮 。

（8）在打开的"选择SmartArt图形"对话框左侧的列表框中单击"层次结构"选项卡，在中间的列表框中选择"组织结构图"选项，如图4-15所示，完成后单击 确定 按钮。

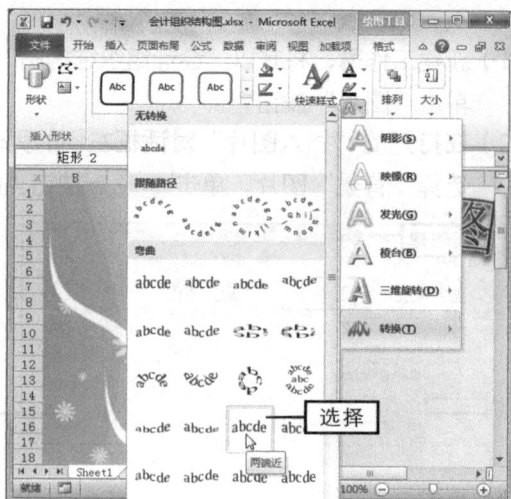

图4-15   选择SmartArt图形类型

（9）选择第三行左侧的矩形文本框，在SmartArt工具的【设计】→【创建图形】组中单击 添加形状 按钮右侧的·按钮，在打开的下拉列表中选择"在后面添加形状"选项，如图4-16所示，用相同的方法在第三行矩形文本框后继续添加相应的矩形文本框。

（10）选择第三行左侧的矩形文本框，在SmartArt工具的【设计】→【创建图形】组中单击 添加形状 按钮右侧的·按钮，在打开的下拉列表中选择"在下方添加形状"选项，如图

4-17所示，用相同的方法在第三行矩形文本框下方继续添加相应的矩形文本框。

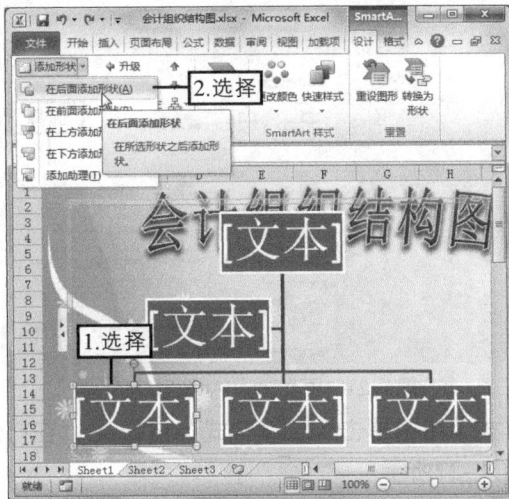

图4-16 添加形状

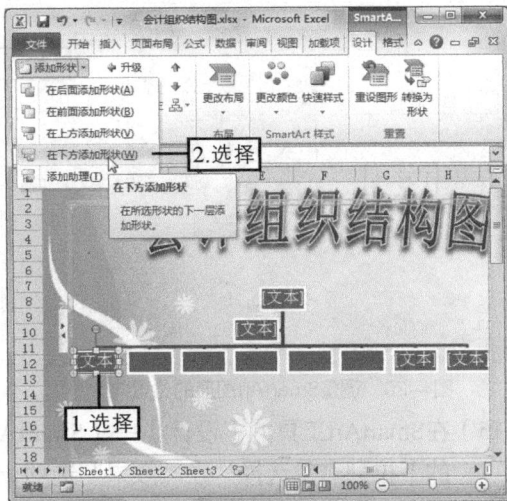

图4-17 继续添加形状

（11）选择第一行的矩形文本框，在SmartArt工具的【设计】→【创建图形】组中单击 添加形状 按钮右侧的·按钮，在打开的下拉列表中选择"在上方添加形状"选项，如图4-18所示。

（12）选择第一行添加的矩形文本框，然后输入文本"财务总监"，然后用相同的方法选择其他矩形文本框并输入相应的内容，如图4-19所示。

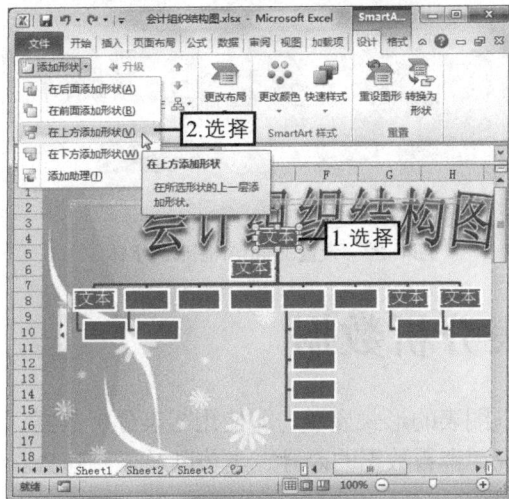

图4-18 继续添加形状

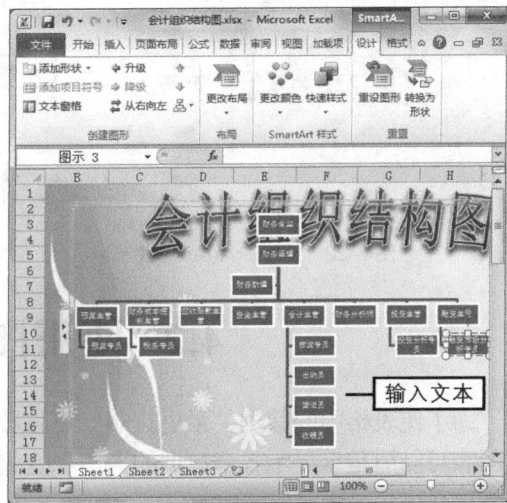

图4-19 输入文本

（13）将鼠标光标移动到SmartArt图形的边框上，按住鼠标左键不放，向下拖动到适合的位置后释放鼠标，然后在SmartArt工具的【格式】→【大小】组的"高度"和"宽度"数值框中分别输入"12厘米"和"21厘米"，如图4-20所示。

（14）选择SmartArt图形，在SmartArt工具的【设计】→【SmartArt样式】组中单击"更改颜色"按钮，在打开的下拉列表中选择"彩色范围–强调文字颜色5至6"选项，如图4-21所示。

图4-20 调整SmartArt图形的位置与大小

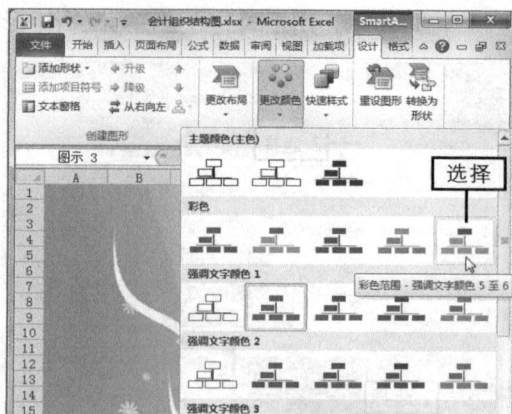

图4-21 更改SmartArt图形颜色

（15）在SmartArt工具的【设计】→【SmartArt样式】组中单击"快速样式"按钮，在打开的下拉列表中选择"强烈效果"选项，如图4-22所示。

（16）保持SmartArt图形的选择状态，然后在【开始】→【字体】组中设置其字体为"方正黑体简体"，如图4-23所示。

图4-22 更改SmartArt样式

图4-23 设置SmartArt图形的字体

4.2 使用图表分析数据

为了使表格中的数据关系更直观，可将数据以图表的形式显示，即使用图表分析数据。使用图表可以清楚地显示各个数据的大小和变化情况，查看数据的差异、走势以及预测趋势。

4.2.1 使用图表

图表是Excel的重要数据分析工具。使用图表分析数据之前，首先应对图表的组成部分有简单的认识，以便于对图表执行相应的操作。

1. 认识图表

图表中包含了多个组成部分，但不同的图表类型，图表中显示的各部分及所处的位置也各不相同。下面以柱形图为例介绍图表的组成部分，如图4-24所示。

图4-24 图表的组成部分

◎ **图表区**：是图表最基本的组成部分，是整个图表的背景区域，图表的其他组成部分都集中在图表区，如图表标题、绘图区、图例、分类轴、数值轴、数据系列、网格线等。

◎ **绘图区**：是图表的重要组成部分，它是通过轴来界定的区域，其中主要包括数据系列和网格线等。

◎ **图表标题**：用来显示图表的名称。

◎ **数据系列**：根据用户指定的图表类型以系列的方式显示在图表中的可视化数据。即在图表中绘制的相关数据点，这些数据源自数据表的行或列。在图表中标识数据系列中数据点的详细信息的数据称为数据标签。

◎ **坐标轴**：主要分为水平轴和垂直轴，水平轴主要用于显示文本标签；垂直轴可以确定图表中垂直坐标轴的最小和最大刻度值。

◎ **图例**：用于表示图表中的数据系列的名称或分类而指定的图案或颜色。

2. 创建图表

在创建图表之前，首先应制作或打开一个创建图表所需的数据区域存储的表格，然后再选择适合数据的图表类型。创建图表的方法有如下两种。

◎ **快速创建图表**：选择需要创建图表的数据区域，在【插入】→【图表】组中选择创建的图表类型，单击相应的按钮后，在打开的下拉列表中选择相应图表的子类型，如图4-25所示，即可在工作表中快速创建所需的图表。

◎ **通过对话框创建图表**：选择需要创建图表的数据区域，在【插入】→【图表】组中单击"对话框启动器"按钮，在打开的"插入图表"对话框中选择所需的图表类型，如图4-26所示，完成后单击 确定 按钮即可创建出所需的图表。

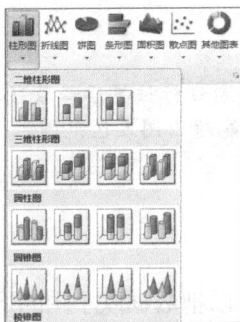

图4-25 在功能选项卡中选择图表类型

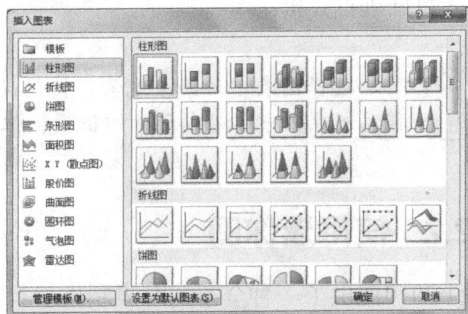

图4-26 在"插入图表"对话框选择图表类型

知识提示　　创建图表时，若只选择一个单元格作为数据区域，Excel可自动将紧邻该单元格的包含数据的所有单元格创建在图表中。

3. 编辑并美化图表

创建图表后将激活图表工具的"设计""布局""格式"选项卡，如果用户对默认的图表效果不满意，可通过相应的选项卡编辑并美化图表。由于图表工具与SmartArt工具的"格式"选项卡的功能基本相同，因此这里不再赘述，下面主要介绍通过图表工具的"设计"（如图4-27所示）和"布局"选项卡（如图4-28所示）编辑并美化图表的相关操作。

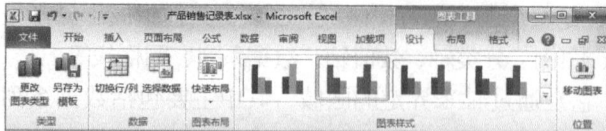

图4-27　图表工具的"设计"选项卡　　　　图4-28　图表工具的"布局"选项卡

◎ **更改图表类型**：在【设计】→【类型】组中单击"更改图表类型"按钮 ，在打开的"更改图表类型"对话框中可选择需要更改的图表类型。

◎ **更改图表数据区域**：在【设计】→【数据】组中单击"切换行/列"按钮 可交换当前图表坐标轴上的数据，即将x轴的数据切换到y轴，y轴的数据切换到x轴；单击"选择数据"按钮 ，在打开的"选择数据源"对话框中可编辑图表的数据区域、数据系列、图表标签等。

◎ **设置图表布局与样式**：在【设计】→【图表布局】组的列表框中可选择相应的选项快速应用图表布局，在【设计】→【图表样式】组的列表框中可选择相应的样式快速应用图表样式。

◎ **设置图表元素的格式**：在【布局】→【当前所选内容】组的下拉列表框中选择图表中的某个组成元素，然后单击 设置所选内容格式 按钮，在打开的对话框中可设置所选图表元素的格式。

◎ **设置图表标签**：在【布局】→【标签】组中可单击相应的按钮，在打开的下拉列表中选择相应的选项分别设置图表标题、坐标轴标题、图例、数据标签和模拟运算表的效果。

◎ **对图表数据进行分析**：在【布局】→【分析】组中分别单击相应的按钮，在打开的下拉列表中可选择相应的选项分别添加并设置趋势线、折线、涨/跌柱线、误差线等对图表数据进行分析。

知识提示　　选择图表中的某个元素，按住鼠标左键不放并拖动到目标位置后释放鼠标，可移动图表区中各组成元素的位置，但是各组成元素都不能超出图表区范围。

4.2.2　使用迷你图

Excel 2010提供了一种全新的图表制作工具，即迷你图，它可以把数据以小图的形式呈现在单元格中，同时还可与图表组合创建出全新的图表样式，达到分析表格数据的目的。

1. 创建迷你图

迷你图是存在于单元格中的小图表，它以单元格为绘图区域，可以简单快捷地绘制出数据小图表分析表格数据。在Excel 2010中迷你图有3种图表类型：折线图、柱形图、盈亏。

创建迷你图的方法非常简单，其具体操作如下。

（1）选择存放迷你图的单元格或单元格区域，在【插入】→【迷你图】组中选择所需的迷你图类型。

（2）系统自动将鼠标光标定位到打开的"创建迷你图"对话框的"数据范围"文本框中，在工作表中选择要创建迷你图的数据区域，然后单击 确定 按钮，完成后在相应的单元格中即可创建出所需的迷你图，如图4-29所示。

图4-29 创建迷你图

2. 编辑并美化迷你图

为了使创建的迷你图效果更美观，更清楚地表现其数据关系，可在激活的迷你图工具的"设计"选项卡中（如图4-30所示）执行相应的操作，编辑并美化迷你图效果。

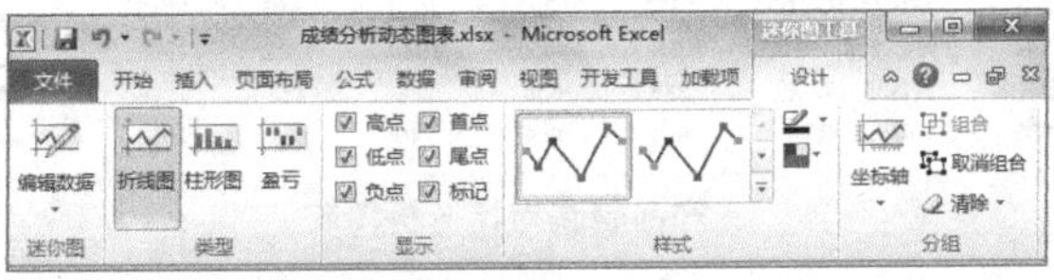

图4-30 迷你图工具的"设计"选项卡

◎ **编辑迷你图数据**：在【设计】→【迷你图】组中单击"编辑数据"按钮下方的按钮，在打开的下拉列表中选择"编辑组位置和数据"选项，可编辑创建的组迷你图的位置与数据，选择"编辑单个迷你图的数据"选项可编辑单个迷你图的源数据区域。

◎ **更改迷你图类型**：在【设计】→【类型】组中选择相应的迷你图类型即可。

◎ **显示迷你图标记**：在【设计】→【显示】组中单击选中相应的复选框即可。

◎ **更改迷你图样式**：在【设计】→【样式】组的列表框中可选择预设的迷你图样式，也可单击"迷你图颜色"按钮右侧的按钮设置迷你图颜色，单击"标记颜色"按钮设置迷你图上的标记颜色。

◎ **设置迷你图分组**：在【设计】→【分组】组中单击相应的按钮，可分别设置坐标轴选项、组合或取消组合迷你图、清除迷你图。

知识提示　只有使用Excel 2010创建的数据源区域才能创建迷你图，低版本的Excel工作簿即使使用Excel 2010打开也不能创建，必须将数据复制至Excel 2010工作簿中才能使用该功能。

4.2.3　组合使用迷你图与图表

由于迷你图不是真正存在于单元格内的"内容"，因此不能直接引用它。如果要在图表等其他功能中引用迷你图，则需要将迷你图转换为图片，这样才能实现图表与迷你图功能的组合使用。组合使用迷你图与图表的具体操作如下。

（1）选择已创建迷你图的某个单元格，按【Ctrl+C】组合键复制该迷你图。

（2）选择一个空白单元格，在【开始】→【剪贴板】组中单击"粘贴"按钮📋下方的 · 按钮，在打开的下拉列表中选择"链接的图片"选项，将迷你图粘贴为链接图片。

（3）选择粘贴的图片，按【Ctrl+X】组合键剪切图片。

（4）在图表中对应的数据系列上单击两次选择该数据系列，然后按【Ctrl+V】组合键将剪切的迷你图图片粘贴到数据系列中，完成后用相同的方法将其他迷你图图片粘贴到相应的数据系列中即可。

4.2.4　课堂案例2——制作产品销量分析表

本案例将在提供的素材文件中组合使用迷你图与图表，对比分析表格中的产品销量，完成后的参考效果如图4-31所示。

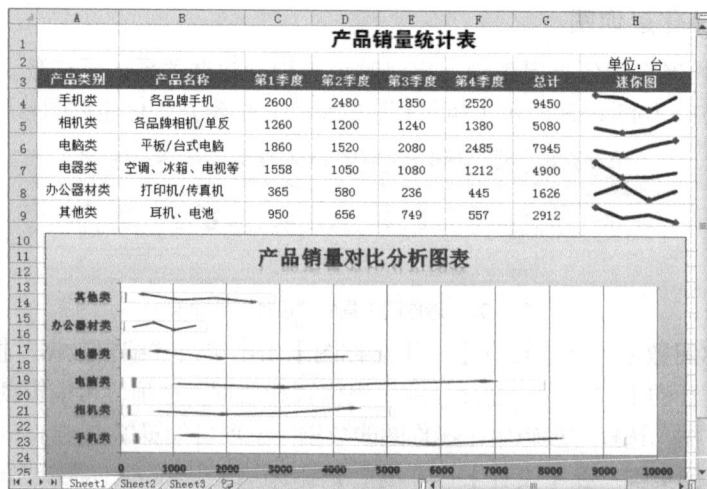

图4-31　产品销量分析表的参考效果

素材所在位置　　光盘:\素材文件\第4章\课堂案例2\产品销量分析表.xlsx

效果所在位置　　光盘:\效果文件\第4章\课堂案例2\产品销量分析表.xlsx

视频演示　　　　光盘:\视频文件\第4章\制作"产品销量分析表".swf

（1）打开素材文件"产品销量分析表.xlsx"，选择存放迷你图的单元格区域，这里选择H4:H9单元格区域，然后在【插入】→【迷你图】组中单击"折线图"按钮 ⚏，如图4-32所示。

（2）系统自动将鼠标光标定位到打开的"创建迷你图"对话框的"数据范围"文本框中，在工作表中选择要创建迷你图的数据区域，这里选择C4:F9单元格区域，然后单击 确定按钮，如图4-33所示，完成后在相应的单元格中即可创建出所需的迷你图。

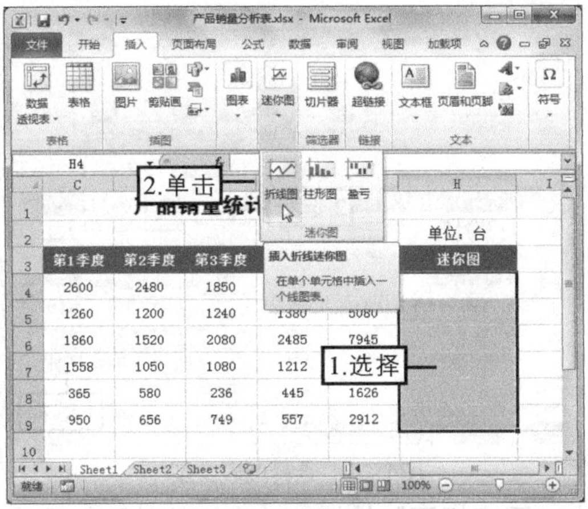

图4-32 选择迷你图类型

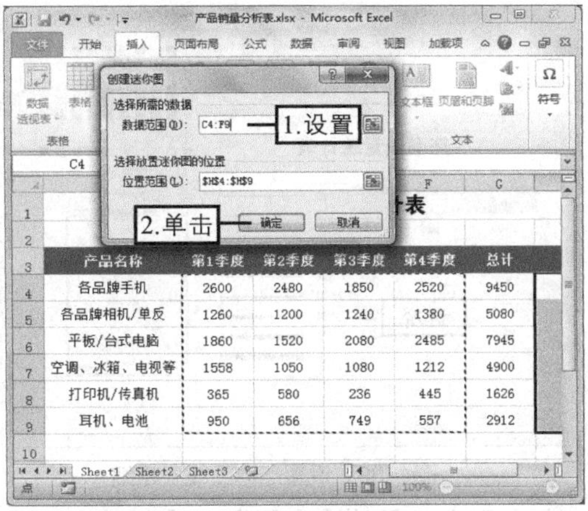

图4-33 选择迷你图数据区域

（3）在迷你图工具的【设计】→【显示】组中单击选中"高点"和"低点"复选框，如图4-34所示。

（4）在迷你图工具的【设计】→【样式】组中单击▼按钮，在打开的下拉列表中选择"迷你图样式彩色#3"选项，如图4-35所示。

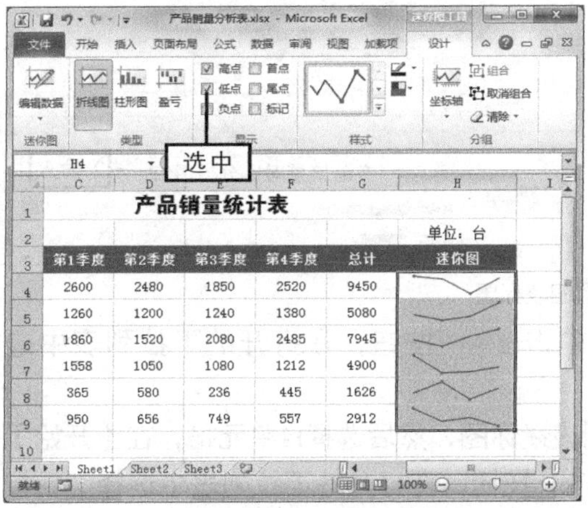

图4-34 显示迷你图高低点

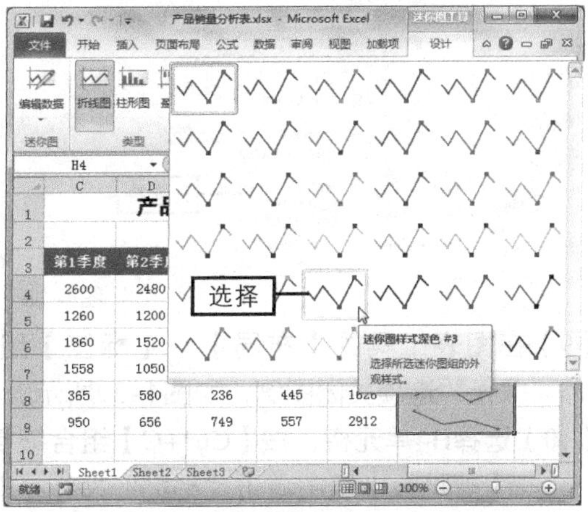

图4-35 设置迷你图样式

操作技巧

创建迷你图时，若选择了存放迷你图的单元格区域，创建的迷你图将自动组合为一组迷你图，此时可单击 取消组合 按钮取消迷你图的组合。

（5）在迷你图工具的【设计】→【样式】组中单击"迷你图颜色"按钮▱右侧的▼按钮，在打开的下拉列表中选择【粗细】→【3磅】选项，如图4-36所示。

（6）按住【Ctrl】键，选择A4:A9和G4:G9单元格区域，然后在【插入】→【图表】组中单击"条形图"按钮▤，在打开的下拉列表中选择"簇状条形图"选项，如图4-37所示，创建出相应的条形图。

图4-36 设置迷你图线条粗细

图4-37 选择图表类型

（7）在图表工具的【布局】→【标签】组中单击"图表标题"按钮 ，在打开的下拉列表中选择"图表上方"选项。

（8）在显示的"图表标题"文本框中选择文本"图表标题"，然后输入文本"产品销量对比分析图表"，如图4-38所示。

图4-38 设置图表标题

（9）在图表工具的【布局】→【标签】组中单击 图例 按钮，在打开的下拉列表中选择"无"选项关闭图例，如图4-39所示。

（10）选择H4单元格，按【Ctrl+C】组合键复制该迷你图，然后选择I4单元格，在【开始】→【剪贴板】组中单击"粘贴"按钮 下方的 按钮，在打开的下拉列表中选择"链接的图片"选项，如图4-40所示。

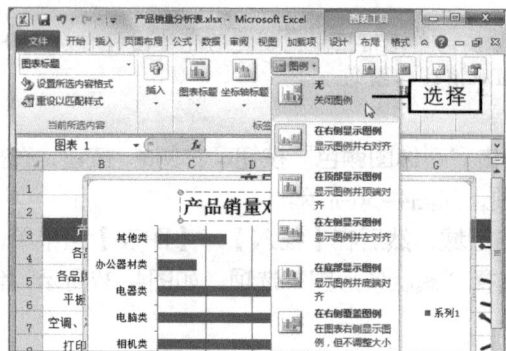

图4-39 关闭图表图例　　　　　　　图4-40 复制并粘贴单个迷你图

（11）选择粘贴的图片，按【Ctrl+X】组合键剪切图片，然后在图表中对应的数据系列上单击两次选择该数据系列，然后按【Ctrl+V】组合键将剪切的迷你图图片粘贴到数据系列中，如图4-41所示，用相同的方法将其他迷你图粘贴到相应的数据系列中。

（12）选择图表区，在图表工具的【格式】→【形状样式】组的列表框中单击 按钮，在打开的下拉列表中选择"细微效果-紫色，强调颜色4"选项，如图4-42所示。

图4-41　剪切并粘贴迷你图到图表中

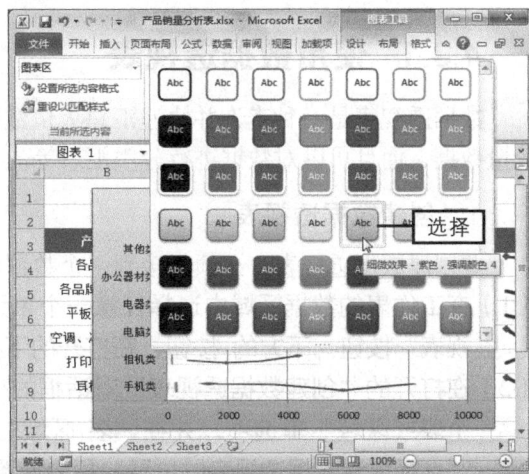

图4-42　设置形状样式

知识提示 之所以将复制的迷你图以链接的图片粘贴到单元格中，是因为若修改源数据区域，迷你图与粘贴的链接图片效果将随源数据区域的改变而改变。

（13）在图表工具的【格式】→【艺术字样式】组中单击"快速样式"按钮 ，在打开的下拉列表中选择"渐变填充-紫色，强调文字颜色4，映像"选项，如图4-43所示。

（14）将鼠标光标移动到图表区上，当鼠标光标变成 形状后按住鼠标左键不放，拖动图表到数据区域的下方后释放鼠标即可调整图表位置。

（15）将鼠标光标移动到图表右侧边框的中间位置，当鼠标光标变成 形状后按住鼠标左键不放，向右拖动到适合的位置后释放鼠标即可调整图表大小，如图4-44所示。

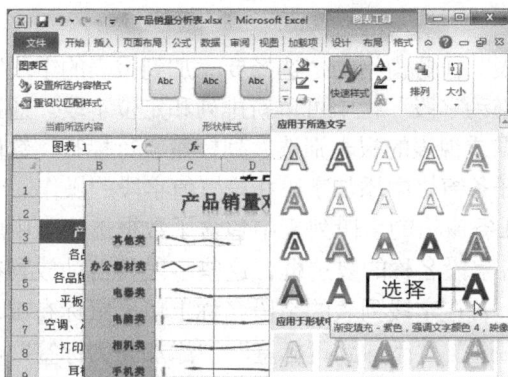

图4-43　设置艺术字样式

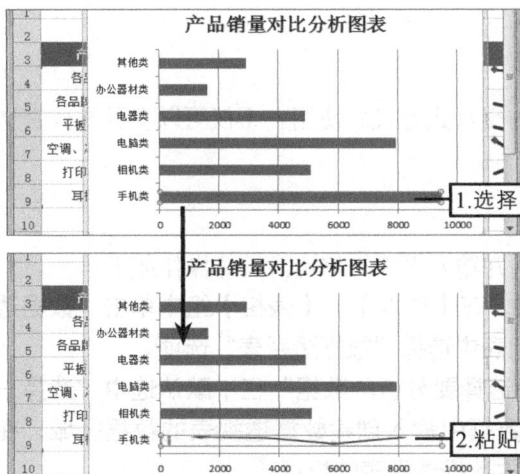

图4-44　调整图表位置与大小

4.3 使用数据透视图表分析数据

在Excel中数据透视表与数据透视图相互关联，两个报表中的字段相互对应。使用数据透视表和数据透视图可深入分析表格数据。另外，Excel 2010还提供了一种可视性极强的筛选方法，即切片器来筛选数据透视表中的数据。

4.3.1 使用数据透视表

数据透视表是一种查询并快速汇总大量数据的交互式方式。使用它不仅可以多种方式查询大量数据，而且可以对数据进行分类汇总等。

1. 创建数据透视表

要创建数据透视表，必须连接到一个数据源，并输入报表的位置。具体操作如下。

（1）在工作表的数据区域中选择任意一个单元格，在【插入】→【表格】组中单击"数据透视表"按钮 下方的·按钮，在打开的下拉列表中选择"数据透视表"选项。

（2）在打开的"创建数据透视表"对话框的"请选择要分析的数据"栏中默认选中"选择一个表或区域"单选项，并在"表/区域"参数框中输入创建数据透视表的数据区域；在"选择放置数据透视表的位置"栏中设置存放数据透视表的位置。

（3）完成后单击 确定 按钮。系统会自动创建一个空白的数据透视表并打开"数据透视表字段列表"任务窗格，如图4-45所示。

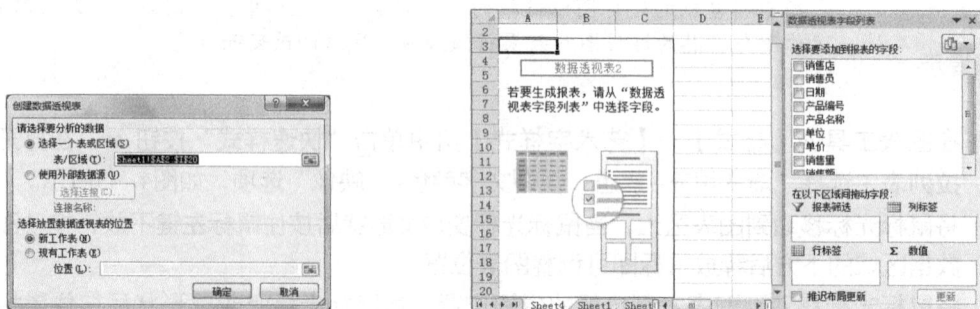

图4-45 创建数据透视表

2. 编辑数据透视表

创建数据透视表后，在"数据透视表字段列表"任务窗格的"选择要添加到报表的字段"列表框中可添加或删除字段，在"在以下区域间拖动字段"栏中可重新排列和定位字段。通过"数据透视表字段列表"任务窗格可分别设置数据透视表的报表筛选、列标签、行标签、数值区域。下面主要介绍在"数据透视表字段列表"任务窗格中添加字段和设置值字段的操作。

◎ 添加字段：在"数据透视表字段列表"任务窗格的字段列表中包含了数据透视表中所有的数据字段，在其中若直接单击选中各字段名称的复选框，这些字段将自动放置在数据透视表的默认区域，如图4-46所示；若在字段列表的字段名称上单击鼠标右键，在弹出的快捷菜单中选择"添加到报表筛选""添加到行标签""添加到列标签"或"添加到值"命令，或拖动所需的字段到"数据透视表字段列表"任务窗格下方的各个区域中可将所需的字段放置在数据透视表中的指定区域中。

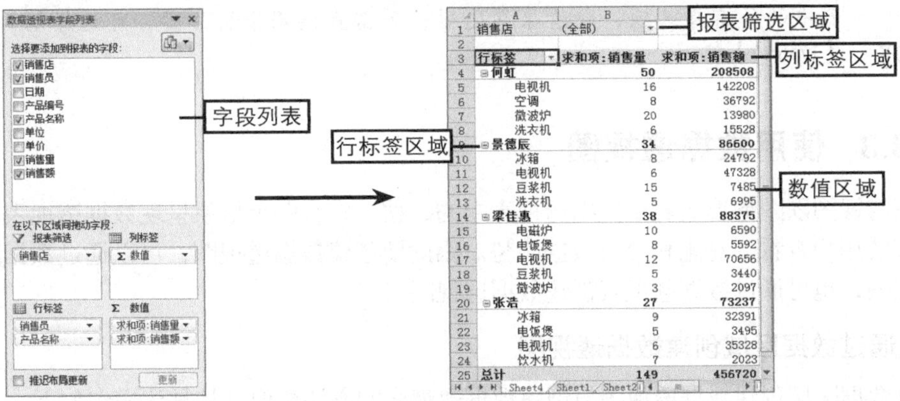

图4-46　添加字段到各区域中

◎ **设置值字段**：默认情况下，数据透视表的数值区域显示为求和项。用户也可根据需要设置值字段，如平均值、最大值、最小值、计数、乘积、偏差和方差等。要设置值字段，可在"数据透视表字段列表"任务窗格的"数值"栏中单击所需的字段，在打开的下拉列表中选择"值字段设置"选项，在打开的"值字段设置"对话框的"值汇总方式"选项卡的"计算类型"列表框中选择字段计算的类型；在"值显示方式"选项卡中设置数据显示的方式，如无计算、百分比、差异等。

4.3.2　使用切片器

切片器是易于使用的筛选组件，它包含一组按钮，使用户能快速地筛选数据透视表中的数据，而不需要通过下拉列表查找要筛选的项目。创建并设置切片器的具体操作如下。

（1）选择数据透视表，在数据透视表工具的【选项】→【排序和筛选】组中单击"插入切片器"按钮▤下的·按钮，在打开的下拉列表中选择"插入切片器"选项。

（2）在打开的"插入切片器"对话框中单击选中要为其创建切片器的数据透视表字段的复选框，完成后单击 确定 按钮即可在工作表中为选中的字段创建一个切片器。

（3）选择切片器，在激活的切片器工具的"选项"选项卡中分别设置切片器、设置切片器样式、设置切片器中按钮的排列方式和大小、调整切片器的排列方式、大小等。

（4）在切片器上单击相应项目对应的按钮，数据透视表中的数据将发生相应的变化，如图4-47所示。

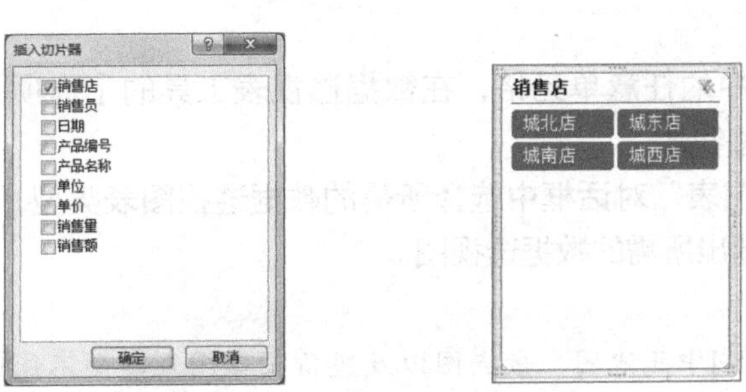

图4-47　创建并设置切片器

操作技巧　　　　选择切片器上的某个筛选项后，在切片器的右上角单击 按钮，可选择切片器中的所有筛选项，即清除筛选器；若需直接删除切片器，可选择切片器后按【Delete】键。

4.3.3　使用数据透视图

数据透视图以图形形式表示数据透视表中的数据。它有助于形象呈现数据透视表中的汇总数据，方便用户查看、对比和分析数据趋势。因此要创建数据透视图，可以通过数据区域创建数据透视图，也可通过数据透视表创建数据透视图。

1.　通过数据区域创建数据透视图

通过数据区域创建数据透视图与创建数据透视表的方法相似，其具体操作如下。

（1）在工作表的数据区域中选择任意一个单元格，在【插入】→【表格】组中单击"数据透视表"按钮 下方的 按钮，在打开的下拉列表中选择"数据透视图"选项。

（2）在打开的"创建数据透视表及数据透视图"对话框中设置数据透视表和数据透视图的数据源和存放位置，然后单击 确定 按钮，系统将创建一个空白的数据透视表和数据透视图，并打开"数据透视表字段列表"任务窗格，如图4-48所示。

（3）在"数据透视表字段列表"任务窗格中根据需要编辑数据透视表，完成后即可创建出带有数据的数据透视表和数据透视图。

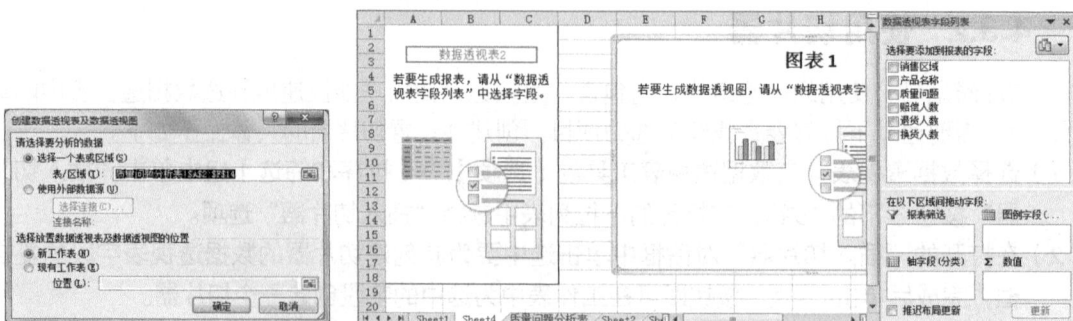

图4-48　同时创建数据透视表与数据透视图

2.　通过数据透视表创建数据透视图

在工作表中若已经创建有数据透视表，那么可直接通过数据透视表创建数据透视图，具体操作如下。

（1）选择数据透视表中的任意单元格，在数据透视表工具的【选项】→【工具】组中单击"数据透视图"按钮 。

（2）在打开的"插入图表"对话框中选择所需的数据透视图表类型，然后单击 确定 按钮即可在工作表中创建出所需的数据透视图。

知识提示　　　　在Excel中气泡图、散点图以及股价图等图表类型不能通过数据透视表创建数据透视图。

3. 设置数据透视图

由于数据透视图不仅具有数据透视表的交互性功能，还具有图表的图释功能。因此设置数据透视图与图表的方法基本相似，可通过数据透视图工具的"设计""布局""格式"选项卡分别设计数据透视图效果、设置数据透视图布局、设置数据透视图格式。另外，数据透视图工具中多了一个"分析"选项卡，如图4-49所示，在其中可执行如下操作。

图4-49 数据透视图工具的"分析"选项卡

◎ **设置活动字段**：在数据透视图中选择坐标轴中的数据，在【分析】→【活动字段】组中单击相应的按钮可展开或折叠整个字段。

◎ **编辑数据透视图数据**：在【分析】→【数据】组中单击相应的按钮，也可插入切片器、更新数据透视图中的数据、消除数据透视图中的数据。

◎ **显示/隐藏字段列表或字段按钮**：在【分析】→【显示/隐藏】组中单击"字段列表"按钮可隐藏/显示"数据透视表字段列表"任务窗格，单击"字段按钮"按钮下方的▼按钮，在打开的下拉列表中选择相应的选项可隐藏/显示相应的字段按钮。

4.3.4　课堂案例3——制作年度销售数据统计表

本案例将根据提供的素材文件中的数据区域同时创建数据透视表和数据透视图，以分析销售数据，完成后的参考效果如图4-50所示。

素材所在位置	光盘:\素材文件\第4章\课堂案例3\年度销售数据统计表.xlsx
效果所在位置	光盘:\效果文件\第4章\课堂案例3\年度销售数据统计表.xlsx
视频演示	光盘:\视频文件\第4章\制作"年度销售数据统计表".swf

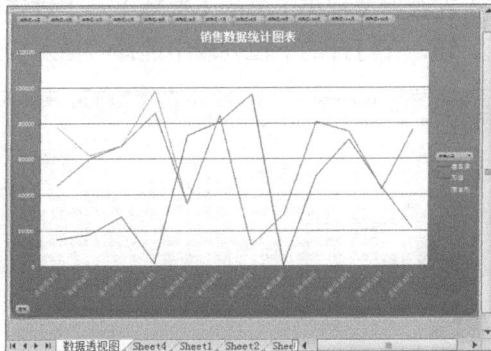

图4-50 同时创建数据透视表和数据透视图的参考效果

（1）打开素材文件"年度销售数据统计表.xlsx"，选择A2:N16单元格区域，在【插入】→【表格】组中单击"数据透视表"按钮下方的▼按钮，在打开的下拉列表中选择"数据透视图"选项。

（2）在打开的"创建数据透视表及数据透视图"对话框中确认数据透视表和数据透视图的数据源和存放位置，这里保持默认设置，然后单击 确定 按钮，如图4-51所示。

图4-51 选择数据透视表和数据透视图的数据源和存放位置

（3）系统自动创建一个空白的数据透视表和数据透视图，并打开"数据透视表字段列表"任务窗格，在"数据透视表字段列表"任务窗格的"选择要添加到报表的字段"列表框中单击选中如图4-52所示的相应字段对应的复选框，为数据透视表和数据透视图添加字段。

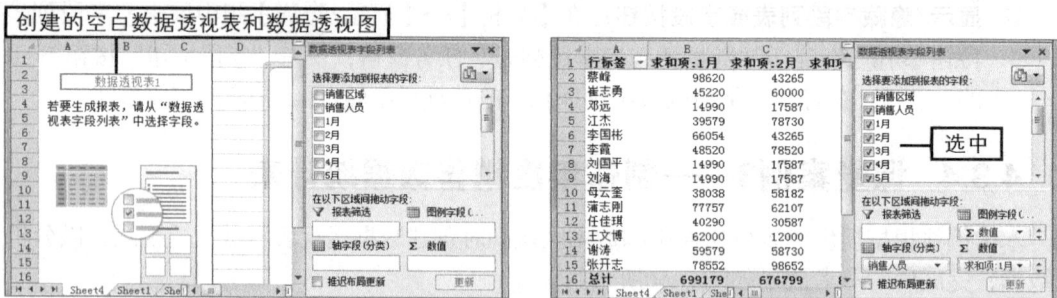

图4-52 创建数据透视表和数据透视图并添加字段

（4）选择数据透视表中的任意单元格，然后在数据透视表工具的【设计】→【数据透视表样式】组的列表框中单击 按钮，在打开的下拉列表中选择"数据透视表样式中等深浅3"选项，如图4-53所示。

（5）在数据透视表工具的【选项】→【排序和筛选】组中单击"插入切片器"按钮 下的 按钮，在打开的下拉列表中选择"插入切片器"选项，如图4-54所示。

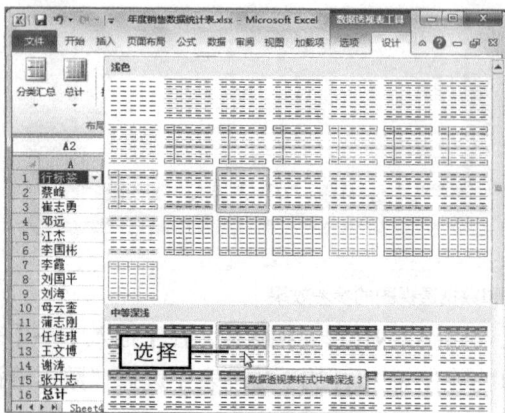

图4-53 设置数据透视表样式

图4-54 选择"插入切片器"命令

（6）在打开的"插入切片器"对话框中单击选中"销售区域"字段对应的复选框，完成后单击 确定 按钮创建切片器，如图4-55所示。

（7）将切片器移动到数据透视表的下方，然后在切片器工具的【选项】→【切片器样式】组中单击"快速样式"按钮 ，在打开的下拉列表中选择"切片器样式深色2"选项，如图4-56所示。

图4-55　创建切片器

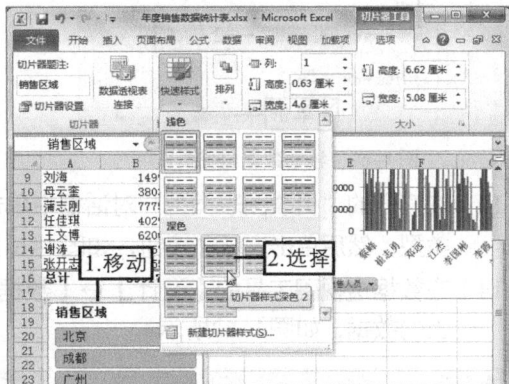

图4-56　设置切片器样式

（8）在切片器工具的【选项】→【按钮】组的"列"数值框中输入数据"6"，在"大小"组的"高度"和"宽度"数值框中分别输入"2厘米"和"15厘米"，完成后按【Enter】键。

（9）在切片器上单击相应项目对应的按钮，这里单击"上海"按钮，数据透视表中的数据将只显示与选中项目相关的数据，如图4-57所示。

（10）在工作表中拖动水平滚动条显示并选择数据透视图，然后在数据透视图工具的【设计】→【位置】组中单击"移动图表"按钮 ，如图4-58所示。

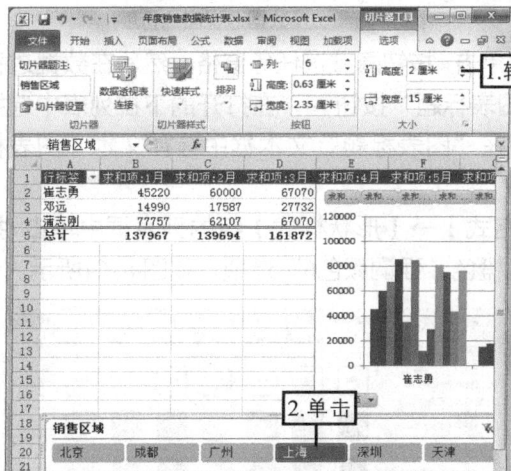

图4-57　使用切片器查看数据

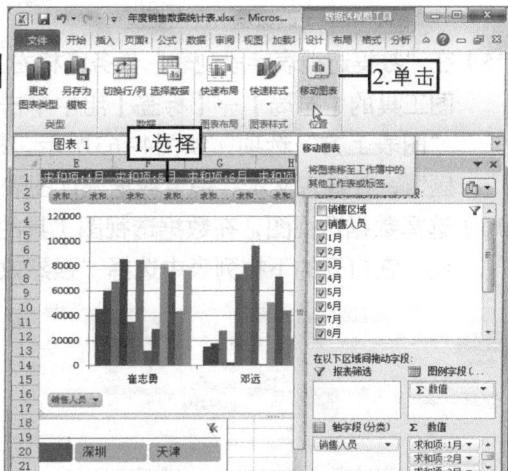

图4-58　选择移动的图表

（11）在打开的"移动图表"对话框中单击选中"新工作表"单选项，然后在其后的文本框中输入新工作表名称"数据透视图"，完成后单击 确定 按钮即可在新建的"数据透视图"工作表中看到所需的数据透视图，如图4-59所示。

（12）选择数据透视图，在数据透视图工具的【设计】→【类型】组中单击"更改图表类型"

按钮 📊，如图4-60所示。

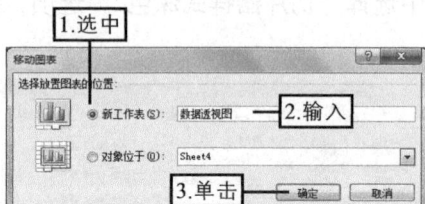

图4-59 移动数据透视图

图4-60 更改图表类型

（13）在打开的"更改图表类型"对话框中单击"折线图"选项卡，在其中选择"折线图"图表类型，然后单击 ▭确定▭ 按钮，如图4-61所示。

（14）在数据透视图工具的【设计】→【数据】组中单击"切换行/列"按钮 📊 切换x和y坐标轴上的数据，如图4-62所示。

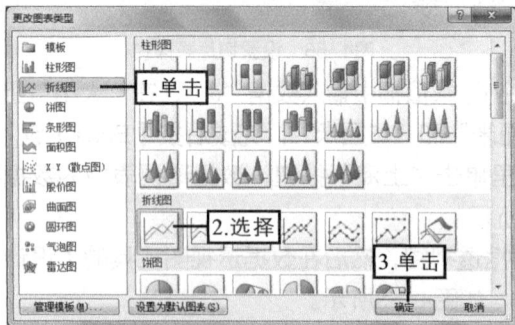

图4-61 更改数据透视图类型

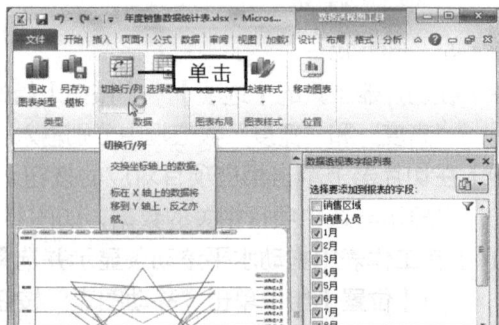

图4-62 切换数据透视图的行/列

（15）在"数据透视表字段列表"任务窗格右上角单击× 按钮隐藏该任务窗格，然后在数据透视图工具的【布局】→【标签】组中单击"图表标题"按钮 📊，在打开的下拉列表中选择"图表上方"选项，如图4-63所示，然后在"图表标题"文本框中选择文本"图表标题"，并输入文本"销售数据统计图表"。

（16）选择数据透视图，在数据透视图工具的【格式】→【形状样式】组的列表框中单击 按钮，在打开的下拉列表中选择"强烈效果–橙色，强调颜色6"选项，如图4-64所示。

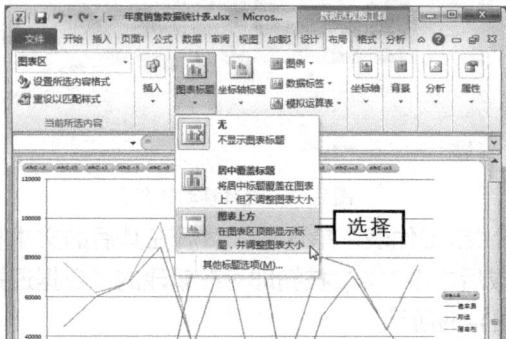

图4-63 设置数据透视图标题

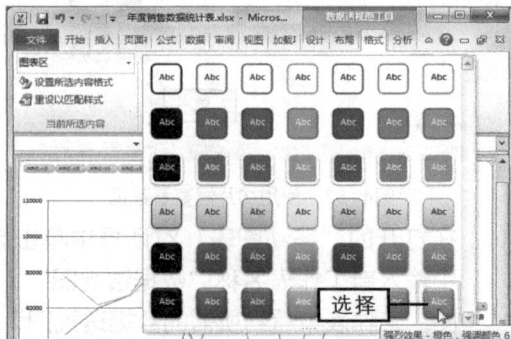

图4-64 设置数据透视图形状样式

4.4 课堂练习

分别制作产品宣传单和生产误差散点图，结合本章所学的知识点进行综合练习，使读者熟练掌握Excel图形与图表的使用方法。

4.4.1 制作产品宣传单

1. 练习目标

本练习的目标是为某产品制作宣传单，要求内容简单明了，突出产品特点。本练习完成后的参考效果如图4-65所示。

图4-65 "产品宣传单"的参考效果

素材所在位置 光盘:\素材文件\第4章\课堂练习\背景.jpg、产品.jpg
效果所在位置 光盘:\效果文件\第4章\课堂练习\产品宣传单.xlsx
视频演示 光盘:\视频文件\第4章\制作"产品宣传单".swf

2. 操作思路

完成本练习需要在创建的"产品宣传单.xlsx"工作簿中插入并编辑图片、艺术字、文本框、SmartArt图形等对象，其操作思路如图4-66所示。

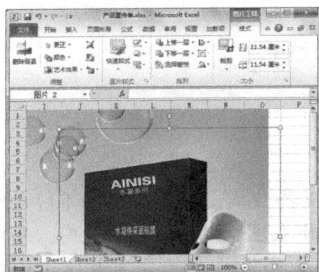

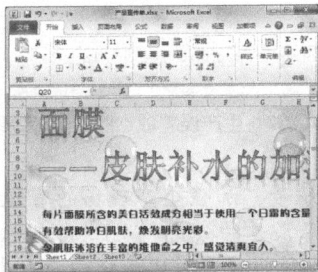

① 插入并编辑图片   ② 插入并编辑艺术字和文本框   ③ 插入并编辑SmartArt图形

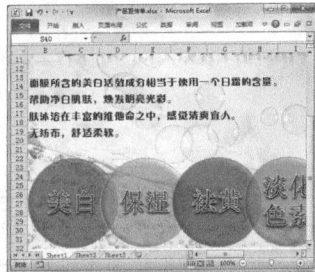

图4-66 产品宣传单的制作思路

（1）创建"产品宣传单.xlsx"工作簿，在【插入】→【插图】组中单击"图片"按钮 ![icon]，在打开的"插入图片"对话框左侧的列表框中依次选择图片保存位置，在中间区域选择相应的图片，然后单击 ![插入(S)] 按钮。

（2）将"产品"图片的高度和宽度调整为"11.54厘米"，然后将其移动到"背景"图片的右侧，并将其白色底纹设置为透明色。

（3）插入艺术字并输入相应的文本，然后设置艺术字的字体大小为"50"，艺术字样式的文本填充效果为预设颜色"彩虹出岫II"。

（4）插入文本框并输入相应的文本，然后设置文本框中文本的字体格式为"方正粗活意简体，16"，继续设置形状填充效果为"无颜色填充"，形状轮廓为"无轮廓"，文本填充效果为"深蓝"。

（5）插入SmartArt图形并添加形状，在其中输入相应的文本，然后更改SmartArt样式的颜色为"彩色–强调文字颜色"，快速样式为"粉末"，艺术字样式为"填充–红色，强调文字颜色2，粗糙棱台"，完成后调整SmartArt图形的位置与大小。

4.4.2　制作生产误差散点图

1. 练习目标

本练习的目标是根据缺席员工的数量制作生产误差散点图。本练习完成后的参考效果如图4-67所示。

素材所在位置	光盘:\素材文件\第4章\课堂练习\生产误差散点图.xlsx
效果所在位置	光盘:\效果文件\第4章\课堂练习\生产误差散点图.xlsx
视频演示	光盘:\视频文件\第4章\制作"生产误差散点图".swf

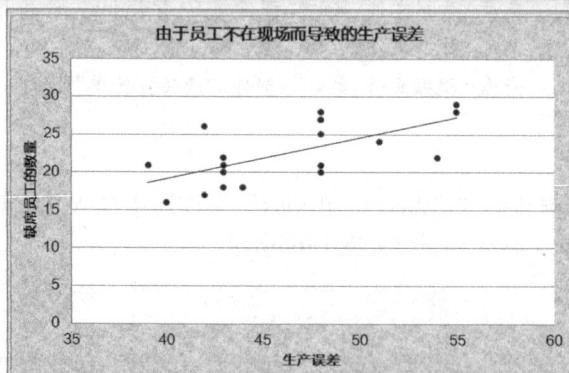

图4-67　生产误差散点图的参考效果

职业素养　为了控制产品的质量，加强生产现场的管理，提高生产能力，生产部门的管理人员应定期进行生产误差的分析。用Excel提供的散点图来分析生产误差，可根据各种因素的数据散点很明显地对比出该因素在生产误差范围内的分布状况。对分布密集的散点造成的生产误差，生产管理人员必须引起重视，要总结原因，汲取经验，并采取措施来减少该类误差的发生。

2. 操作思路

完成本练习需要在提供的素材文件中创建并编辑散点图，然后通过添加趋势线清楚地观察图表的变化趋势，其操作思路如图4-68所示。

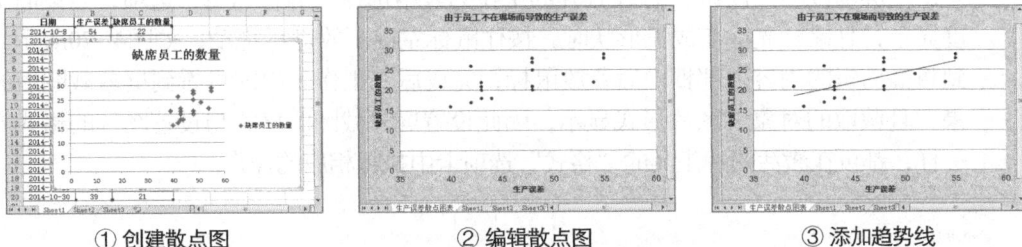

① 创建散点图　　　　② 编辑散点图　　　　③ 添加趋势线

图4-68　生产误差散点图的制作思路

（1）打开"生产误差散点图.xlsx"工作簿，选择B1:C20单元格区域，在【插入】→【图表】组中单击"散点图"按钮，在打开的下拉列表中选择"仅带数据标记的散点图"选项创建相应的散点图。

（2）选择图表区，在图表工具的【设计】→【位置】组中单击"移动图表"按钮，在打开的"移动图表"对话框中单击选中"新工作表"单选项，然后在其后的文本框中输入新工作表名称"生产误差散点图表"，完成后单击　确定　按钮。

（3）在图表工具的【设计】→【图表布局】组中单击"快速布局"按钮，在打开的下拉列表中选择"布局1"选项，然后将图表标题和坐标轴标题分别修改为"由于员工不在现场而导致的生产误差""生产误差""缺席员工的数量"。

（4）双击水平轴，在打开的"设置坐标轴格式"对话框的"坐标轴选项"选项卡右侧的"最小值"栏中单击选中"固定"单选项，在其后的数值框中输入"35.0"，单击　关闭　按钮。

（5）在【开始】→【字体】组中设置图表的字体格式为"方正兰亭黑简体，18"，然后在图表工具的【布局】→【标签】组中单击图例▾按钮，在打开的下拉列表中选择"无"选项关闭图例项。

（6）在【布局】→【当前所选内容】组的下拉列表框中选择"系列'缺席员工的数量'"选项，然后单击设置所选内容格式按钮，在打开的对话框中设置数据标记选项为内置的类型，数据标记填充为"紫色网格"纹理，完成后单击　关闭　按钮。

（7）选择图表区，在图表工具的【格式】→【形状样式】组中单击"形状填充"按钮右侧的▾按钮，在打开的下拉列表中选择【纹理】→【花束】选项。

（8）在图表工具的【布局】→【分析】组中单击"趋势线"按钮，在打开的下拉列表中选择"线性趋势线"选项即可将所选的趋势线类型添加到图表中。

4.5 拓 展 知 识

屏幕截图是Excel 2010中的新增功能，它无需退出正在使用的程序，即可快速截取屏幕快照，并将其添加到工作簿中。屏幕截图的方式有如下两种。

◎ **直接截取整个窗口**：在工作表中选择某个单元格作为插入屏幕截图的起始位置，然后在【插入】→【插图】组中单击"屏幕截图"按钮，在打开的下拉列表的"可用视窗"列表框中直接选择当前的可用视窗即可，如图4-69所示。

◎ **截取窗口的部分数据**：在桌面任务栏的程序按钮上单击截图程序对应的按钮，在工作表中选择某个单元格作为插入屏幕截图的起始位置，然后在【插入】→【插图】组中单击"屏幕截图"按钮 ，在打开的下拉列表中选择"屏幕剪辑"选项，当桌面呈灰度显示，且鼠标光标变成＋形状时，按住鼠标左键不放进行拖动，如图4-70所示，直到将需剪辑的内容全部框中后释放鼠标，完成后在工作表中即可看到屏幕截图后的效果，且截取的对象以图片形式显示，因此设置屏幕截图的格式与设置图片的格式方法一样，都可在激活图片工具的"格式"选项卡中执行相应的操作。

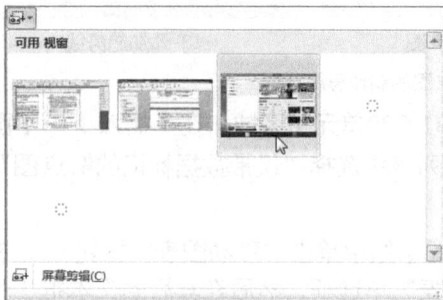

图4-69　直接截取整个窗口

图4-70　截取窗口的部分数据

4.6 课后习题

打开"费用支出比例图表.xlsx"工作簿，在其中创建并编辑"饼图"，完成后的效果如图4-71所示。

提示：在"费用支出比例图表.xlsx"工作簿中为A4:B10单元格区域创建"分离型三维饼图"，然后调整图表位置与大小，并设置图表布局为"布局1"，图表标题为"费用支出比例图表"，图表样式为"样式10"，形状样式为"细微效果-紫色，强调颜色4"，艺术字样式为"渐变填充-紫色，强调文字颜色4，映像"。

素材所在位置	光盘:\素材文件\第4章\课后习题\费用支出比例图表.xlsx
效果所在位置	光盘:\效果文件\第4章\课后习题\费用支出比例图表.xlsx
视频演示	光盘:\视频文件\第4章\制作"费用支出比例图表".swf

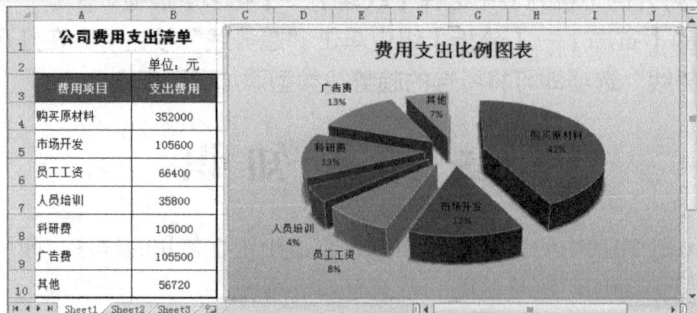

图4-71　费用支出比例图表的参考效果

第5章

Excel在会计凭证中的应用

　　会计凭证是会计核算的重要依据，填制和审核会计凭证是会计核算的基本方法之一，也是会计工作的起点和基础。本章将首先了解会计核算流程，然后使用Excel的记录单、定义单元格名称、设置数据有效性等功能建立会计科目表和会计凭证表。读者通过学习应了解并掌握Excel在会计核算流程的会计凭证中的应用。

✳ 学习要点

- ◎　了解会计核算流程
- ◎　认识会计科目
- ◎　填制会计凭证
- ◎　使用记录单
- ◎　定义单元格名称
- ◎　设置数据有效性
- ◎　使用相关函数

✳ 学习目标

- ◎　了解会计核算工作的整体流程，掌握使用Excel的记录单功能建立会计科目表
- ◎　掌握Excel的定义单元格名称、设置数据有效性、相关函数等知识建立会计凭证表

5.1 了解会计核算流程

要使用Excel进行会计核算，首先应了解会计核算工作的整体流程，从而更直观、清晰地认识会计相关表格的具体编制方法。下面从手工记账会计核算流程和使用Excel记账会计核算流程进行对比介绍，让读者更具体、全面地了解使用Excel进行会计核算的过程。

5.1.1 手工记账会计核算流程

会计核算程序（又叫账务处理程序）是指对会计数据的记录、归类、汇总、陈报的步骤和方法。即从原始凭证的整理、汇总，记账凭证的填制、汇总，日记账、明细分类账的登记，到会计报表的编制。账务处理程序的大体模式为：原始凭证→记账凭证→会计账簿→会计报表。

由于各个单位的经济业务性质、特点以及规模大小都不一样，因此设置的账簿、凭证的种类、格式和各种账簿之间的相互关系以及与之对应的记账程序和方法也不一样。不同的账簿组织、记账程序和记账方法相互结合，就形成了不同的会计核算形式。每个单位应结合实际情况和具体条件，采用或设计适合自身经济业务性质和特点的会计核算形式。

我国各经济单位通常采用的会计核算形式有4种：记账凭证核算形式、汇总记账凭证核算形式、科目汇总表核算形式、多栏式日记账核算形式。不同的会计核算形式主要区别在于登记总账的方法和依据不同，由于科目汇总表核算形式最为常见，下面以科目汇总表核算形式为依据介绍手工记账会计核算流程，如图5-1所示。

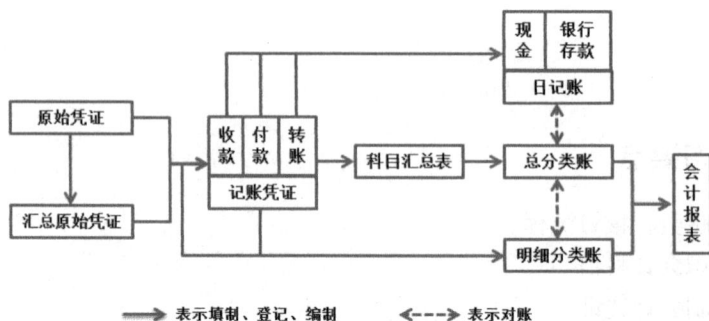

图5-1 手工记账会计核算流程图

手工记账会计核算流程分析。

（1）编制凭证：经济业务发生后，业务人员应将原始凭证提交给财会部门。由凭证录入人员在企业基础会计信息的支持下，根据原始单据编制凭证，并保存在凭证文件中。

（2）审核凭证：对凭证文件中的凭证进行审核。如果审核通过，则对记账凭证做审核标记，否则，将审核未通过的凭证提交给录入人员。

（3）登记日记账：出纳人员根据收款凭证和付款凭证，登记现金日记账和银行存款日记账。

（4）登记明细账：一般单位根据业务量的大小设置各个会计岗位，即分别由多个财会人员登记多本明细账，如一个会计登记应收账款明细账，另一个会计登记材料明细账等。

（5）登记总账：根据记账凭证定期汇总编制科目汇总表，再根据科目汇总表登记总分类账。

（6）月末处理：由于总账、日记账、明细账分别由多个财会人员登记，不可避免地会存在错误。因此，月末财会人员要进行对账，将日记账与总账核对，明细账与总账核对，做到账账相符。此外，财会人员月末还要进行结账，即计算会计账户的本期发生额和余额，结束账簿记录。

（7）生成余额调节表：根据企业银行账和银行对账单中的银行业务进行自动对账，并生成余额调节表。

（8）编制报表：会计期间结束，应根据日记账、明细账、总账编制管理者所需的会计报表和内部分析表，以反映企业的财务状况、经营成果和现金流量等。

> **知识提示**
> 一项合理有效的会计核算形式，一般应符合以下要求：与本单位生产、经营管理的特点、规模的大小和业务的繁简程度相适应；能正确、全面和及时地提供有关经济业务和财务收支情况，满足本单位经营管理和国家宏观管理工作的需要；在保证核算指标正确、真实和系统完整的前提下，尽可能地简化不必要的核算手续，提高会计工作的效率，节约核算工作的人力、物力、财力。

5.1.2 Excel记账会计核算流程

使用Excel进行会计核算时，无需遵循传统的手工记账会计核算流程，登账的环节完全可以取消，即平时不记现金日记账、银行存款日记账、明细分类账、总账，只需将经济业务以会计分录（记账凭证）的形式保存在会计分录表（记账凭证表）中，当需要时再对记账凭证按会计科目、日期等条件进行检索、编辑，直接输出日记账、明细账、总账和会计报表。

由于Excel是一款非常实用的表格处理软件，提供了强大的数据计算和处理功能，因此使用Excel进行会计核算与手工记账相比，它的优势在于：只要设定好公式和函数，就可以自动计算结果，不像手工记账每次都需手动计算；存储方便，能设置密码，保密度高；除初次创建和设置表格时需要一些时间外，以后就可直接使用该模版进行编辑，大大提高了工作效率，减少并避免了手工记账遗漏、重复及计算错误等问题。使用Excel进行会计核算的流程如图5-2所示。

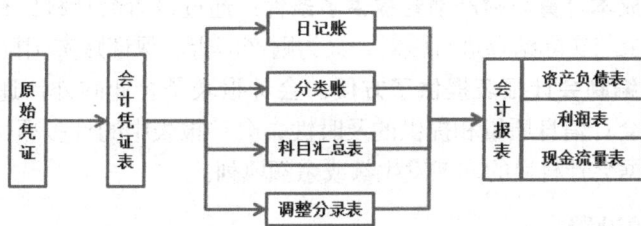

图5-2 Excel记账会计核算流程图

Excel记账会计核算流程分析。

（1）编制会计凭证表：将原始凭证分类归集后在计算机上直接填制记账凭证，或根据实际发生的经济业务编制生成会计凭证表，并对其进行审核。

（2）生成日记账和分类账：由计算机完成记账、对账、结账工作后，计算并分析会计凭证表中的经济业务，生成日记账（现金日记账和银行存款日记账）和分类账（明细分类账和总分类账）。

（3）生成科目汇总表：将会计凭证表中所有具有相同一级科目名称的科目汇总成一张科目汇总表，并计算生成科目余额表。

（4）编制调整分录表：在编制现金流量表时需要按照现金产生的原因调整会计分录表中的有关科目，即将现金分为经营活动现金、投资活动现金、筹资活动现金，完成后生成调整分录表。

（5）生成会计报表：根据科目汇总表和调整分录表生成资产负债表、利润表、现金流量表。

5.2 建立和处理会计科目表

在使用Excel进行会计账务处理时，常常涉及会计科目的录入，因此为了提高工作效率，可先建立一张会计科目表，以便填制会计凭证表时只需输入科目编号即可录入会计科目。下面首先了解会计科目的相关知识和Excel的操作知识。

5.2.1 认识会计科目

会计科目是会计核算的基本内容，它不仅为会计分类核算提供了基础，也为财务报表构建了基本框架。

1. 会计科目的作用

会计科目是为了满足会计确认、计量、报告的需要，根据企业内部管理和外部信息的需要，对会计要素进行细分的项目。它是进行各项会计记录和提供各项会计信息的基础。通过设置会计科目可为会计信息使用者提供科学、详细的分类指标体系。

在会计核算中，会计科目的作用主要体现在以下几点。

◎ **会计科目是复式计账的基础**：复式记账是会计核算的一种基本方法，它要求每一笔经济业务在两个或两个以上相互联系的账户中进行登记，以反映资金运动的来龙去脉。

◎ **会计科目是编制记账凭证的基础**：会计凭证是确定所发生的经济业务应记入何种科目并分门别类登记账簿的依据。

◎ **会计科目为成本计算与财产清查提供了条件**：通过设置会计科目有助于成本核算；而通过账面记录与实际结存进行核对，又为财产清查、保证账实相符提供了必备条件。

◎ **会计科目为编制会计报表提供了方便**：会计报表是企业向外传递会计信息的主要手段，为保证会计信息质量和提供的及时性，会计报表中的许多项目是根据会计科目开设的，并根据会计科目的本期发生额或余额填列。

2. 会计科目的设置

会计科目作为向投资者、债权人、经营管理者等提供会计信息的重要手段，在其设置过程中应努力做到科学、合理、适用。

为了便于确定会计科目的类别和位置，在会计科目表中还需对会计科目进行编号。国家最新颁布的6大类会计科目的编号分别是以1~6开头的数字。每个会计科目都有固定的编号，会计科目的编号一般采用4位数编号法，首位数是大类，第2位数是小类，第3、4位数是具体的会计科目名称。很多企业为了更加细化会计科目，在其后还添加了两位作为明细分类，如100201和100202是1002的下一级会计科目。表5-1为参照现行国家统一会计制度的规定中6大类会计科目中所包含的具体会计科目。

表5-1　会计科目类别表

科目代码	科目总类	包含的会计科目
1	资产类	包括库存现金、银行存款、交易性金融资产、应收票据、应收账款、原材料、库存商品、固定资产、无形资产、长期待摊费用等科目
2	负债类	包括短期借款、应付票据、应付账款、预收账款、应付职工薪酬、应交税费、应付股利、应付利息、长期借款、长期债券、长期应付款、预计负债、递延所得税负债等科目
3	共同类	包括清算资金往来、货币兑换、衍生工具、套期工具、被套期项目等科目
4	所有者权益类	包括实收资本、资本公积、盈余公积、本年利润、利润分配等科目
5	成本类	包括生产成本、制造费用、劳务成本、研发支出、工程施工、工程结算等科目
6	损益类	包括主营业务收入、其他业务收入、投资收益、营业外收入、主营业务成本、营业税金及附加、销售费用、管理费用、财务费用、营业外支出、所得税费用等科目

5.2.2　添加"记录单"按钮

在Excel中向一个数据量较大的表单中插入一行新记录时，通常需要逐行逐列地输入相应的数据。为了更准确、快速地输入会计科目创建所需的会计科目表，可使用Excel的记录单功能帮助用户在一个小窗口中完成数据录入的工作。

默认情况下，在Excel功能选项卡中将不显示"记录单"按钮。要使用记录单功能，必须将其手动添加到"快速访问工具栏"中，然后单击该按钮执行相应的操作。添加"记录单"按钮的具体操作如下。

（1）在Excel工作界面中选择【文件】→【选项】菜单命令。

（2）在打开的"Excel选项"对话框中单击"快速访问工具栏"选项卡，在"从下拉位置选择命令"下拉列表框中选择"不在功能区中的命令"选项，在中间的列表框中选择"记录单"选项，单击 添加(A) >> 按钮将其添加到右侧的列表框中，如图5-3所示。

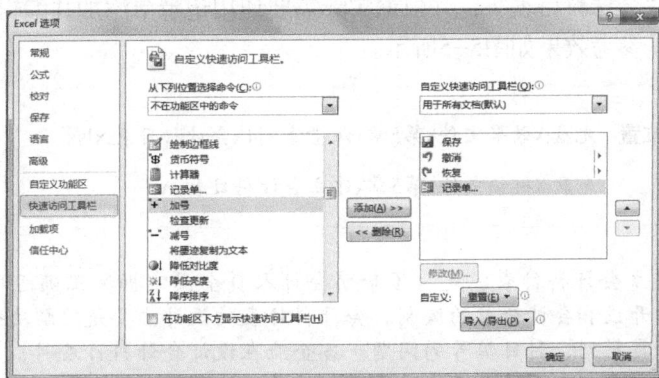

图5-3　添加"记录单"按钮到快速访问工具栏

（3）单击 确定 按钮，在快速访问工具栏中可看到添加的"记录单"按钮 。

知识提示 若只需在当前工作簿中使用记录单，可在"自定义快速访问工具栏"下拉列表框中选择需使用记录单的工作簿选项。

5.2.3 记录单的使用

Excel提供的记录单是用来管理表格中每一条记录的对话框，其中详细地记录了所需资料的单据。在工作表中选择除标题外的其他含有数据的单元格区域，然后在快速访问工具栏中单击"记录单"按钮 ，在打开的记录单对话框中（如图5-4所示）可执行如下操作。

◎ **添加记录**：在打开的记录单对话框的空白文本框中输入相应的内容，并按【Enter】键或单击 新建(W) 按钮，然后继续添加记录到表格中，完成后单击 关闭(L) 按钮关闭记录单对话框即可。

◎ **修改记录**：在打开的记录单对话框中拖动垂直滚动条至需要修改的记录，在其中根据需要修改记录的相关项目即可。在修改记录后，将激活 还原(R) 按钮，单击该按钮可还原修改错误的数据。

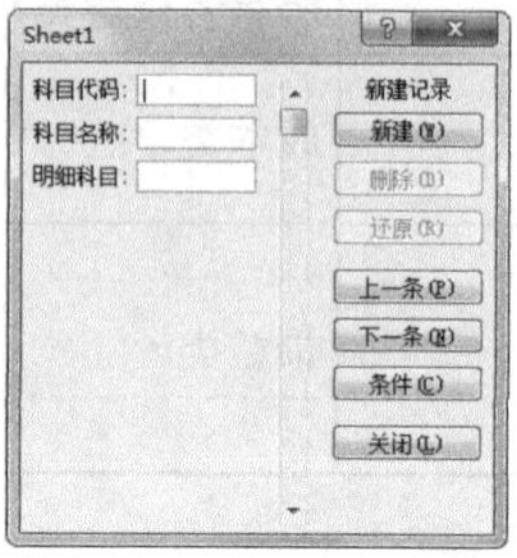

图5-4 "记录单"对话框

◎ **查找记录**：在打开的记录单对话框中单击 条件(C) 按钮，继续在打开的对话框中输入查找条件，完成后按【Enter】键在当前对话框中将查找出符合条件的记录并显示出来。

◎ **删除记录**：在打开的记录单对话框中查找需要删除的记录，然后单击 删除(D) 按钮，系统将打开提示记录将被删除的对话框，完成后单击 确定 按钮确定删除记录。

知识提示 利用记录单查找记录时，输入的查找条件越多，查找到符合条件的记录就越准确。另外，在打开的记录单对话框中单击 上一条(P) 按钮或 下一条(D) 按钮，可查看当前记录的上一条或下一条记录。

5.2.4 课堂案例1——建立会计科目表

本案例将创建"会计科目表"，并根据实际需要使用记录单添加并编辑会计科目，完成后冻结并拆分窗格，其参考效果如图5-5所示。

效果所在位置 光盘:\效果文件\第5章\课堂案例1\会计科目表.xlsx

视频演示 光盘:\视频文件\第5章\建立会计科目表.swf

职业素养 建立会计科目表，是为了帮助会计人员全面掌握和正确运用会计科目，规范账户的开设和会计分录的编制。会计科目表的设计主要是要解决会计科目的名称确定、分类排列、科目编号的问题。各企业在设计会计科目表时，应根据实际情况设计并列出全部一级科目及其所属的全部明细科目名称及编号。

图5-5 会计科目表的参考效果

1. 创建会计科目表

创建会计科目表的具体操作如下。

（1）启动Excel，将新建的空白工作簿以"会计科目表"为名进行保存，选择A1单元格，输入表题数据"鑫业有限责任公司会计科目表"，设置其字体格式为"方正粗倩简体，16"，然后选择A1:B1单元格区域，在【开始】→【对齐方式】组中单击▤按钮合并并居中显示单元格数据，如图5-6所示。

（2）分别选择A2和B2单元格输入表头数据"科目编号"和"科目名称"，然后选择A2:C2单元格区域，设置其字体格式为"12，加粗"，如图5-7所示。

图5-6 输入并设置表题数据

图5-7 输入并设置表头数据

2. 添加会计科目

若已根据5.2.2的操作步骤添加了"记录单"按钮，则可直接使用记录单添加会计科目记录，具体操作如下。

（1）选择A2:B2单元格区域，在快速访问工具栏中单击"记录单"按钮▤，如图5-8所示。

（2）在打开的提示对话框中单击 否(N) 按钮取消将选定区域的上一行包含进选定区域，如图5-9所示。

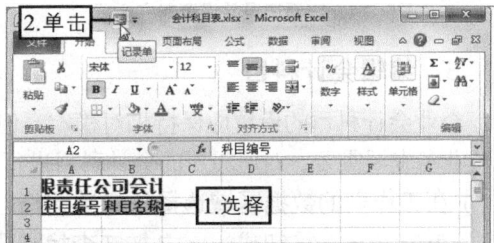

图5-8 单击"记录单"按钮

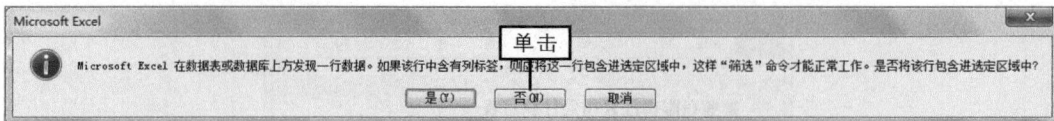

图5-9 取消将选定区域的上一行包含进选定区域

（3）在打开的对话框的"科目编号"文本框中输入"1001"，在"科目名称"文本框中输入
　　　 "库存现金"，单击 新建(W) 按钮，继续在空白的文本框中输入第二项会计科目的编号
　　　 和名称，单击 新建(W) 按钮。

（4）用相同的方法输入其他会计科目编号和名称，完成会计科目输入后在记录单对话框中单
　　　 击 关闭(L) 按钮，关闭该对话框，如图5-10所示。

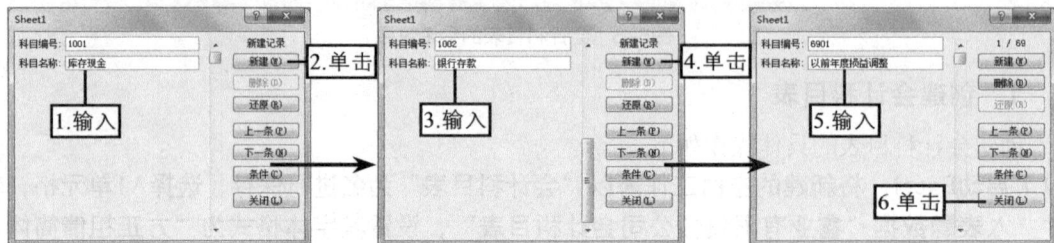

图5-10 使用记录单输入会计科目

（5）返回工作表中可看到输入的会计科目记录，然后选择A2:B72单元格区域，设置其对齐方
　　　 式为"居中"，如图5-11所示。

（6）将鼠标光标移至B列右侧的间隔线处，按住鼠标左键不放拖动至适合的距离后释放鼠标调
　　　 整单元格列宽到适合的大小，如图5-12所示。

图5-11 查看记录并设置对齐方式　　　　图5-12 调整列宽

3. 编辑会计科目

　　企业会计科目的设置应保持相对稳定，但并非一成不变，用户可根据社会经济环境变化和本
单位业务发展需要，对已设置的会计科目进行相应的修改、查询或删除等操作，具体操作如下。

（1）在工作表的数据区域选择任意单元格，然后单击"记录单"按钮 ，在打开的对话框中
　　　 单击 上一条(P) 按钮或 下一条(N) 按钮查找需要修改的记录。

（2）对查找到的记录进行修改，如将"2101"修改为"2001"，完成后按【Enter】键，如图5-13所示。

图5-13　修改记录

（3）单击 条件(C) 按钮，继续在打开的对话框中输入查找条件，如输入科目编号"6801"，完成后按【Enter】键即可在当前对话框中查找出符合条件的记录，如图5-14所示。

图5-14　查询记录

（4）查找到需要删除的记录后单击 删除(D) 按钮，系统将打开提示记录将被删除的对话框，然后单击 确定 按钮确定删除记录，完成后单击 关闭(L) 按钮关闭记录单对话框，如图5-15所示。

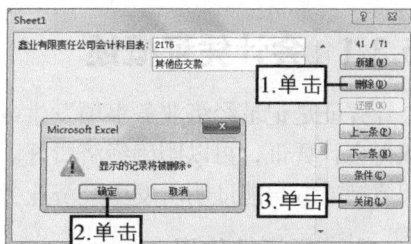

图5-15　删除记录

操作技巧

在工作表中若输入了重复的记录数据，还可执行删除重复项操作，其方法为：在工作表中选择任意一个有数据的单元格，在【数据】→【数据工具】组中单击"删除重复项"按钮，在打开的"删除重复项"对话框中设置一个或多个包含重复值的列，完成后单击 确定 按钮，在打开的提示对话框中将提示发现了重复值，并将其删除，保留了唯一值，单击 确定 按钮完成操作。

4．冻结并拆分窗格

由于会计科目表中的记录较多，为了更方便查阅，可使用Excel的冻结并拆分窗格功能保持首行首列不变，滚动显示表格数据，具体操作如下。

（1）选择B3单元格，在【视图】→【窗口】组中单击 ![冻结窗格] 按钮，在打开的下拉列表中选择"冻结拆分窗格"选项。

（2）返回工作表中将保持B3单元格以上或左侧的行和列的位置不变，然后拖动水平或垂直滚动条，可查看工作表的其他部分而不移动设置的表头所在的行或列，如图5-16所示。

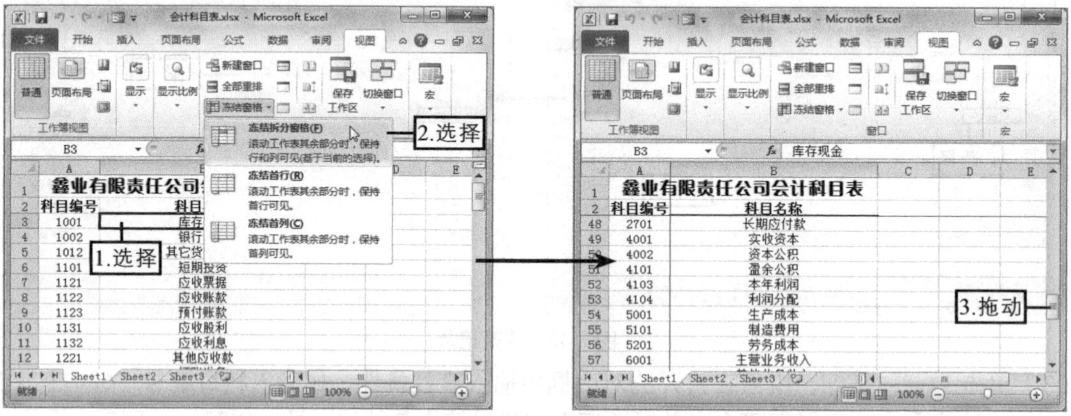

图5-16　冻结并拆分窗格

5.3　填制会计凭证

按照手工会计账务处理程序，建立了会计科目表后，就可将企业日常发生的经济业务填写在记账凭证中。但是使用Excel进行会计账务处理时则可省略这个环节，直接利用表单功能建立数据库，即建立"会计凭证表"记录相应的凭证信息，方便财务人员进行凭证的查询。为了能正确地使用和填制会计凭证，下面首先了解会计凭证的相关认识和Excel的操作知识。

5.3.1　会计凭证概述

会计凭证是记录经济业务事项发生或完成情况的书面证明，也是登记账簿的依据。通过填制或取得会计凭证，可以明确经济责任。任何单位办理一切经济业务，都必须由经办人员或有关部门填制或取得能证明所发生经济业务的性质、内容、数量、金额的凭证。

1. 会计凭证的作用

合法取得并正确填制和审核会计凭证，是会计核算的基本方法之一，也是会计核算工作的起点。会计凭证的作用主要体现在以下3个方面。

◎ **记录经济业务，提供记账依据**：会计凭证是记账的依据，通过会计凭证的填制，可以全面记录企业日常发生的经济业务。按一定方法对会计凭证进行归类和整理，可为会计记账提供真实可靠的依据。

◎ **明确经济责任，强化内部控制**：每一项经济业务都要填制或取得会计凭证，证明经济业务的发生或完成，并由有关部门和人员签章，从而明确业务责任人，增强经办人员和其他相关人员的责任感，同时便于今后发现问题时查明责任归属。

◎ **监督经济活动，控制经济运行**：通过会计凭证的审核，可以检查各项经济业务是否符合有关政策、法律法规和制度等规定；是否符合会计主体目标、财务收支的计划、预算，以确保经济业务的真实性、合法性和合理性，及时对经济业务进行控制，保证会计信息质量，提高经济效益，有效地发挥会计的监督作用。

2. 会计凭证的分类

会计凭证按照填制的程序和用途不同，可以分为原始凭证和记账凭证。

◎ **原始凭证**：又称单据，是在经济业务发生或完成时取得或填制的，用以记录或证明经济业务的发生或完成情况，明确有关经济责任的一种原始凭据。原始凭证是进行会计核算的原始资料和重要依据。如仓库领料的领料单、采购材料的发货票等都是原始凭证。

◎ **记账凭证**：又称记账凭单，是会计人员根据审核无误的原始凭证或汇总原始凭证，按照经济业务事项的内容加以归类，并据以确定会计分录后所填制的会计凭证，它是登记账簿的直接依据。

> **知识提示**　虽然原始凭证和记账凭证都是会计凭证，但它们之间主要的差别在于：原始凭证由经办人员填制，而记账凭证一律由会计人员填制；原始凭证根据发生或完成的经济业务填制，而记账凭证根据审核后的原始凭证填制；原始凭证仅用以记录、证明经济业务已经发生或完成，而记账凭证则依据会计科目对已经发生或完成的经济业务进行分类、整理；原始凭证是填制记账凭证的依据，而记账凭证是登记账簿的依据。

5.3.2　会计凭证的基本内容与填制要求

会计凭证的填制正确与否直接影响会计核算工作的质量。为了保证会计凭证的合理性、正确性和有效性，填制会计凭证应具备其基本内容和填制要求。不同的会计凭证，其名称和格式也不相同，对比介绍原始凭证和记账凭证的基本内容与填制要求，如表5-2所示。

表5-2　会计凭证的基本内容与填制要求

	原始凭证	记账凭证
基本内容	原始凭证的名称；凭证的编号	记账凭证的名称（通常分为收款凭证、付款凭证和转账凭证）；记账凭证的编号
	填制原始凭证的日期（注意：年、月、日要按照填制原始凭证的实际日期进行填写）	记账凭证的日期（注意：记账凭证是在哪一天编制的，就写当天日期。记账凭证应及时填制，但一般稍后于原始凭证的填制）
	经济业务内容（含数量、单价、金额等）	经济业务事项的摘要，即能清晰地反映经济业务的内容，且要简明扼要；经济业务事项所涉及的会计科目及其记账方向；经济业务事项的金额
	接受原始凭证单位名称（抬头人）；填制凭证单位名称或填制人姓名	记账标记
	填制单位签章；有关人员（部门负责人、经办人员）签章	制证、审核、记账、会计主管等有关人员的签章，收款凭证和付款凭证还需由出纳人员签名或盖章
	凭证附件	所附原始凭证张数。原始凭证是编制记账凭证的依据，缺少它就无法审核记账凭证正确与否

续表

原始凭证	记账凭证
记录要真实；内容要完整；手续要完备；编号要连续；填制要及时；不得涂改、刮擦、挖补；书写要清楚、规范（注意：填写的大小写金额必须相等，小写金额用阿拉伯数字逐个书写，不得连笔写。在金额前应填写币种符号，如人民币符号"￥"。币种符号与阿拉伯数字之间不得留有空白，金额数字一律填写到角分。大写金额用汉字零、壹、贰、叁、肆、伍、陆、柒、捌、玖、拾、佰、仟、万、亿、元、角、分、整等，一律用正楷或行书字体书写。大写金额数字到元或角为止，在"元"或"角"之后应当写"整"或"正"字。大写金额前未印有"人民币"字样的，应加写"人民币"3个字，"人民币"字样和大写金额之间不得留有空白）	记账凭证除了各项内容必须完整；编号应连续；书写应清楚、规范外，还应具备以下4点。 （1）记账凭证可以根据每一张原始凭证填制，或根据若干张同类原始凭证汇总编制，也可以根据原始凭证汇总表填制，但不得将不同内容和类别的原始凭证汇总填制在一张记账凭证上； （2）除结账和更正错误的记账凭证可以不附原始凭证外，其他记账凭证必须附有原始凭证。记账凭证上应注明所附原始凭证的张数，以便核查； （3）填制记账凭证时，若发生错误应当重新填制，对于已登记入账的记账凭证要进行错误更正； （4）记账凭证填制完经济业务事项后，如有空行，应当自金额栏最后一笔金额数字下的空行处至合计数上的空行处划线注销

填制要求 指左侧列的行标题。

5.3.3　定义单元格名称

在Excel中除了用行号与列标来表示单元格名称外，还可自定义单元格名称。定义单元格名称的方法有以下两种。

◎　选择需自定义的单元格或单元格区域，在编辑栏的"名称框"中直接输入定义后的名称，然后按【Enter】键即可快速为所选单元格或单元格区域命名，且单击"名称框"右侧的▼按钮，在打开的下拉列表中将显示所定义的单元格名称列表。

◎　选择需自定义的单元格或单元格区域，在【公式】→【定义的名称】组中单击 定义名称 按钮或单击该按钮右侧的▼按钮，在打开的下拉列表中选择"定义名称"选项，在打开的"新建名称"对话框的"名称"文本框中输入定义后的名称，完成后单击 确定 按钮即可，如图5-17所示。

图5-17　定义单元格名称

知识提示 定义单元格名称必须遵循如下规则：以字母或中文字符开头，后面可跟中英文字符、数字、下划线（_）或点号（.）；名字不能有空格，分割字符可以使用下划线（_）或点号（.）；名字总长不超过255个字符，字母没有大小写之分；名字不能与单元格地址相同。

5.3.4 设置数据有效性

为了确保输入有效数据以获得所需的计算和结果，可设置数据的有效性，将数据输入限制在某个日期范围、使用列表限制选择或者确保只输入正整数，如果用户输入了无效数据时，Excel会提供即时帮助以便对用户进行指导并清除相应的无效数据。设置数据有效性的具体操作如下。

（1）在工作表中选择需要设置数据有效性的单元格或单元格区域，然后在【数据】→【数据工具】组中单击 按钮，或单击该按钮右侧的 按钮，在打开的下拉列表中选择"数据有效性"选项。

（2）在打开的"数据有效性"对话框的"设置"选项卡的"允许"下拉列表框中选择数据的类型，如整数、小数、序列、日期、时间以及文本长度等，在"数据"下拉列表框中设置数据的限制范围，如介于、大于、等于等，并在其下的参数框中设置具体范围，完成后单击 确定 按钮。

（3）以后在设置了数据有效性的单元格或单元格区域中，无需重复输入相应的数据，只需在单元格右侧单击 按钮，在打开的下拉列表中选择所需的选项即可，如图5-18所示。

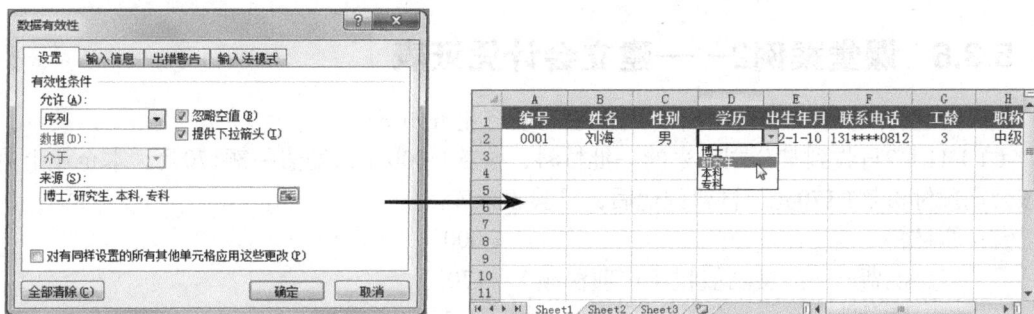

图5-18 设置数据有效性

知识提示 在"数据有效性"对话框中单击"输入信息"选项卡，在其中可设置输入单元格数据时的提示信息的标题和内容；单击"出错警告"选项卡，在其中可设置输入单元格数据不符合有效性条件时，打开的提示信息的标题和内容；单击"输入法模式"选项卡，在其中可设置打开工作表时输入法的切换。

5.3.5 相关函数的使用

在填制会计凭证时可使用CONCATENATE函数自动生成凭证编号，使用VLOOKUP函数自动显示会计科目。下面首先了解这两个函数的作用、语法结构、参数含义。

1. CONCATENATE函数

CONCATENATE函数可将最多255个文本字符串连接成一个文本字符串，连接项可以是文本、数字、单元格引用或这些项的组合。如，A1单元格是某人的姓"张"，B1单元格是某人的名"红梅"，那么在另一个单元格中输入公式"=CONCATENATE(A1,B1)"就可将这个人的姓名组合起来，即公式结果为"张红梅"。CONCATENATE函数的语法结构为：CONCATENATE(text1,[text2],...)，其参数含义如下。

◎ Text1：是必需项，是连接的第一个文本项。

◎ Text2,...：是可选项。注意：项与项之间必须用半角逗号隔开。

2. VLOOKUP函数

VLOOKUP函数用于搜索某个单元格区域的第一列，然后返回该区域相同行上任何单元格中的值。如公式"=VLOOKUP(20,A2:C10,3,FALSE)"表示将搜索并返回A2:C10单元格区域中第一列为20的值对应的同一行中第三列的值。其语法结构为：VLOOKUP(lookup_value,table_array,col_index_num, [range_lookup])，其参数含义如下。

◎ lookup_value：表示在表格或区域的第一列中搜索的值。

◎ table_array：表示包含数据的单元格区域，它可以是单元格区域或区域名称的引用。

◎ col_index_num：表示table_array参数中必须返回的匹配值的列号，若该参数为1，返回table_array第一列中的值；若该参数为2，则返回table_array第二列中的值，以此类推。

◎ range_lookup：表示一个逻辑值，用来指定VLOOKUP函数是查找精确匹配值还是近似匹配值。

5.3.6 课堂案例2——建立会计凭证表

假设鑫业有限责任公司2014年11月发生的经济业务如下。

（1）11月2日收到某公司发来的一批材料，价款1 000元，增值税额170元。本企业上月已向该公司预付货款1 170元。材料到达后，已验收入库。

借：原材料　　　　　　　　　　　　　　　1 000
　　应交税费——应交增值税（进项税额）　170
　　贷：预付账款　　　　　　　　　　　　　　　1 170

（2）11月3日向银行借款30 000元，期限3个月，接到银行通知，该笔借款已划入企业账户。

借：银行存款　　　　　　　　　　　　　　30 000
　　贷：短期借款　　　　　　　　　　　　　　30 000

（3）11月5日预收产品货款50 000元存入银行。

借：银行存款　　　　　　　　　　　　　　50 000
　　贷：预收账款　　　　　　　　　　　　　　50 000

（4）11月8日向材料商1出售A产品80件，每件售价650元；B产品90件，每件售价900元。共计应收取增值税22 610元，产品对方已提走，但款项尚未收到。

借：应收账款——材料商1　　　　　　　　155 610
　　贷：主营业务收入　　　　　　　　　　　　133 000
　　　　应交税费——应交增值税（销项税额）　22 610

（5）11月10日销售一批原材料，取得现金收入1 000元，收取增值税170元。

借：库存现金　　　　　　　　　1 170

　　贷：其他业务收入　　　　　　1 000

　　　　应交税费——应交增值税（销项税额）170

（6）11月10日以现金120元支付销售产品的运费。

借：销售费用——运输费　　　　120

　　贷：库存现金　　　　　　　　120

（7）11月12日汇总本月企业耗用材料情况：生产产品用10 000元，车间一般性耗用1000元，厂部一般性耗用500元，共计11 500元。

借：生产成本　　　　　　　　　10 000

　　制造费用　　　　　　　　　1 000

　　管理费用　　　　　　　　　500

　　贷：原材料　　　　　　　　　11 500

（8）11月15日计提本月固定资产折旧3 600元，其中生产车间折旧1 800元，管理部门折旧1 800元。

借：制造费用——折旧费　　　　1 800

　　管理费用——折旧费　　　　1 800

　　贷：累计折旧　　　　　　　　3 600

（9）11月18日结转销售A产品、B产品、原材料的销售成本分别为32000元、63000元、800元。

借：主营业务成本　　　　　　　95 000

　　其他业务成本　　　　　　　800

　　贷：库存商品——A产品　　　32 000

　　　　　　　　——B产品　　　63 000

　　　　原材料　　　　　　　　　800

（10）11月20日根据工资结算单，本月发生工资费用如下：产品生产工人工资10 600元；产品车间管理人员工资2 267元；销售部门职工工资9 640元；某在建工程施工人员工资2 093元；厂部管理人员工资3 200元。

借：生产成本　　　　　　　　　10 600

　　制造费用　　　　　　　　　2267

　　销售费用　　　　　　　　　9 640

　　在建工程　　　　　　　　　2 093

　　管理费用　　　　　　　　　3 200

　　贷：应付职工薪酬——工资　27 800

（11）11月21日以现金27 800元支付本月职工工资。

借：应付职工薪酬——工资　27 800

　　贷：库存现金　　　　　　　　27 800

（12）11月25日结转本月发生的制造费用5 067元。

借：生产成本　　　　　　　　　5 067

　　贷：制造费用　　　　　　　　5 067

（13）11月25日结转本月完工产品成本25 667元。

借：库存商品　　　　　　　　20 600
　　贷：生成成本　　　　　　　20 600
（14）11月25日结账上季度包装物租金收入5 000元。
借：预收账款　　　　　　　　5 000
　　贷：其他业务收入　　　　　5 000
（15）11月26日以用银行存款支付广告费3 000元。
借：销售费用——广告费　　　　3 000
　　贷：银行存款　　　　　　　3 000
（16）11月28日计提本月消费税1 600元，车船税500元。
借：营业税金及附加　　　　　　1 600
　　管理费用　　　　　　　　　500
　　贷：应交税费——应交消费税　1 600
　　　　　　　　——应交车船税　500
（17）11月29日以银行存款1 500元支付行政管理部门办公费。
借：管理部门——办公费　　　　1 500
　　贷：银行存款　　　　　　　1 500
（18）11月30日将本月实现的主营业务收入133 000元和其他业务收入6 000元结转"本年利润"账户。
借：主营业务收入　　　　　　　133 000
　　其他业务收入　　　　　　　6 000
　　贷：本年利润　　　　　　　139 000
（19）11月30日，将本月发生的主营业务成本95 000元、其他业务成本800元、营业税金及附加1 600元、销售费用12 760元、管理费用7 500元结转"本年利润"账户。
借：本年利润　　　　　　　　　117 660
　　贷：主营业务成本　　　　　95 000
　　　　其他业务成本　　　　　800
　　　　营业税金及附加　　　　1 600
　　　　销售费用　　　　　　　12 760
　　　　管理费用　　　　　　　7 500
（20）接上题假定本月实现利润总额21 340元，所得税率为25%，计提本月应交所得税。
借：所得税费用　　　　　　　　5 335
　　贷：应交税费——应交所得税　5 335
（21）接上题结转本月应交纳的企业所得税5 335元。
借：本年利润　　　　　　　　　5 335
　　贷：所得税费用　　　　　　5 335

　　本案例将根据以上提供的经济业务建立会计凭证表，为了实现数据的快速输入与查询，在工作表中需要定义单元格名称，设置有效性序列，使用函数查找并引用明细科目，然后利用自动筛选功能实现数据的查询。建立会计凭证表后的参考效果如图5-19所示。

素材所在位置 光盘:\素材文件\第5章\课堂案例2\会计科目表.xlsx

效果所在位置 光盘:\效果文件\第5章\课堂案例2\会计凭证表.xlsx

视频演示 光盘:\视频文件\第5章\建立会计凭证表.swf

鑫业有限责任公司会计凭证表

年	月	日	序号	凭证编号	摘要	科目编号	科目名称	明细科目	借方金额	贷方金额
2014	11	02	01	2014110201	验收材料	1403	原材料		¥ 1,000.00	
2014	11	02	01	2014110201	验收材料	2221	应交税费	应交增值税-进项税额	¥ 170.00	
2014	11	02	01	2014110201	验收材料	1123	预付账款			¥ 1,170.00
2014	11	03	02	2014110302	向银行借款	1002	银行存款		¥ 30,000.00	
2014	11	03	02	2014110302	向银行借款	2001	短期借款			¥ 30,000.00
2014	11	05	03	2014110503	预收货款	1002	银行存款		¥ 50,000.00	
2014	11	05	03	2014110503	预收货款	2203	预收账款			¥ 50,000.00
2014	11	08	04	2014110804	赊销产品	1122	应收账款	材料商1	¥ 155,610.00	
2014	11	08	04	2014110804	赊销产品	6001	主营业务收入			¥ 133,000.00
2014	11	08	04	2014110804	赊销产品	2221	应交税费	应交增值税-销项税额		¥ 22,610.00
2014	11	10	05	2014111005	销售材料	1001	库存现金		¥ 1,170.00	
2014	11	10	05	2014111005	销售材料	6051	其他业务收入			¥ 1,000.00
2014	11	10	05	2014111005	销售材料	2221	应交税费	应交增值税-销项税额		¥ 170.00
2014	11	10	06	2014111006	以现金支付产品运费	6601	销售费用	运输费	¥ 120.00	
2014	11	10	06	2014111006	以现金支付产品运费	1001	库存现金			¥ 120.00
2014	11	12	07	2014111207	汇总本月企业耗用材料	5001	生产成本		¥ 10,000.00	
2014	11	12	07	2014111207	汇总本月企业耗用材料	5101	制造费用		¥ 1,000.00	
2014	11	12	07	2014111207	汇总本月企业耗用材料	6602	管理费用		¥ 500.00	
2014	11	12	07	2014111207	汇总本月企业耗用材料	1403	原材料			¥ 11,500.00
2014	11	15	08	2014111508	计提折旧费用	5101	制造费用	折旧费	¥ 1,800.00	
2014	11	15	08	2014111508	计提折旧费用	6602	管理费用	折旧费	¥ 1,800.00	
2014	11	15	08	2014111508	计提折旧费用	1602	累计折旧			¥ 3,600.00
2014	11	18	09	2014111809	结转材料的销售成本	6401	主营业务成本		¥ 95,000.00	
2014	11	18	09	2014111809	结转材料的销售成本	6403	其它业务成本		¥ 800.00	
2014	11	18	09	2014111809	结转材料的销售成本	1405	库存商品	A产品		¥ 32,000.00
2014	11	18	09	2014111809	结转材料的销售成本	1405	库存商品	B产品		¥ 63,000.00
2014	11	18	09	2014111809	结转材料的销售成本	1403	原材料			¥ 800.00
2014	11	20	10	2014112010	结算工资	5001	生产成本		¥ 10,600.00	
2014	11	20	10	2014112010	结算工资	5101	制造费用		¥ 2,267.00	

会计科目表 会计凭证表 Sheet3

图5-19 会计凭证表的参考效果

1. 创建会计凭证表

创建会计凭证表的具体操作如下。

（1）将前面建立的"会计科目表.xlsx"工作簿以"会计凭证表.xlsx"为名进行另存，然后将"Sheet1"和"Sheet2"工作表分别重命名为"会计科目表"和"会计凭证表"，在"会计凭证表"工作表中输入如图5-20所示的表格内容。

（2）合并A1:K1单元格区域，设置其字体格式为"华文隶书、20"，然后选择A2:K2单元格区域，设置其字体格式为"12、加粗"，对齐方式为"居中"，继续选择J、K列，设置其数字格式为"会计专用"，如图5-21所示。

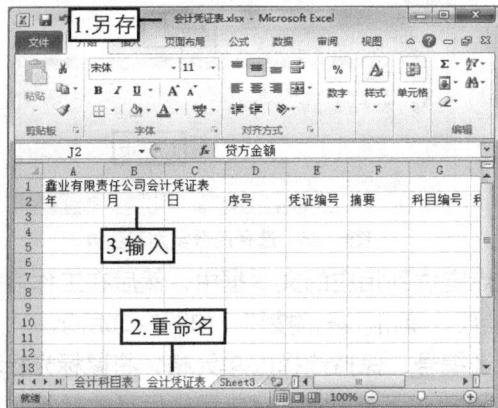

图5-20 创建工作簿并输入数据

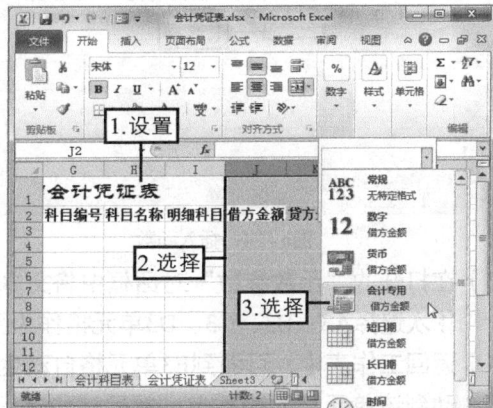

图5-21 合并并设置单元格格式

（3）选择A~D列，设置其数字格式为"文本"，如图5-22所示。

（4）在A3:D3单元格区域中分别输入数据"2014""11""02""01"，然后选择A~D列，在【开始】→【单元格】组中单击"格式"按钮，在弹出的下拉列表中选择"自动调整列宽"选项调整单元格列宽，如图5-23所示。

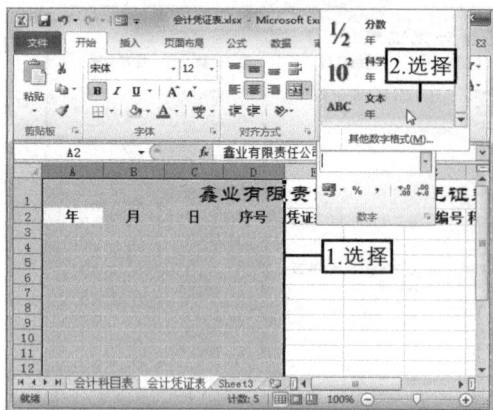

图5-22 设置文本格式

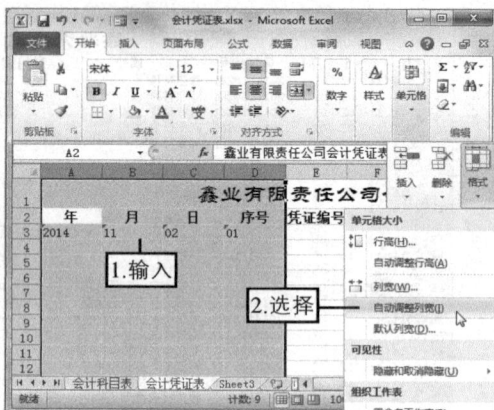

图5-23 输入数据并调整列宽

2. 自动生成凭证编号

会计人员用会计凭证记录经济业务时，要对每笔经济业务进行编号，以便查找和以后的核对。在Excel中建立会计凭证表时，可用CONCATENATE函数以"年+月+日+序号"自动生成会计凭证的编号，具体操作如下。

（1）选择E3单元格，在编辑栏中单击"插入函数"按钮，如图5-24所示。

（2）在打开的"插入函数"对话框的"或选择类别"下拉列表框中选择"全部"选项，在"选择函数"列表框中选择"CONCATENATE"选项，然后单击   确定   按钮，如图5-25所示。

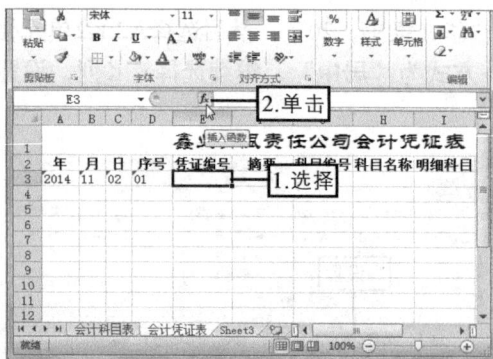

图5-24 插入函数

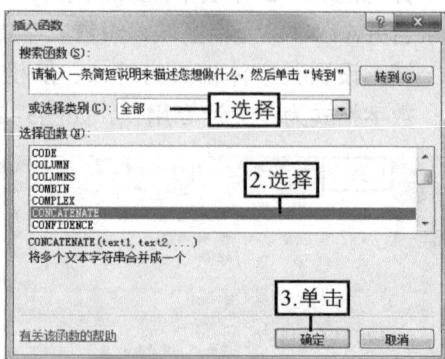

图5-25 选择函数类别和函数

（3）在打开的"函数参数"对话框中将文本插入点定位到相应的文本框中，然后在工作表中依次选择A3、B3、C3、D3单元格作为函数参数，单击   确定   按钮，如图5-26所示。

（4）返回工作表中，可看到E3单元格自动生成凭证编号，保持选择E3单元格，将鼠标光标移动到该单元格的边框上，然后按住鼠标左键不放向下拖动至E64单元格后释放鼠标，完成后调整E列的列宽，如图5-27所示。

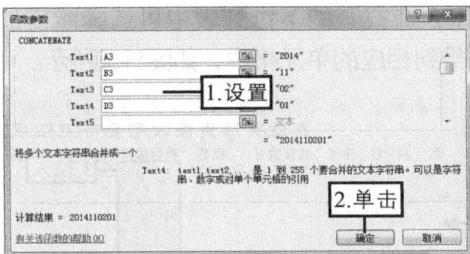

<table>
<tr><td>图5-26　设置函数参数</td><td>图5-27　自动生成凭证编号</td></tr>
</table>

3. 以序列方式输入科目编号

完成经济业务发生时间的登记后，就可输入企业发生经济活动的摘要和科目编号。在Excel中为了节约时间，可先定义"会计科目表"工作表中的"科目编号"和"会计科目"区域，然后设置数据有效性序列快速输入科目编号，具体操作如下。

（1）选择"会计科目表"工作表，然后选择A3:A71单元格区域，在名称框中输入"科目编号"，然后按【Enter】键。

（2）选择A2:B71单元格区域，在名称框中输入"会计科目"，然后按【Enter】键，完成后在"名称框"右侧单击 ▾按钮，在打开的下拉列表中将显示所定义的单元格名称列表，如图5-28所示。

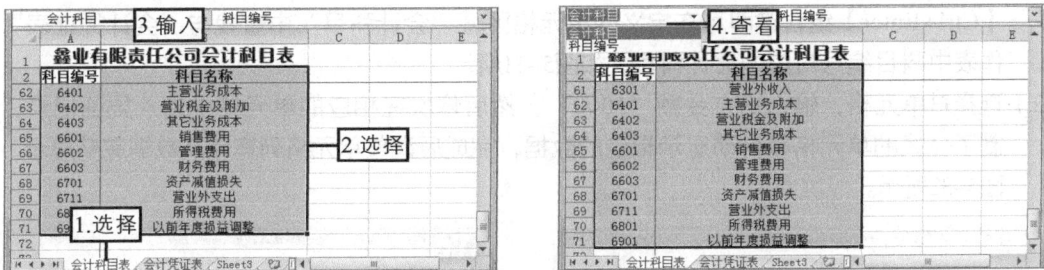

图5-28　定义单元格区域名称

（3）选择"会计凭证表"工作表，在F3单元格中输入摘要"验收材料"，然后选择G3:G64单元格区域，在【数据】→【数据工具】组中单击▦按钮右侧的 ▾按钮，在打开的下拉列表中选择"数据有效性"选项。

（4）在打开的"数据有效性"对话框的"设置"选项卡的"允许"下拉列表框中选择"序列"选项，在"来源"参数框中输入"=科目编号"，完成后单击 确定 按钮，如图5-29所示。

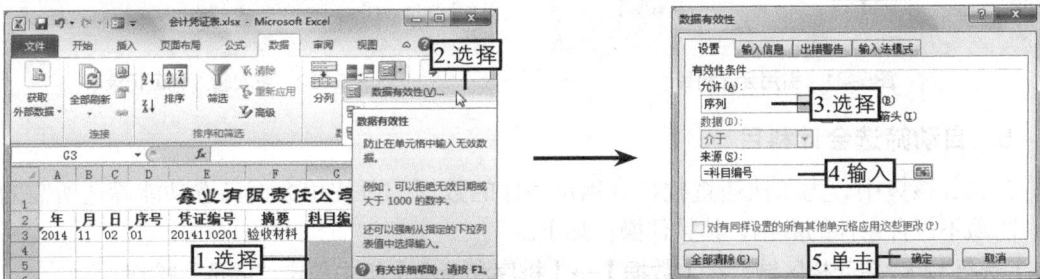

图5-29　设置数据有效性

（5）在设置了数据有效性的单元格右侧单击 ⌄ 按钮，在打开的下拉列表中可选择所需的选项，如选择"1403"选项即可快速输入科目编号到相应的单元格中，如图5-30所示。

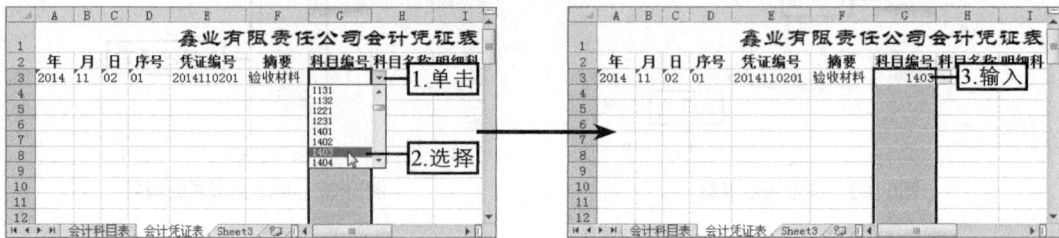

图5-30　快速输入科目编号

操作技巧

如果不需要再对工作表设置数据有效性，可在"数据有效性"对话框左下角单击 [全部清除(C)] 按钮清除设置的数据有效性。

4. 自动显示会计科目

在Excel中还可使用IF和VLOOKUP嵌套函数引用并自动显示会计科目，具体操作如下。

（1）选择"会计凭证表"工作表，然后选择H3:H64单元格区域，在编辑栏中输入公式"=IF(VLOOKUP(G3,会计科目,2,0)=0,"",VLOOKUP(G3,会计科目,2,0))"，完成后按【Ctrl+Enter】组合键即可在定义的单元格区域"会计科目"中查找与"会计凭证表"工作表中科目编号对应的会计科目，如图5-31所示。

（2）选择J3单元格，输入借方金额"1000"，然后依次在相应的单元格中输入凭证记录，复制了公式的单元格将自动显示相应的数据，完成后调整单元格列宽使其数据完整显示，如图5-32所示。

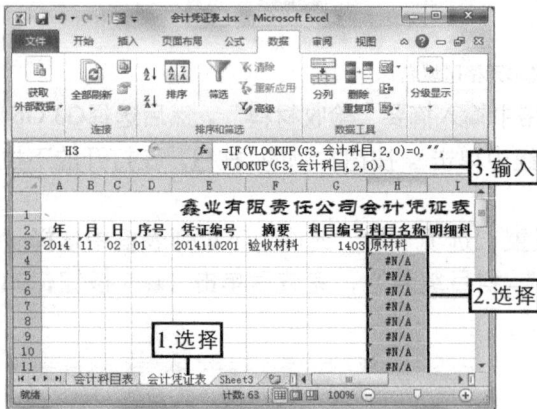

图5-31　引用会计科目

图5-32　依次输入凭证记录

5. 自动筛选会计科目

在会计核算中，为了快速查找符合指定条件的数据，可使用数据筛选功能筛选所需的数据，隐藏不符合条件的数据，其具体操作如下。

（1）选择A2:K2单元格区域，在【数据】→【排序和筛选】组中单击"筛选"按钮 ▼。

（2）在工作表中的"科目名称"项目右侧单击 按钮，在打开的下拉列表中撤销选中"全选"复选框，然后只单击选中"库存现金"复选框，完成后单击 确定 按钮，如图5-33所示。

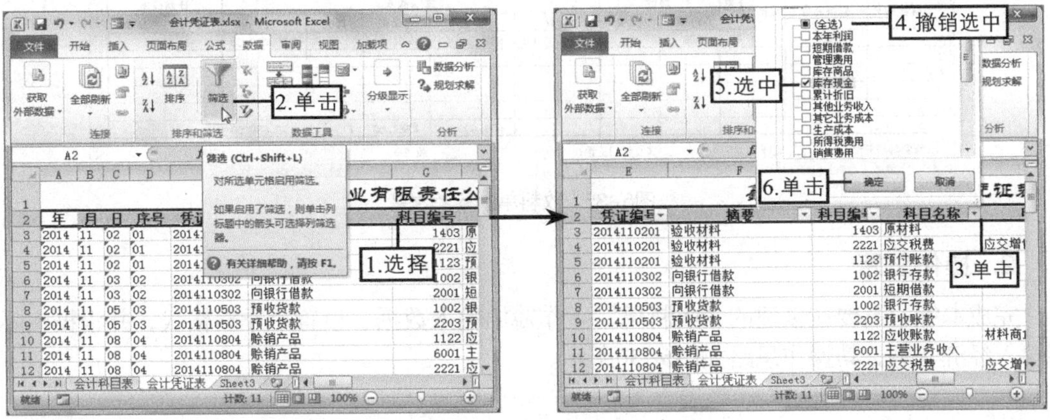

图5-33 设置筛选条件

（3）返回工作表中可看到只筛选出与"库存现金"相关的业务，其他业务将被隐藏，如图5-34所示，完成后在【数据】→【排序和筛选】组中单击 清除 按钮可清除当前设置的筛选条件继续查看所有的会计凭证信息。

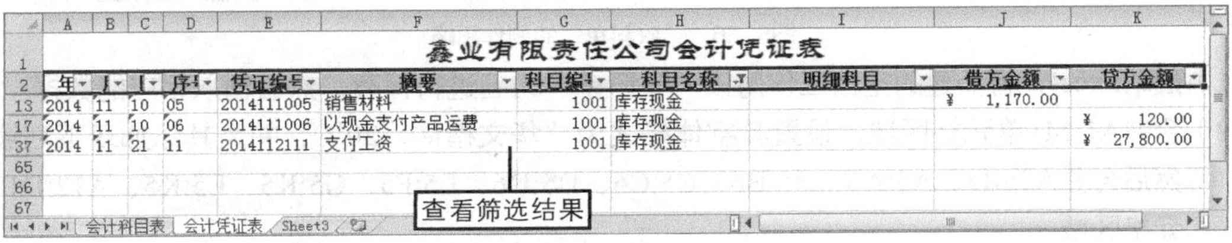

图5-34 查看筛选结果

5.4 课堂练习

使用Excel制作与会计凭证相关的表格：自制原始凭证——收料单和填制并打印记账凭证，通过学习使读者熟练掌握Excel在会计凭证中的应用。

5.4.1 自制原始凭证——收料单

1．练习目标

假设2014年11月1日一号仓库收到阳光钢铁公司钢材80吨，单价1000元，价款80000元，运杂费680元。现需要将发生的经济业务填制到原始凭证中，即填制一张收料单。本练习完成后的参考效果如图5-35所示。

效果所在位置　光盘:\效果文件\第5章\课堂练习\收料单.xlsx

视频演示　光盘:\视频文件\第5章\自制原始凭证——收料单.swf

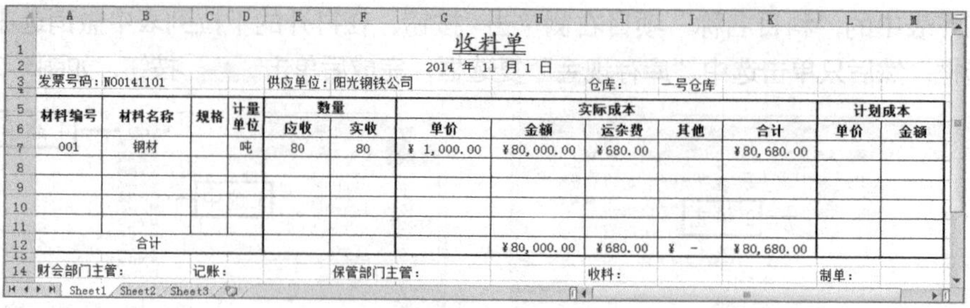

收料单												
2014 年 11 月 1 日												
发票号码：NO0141101				供应单位：阳光钢铁公司				仓库：	一号仓库			
材料编号	材料名称	规格	计量单位	数量		实际成本					计划成本	
				应收	实收	单价	金额	运杂费	其他	合计	单价	金额
001	钢材		吨	80	80	¥ 1,000.00	¥80,000.00	¥680.00		¥80,680.00		
合计							¥80,000.00	¥680.00	¥ -	¥80,680.00		
财会部门主管：		记账：			保管部门主管：			收料：			制单：	

图5-35 收料单的参考效果

2. 操作思路

完成本练习需要在创建的“收料单”工作簿中输入数据、设置单元格格式，并根据实际需要输入经济业务，其操作思路如图5-36所示。

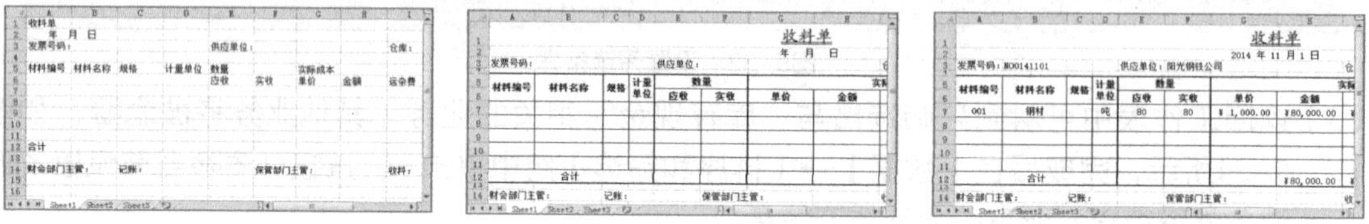

① 创建“收料单”工作簿并输入数据　② 设置单元格格式　③ 输入经济业务

图5-36 “收料单”的制作思路

（1）启动Excel，将新建的空白工作簿以“收料单”为名进行保存，然后输入相应的数据。

（2）合并A1:M1单元格区域，设置其字体格式为“华文楷体、20”，并为其添加双下划线，然后合并A2:M2、A5:A6、B5:B6、C5:C6、D5:D6、E5:F5、G5:K5、L5:K5、A12:D12单元格区域。

（3）选择A5:M6单元格区域，设置其字体格式为“加粗”，然后选择A5:M12单元格区域，设置其对齐方式为“居中”，并继续依次设置其边框样式为“所有框线”和“粗匣框线”，然后同时选择E5:F12和G5:K12单元格区域，设置其边框样式为“粗匣框线”。

（4）选择A7:A11单元格区域，自定义其数字格式为“001”的数字，然后选择G7:M12单元格区域，设置其数字格式为“会计专用”，完成后调整单元格行高与列宽。

（5）在相应的单元格中输入经济业务的具体数据，然后在K7单元格中使用自动求和功能计算合计数据，由于使用自动求和功能将自动选择该行具有数据的单元格，因此需要重新设置SUM函数的参数，即输入公式“=SUM(H7:J7)”，完成后继续在H12:K12单元格区域中使用自动求和功能计算合计数据。

5.4.2 填制并打印通用记账凭证

1. 练习目标

假设某公司2014年11月2日向材料商1购买甲材料500千克，单价50元，价款25000元；乙材料800千克，单价40元，价款32000元，材料已验收入库，货款尚未支付。现需要将发生的经济业务填制到记账凭证中，并将其打印到纸张上（凭证的纸张大小一般为110mm×220mm，用户也可根据需要自行设置纸张大小）。填制并打印记账凭证后的参考效果如图5-37所示。

素材所在位置　光盘:\素材文件\第5章\课堂练习\会计科目表.xlsx
效果所在位置　光盘:\效果文件\第5章\课堂练习\记账凭证.xlsx
视频演示　　　光盘:\视频文件\第5章\填制并打印通用记账凭证.swf

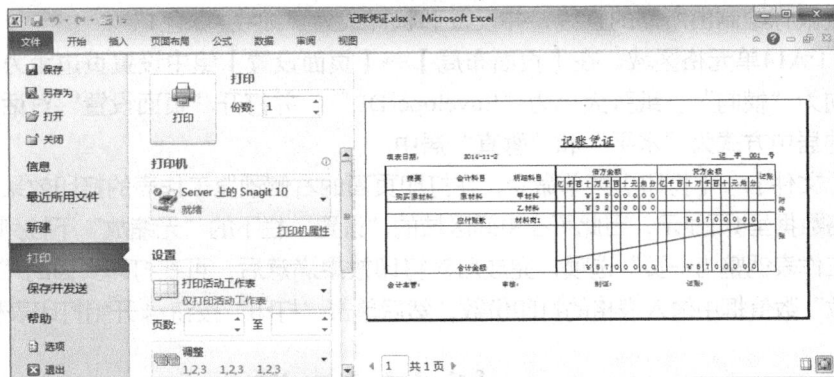

图5-37　"记账凭证"的参考效果

职业素养　在经济业务比较简单的经济单位，为了简化凭证可以使用通用记账凭证，记录所发生的各种经济业务。通用记账凭证是反映各类经济业务共同使用的统一格式的记账凭证。它集收款、付款、转账凭证于一身，通用于收款、付款、转账等各种类型的经济业务。

2. 操作思路

完成本练习需要创建"记账凭证.xlsx"工作簿，然后在其中输入数据、设置单元格格式、引用数据、插入并编辑形状、设置页面、预览并打印表格数据等，其操作思路如图5-38所示。

① 创建"记账凭证"框架　　② 输入数据并绘制斜线　　③ 设置页面并打印表格

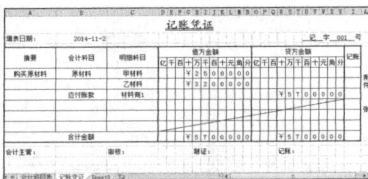

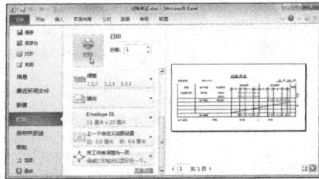

图5-38　"记账凭证"的制作思路

（1）打开"会计科目表.xlsx"工作簿，将其以"记账凭证"为名进行另存，然后将"Sheet1"和"Sheet2"工作表分别重命名为"会计科目表"和"记账凭证"，在"记账凭证"工作表中输入相应的数据并设置单元格格式，完成后调整D~Y列的列宽。

（2）在B2单元格中输入日期"2014-11-2"，在合并后的U2单元格的添加下划线的空格上输入"记"和"001"，在A6单元格中输入摘要"购买原材料"，然后选择B6单元格，输入"="，并切换到"会计科目表"工作表，选择B36单元格，完成后按【Ctrl+Enter】组合键，返回"记账凭证"工作表中可看到引用数据后的效果，然后用相同的方法引用其他明细科目和会计科目。

（3）分别选择G6:N7、R8:Y8、G12:N12和R12:Y12单元格区域，输入对应科目的借方金额、贷方金额，以及借方科目和贷方科目的合计金额（注意输入金额后还需在金额前输入货币符号）。

（4）在【插入】→【插图】组中单击"形状"按钮 ，在打开的下拉列表中选择"直线"选项，将鼠标光标移动到D11单元格的左下角，按住鼠标左键不放拖动到Y9单元格的右上角释放鼠标绘制出所需的直线，并设置形状样式为"细线–深色1"。

（5）选择A1:A14单元格区域，在【页面布局】→【页面设置】组中设置页边距为"窄"，纸张方向为"横向"，纸张大小为"Envelope DL"，并打开"页面设置"对话框中设置页边距的居中方式为"水平"和"垂直"居中。

（6）选择【文件】→【打印】菜单命令，在打印页面的右侧预览工作表的打印效果，此时可看到表格数据呈4页显示，因此可在中间区域的"设置"栏下的"无缩放"下拉列表框中选择"将工作表调整为一页"选项，完成后对打印效果满意后，可在打印页面的"打印"栏的"份数"数值框中输入表格的打印份数，然后单击"打印"按钮 开始打印表格。

5.5 拓 展 知 识

默认情况下，新建工作簿中有3张工作表，但是根据不同用户的需求，对于一些经常需要在同一工作簿中使用多张工作表的用户来说，如在同一工作簿中创建多个与会计凭证相关的表格时，除了通过插入所需的工作表外，还可修改新工作簿内的工作表数量，使每次启动Excel后在工作簿中都有多张工作表备用。设置工作表数量的具体操作如下。

（1）启动Excel，在其工作界面中选择【文件】→【选项】菜单命令，在打开的"Excel选项"对话框的"常规"选项卡的"包含的工作表数"数值框中输入所需的工作表数量，这里输入数值"6"，完成后单击 确定 按钮，并关闭当前工作簿。

（2）再次新建工作簿或启动Excel后，工作簿中将包含所设置数量的工作表，如图5-39所示。

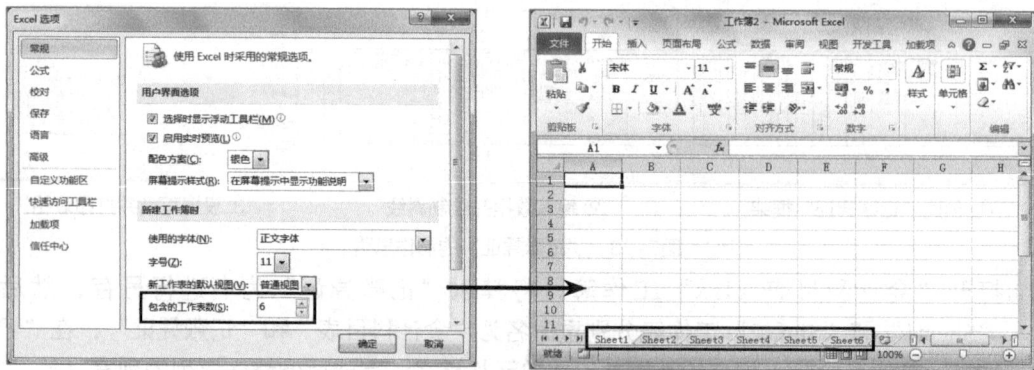

图5-39 设置工作表数量

5.6 课 后 习 题

（1）假设某公司2014年11月30日以银行存款支付本月水电费10100元，其中：生产产品耗用8000元，生产车间照明耗用600元，行政管理部门耗用1500元。现需填制并打印付款凭证，完成后的效果如图5-40所示。

提示：◎ 创建"付款凭证.xlsx"工作簿，在其中输入相应的数据并设置单元格格式。

　　　　◎ 根据提供的经济业务填制付款凭证，其中借方科目可直接引用会计科目表中的相关数据，在H7:N9和G13:N13单元格区域中输入金额时应在金额前输入货币符号。

　　　　◎ 绘制直线并设置形状样式为"细线–深色1"，完成后设置页面，并预览和打印付款凭证。

效果所在位置　　　光盘:\效果文件\第5章\课后习题\付款凭证.xlsx

视频演示　　　　　光盘:\视频文件\第5章\制作付款凭证.swf

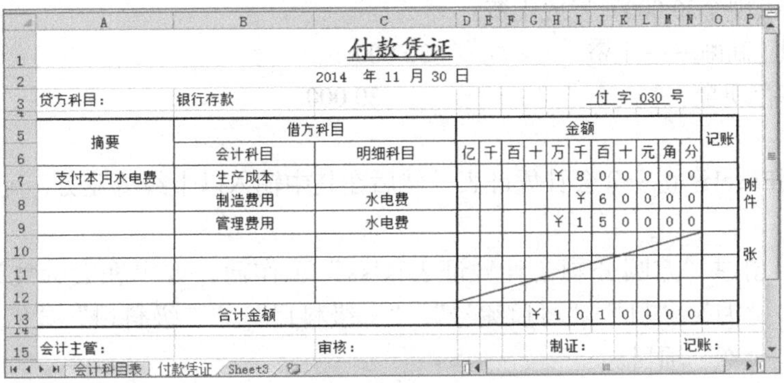

图5-40　填制付款凭证后的效果

（2）假设方圆公司2014年11月发生的部分经济业务如下。

①11月2日收到供货商3通过银行转来的前欠货款7 800元。

借：银行存款　　　　　　　　　　　　7 800

　　贷：应收账款——供货商3　　　　　　7 800

②11月5日购入原材料8 000千克，每千克10元，共计货款80 000元，增值税13 600元。材料已验收入库，料款和税款已从银行支付。

借：原材料　　　　　　　　　　　　　80 000

　　应交税费——应交增值税（进项税额）13 600

　　贷：银行存款　　　　　　　　　　　93 600

③11月8日以银行存款向客户4支付预付账款10 000元。

借：预付账款　　　　　　　　　　　　10 000

　　贷：银行存款　　　　　　　　　　　10 000

④11月11日以银行存款支付广告费5 000元。

借：销售费用——广告费　　　　　　　5 000

　　贷：银行存款　　　　　　　　　　　5 000

⑤11月15日售出产品材料3，价款50 000元，增值税8 500元，货款收回，已存入银行。

借：库存商品　　　　　　　　　　　　50 000

　　应交税费——应交增值税（进项税额）8 500

　　贷：银行存款　　　　　　　　　　　58 500

⑥11月20日以银行存款支付本月的水电费36 000元，其中车间耗用23 000元，行政管理部门耗用13 000元。

借：生产成本　　　　　　　　23 000
　　管理费用　　　　　　　　13 000
　　贷：银行存款　　　　　　　　36 000

⑦11月24日购入生产设备一台，价值650 000元，款项未付。

借：固定资产　　　　　　　650 000
　　贷：银行存款　　　　　　　650 000

⑧11月28日从银行提取现金30 000元，备发工资。

借：库存现金　　　　　　　　30 000
　　贷：银行存款　　　　　　　　30 000

⑨11月30日以现金30 000元发放工资。

借：应付职工薪酬——工资　　　30 000
　　贷：库存现金　　　　　　　　30 000

现需要使用Excel建立一个会计凭证表，然后在其中输入以上经济业务，完成后的效果如图5-41所示。

提示：◎　创建“方圆公司会计凭证表.xlsx”工作簿，要求在会计凭证表中必须包含“月”“日”“科目编号”“一级科目”“二级科目”“借方金额”“贷方金额”项目。

◎　输入多笔经济业务，并使用IF和VLOOKUP函数引用一级科目和二级科目。

◎　选择表头单元格，设置数据筛选功能。

效果所在位置　光盘:\效果文件\第5章\课后习题\方圆公司会计凭证表.xlsx

视频演示　光盘:\视频文件\第5章\制作方圆公司会计凭证表.swf

方圆公司会计凭证表

月	日	科目编号	一级科目	二级科目	借方金额	贷方金额
11	2	1002	银行存款		¥ 7,800.00	
11	2	112203	应收账款	供货商3		¥ 7,800.00
11	5	1403	原材料		¥ 80,000.00	
11	5	222102	应交税费	应交增值税-进项税额	¥ 13,600.00	
11	5	1002	银行存款			¥ 93,600.00
11	8	112304	预付账款	预付客户4	¥ 10,000.00	
11	8	1002	银行存款			¥ 10,000.00
11	11	660113	销售费用	广告费	¥ 5,000.00	
11	11	1002	银行存款			¥ 5,000.00
11	15	140503	库存商品	材料3	¥ 50,000.00	
11	15	222102	应交税费	应交增值税-进项税额	¥ 8,500.00	
11	15	1002	银行存款			¥ 58,500.00
11	20	5001	生产成本		¥ 23,000.00	
11	20	660204	管理费用	水电费	¥ 13,000.00	
11	20	1002	银行存款			¥ 36,000.00
11	24	1601	固定资产		¥ 650,000.00	
11	24	1002	银行存款			¥ 650,000.00
11	28	1001	库存现金		¥ 30,000.00	
11	28	1002	银行存款			¥ 30,000.00
11	30	221101	应付职工薪酬	工资	¥ 30,000.00	
11	30	1001	库存现金			¥ 30,000.00

会计科目表　会计凭证表　Sheet3

图5-41　建立会计凭证表后的效果

第6章

Excel在会计账簿中的应用

以会计凭证为依据设置并登记会计账簿，是会计账务处理工作的中心环节。本章将根据已建立的会计凭证表中的相关数据，并利用Excel的数据透视表、条件格式等功能登记并编制日记账、分类账、科目汇总表。读者通过学习应了解并掌握Excel在会计账簿中的应用。

✳ 学习要点

- ◎ 了解会计账簿
- ◎ 登记日记账
- ◎ 登记分类账
- ◎ 编制科目汇总表
- ◎ 设置条件格式

✳ 学习目标

- ◎ 了解会计账簿的作用、分类、登记规则等知识，掌握使用Excel函数和条件格式判断"日记账"中的借贷是否平衡
- ◎ 掌握使用Excel的数据透视表功能建立分类账和科目汇总表

6.1 会计账簿概述

会计账簿是指由一定格式账页组成的，以经过审核的会计凭证为依据，全面、系统、连续地记录各项经济业务的簿籍。使用Excel登记并编制会计账簿之前，还应对会计账簿的作用、分类、内容以及登记规则有一定程度的了解。

6.1.1 会计账簿的作用

由于企业每天的会计凭证数量较多，信息也较为分散，因此很难从会计凭证中系统地了解企业的整个财务状况，不利于会计信息的整理与分析。因此，通过设置会计账簿来系统地归纳会计信息，可以全面、系统、连续地核算和监督企业的经济活动及其财务收支情况。

会计账簿应当按照国家会计制度的规定和会计业务的需要进行设置，它是编制会计报表的基础，是联结会计凭证与会计报表的中间环节。在会计核算中，会计账簿的作用主要体现在以下几个方面。

◎ **可以记载、储存会计信息**：将分散的会计凭证信息依次记入会计账簿，统一存储在账簿中，以便随时查阅。

◎ **可以分类、汇总会计信息**：将账簿上的信息按实际需要加以归类、整理和汇总，得到更为全面、系统的数据，及时为企业提供各种会计要素的变动情况和各方面所需要的会计信息，并为管理者提供决策信息。

◎ **可以检查、校正会计信息**：利用账簿上已有的数据与实存数据进行核对，以检查财产物资是否妥善保管、账务数据与实物数据是否相符。

◎ **可以编报、输出会计信息**：利用会计账簿中全面的会计信息，为会计报表的编制提供系统的数据来源，并可以根据需要编制符合各种工作的会计报表。

6.1.2 会计账簿的分类

会计账簿的种类繁多，为了更好地使用和管理账簿，可以根据不同的分类标准对会计账簿进行划分，如图6-1所示。

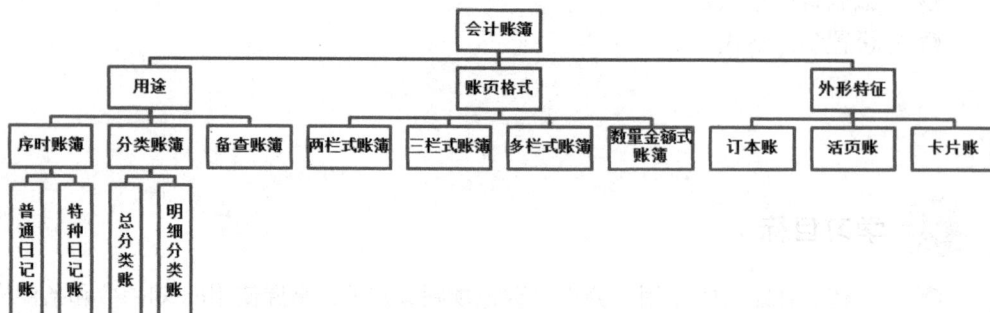

图6-1 会计账簿的分类

由于使用Excel登记并编制会计账簿时，主要用到序时账簿与分类账簿，因此下面对序时账簿与分类账簿进行详细说明。

◎ **序时账簿**：又称日记账，指按照经济业务发生或完成时间的先后顺序（也称按照记账凭证编号的先后顺序）逐日逐笔进行登记的账簿。在我国，大多数单位一般只设现金日记账和银行存款日记账，而不设转账日记账。现金日记账专门记录和反映现金收付业务及结存情况；银行存款日记账专门记录和反映银行存款收付业务及结存情况。另外，按照序时账簿登记对象的不同，还可将序时账簿分为普通日记账和特种日记账。

◎ **分类账簿**：指对全部经济业务事项按照会计要素的具体类别而设置的分类账户进行登记的账簿。分类账簿提供的核算信息是编制会计报表的主要依据。按照分类的概括程度不同，又可将分类账簿分为总分类账和明细分类账，总分类账（简称总账）是按照总分类账户分类登记经济业务事项的账簿，而明细分类账（简称"明细账"）是按照明细分类账户分类登记经济业务事项的账簿，它是对总分类账的补充和具体化，并受总分类账的控制。

> **知识提示**　备查账簿是指对某些在序时账簿和分类账簿等主要账簿中都不予登记或登记不够详细的经济业务事项进行补充登记时使用的账簿。如租入固定资产登记簿、受托加工材料登记簿、代销商品登记簿和应收（付）票据备查簿等。备查账簿可以由各单位根据需要进行设置。

6.2　登记日记账

利用Excel进行账务处理时，由于普通日记账的格式与前面建立的会计凭证表的格式大体相同，因此，无需设置专门的日记账，可直接使用审核无误的会计凭证表进行以后的会计核算工作。

6.2.1　日记账的格式

日记账是按照经济业务发生或完成的时间先后顺序逐笔进行登记的账簿。设置日记账的目的就是为了使经济业务的时间顺序清晰地反映在账簿记录中。日记账按其核算和监督经济业务的范围，可分为普通日记账和特种日记账。

◎ **普通日记账**：是两栏式日记账，是序时地逐笔登记各项经济业务的账簿，它核算和监督全部经济业务的发生和完成情况，其具体格式如图6-2所示。

普通日记账

年		凭证		会计科目	摘要	借方金额	贷方金额	过账
月	日	字	号					

图6-2　普通日记账的格式

◎ **特种日记账**：用来核算和监督某一类经济业务的发生和完成情况。在会计核算中，使用特种日记账可以汇总登记同一类经济业务事项，然后将汇总金额记入分类账，从而减少过账工作，有利于会计人员分工记账。常见的特种日记账主要是指现金日记账和银行存款日记账，现金日记账和银行存款日记账的格式基本相同，既可以是三栏式（即设有"收入（借方）""支出（贷方）""结余（余额）"三个基本栏目），也可以是多栏式（即在借方（收入）和贷方（支出）金额栏按对方科目设置若干专栏），如图6-3所示为三栏式的现金日记账格式。

现金日记账

年		凭证		摘要	对方科目	收入	支出	结余
月	日	字	号					

图6-3　现金日记账的格式

> **知识提示**　在实际工作中，要设置多栏式现金日记账，一般常把现金收入业务和支出业务分设为"现金收入日记账"和"现金支出日记账"。其中，现金收入日记账按对应的贷方科目设置专栏，另设"支出合计"栏和"余额（结余）"栏；现金支出日记账则按对应的借方科目设专栏，不设"收入合计"栏和"余额（结余）"栏。

6.2.2　设置条件格式

作为一名会计人员，对于任何经济业务都应根据"有借必有贷，借贷必相等"的记账规则记账。在使用Excel填制会计凭证、登记会计账簿、编制会计报表的整个会计核算过程中，也必须遵守这个规则进行账务处理，因此为了避免出现借贷不平衡的情况，可使用函数判断借贷是否平衡，并使用条件格式设置当借贷不平衡时突出显示单元格数据。设置条件格式的具体操作如下。

（1）选择要设置条件格式的单元格或单元格区域，在【开始】→【样式】组中单击"条件格式"按钮 。

（2）在打开的下拉列表中选择"突出显示单元格规则"选项，并在其子列表中根据需要选择相应的选项，如选择【突出显示单元格规则】→【小于】选项。

（3）在打开的"小于"对话框中左侧的文本框中输入设置条件，在"设置为"下拉列表框中选择突出显示颜色，完成后单击 确定 按钮，如图6-4所示，返回工作表中若单元格中的数据符合设置的条件，则该单元格将显示设置的格式；若不符合其条件，将保持原来的格式。

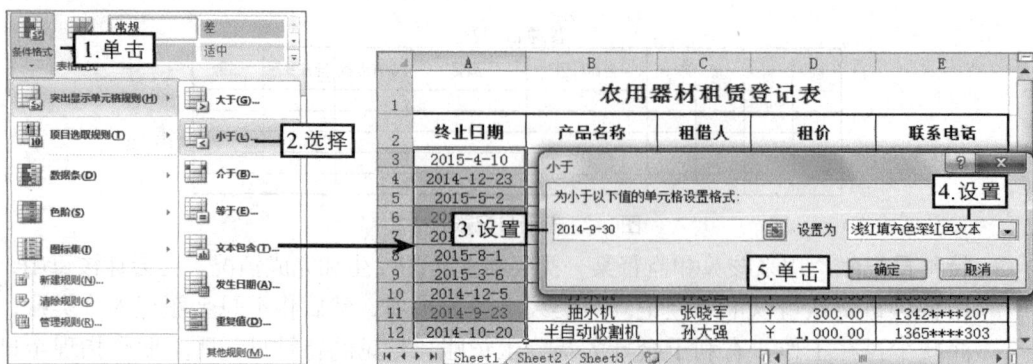

图6-4　设置条件格式突出显示单元格数据

知识提示 在工作表中选择任意单元格，在"条件格式"下拉列表中选择【清除规则】→【清除整个工作表的规则】选项可以清除整个工作表中的条件格式；选择设置条件格式的某个单元格，在"条件格式"下拉列表中选择【清除规则】→【清除所选单元格的规则】选项可以清除所选单元格的条件格式。

6.2.3　课堂案例1——设置自动提示借贷是否平衡

本案例将直接在"会计凭证表.xlsx"工作簿中判断借贷是否平衡，然后设置当借贷不平衡时突出显示单元格数据，完成后的参考效果如图6-5所示。

素材所在位置　光盘:\素材文件\第6章\课堂练习1\会计凭证表.xlsx

效果所在位置　光盘:\效果文件\第6章\课堂练习1\日记账.xlsx

视频演示　　　光盘:\视频文件\第6章\设置自动提示借贷不平衡.swf

图6-5　设置自动提示借贷是否平衡的参考效果

1. 判断借贷是否平衡

下面首先将"会计凭证表.xlsx"工作簿以"日记账.xlsx"为名进行另存，然后使用IF和SUM嵌套函数判断借贷是否平衡，具体操作如下。

（1）打开"会计凭证表"工作簿，将其以"日记账"为名进行另存，然后在"会计凭证表"工作表中选择L2单元格，在【公式】→【函数库】组中单击 🔘逻辑·按钮，在打开的下拉列表中选择"IF"选项，如图6-6所示。

（2）在打开的"函数参数"对话框的"logical_test"参数框中输入"SUM(J:J)=SUM(K:K)"，在"value_if_true"参数框中输入""""，在"value_if_false"参数框中输入""借贷不平衡""，然后单击 确定 按钮，如图6-7所示。

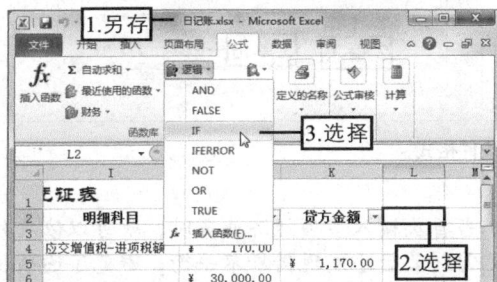

图6-6　选择"IF"函数

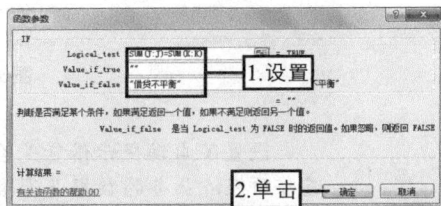

图6-7　设置函数参数

（3）返回工作表中，若L2单元格显示为空白，则表示借方金额等于贷方金额，即借贷平衡；若L2单元格显示为"借贷不平衡"，则表示借方金额不等于贷方金额，此时说明金额输入有误，需要会计人员逐项进行检查和验证，直到借贷平衡为止，如图6-8所示。

图6-8　判断借贷是否平衡的两种情况

> **操作技巧**　在L2单元格中也可直接输入公式"=IF(SUM(J:J)=SUM(K:K),"","借贷不平衡")"，表示首先计算J列的和是否等于K列的和，若两列的和相等，则返回空值，否则返回数值"借贷不平衡"。

2. 突出显示借贷不平衡

为了使借贷不平衡的判断结果在填写的经济业务数据中更醒目，便于查阅。下面设置条件格式突出显示数据，具体操作如下。

（1）选择L2单元格，在【开始】→【样式】组中单击"条件格式"按钮，在打开的下拉列表中选择【突出显示单元格规则】→【等于】选项。

（2）在打开的"等于"对话框左侧的文本框中输入设置条件"借贷不平衡"，在"设置为"下拉列表框中选择突出显示颜色，这里保持默认设置，完成后单击 确定 按钮，如图6-9所示。

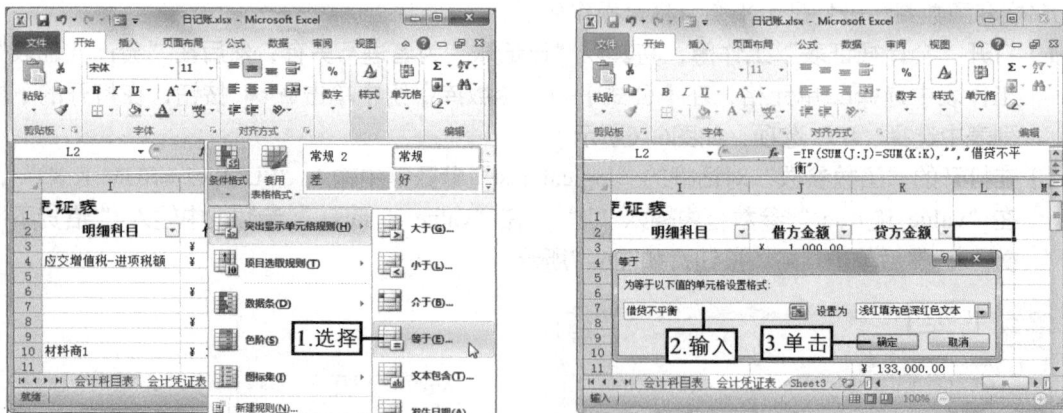

图6-9　设置条件格式

> **知识提示**　设置了自动提示借贷是否平衡后，当再次输入多项经济业务时，就可以依次知道每项经济业务的数据是否准确，而无需到最后才发现借贷不平衡，避免了逐项核查错误的麻烦。

（3）返回工作表中，若L2单元格的判断结果为"借贷平衡"，则单元格内容不突出显示，若L2单元格的判断结果为"借贷不平衡"，则单元格内容将突出显示，如图6-10所示。

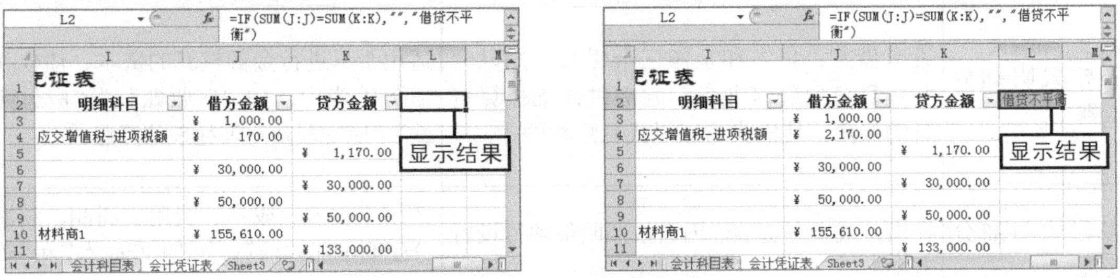

图6-10 设置突出显示效果后的两种情况

6.3 登记分类账

任何企业的一切经济活动都应分类整理计入分类账的相关账户中，通过分类账可以反映企业的经济活动和账务收支状况，为编制会计报表提供所需的资料。

6.3.1 总分类账的格式与登记方法

总分类账简称总账，它是根据总账科目开设账户，分类登记全部经济业务事项，从而为企业提供包括收入、费用、利润、资产、负债等各项会计要素的总括会计信息。

总分类账可根据记账凭证逐笔登记，也可根据经过汇总的科目汇总表或汇总记账凭证等进行登记。总分类账的常用格式为三栏式，即设有借方、贷方、余额三个基本金额栏目，如图6-11所示。

总分类账（三栏式）

年		凭证号	摘要	借方金额	贷方金额	借或贷	余额
月	日						

图6-11 总分类账

6.3.2 明细分类账的格式与登记方式

明细分类账是根据总账科目所属的二级或明细科目开设账户，分类登记某一类经济业务事项，从而为企业提供某类业务事项比较详细的会计信息。

不同类型经济业务的明细分类账，可根据管理需要，依据原始凭证、汇总原始凭证、记账凭证逐日逐笔或定期汇总登记，其中固定资产、债权和债务等明细账应逐日逐笔登记；库存商品、原材料、成品收发明细账以及收入、费用明细账可以逐笔登记，也可定期汇总登记。明细分类账的格式有多种，如三栏式、多栏式、数量金额式、横线登记式（也称平行式）等，如表6-1所示。

表 6-1　明细分类账的格式

明细分类账	说明	适用范围
三栏式明细分类账	设有借方、贷方和余额三个栏目，用以分类核算各项经济业务，并提供详细核算资料的账簿，其格式与三栏式总账相同	适用于只进行金额核算的资本、债权和债务类账户，如“应收账款”“应付账款”“应交税费”等往来结算账户
多栏式明细分类账	在借方或贷方金额栏内会按照明细项目设置若干专栏	适用于收入、成本、费用、利润、利润分配明细账的核算，如“生产成本”和“管理费用”等账户
数量金额式明细分类账	在借方（收入）、贷方（发出）、余额（结存）分别设有数量、单价、金额三个专栏	适用于既要进行金额核算又要进行数量核算的存货类账户
横线登记式明细分类账	是一种多栏式明细账，它采用横线登记，即将每一笔相关的业务登记在同一行，从而可依据每一行各个栏目的登记是否齐全来判断该项业务的进展情况	适用于登记材料采购业务、应收票据和一次性备用金业务等

知识提示　在实际工作中，成本费用类科目的明细账，可以只按借方发生额设置专栏，贷方发生额由于每月发生的笔数很少，可以在借方直接用红字冲销。这类明细账也可以在借方设专栏的情况下，贷方设置一个总金额栏，再设置一个余额栏。

6.3.3 课堂案例2——设置总分类账

本案例将在提供的素材文件中利用数据透视表建立总分类账，并编辑数据透视表使表格内容符合总分类账格式。设置总分类账后的参考效果如图6-12所示。

素材所在位置　光盘:\素材文件\第6章\课堂案例2\日记账.xlsx

效果所在位置　光盘:\效果文件\第6章\课堂案例2\总分类账.xlsx

视频演示　光盘:\视频文件\第6章\设置总分类账.swf

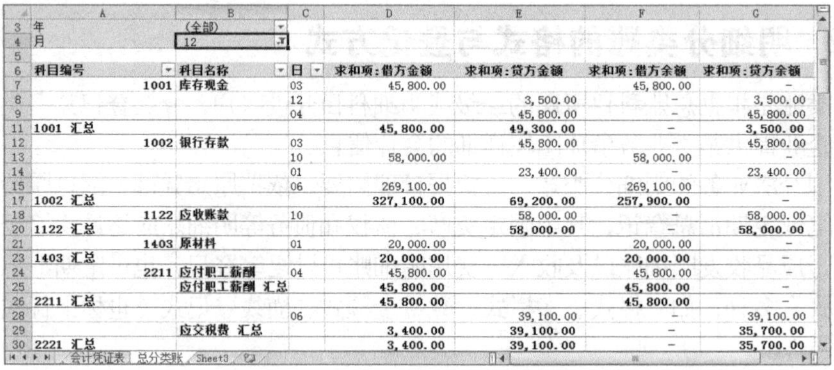

	A	B	C	D	E	F	G
3	年	(全部)					
4	月	12					
5							
6	科目编号	科目名称	日	求和项:借方金额	求和项:贷方金额	求和项:借方余额	求和项:贷方余额
7	1001	库存现金	03	45,800.00		45,800.00	-
8			12		3,500.00	-	3,500.00
9			04		45,800.00	-	45,800.00
11	1001 汇总			**45,800.00**	**49,300.00**	-	**3,500.00**
12	1002	银行存款	03		45,800.00	-	45,800.00
13			10	58,000.00		58,000.00	-
14			01		23,400.00	-	23,400.00
15			06	269,100.00		269,100.00	-
17	1002 汇总			**327,100.00**	**69,200.00**	**257,900.00**	-
18	1122	应收账款	10		58,000.00	-	58,000.00
20	1122 汇总				**58,000.00**	-	**58,000.00**
21	1403	原材料	01	20,000.00		20,000.00	-
23	1403 汇总			**20,000.00**		**20,000.00**	-
24	2211	应付职工薪酬	04	45,800.00		45,800.00	-
25		应付职工薪酬 汇总		**45,800.00**		**45,800.00**	-
26	2211 汇总			**45,800.00**		**45,800.00**	-
28			06		39,100.00	-	39,100.00
29		应交税费 汇总		**3,400.00**	**39,100.00**	-	**35,700.00**
30	2221 汇总			**3,400.00**	**39,100.00**	-	**35,700.00**

图6-12　“总分类账”的参考效果

职业素养
日记账的会计记录是按照交易发生的日期为顺序登记的，而分类账是以会计科目（即分类账户的名称）为前提，再按照交易发生的日期为顺序登记的。将日记账与分类账对比会发现，虽然它们在会计处理程序中是不同的账簿，但它们的数据内容完全相同，因此利用Excel进行账务处理时，可利用数据透视表功能将已形成的日记账建立为总分类账，完成后再将分类账中的余额移至科目余额表中予以反映。

1. 建立总分类账

利用数据透视表建立总分类账的具体操作如下。

（1）打开"日记账.xlsx"工作簿，将其以"总分类账"为名进行另存，然后选择"会计凭证表"工作表，在【插入】→【表格】组中单击"数据透视表"按钮下方的·按钮，在打开的下拉列表中选择"数据透视表"选项，如图6-13所示。

（2）在打开的"创建数据透视表"对话框中单击选中"选择一个表或区域"单选项，并确认要分析的数据区域为"会计凭证表!￥A￥2:￥K￥64"，然后单击选中"新工作表"单选项，完成后单击 确定 按钮，如图6-14所示。

图6-13　选择"数据透视表"命令　　　图6-14　选择数据透视表的分析区域与存放位置

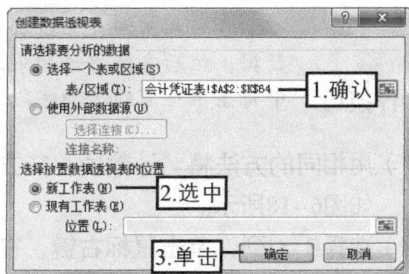

（3）系统自动创建一个名为"Sheet1"的工作表存放数据透视表，并打开"数据透视表字段列表"任务窗格，如图6-15所示。

（4）在"数据透视表字段列表"任务窗格的"选择要添加到报表的字段"列表框中将"年"和"月"字段拖动到"报表筛选"区域，将"科目编号""科目名称""日"字段拖动到"行标签"区域，将"借方金额"和"贷方金额"字段拖动到"数值"区域，如图6-16所示。

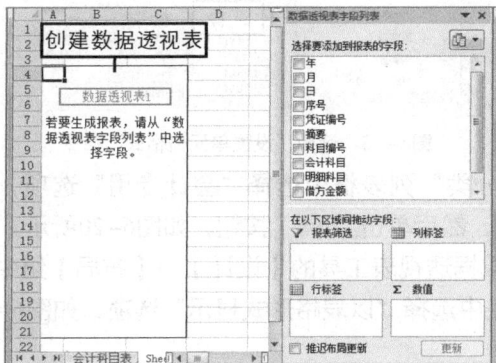

图6-15　创建数据透视表　　　图6-16　添加字段到相应的区域

（5）在"数据透视表字段列表"任务窗格的"数值"区域中单击"计数项：借方金额"字段，在打开的下拉列表中选择"值字段设置"选项。

（6）在打开的"值字段设置"对话框的"值汇总方式"选项卡的"计算类型"列表框中选择"求和"选项，完成后单击 确定 按钮，如图6-17所示。

图6-17 修改值字段的汇总方式

操作技巧　　　在数据透视表中选择"计数项：借方金额"和"计数项：贷方金额"列的相应数据，然后在数据透视表工具的【选项】→【活动字段】组的"活动字段"文本框中将显示当前的活动字段，单击 字段设置按钮可打开"值字段设置"对话框。

（7）用相同的方法将"计数项：贷方金额"值字段的汇总方式改为"求和项：贷方金额"，如图6-18所示。

（8）选择B¯C列，单击鼠标右键，在弹出的快捷菜单中选择"设置单元格格式"命令，如图6-19所示。

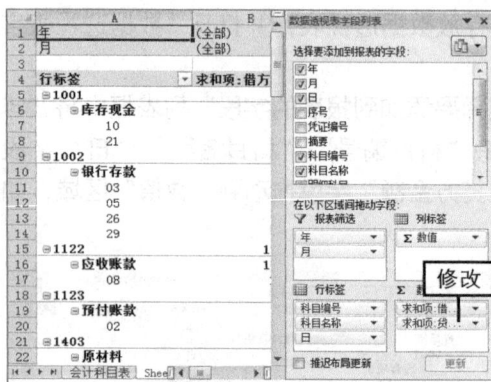

图6-18 继续修改值字段汇总方式

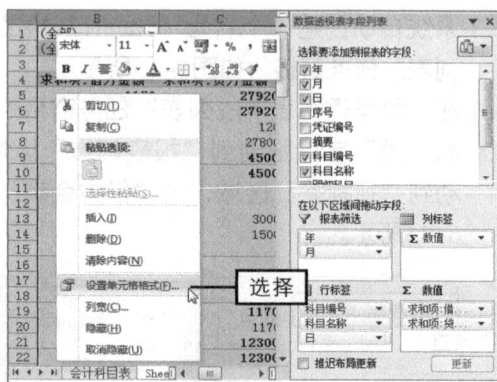

图6-19 选择"设置单元格格式"命令

（9）在打开的"设置单元格格式"对话框的"分类"列表框中选择"会计专用"选项，在"货币符号"下拉列表框中选择"无"选项，然后单击 确定 按钮，如图6-20所示。

（10）在数据透视表中选择任意单元格，然后在数据透视表工具的【设计】→【布局】组中单击"报表布局"按钮，在打开的下拉列表中选择"以表格形式显示"选项，如图6-21所示。

图6-20 设置数字格式

图6-21 设置数据透视表的布局样式

（11）选择1~2行，单击鼠标右键，在弹出的快捷菜单中选择"插入"命令，如图6-22所示。

（12）合并A1:G1单元格区域，在其中输入数据"鑫业有限责任公司"，合并A2:G2单元格区域，在其中输入数据"总分类账"，然后选择A1:A2单元格区域，设置其字体格式为"方正粗倩简体，16"，完成后将存放数据透视表的工作表重命名为"总分类账"，并将其移动到"会计凭证表"工作表之后，如图6-23所示。

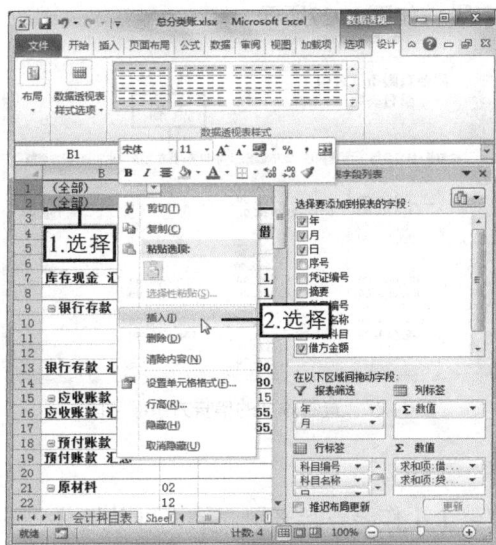

图6-22 选择"插入"命令

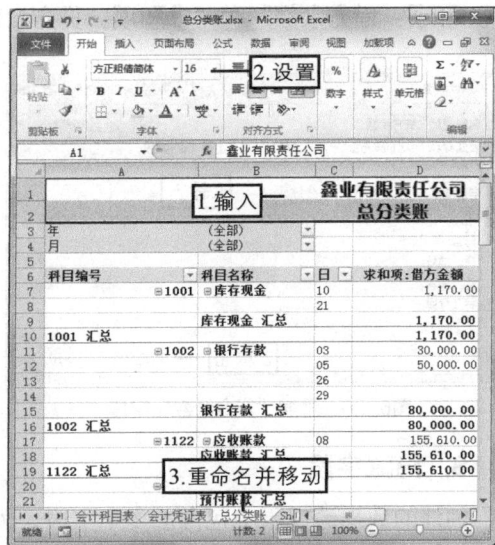

图6-23 输入数据并设置字体格式

2. 添加借贷方余额

初步使用数据透视表建立的总分类账中只有借贷方金额，没有借贷方余额，因此，还需在数据透视表中添加借贷方余额，具体操作如下。

（1）选择数据透视表的任意单元格，在数据透视表工具的【选项】→【计算】组中单击"域、项目和集"按钮 ，在打开的下拉列表中选择"计算字段"选项，如图6-24所示。

（2）在打开的"插入计算字段"对话框的"名称"下拉列表框中输入"借方余额"，在"公式"文本框中输入公式"=IF((借方金额–贷方金额)>0,借方金额–贷方金额,0)"，然后单

击 [添加(A)] 按钮，如图6-25所示。

图6-24　选择"计算字段"命令　　　　　　图6-25　添加"借方余额"字段

（3）继续在"插入计算字段"对话框的"名称"下拉列表框中输入"贷方余额"，在"公式"文本框中输入公式"=IF((贷方金额-借方金额)>0,贷方金额-借方金额,0)"，然后单击 [确定] 按钮，如图6-26所示。

（4）返回工作表中，选择除数据透视表数据区域外的空白单元格，在其中可看到添加的"求和项：借方余额"和"求和项：贷方余额"字段，如图6-27所示。

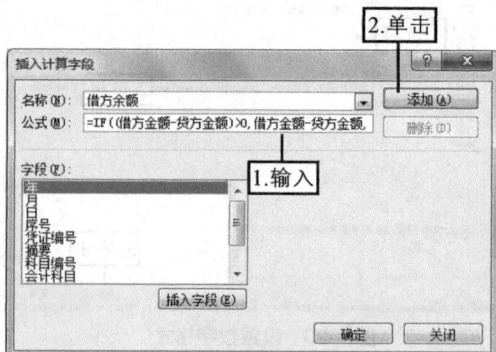

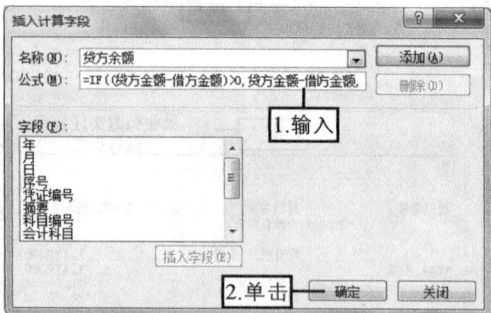

图6-26　添加"贷方余额"字段　　　　　　图6-27　查看添加的借贷方余额字段

3. 隐藏字段

创建的数据透视表中包含了多个字段，为了使整个工作表看起来更简洁，可以隐藏"总分类账"工作表中的部分字段，具体操作如下。

（1）将鼠标光标移动到A10单元格上，当鼠标光标变成➡形状时单击，可同时选择相应科目编号的汇总行，如图6-28所示。

（2）在【开始】→【单元格】组中单击"格式"按钮，在打开的下拉列表中选择【隐藏和取消隐藏】→【隐藏行】选项，如图6-29所示。

知识提示　　　　若需撤消隐藏的行，可以选择工作表中的所有数据区域，然后在【开始】→【单元格】组中单击"格式"按钮，在打开的下拉列表中选择【隐藏和取消隐藏】→【取消隐藏行】选项即可。

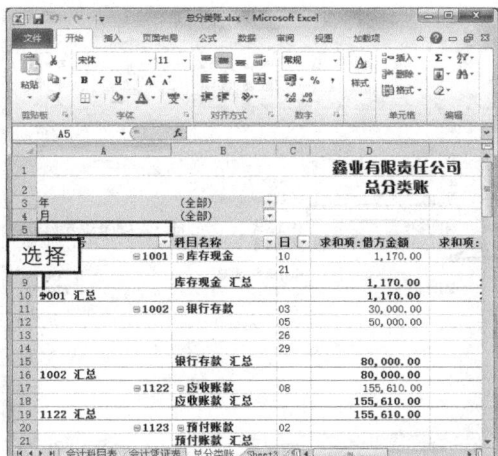

图6-28 同时选择相应科目编号的汇总行

图6-29 隐藏行

（3）在数据透视表工具的【选项】→【显示】组中单击 +/- 按钮 按钮，返回工作表中可看到隐藏"+"和"−"按钮后的效果，如图6-30所示。

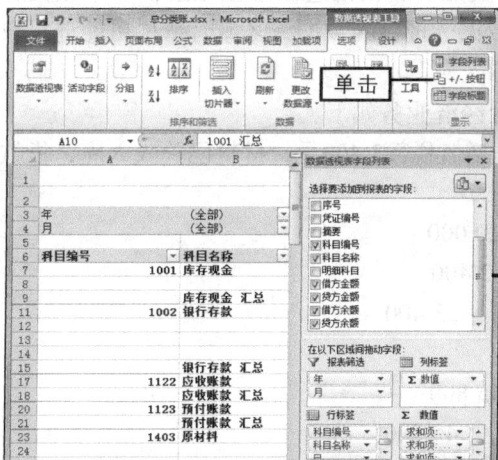

图6-30 隐藏"+"和"−"按钮

4. 显示某一科目的分类账

会计人员在实际的财务处理过程中，还可使用数据筛选功能查看某一会计科目的分类账，具体操作如下。

（1）单击"科目名称"字段旁的 按钮，在打开的下拉列表中撤销选中"全选"复选框，然后单击选中"库存现金"复选框，完成后单击 确定 按钮。

（2）返回工作表，可看到数据透视表中只显示"库存现金"会计科目的分类账，如图6-31所示。

操作技巧　　再次单击"会计科目"字段旁的 按钮，在打开的下拉列表中选择"从'会计科目'中清除筛选"选项，或单击选中"全选"复选框，再单击 确定 按钮可显示工作表中所有科目的分类账。

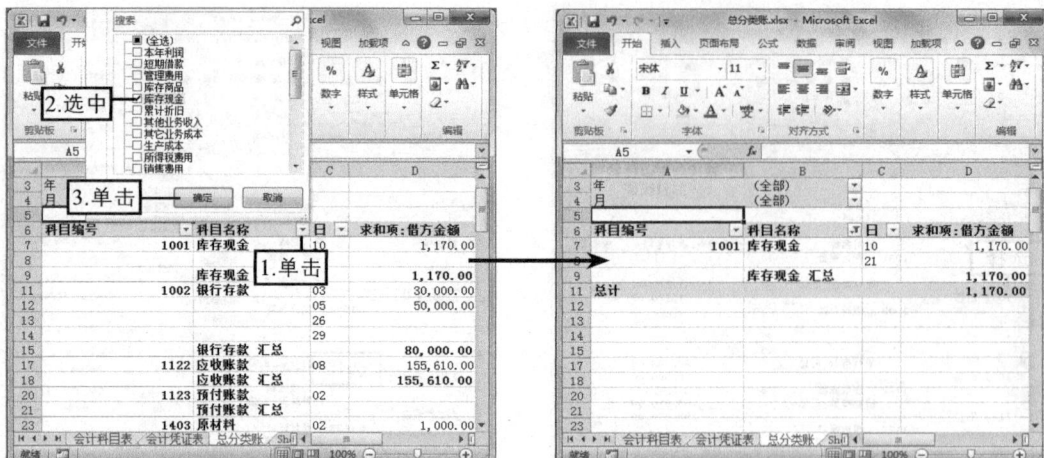

图6-31　显示某一科目的分类账

5. 自动更新数据透视表

在Excel中，为了确保根据日记账建立的总分类账、科目汇总表等数据透视表中数据随着数据源区域的数据变化而变化，除了在选择建立数据透视表的数据源区域时，尽可能地将数据来源范围扩大外，还可更改数据透视表中的数据源区域。

假设鑫业有限责任公司2014年12月发生的部分经济业务如下。

（1）12月1日购买材料一批，货款20 000元，增值税额3 400元，材料已验收入库，货款和税款已从银行支付。

借：原材料　　　　　　　　　　　　　　20 000
　　应交税费——应交增值税（进项税额）　3 400
　　　贷：银行存款　　　　　　　　　　　　　23 400

（2）12月3日从银行提取现金45 800元。

借：库存现金　　　　　　　　　　　　　45 800
　　　贷：银行存款　　　　　　　　　　　　　45 800

（3）12月4日以现金45 800元支付本月职工工资。

借：应付职工薪酬——工资　　　　　　　45 800
　　　贷：库存现金　　　　　　　　　　　　　45 800

（4）12月6日销售产品，价款230 000元，增值税额39 100元，货款已付并存入银行。

借：银行存款　　　　　　　　　　　　　269 100
　　　贷：主营业务收入　　　　　　　　　　　230 000
　　　　　应交税费——应交增值税（销项税额）39 100

（5）12月10日收到材料商通过银行转来的前欠货款58 000元。

借：银行存款　　　　　　　　　　　　　58 000
　　　贷：应收账款　　　　　　　　　　　　　58 000

（6）12月12日职工张红预借差旅费3 500元，出纳以现金支付。

借：其他应收款——张红　　　　　　　　3 500
　　　贷：库存现金　　　　　　　　　　　　　3 500

现需在"会计凭证表"工作表中添加以上经济业务，并设置自动更新数据透视表，其具体操作如下。

（1）在"会计凭证表"工作表中添加12月份的经济业务，如图6-32所示。

图6-32　添加12月份的经济业务

（2）选择"总分类账"工作表，在数据透视表工具的【选项】→【数据】组中单击"更改数据源"按钮下方的按钮，在打开的下拉列表中选择"更改数据源"选项。

（3）在打开的"更改数据透视表数据源"对话框中修改数据透视表的数据源区域，即修改为"会计凭证表!¥A¥2:¥K¥78"，完成后单击 确定 按钮，如图6-33所示。

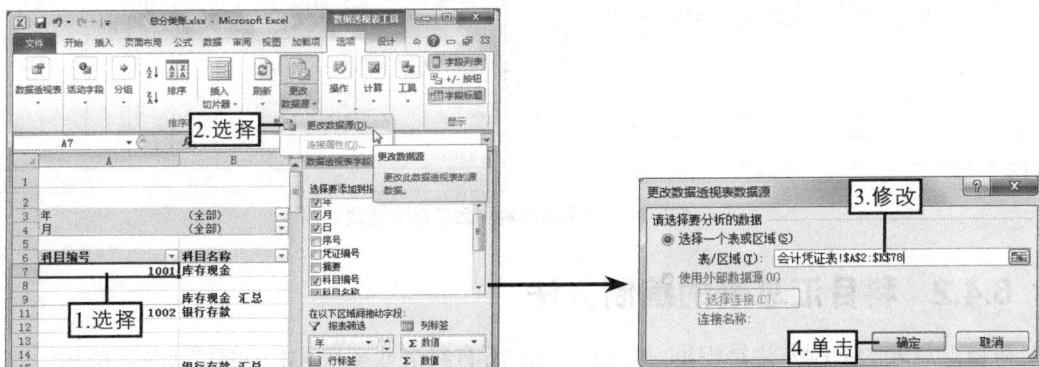

图6-33　更改数据透视表数据源

（4）单击"月"字段旁的按钮，可看到"总分类账"的数据已被更新（12月份经济业务已添加），然后选择"12"选项，单击 确定 按钮。

（5）返回工作表，数据透视表中的数据将自动更新，完成后在"数据透视表字段列表"任务窗格右上角单击按钮关闭该任务窗格，如图6-34所示。

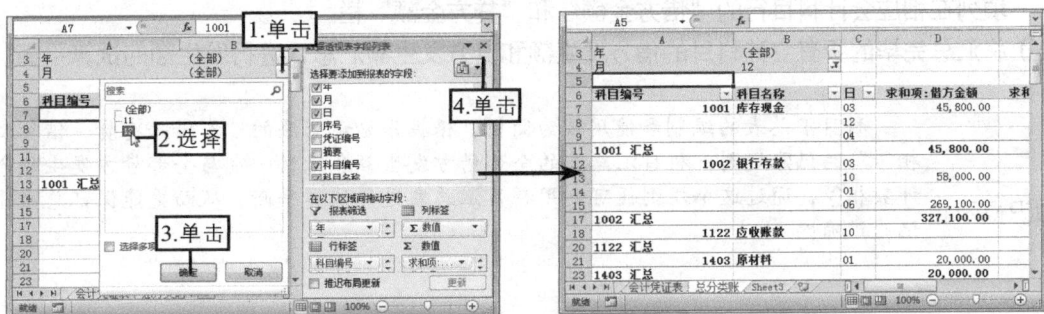

图6-34　查看更新后的数据透视表

操作技巧

若最初设置的数据来源范围足够大，只是日记账业务增减及变动，则只需在数据透视表工具的【选项】→【数据】组中单击“刷新”按钮下方的按钮，在打开的下拉列表中选择“刷新”或“全部刷新”选项即可更新数据透视表中的数据。

6.4 编制科目汇总表

科目汇总表的编制是科目汇总表核算程序的一项重要工作，在会计账务处理过程中，它不仅可以将一定时期内发生的经济业务分门别类地进行汇总，而且为编制会计报表提供了数据。

6.4.1 科目汇总表的格式

科目汇总表可根据实际需要采用不同的格式，但是无论采用何种格式，科目汇总表只反映各总账科目借、贷方本期发生额，不反映各个总账科目的对应关系。科目汇总表可以每月汇总一次，也可每旬汇总一次。科目汇总表的常用格式如图6-35所示。

科目汇总表（一）

年　月　日至　日　　　　第　号

会计科目	总账页数	本期发生额		记账凭证起讫号数	附单据　张
		借方	贷方		
合计					

会计主管：　会计：　复核：　制表：

科目汇总表（二）

年　月　　　　第　号

会计科目	总账页数	记账凭证起讫号数	1~10 号		11~20 号		21~30 号		附单据　张
			借方	贷方	借方	贷方	借方	贷方	
合计									

会计主管：　会计：　复核：　制表：

图6-35　常用的两种科目汇总表格式

6.4.2 科目汇总表的编制方法

科目汇总表的编制方法是根据一定时期内的所有经济业务，按相同的会计科目归类，定期汇总出每一个会计科目的借方本期发生额和贷方本期发生额，并填写在科目汇总表的相关栏内。其具体编制方法如下。

（1）将汇总期内各项经济业务所涉及的会计科目填制在“会计科目”栏。为了便于登记总分类账，会计科目的排列顺序应与总分类账上的会计科目的顺序一致。

（2）根据汇总期内的全部记账凭证，按会计科目分别汇总借方发生额和贷方发生额，并将其填列在相应会计科目行的“借方金额”和“贷方金额”栏。

（3）将汇总完毕的所有会计科目的借方发生额和贷方发生额汇总，进行发生额的试算平衡。

知识提示

科目汇总表的编制和使用较为简便，根据借贷记账法的“有借必有贷，借贷必相等”的记账规则，科目汇总表的全部借方发生额合计数一定与全部贷方发生额合计数相等，通过这个规则便可利用科目汇总表进行试算平衡，从而更能保证总账登记的正确性。

6.4.3 课堂案例3——制作科目汇总表

科目汇总表是建立在会计凭证表（日记账）基础上的，其数据内容也来源于会计凭证表。由于在会计凭证表（日记账）的基础上已生成了总分类账，因此本案例只需对前面设置的总分类账进行修改即可生成科目汇总表，完成后的参考效果如图6-36所示。

	素材所在位置	光盘:\素材文件\第6章\课堂案例3\总分类账.xlsx
	效果所在位置	光盘:\效果文件\第6章\课堂案例3\科目汇总表.xlsx
	视频演示	光盘:\视频文件\第6章\制作科目汇总表.swf

图6-36 科目汇总表的参考效果

（1）打开"总分类账.xlsx"工作簿，将其以"科目汇总表"为名进行另存，然后选择"总分类账"工作表，在数据透视表工具的【选项】→【数据透视表】组中单击 选项 按钮右侧的 按钮，在打开的下拉列表中选择"显示报表筛选页"选项，如图6-37所示。

（2）在打开的"显示报表筛选页"对话框中选择"月"选项，然后单击 确定 按钮，如图6-38所示。

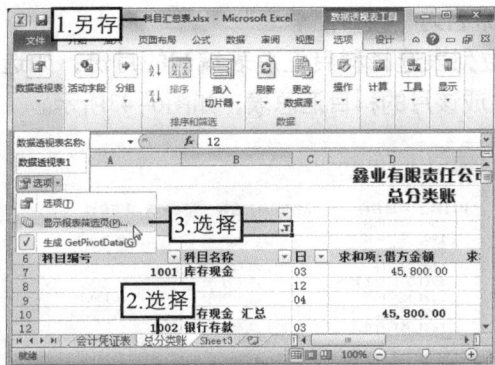

图6-37 显示报表筛选页

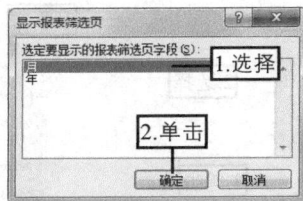

图6-38 选择显示报表筛选页字段

（3）此时在工作簿中将生成一个名为"11"且与"总分类账"相同的工作表，即科目汇总表的底稿，如图6-39所示。

（4）在数据透视表工具的【选项】→【显示】组中单击 字段列表 按钮，打开"数据透视表字段列表"任务窗格，如图6-40所示。

图6-39　生成科目汇总表的底稿

图6-40　打开"数据透视表字段列表"任务窗格

（5）在"数据透视表字段列表"任务窗格的"选择要添加到报表的字段"列表框中撤销选中"日""借方余额""贷方余额"复选框，如图6-41所示。

（6）在数据透视表工具的【设计】→【布局】组中单击"分类汇总"按钮 ，在打开的下拉列表中选择"不显示分类汇总"选项，如图6-42所示。

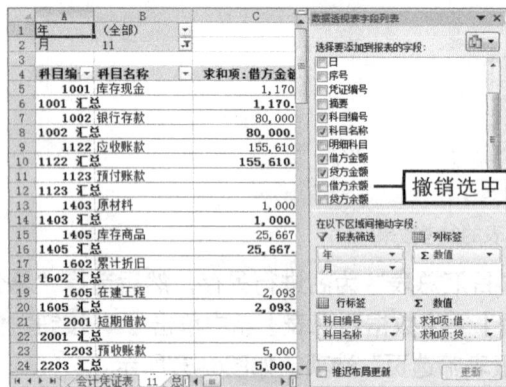

图6-41　删除字段

图6-42　选择"不显示分类汇总"选项

（7）返回工作表中，可看到其中的内容变为"科目汇总表"的格式，然后关闭"数据透视表字段列表"任务窗格，并将"11"工作表重命名为"科目汇总表"。

（8）单击"月"字段旁的 按钮，在弹出的下拉列表选择科目汇总表编制的月份，如选择"12"选项，然后单击 确定 按钮，即可生成该月的科目汇总表，如图6-43所示。

图6-43　生成所需月份的科目汇总表

6.5 课堂练习

登记现金日记账和制作科目余额表，通过学习使读者熟练掌握Excel在会计账簿中的应用。

6.5.1 登记现金日记账

1. 练习目标

假设××公司2014年10月末现金日记账余额为2 000元，11月发生的现金收支业务如下。

（1）11月3日从银行提取现金10 000元备用。

借：库存现金　　　　　　　　　　　　　10 000

　　贷：银行存款　　　　　　　　　　　　10 000

（2）11月8日职工张小杰预借差旅费3 200元，以现金支付。

借：其他应收款——张小杰　　　　　3 200

　　贷：库存现金　　　　　　　　　　　3 200

（3）11月11日以现金350元购买办公用品。

借：管理费用　　　　　　　　　　　　350

　　贷：库存现金　　　　　　　　　　　350

（4）11月15日，张小杰出差回来，报销差旅费2 350元，余款退回现金。

借：管理费用——差旅费　　　　　　2 350

　　库存现金　　　　　　　　　　　　850

　　贷：其他应收款——张华　　　　　　3 200

（5）11月20日以现金4 800元支付办公设备维修费。

借：管理费用　　　　　　　　　　　　4 800

　　贷：库存现金　　　　　　　　　　　4 800

（6）11月24日从银行提取现金55 260元，备发工资。

借：库存现金　　　　　　　　　　　　55 260

　　贷：银行存款　　　　　　　　　　　55 260

（7）11月25日，以现金55 260元支付本月员工工资工资。

借：应付职工薪酬——工资　　　　　55 260

　　贷：库存现金　　　　　　　　　　　55 260

（8）11月28日，以现金880元支付业务招待费。

借：管理费用　　　　　　　　　　　　880

　　贷：库存现金　　　　　　　　　　　880

现需要根据2014年11月发生的现金收支业务登记现金日记账并计算结存，本练习完成后的参考效果如图6-44所示。

效果所在位置	光盘:\效果文件\第6章\课堂练习\现金日记账.xlsx
视频演示	光盘:\视频文件\第6章\登记与计算现金日记账.swf

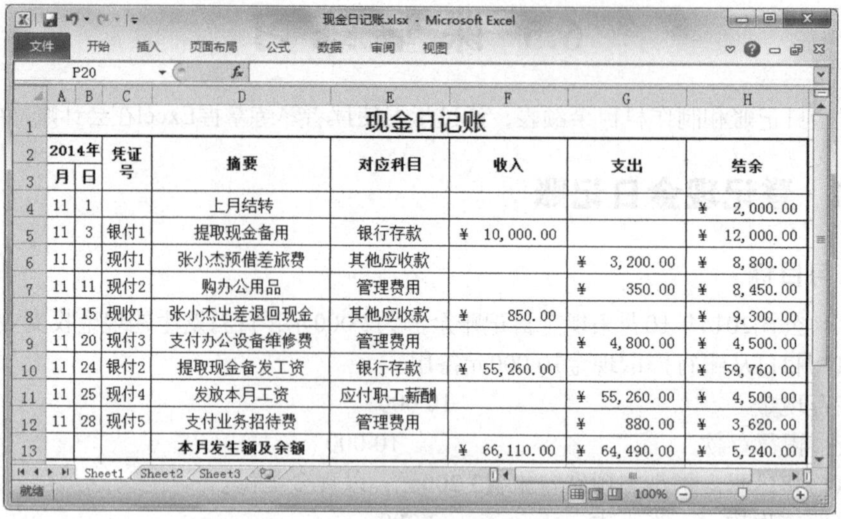

2014年 月	日	凭证号	摘要	对应科目	收入	支出	结余
现金日记账							
11	1		上月结转				¥ 2,000.00
11	3	银付1	提取现金备用	银行存款	¥ 10,000.00		¥ 12,000.00
11	8	现付1	张小杰预借差旅费	其他应收款		¥ 3,200.00	¥ 8,800.00
11	11	现付2	购办公用品	管理费用		¥ 350.00	¥ 8,450.00
11	15	现收1	张小杰出差退回现金	其他应收款	¥ 850.00		¥ 9,300.00
11	20	现付3	支付办公设备维修费	管理费用		¥ 4,800.00	¥ 4,500.00
11	24	银付2	提取现金备发工资	银行存款	¥ 55,260.00		¥ 59,760.00
11	25	现付4	发放本月工资	应付职工薪酬		¥ 55,260.00	¥ 4,500.00
11	28	现付5	支付业务招待费	管理费用		¥ 880.00	¥ 3,620.00
			本月发生额及余额		¥ 66,110.00	¥ 64,490.00	¥ 5,240.00

图6-44　现金日记账的参考效果

2. 操作思路

完成本练习需要创建“现金日记账”工作簿并设置单元格格式，然后将发生的现金收支业务逐日逐笔地登记到现金日记账中，完成后根据现金结存数的计算公式（本日结存=上日结存+本日收入合计-本日付出合计）计算出当日的结存余额、本月发生额及余额，操作思路如图6-45所示。

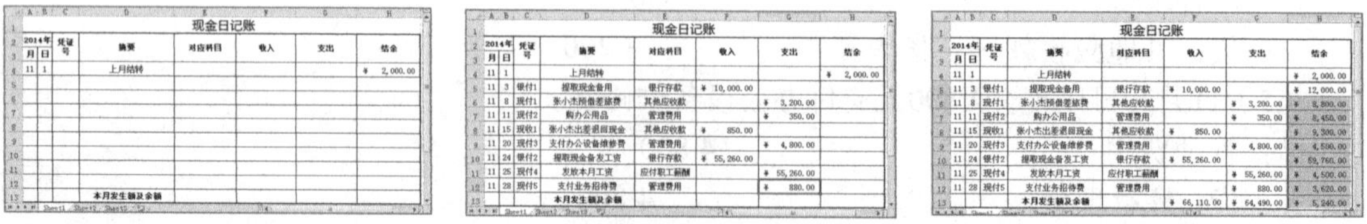

① 创建“现金日记账”工作簿　② 登记现金日记账　③ 计算余额

图6-45　“现金日记账”的制作思路

（1）启动Excel，将新建的空白工作簿以“现金日记账”为名进行保存，然后输入相应的数据，并设置单元格格式。

（2）将发生的现金收支业务逐日逐笔地登记到现金日记账中。

（3）选择F13:G13单元格区域，在编辑栏中输入公式“=SUM(F5:F12)”，完成后按【Ctrl+Enter】组合键计算出本月发生额的收入和支出合计。

（4）选择H5:H13单元格区域，在编辑栏中输入公式“=H4+F5-G5”，完成后按【Ctrl+Enter】组合键计算出当日结存和本月余额。

6.5.2 制作科目余额表

1. 练习目标

本练习的目标是制作科目余额表，需要将提供的素材文件“资料”中的上期期末余额和前面制作的“科目汇总表”中的本期发生额引用到“科目余额表”的相应单元格中，然后利用公式计算期末借方和贷方余额。本练习完成后的参考效果如图6-46所示。

素材所在位置　光盘:\素材文件\第6章\课堂练习\资料.xlsx、科目汇总表.xlsx

效果所在位置　光盘:\效果文件\第6章\课堂练习\科目余额表.xlsx

视频演示　光盘:\视频文件\第6章\制作科目余额表.swf

科目余额表

编制单位：鑫业有限责任公司　　　　　　2014年11月　　　　　　　　　　　　　单位：元

科目编号	会计科目	期初余额		本期发生额		期末余额	
		借方	贷方	借方	贷方	借方	贷方
1001	库存现金	¥ 74,191.51		¥ 1,170.00	¥ 27,920.00	¥ 47,441.51	
1002	银行存款	¥ 101,901.84		¥ 80,000.00	¥ 4,500.00	¥ 177,401.84	
1122	应收账款	¥ 144,693.10		¥ 155,610.00	¥ －	¥ 300,303.10	
1123	预付账款	¥ 68,000.00		¥ －	¥ 1,170.00	¥ 66,830.00	
1221	其他应收款	¥ 56,240.00		¥ －	¥ －	¥ 56,240.00	
1403	原材料	¥ 166,024.10		¥ 1,000.00	¥ 12,300.00	¥ 154,724.10	
1405	库存商品	¥ 77,774.99		¥ 25,667.00	¥ 95,000.00	¥ 8,441.99	
1601	固定资产	¥ 88,060.00		¥ －	¥ －	¥ 88,060.00	
1602	累计折旧		¥ 25,380.47	¥ －	¥ 3,600.00		¥ 28,980.47
1605	在建工程	¥ 134,950.07		¥ 2,093.00	¥ －	¥ 137,043.07	
2001	短期借款			¥ －	¥ 30,000.00		¥ 30,000.00
2202	应付账款		¥ 108,776.74	¥ －	¥ －		¥ 108,776.74
2203	预收账款			¥ 5,000.00	¥ 50,000.00		¥ 45,000.00
2211	应付职工薪酬			¥ 27,800.00	¥ 27,800.00		
2221	应交税费		¥ 73,776.85	¥ 170.00	¥ 30,215.00		¥ 103,821.85
2241	其他应付款		¥ 158,559.05	¥ －	¥ －		¥ 158,559.05
4001	实收资本		¥ 152,680.00	¥ －			¥ 152,680.00
4002	资本公积			¥ －			
4101	盈余公积		¥ 52,620.00	¥ －			¥ 52,620.00
4103	本年利润		¥ 550,120.00	¥ 122,995.00	¥ 139,000.00		¥ 566,125.00
4104	利润分配	¥ 185,000.00		¥ －	¥ －	¥ 185,000.00	
5001	生产成本	¥ 25,077.50		¥ 25,667.00	¥ 25,667.00	¥ 25,077.50	
5101	制造费用			¥ 5,067.00	¥ 5,067.00		
6001	主营业务收入			¥ 133,000.00	¥ 133,000.00		
6051	其他业务收入			¥ 6,000.00	¥ 6,000.00		
6401	主营业务成本			¥ 95,000.00	¥ 95,000.00		
6403	其他业务成本			¥ 800.00	¥ 800.00		
6402	营业税金及附加			¥ 1,600.00	¥ 1,600.00		
6601	销售费用			¥ 12,760.00	¥ 12,760.00		
6602	管理费用			¥ 7,500.00	¥ 7,500.00		
6801	所得税费用			¥ 5,335.00	¥ 5,335.00		
	合计	¥ 1,121,913.11	¥ 1,121,913.11	¥ 714,234.00	¥ 714,234.00	¥ 1,246,563.11	¥ 1,246,563.11

图6-46　科目余额表的参考效果

职业素养

科目余额表是用来记录本期所有会计科目的发生额和余额的表格。它是科目汇总表的延伸，能够反映某一会计期间相关会计科目（账户）的期初余额、本期发生额、期末余额，为编制会计报表提供更完善的数据。因此，编制科目余额表就是对期初余额、本期发生额和期末余额的填写和计算。

2. 操作思路

完成本练习需要创建"科目余额表.xlsx"工作簿，然后在其中直接引用上期科目余额表的期末余额，并利用函数从本期科目汇总表中引用本期发生额，完成后根据公式计算期末余额。根据会计核算规则，计算期末余额时应遵循以下公式。

◎ 资产/成本类期末余额=期初余额+本期借方发生额-本期贷方发生额

◎ 负债/所有者权益类期末余额=期初余额+本期贷方发生额-本期借方发生额

◎ 损益类无余额

其操作思路如图6-47所示。

| ① 创建科目余额表框架 | ② 引用期初余额和本期发生额 | ③ 计算期末余额 |

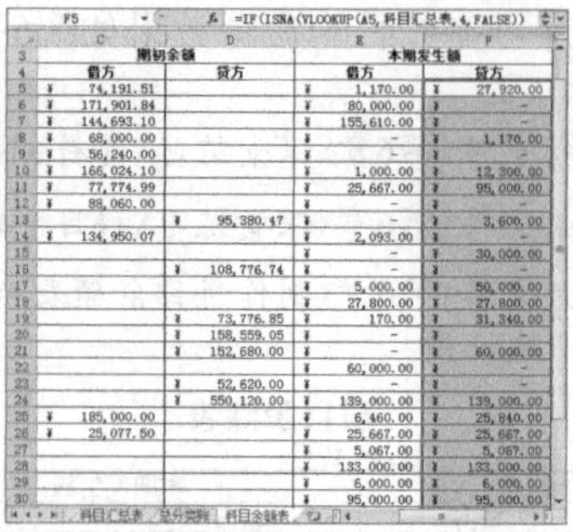

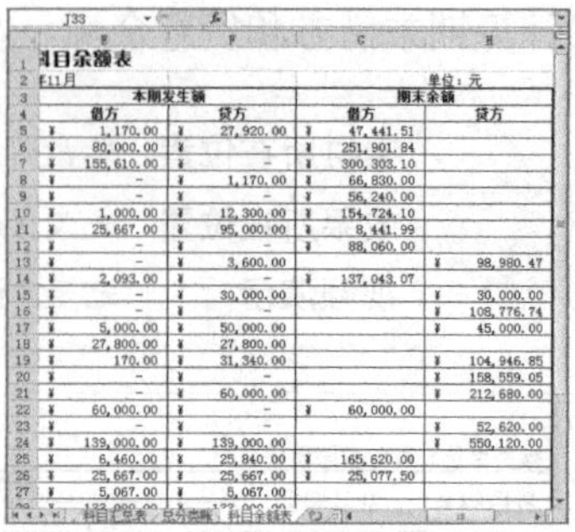

图6-47 "科目余额表"的制作思路

（1）打开"科目汇总表.xlsx"工作簿，将其以"科目余额表"为名进行另存，将"Sheet3"工作表重命名为"科目余额表"，在其中输入相应的数据并设置单元格格式，然后选择C36:H36单元格区域，在编辑栏中输入公式"=SUM(C5:C35)"，并按【Ctrl+Enter】组合键完成科目余额表框架的创建。

（2）打开"资料.xlsx"工作簿，在"科目余额表.xlsx"工作簿的"科目余额表"工作表的C5单元格中输入"="，然后切换到"资料.xlsx"工作簿中选择G5单元格，完成后按【Ctrl+Enter】组合键将上期"库存现金"会计科目的期末借方余额引用到本期的期初借方余额中。用相同的方法将上期其他会计科目的期末借方和贷方余额引用到本期的期初借方和贷方余额中。

（3）在"科目余额表.xlsx"工作簿的"科目汇总表"工作表中将A4:D30单元格区域定义为"科目汇总表"名称。

（4）在"科目余额表"工作表中选择E5:E35单元格区域，在编辑栏中输入公式"=IF(ISNA(VLOOKUP(A5,科目汇总表,3,FALSE)),0,VLOOKUP(A5,科目汇总表,3,FALSE))"，完成后按【Ctrl+Enter】组合键引用会计科目的本期借方发生额。

（5）在"科目余额表"工作表中选择F5:F35单元格区域，在编辑栏中输入公式"=IF(ISNA(VLOOKUP(A5,科目汇总表,4,FALSE)),0,VLOOKUP(A5,科目汇总表,4,FALSE))"，完成后按【Ctrl+Enter】组合键引用会计科目的本期贷方发生额。

（6）在G5:G35单元格区域的相应单元格中输入公式"=C5+E5-F5"，计算出各会计科目的期末借方余额，在H5:H35单元格区域的相应单元格中输入公式"=D5+F5-E5"，计算出各会计科目的期末贷方余额。

6.6 拓 展 知 识

在Excel中不仅可以设置突出显示条件格式，还可使用数据条显示并分析单元格中的值，使用色阶的深浅颜色比较单元格区域数据，使用图标集注释数据并按大小将数据进行等级划分等。除此之外，用户还可根据需要新建并管理条件格式，方法如下。

◎ **新建条件格式**：在"条件格式"下拉列表中选择"新建规则"选项，在打开的"新建格式规则"对话框的"选择规则类型"栏中选择不同的规则类型，在"编辑规则说明"栏中将出现不同的参数设置框，如图6-48所示。如选择"仅对唯一值或重复值设置格式"规则类型，在"编辑规则说明"栏的"全部设置格式"下拉列表框中可选择范围中的数值，单击 格式(F)... 按钮，在打开的对话框中可设置单元格格式，完成后单击 确定 按钮。

图6-48 选择不同规则类型后的"新建格式规则"对话框

◎ **管理条件格式**：在"条件格式"下拉列表中选择"管理规则"选项，在打开的"条件格式规则管理器"对话框中单击 新建规则(N)... 按钮，可打开"新建格式规则"对话框新建所需的规则，完成后单击 编辑规则(E)... 和 × 删除规则(D) 按钮还可对新建的规则进行编辑和删除操作，如图6-49所示。

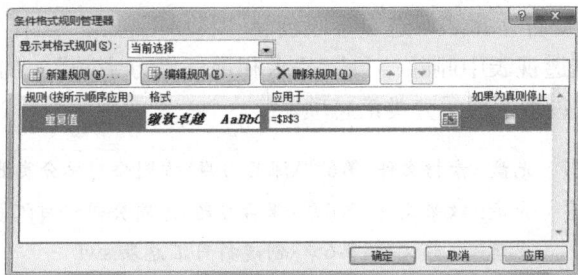

图6-49 "条件格式规则管理器"对话框

6.7 课后习题

（1）打开"方圆公司会计凭证表.xlsx"工作簿，在其中利用数据透视表创建"方圆公司总分类账"，并对其进行编辑，完成后的效果如图6-50所示。

提示：◎ 利用数据透视表建立"总分类账"工作表，然后将"月"字段拖动到"报表筛选"区域，将"科目编号""一级科目""日"字段拖动到"行标签"区域，将"借方金额"和"贷方金额"拖动到"数值"区域。

◎ 修改"借方金额"和"贷方金额"字段的值字段汇总方式为"求和"，设计数据透视表的报表布局为"以表格形式显示"，添加"借方余额"和"贷方余额"字段，完成后隐藏相应科目编号的汇总行和"+""-"按钮。

素材所在位置	光盘:\素材文件\第6章\课后习题\方圆公司会计凭证表.xlsx
效果所在位置	光盘:\效果文件\第6章\课后习题\方圆公司总分类账.xlsx
视频演示	光盘:\视频文件\第6章\创建方圆公司总分类账.swf

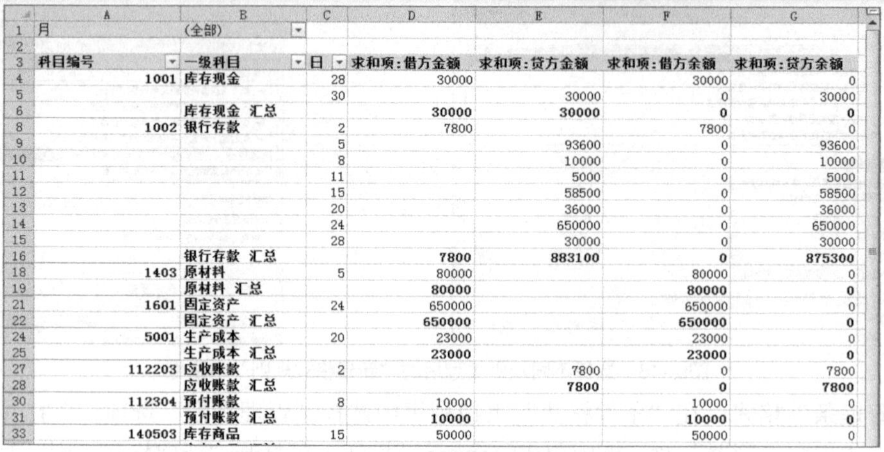

	A	B	C	D	E	F	G
1	月	(全部)					
2							
3	科目编号	一级科目	日	求和项:借方金额	求和项:贷方金额	求和项:借方余额	求和项:贷方余额
4	1001	库存现金	28	30000		30000	0
5			30		30000	0	30000
6		库存现金 汇总		30000	30000	0	0
8	1002	银行存款	2	7800		7800	0
9			5		93600	0	93600
10			8		10000	0	10000
11			11		5000	0	5000
12			15		58500	0	58500
13			20		36000	0	36000
14			24		650000	0	650000
15			28		30000	0	30000
16		银行存款 汇总		7800	883100	0	875300
18	1403	原材料	5	80000		80000	0
19		原材料 汇总		80000		80000	0
21	1601	固定资产	24	650000		650000	0
22		固定资产 汇总		650000		650000	0
24	5001	生产成本	20	23000		23000	0
25		生产成本 汇总		23000		23000	0
27	112203	应收账款	2		7800	0	7800
28		应收账款 汇总			7800	0	7800
30	112304	预付账款	8	10000		10000	0
31		预付账款 汇总		10000		10000	0
33	140503	库存商品	15	50000		50000	0

图6-50　方圆公司总分类账的参考效果

（2）打开“方圆公司总分类账.xlsx”工作簿，在已建立的“总分类账”基础上通过编辑创建“科目汇总表”，完成后的效果如图6-51所示。

提示： ◎　通过设置显示报表筛选页字段创建“科目汇总表”工作表。

◎　在数据透视表中删除“日”“求和项：借方余额”“求和项：贷方余额”字段，并设置不显示分类汇总项。

素材所在位置	光盘:\素材文件\第6章\课后习题\方圆公司总分类账.xlsx
效果所在位置	光盘:\效果文件\第6章\课后习题\方圆公司科目汇总表.xlsx
视频演示	光盘:\视频文件\第6章\创建科目汇总表.swf

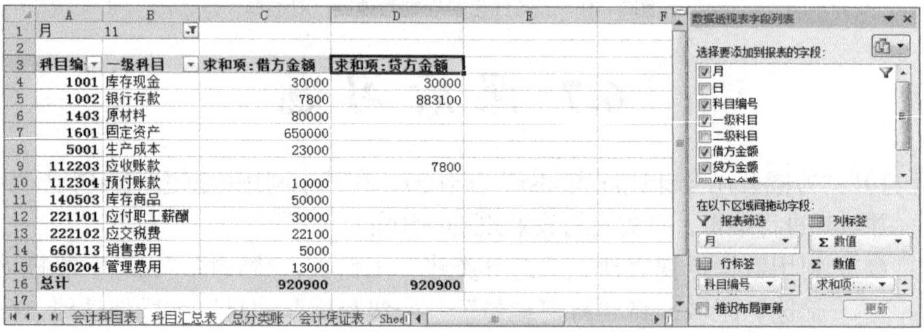

	A	B	C	D
1	月	11		
2				
3	科目编	一级科目	求和项:借方金额	求和项:贷方金额
4	1001	库存现金	30000	30000
5	1002	银行存款	7800	883100
6	1403	原材料	80000	
7	1601	固定资产	650000	
8	5001	生产成本	23000	
9	112203	应收账款		7800
10	112304	预付账款	10000	
11	140503	库存商品	50000	
12	221101	应付职工薪酬	30000	
13	222102	应交税费	22100	
14	660113	销售费用	5000	
15	660204	管理费用	13000	
16	总计		920900	920900

图6-51　方圆公司科目汇总表的参考效果

第7章

Excel在会计报表中的应用

　　为了能详细地反映企业某时期内的资产、负债、所有者权益状况，以及某一特定时期的经营成果和现金流量情况，本章将根据会计报表反映的经济内容，使用Excel的公式与函数功能分别计算并填列资产负债表和利润表的相关项目。读者通过学习应了解并掌握Excel在会计核算流程的会计报表中的应用。

✳ 学习要点

- ◎　了解会计报表
- ◎　编制资产负债表
- ◎　编制利润表
- ◎　使用定位条件

✳ 学习目标

- ◎　了解会计报表的概念、作用、分类，以及资产负债表的概念、格式、编制方法等知识
- ◎　掌握使用Excel计算并填列资产负债表各项目的方法
- ◎　了解利润表的概念、格式、编制方法等知识，掌握使用Excel计算并填列利润表各项目的方法

7.1 了解会计报表

会计报表是会计核算工作的定期总结，是会计账务处理的最终结果。利用Excel编制会计报表时，可基于会计凭证、会计账簿、科目汇总表、科目余额表等会计资料进行编制。

7.1.1 会计报表的概念与作用

会计报表是指综合反映企业资产、负债、所有者权益的情况，以及一定时期的经营成果和财务状况变动的书面文件。它是会计人员根据日常会计核算资料定期进行收集、加工、整理和汇总而形成的结果，是会计核算的最终成果。

每个会计期末，企业必须根据账簿上记录的资料，按照规定的报表格式、内容和编制方法，做进一步的归集、加工和汇总，编制成相应的会计报表，全面、综合地反映企业的财务状况、经营成果、现金流量情况，为财务会计报告使用者提供与企业财务状况、经营成果和现金流量等有关的会计信息。会计报表的作用主要体现在以下几个方面。

◎ 会计报表是企业内部加强和改善经营管理的重要依据。

◎ 会计报表向与企业有经济利益关系的外部单位和个人提供企业财务状况、经营成果和资金流转等信息，并据以做出决策的重要依据。

◎ 会计报表是国家经济管理部门进行宏观调控和管理的信息源。

> **知识提示**
>
> 企业编制会计报表，应当根据真实的交易、事项以及完整、准确的账簿记录等资料，严格遵循国家会计制度规定的编制基础、编制依据、编制原则、编制方法。编制的会计报表应当真实可靠、相关可比、全面完整、编报及时、便于理解，并符合国家统一会计制度和会计准则的有关规定。

7.1.2 会计报表的分类

会计报表由主表及相关附表组成，其中主表包括资产负债表、利润表、现金流量表，附表包括资产减值准备明细表、利润分配表等。主表与有关附表之间存在着密切联系，从不同的角度说明企业的财务状况、经营成果、现金流量情况；附表是对主表的进一步补充。

会计报表按照不同的标准可以分为不同的类别，常见的分类标准及类别有以下几种。

◎ **按反映的内容不同**：分为动态会计报表和静态会计报表。静态会计报表是指反映企业在一定日期资产和权益总额的会计报表，如：资产负债表反映了企业某一时期内的资产、负债、所有者权益的情况，因此资产负债表属于静态会计报表。动态会计报表是指反映一定时期内经营成果和现金流量的会计报表，如：利润表反映了企业一定时期内所实现的经营成果，现金流量表反映了企业一定时期内现金的流入、现金的流出及净增加数，因此利润表和现金流量表都属于动态会计报表。

◎ **按编制的时间不同**：分为月度报表、季度报表、半年度报表、年度报表。月度报表简称为月报，每月编报一次，包括资产负债表和利润表，它要求简明扼要、及时反映；季度报表简称为季报，每季编报一次，包括资产负债表和利润表；半年度报表简称为半年报，每年6月30日编报一次，包括资产负债表和利润表，它与月报和季报在部分指标上有一定的差异；年度报表简称为年报，每年编报一次，包括资产负债表、利润表、现金流量表，它要求揭示完整、反映全面。

◎ **按服务的对象不同**：分为对内报表和对外报表。对内报表是指为企业内部经营管理服务而编制的不对外公开的会计报表，它不要求统一格式，没有统一指标体系，如成本表就属于对内报表；对外报表是指企业为满足国家宏观经济管理部门、投资者、债权人及其他有关会计信息使用者对会计信息的需求而编制的对外提供服务的会计报表，它要求有统一的报表格式、指标体系、编制时间等，资产负债表、利润表、现金流量表等均属于对外报表。

◎ **按编制的单位不同**：分为单位报表和汇总报表。单位报表是指企业在自身会计核算的基础上，对账簿记录进行加工而编制的会计报表，以反映企业本身的财务状况、经营成果和现金流量情况。汇总报表是指由总公司或主管部门（系统），根据所属单位报送的会计报表，连同本单位会计报表汇总编制的综合性会计报表，以反映总公司或本部门（系统）财务状况、经营成果、现金流量情况。

本章将使用Excel编制单位报表，即基于企业在自身会计核算资料上的资产负债表、利润表、现金流量表。

7.2 编制资产负债表

资产负债表是企业最基本的会计报表之一，是所有独立核算的企业单位都必须对外报送的会计报表。因此，了解资产负债表的概念与格式可以帮助用户更容易地编制资产负债表。

7.2.1 资产负债表的概念

资产负债表是反映企业在一特定日期（如月末、季末、年末等）财务状况的会计报表。它是根据"资产＝负债＋所有者权益"会计等式，依照一定的分类标准和顺序，将企业在一定日期的全部资产、负债、所有者权益项目进行适当分类、汇总、排列后编制而成的。通过资产负债表可以反映出资产、负债、所有者权益3个方面的内容。

1. 资产

资产是指由过去交易、事项形成并由企业在某一特定日期所拥有或控制的、预期会给企业带来经济利益的资源。资产按流动性由大到小的顺序排列，可分为流动资产和非流动资产。

◎ **流动资产**：是指可以在一年或超过一年的一个营业周期内变现或耗用的资产。通常包括：货币资金、交易性金融资产、应收票据、应收账款、其他应收款、预付账款、存货、一年内到期的非流动资产等。

◎ **非流动资产**：通常包括长期应收款、长期投资、固定资产、在建工程、无形资产、长期待摊费用、递延所得税资产、其他非流动资产等。

2. 负债

负债是指企业在某一特定日期所承担的、预期会导致经济利益流出企业的现时义务。负债按到期日由近到远一般分为流动负债和长期负债。

◎ **流动负债**：是指将在一年（含一年）或超过一年的一个营业周期内偿还的债务，通常包括：短期借款、交易性金融负债、应付票据、应付账款、预收账款、应付职工薪酬、应交税费、其他应付款、一年内到期的非流动负债、其他流动负债等。

◎ **长期负债**：是指偿还期在一年以上或超过一年的一个营业周期以上的负债，通常包括：长期借款、应付债券、长期应付款、专项应付款、递延所得税负债、其他非流动负债等。

3. 所有者权益

所有者权益反映企业在某一特定日期股东（投资者）拥有的净资产的总额，它一般按照实收资本（或股本）、资本公积、盈余公积、未分配利润来分项列示。

7.2.2 资产负债表的格式

资产负债表由表头、表身、表尾等部分组成，其中表头部分应列明报表名称、编表单位名称、编制日期、金额计量单位；表身部分反映资产、负债、所有者权益的具体内容，该部分是资产负债表的主体和核心；表尾部分补充说明其他相关的资产负债或注意事项。

我国企业的资产负债表一般采用账户式结构，如图7-1所示。

资产负债表

会企 01 表

编制单位：　　　　　　　　年　月　日　　　　　　　单位：元

资产	行次	期末余额	年初余额	负债和所有者权益（或股东权益）	行次	期末余额	年初余额
流动资产：				流动负债：			
货币资金				短期借款			
交易性金融资产				交易性金融负债			
应收票据				应付票据			
应收账款				应付账款			
预付账款				预收账款			
应收股利				应付职工薪酬			
应收利息				应交税费			
其他应收款				应付利息			
存货				应付股利			
一年内到期的非流动资产				其他应付款			
其他流动资产				一年内到期的非流动负债			
流动资产合计				其他流动负债			
非流动资产：				流动负债合计			
可供出售金融资产				非流动负债：			
持有至到期投资				长期借款			
长期应收款				应付债券			
长期股权投资				长期应付款			
投资性房地产				预计负债			
固定资产				其他非流动负债			
在建工程				非流动负债合计			
工程物资				负债合计			
固定资产清理				所有者权益（或股东权益）：			
无形资产				实收资本（或股本）			
开发支出				资本公积			
商誉				减：库存股			
长期待摊费用				盈余公积			
其他非流动资产				未分配利润			
非流动资产合计				所有者权益（或股东权益）合计			
资产合计				负债和所有者权益（或股东权益）合计			

图7-1　资产负债表

账户式资产负债表中，资产各项目的合计＝负债和所有者权益各项目的合计，即通过"资产＝负债＋所有者权益"会计等式可以反映资产、负债、所有者权益之间的内在关系。这种结构的资产负债表分为左右两方。

◎ **左方为资产项目**：按资产的流动性大小进行排列，流动性大的资产，如"货币资金""交易性金融资产""应收票据""应收账款"等排在前面，流动性小的资产，如"固定资产""无形资产""长期待摊费用"等排在后面。

◎ **右方为负债及所有者权益项目**：一般按求偿权先后顺序排列，且负债在前，所有者权益在后。如"短期借款""应付票据""应付职工薪酬"等需要在一年以内或者长于一年的一个营业周期内偿还的流动负债排在前面；"长期借款""应付债券""长期应付款"等在一年以上或者长于一年的一个营业周期以上才需偿还的长期负债排在中间；在企业清算之前不需要偿还的所有者权益项目排在最后。

7.2.3 资产负债表的编制方法

通常，资产负债表的各项目均需填列"年初数"和"期末数"两栏，其中资产负债表的"年初数"栏内各项数字，应根据上年末资产负债表的"期末数"栏内所列数字填列，如果本年度资产负债表规定的各项目的名称和内容与上年不一致，则应对上年年末资产负债表各项目的名称和数字按照本年度的规定进行调整；资产负债表的"期末数"栏内各项数字则应根据会计账簿填列。资产负债表中各项目的资料来源主要有以下几种方式。

◎ **根据总账科目的余额直接填列**：如"应收票据""短期借款""应交税费""实收资本"等项目。

◎ **根据总账科目的余额计算填列**：如"货币资金"项目需要根据"库存现金""银行存款""其他货币资金"3个总账科目的期末余额的合计数填列。

◎ **根据明细账科目的余额计算填列**：如"应收账款"项目需要根据"应收账款"和"预收账款"科目分别所属的明细科目期末借方余额计算填列；"应付账款"项目需要根据"应付账款"和"预付账款"科目分别所属的明细科目期末贷方余额计算填列。

◎ **根据总账科目和明细科目余额计算填列**：如"长期借款"项目需要根据"长期借款"总账科目余额扣除其所属明细科目中将在一年内到期的长期借款部分分析计算填列。

◎ **根据科目余额减去其备抵项目后的净额填列**：如"应收账款"和"长期股权投资"项目需要根据"应收账款"和"长期股权投资"等科目的期末余额，减去"坏账准备"和"长期股权投资减值准备"等科目的期末余额后以净额填列；"固定资产"项目需要根据"固定资产"科目的期末余额减去"累计折旧"和"固定资产减值准备"科目的期末余额后以净额填列。

◎ **综合运用上述填列方法分析填列**：如"存货"项目需要根据"在途物资""材料采购""材料成本差异""原材料""生产成本""库存商品"等总账科目期末余额的分析汇总数，再减去"存货跌价准备"科目余额后的净额进行填列。

◎ **根据实际需要和有关备查账簿等记录分析填列**：这种方法主要针对资产负债表的附注内容，如或有负债披露方面，按照备查账簿中记录的商业承兑汇票贴现情况，填列"已贴现的商业承兑汇票"项目。

7.2.4 课堂案例1——制作资产负债表

本案例将制作账户式资产负债表。首先创建资产负债表，在其中利用公式计算并填列相应的项目，然后将提供的"科目余额表"工作表中的相关数据引用到"资产负债表"工作表的相应单元格中，完成后的参考效果如图7-2所示。

素材所在位置　光盘:\素材文件\第7章\课堂案例1\科目余额表.xlsx

效果所在位置　光盘:\效果文件\第7章\课堂案例1\资产负债表.xlsx

视频演示　　　光盘:\视频文件\第7章\制作资产负债表.swf

资产负债表

编制单位：鑫业有限责任公司　　　　　　　　　　2014　年　11　月　　　　　　　　　　　　　　单位：元

资　产	行次	期末余额	年初余额	负债和所有者权益	行次	期末余额	年初余额
流动资产：				流动负债：			
货币资金	1	￥ 224,843.35		短期借款	31	￥ 30,000.00	
短期投资	2			应付票据	32		
应收票据	3			应付账款	33	￥ 108,776.74	
应收账款	4	￥ 300,303.10		预收账款	34	￥ 45,000.00	
预付账款	5	￥ 66,830.00		应付职工薪酬	35		
应收股利	6			应交税费	36	￥ 103,821.85	
应收利息	7			应付利息	37		
其他应收款	8	￥ 56,240.00		应付股利	38		
存货	9	￥ 188,243.59	￥ －	其他应付款	39	￥ 158,559.05	
其中：原材料	10	￥ 154,724.10		一年内到期的非流动负债	40		
库存商品	11	￥ 8,441.99		其他流动负债	41		
周转材料	12			流动负债合计	42	￥ 446,157.64	￥ －
生产成本	13	￥ 25,077.50		非流动负债：			
一年内到期的非流动资产	14			长期借款	43		
其他流动资产	15			应付债券	44		
流动资产合计	16	￥ 836,460.04	￥ －	长期应付款	45		
非流动资产：				递延所得税负债	46		
长期债券投资	17			预计负债	47		
长期股权投资	18			其他非流动负债	48		
固定资产原价	19	￥ 88,060.00		非流动负债合计	49	￥ －	￥ －
减：累计折旧	20	￥ 28,980.47		负债合计	50	￥ 446,157.64	￥ －
固定资产净值	21	￥ 59,079.53	￥ －	所有者权益：			
在建工程	22	￥ 137,043.07		实收资本（或股本）	51	￥ 152,680.00	
工程物资	23			资本公积	52		
固定资产清理	24			盈余公积	53	￥ 52,620.00	
无形资产	25			未分配利润	54	￥ 381,125.00	
开发支出	26			所有者权益合计	55	￥ 586,425.00	
长期待摊费用	27						
其他非流动资产	28						
非流动资产合计	29	￥ 196,122.60	￥ －				
资产总计	30	￥1,032,582.64	￥ －	负债和所有者权益总计	56	￥1,032,582.64	￥ －

图7-2　资产负债表的参考效果

1. 创建并美化"资产负债表"

根据账户式资产负债表的格式使用Excel创建"资产负债表"框架，具体操作如下。

（1）启动Excel，将新建的工作簿以"资产负债表"为名进行保存，然后将"Sheet1"工作表重命名为"资产负债表"，在其中输入相应的数据并设置单元格格式。

（2）在"资产负债表"工作表中选择资产、负债、所有者权益的分类项目，设置其单元格颜色为"黄色"，然后选择需计算的相关项目，设置其单元格颜色为"白色，背景1，深色15%"，完成后分别在A2和D2单元格的相应位置输入单位名称和日期，如图7-3所示。

知识提示　　　　　用户也可在网络中下载"资产负债表"的模板工作簿，并根据实际需要修改相关项目，完成后根据资产负债表的内容和编制方法编制所需的表格。

图7-3 创建并美化资产负债表

2. 计算并填列相关数据

输入相应的公式计算资产负债表中的期末余额与年初余额，这样引用数据后就可自动计算并填列相关数据，具体操作如下。

（1）在"资产负债表"工作表中选择C14:D14单元格区域，输入公式"=SUM(C15:C18)"，完成后按【Ctrl+Enter】组合键计算出存货的期末余额和年初余额，如图7-4所示。

（2）选择C21:D21单元格区域，输入公式"=SUM(C6:C14)+SUM(C19:C20)"，完成后按【Ctrl+Enter】组合键计算出流动资产的期末余额和年初余额合计，如图7-5所示。

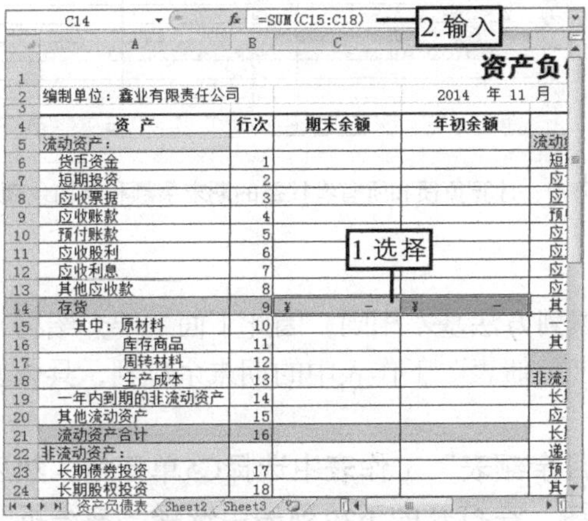

图7-4 计算存货的期末余额和年初余额

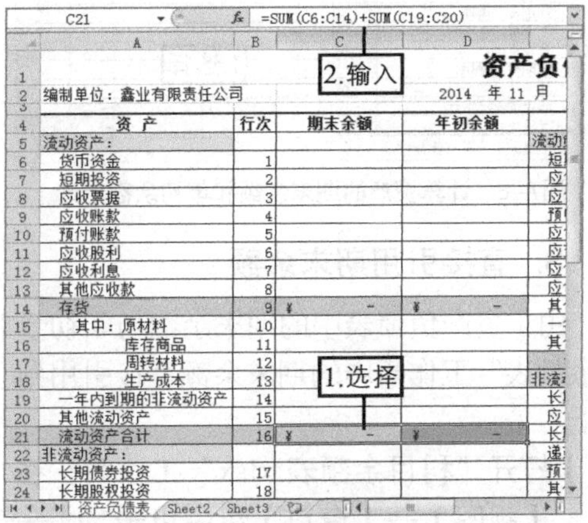

图7-5 计算流动资产的期末余额和年初余额合计

（3）选择C27:D27单元格区域，输入公式"=C25-C26"，完成后按【Ctrl+Enter】组合键计算出固定资产净值的期末余额和年初余额，如图7-6所示。

（4）选择C35:D35单元格区域，输入公式"=SUM(C23:C24)+SUM(C27:C34)"，完成后按【Ctrl+Enter】组合键计算出非流动资产的期末余额和年初余额合计，如图7-7所示。

图7-6　计算固定资产净值的期末余额和年初余额 　　　　图7-7　计算非流动资产的期末余额和年初余额合计

（5）选择C36:D36单元格区域，输入公式"=C21+C35"，完成后按【Ctrl+Enter】组合键计算出资产的期末余额和年初余额合计，如图7-8所示。

（6）用相同的方法输入相应的公式计算流动负债合计、非流动负债合计、负债合计、所有者权益合计、负债、所有者权益总计的期末余额和年初余额，如图7-9所示。

图7-8　计算资产的期末余额和年初余额合计 　　　　图7-9　计算负债和所有者权益的期末余额和年初余额合计

3.　直接引用期末余额

由于资产负债表中的期末余额与年初余额的填列方法基本相同，因此下面主要介绍将"科目余额表"工作表中的期末余额直接引用到"资产负债表"工作表中的期末余额列，具体操作如下。

（1）打开"科目余额表.xlsx"工作簿，在"科目余额表"工作表中选择C5单元格，然后在【视图】→【窗口】组中单击 冻结窗格 按钮，在打开的下拉列表中选择"冻结拆分窗格"选项，如图7-10所示，以C5单元格为中心冻结并拆分窗格，这样引用数据时就可以方便查阅对应会计科目的期末余额。

（2）在"资产负债表"工作表中选择C6单元格，并输入"="，如图7-11所示。

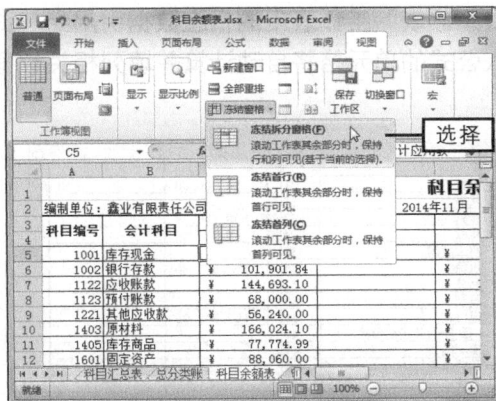

图7-10 冻结并拆分窗格

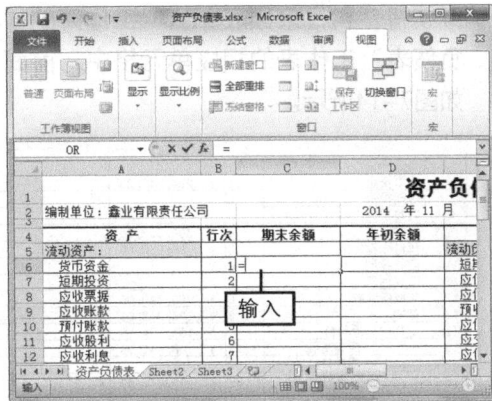

图7-11 输入等号

（3）切换到"科目余额表.xlsx"工作簿的"科目余额表"工作表中选择G5单元格，然后输入"+"，继续在"科目余额表"工作表中选择G6单元格，如图7-12所示，完成后按【Ctrl+Enter】组合键。

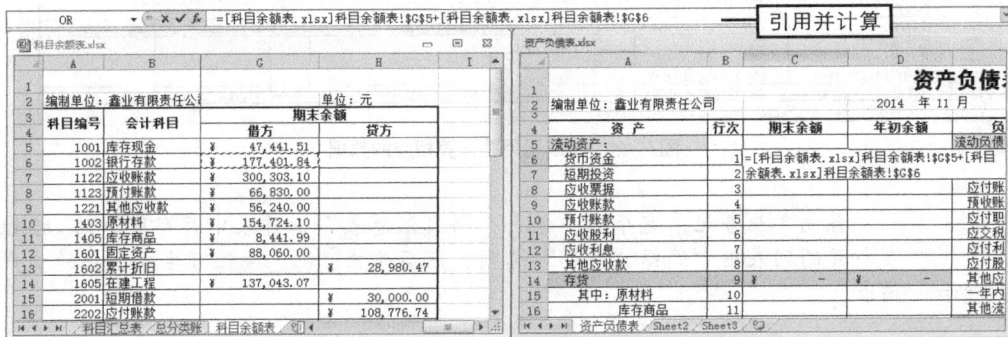

图7-12 引用并计算"货币资金"的期末余额

为了方便查阅并引用数据，还可在【视图】→【窗口】组中单击"全部重排"按钮，在打开的"重排窗口"对话框中单击选中"垂直并排"单选项，然后单击 确定 按钮将打开的两个或多个工作簿在同一窗口中垂直并排显示。

操作技巧

（4）在"资产负债表"工作表中选择C9单元格，并输入"="，然后切换到"科目余额表"工作表中选择G7单元格，完成后按【Ctrl+Enter】组合键，如图7-13所示。

图7-13 引用"应收账款"的期末余额

（5）继续将"科目余额表.xlsx"工作簿的"科目余额表"工作表中的相应数据引用到"资产负债表"工作表的相应单元格中，前面输入公式的单元格将自动计算并填列相关数据，如图7-14所示。

	A	B	C	D	E	F	G	H
5	流动资产：				流动负债：			
6	货币资金	1	¥ 224,843.35		短期借款	31	¥ 30,000.00	
7	短期投资	2			应付票据	32		
8	应收票据	3			应付账款	33	¥ 108,776.74	
9	应收账款	4	¥ 300,303.10		预收账款	34	¥ 45,000.00	
10	预付账款	5	¥ 66,830.00		应付职工薪酬	35		
11	应收股利	6			应交税费	36	¥ 103,821.85	
12	应收利息	7			应付利息	37		
13	其他应收款	8	¥ 56,240.00		应付股利	38		
14	存货	9	¥ 188,243.59	¥ －	其他应付款	39	¥ 158,559.05	
15	其中：原材料	10	¥ 154,724.10		一年内到期的非流动负债	40		
16	库存商品	11	¥ 8,441.99		其他流动负债	41		
17	周转材料	12			流动负债合计	42	¥ 446,157.64	¥ －
18	生产成本	13	¥ 25,077.50		非流动负债：			
19	一年内到期的非流动资产	14			长期借款	43		
20	其他流动资产	15			应付债券	44		
21	流动资产合计	16	¥ 836,460.04	¥ －	长期应付款	45		
22	非流动资产：				递延所得税负债	46		
23	长期债券投资	17			预计负债	47		
24	长期股权投资	18			其他非流动负债	48		
25	固定资产原价	19	¥ 88,060.00		非流动负债合计	49	¥ －	¥ －
26	减：累计折旧	20	¥ 28,980.47		负债合计	50	¥ 446,157.64	
27	固定资产净值	21	¥ 59,079.53	¥ －	所有者权益：			
28	在建工程	22	¥ 137,043.07		实收资本（或股本）	51	¥ 152,680.00	
29	工程物资	23			资本公积	52		
30	固定资产清理	24			盈余公积	53	¥ 52,620.00	
31	无形资产	25			未分配利润	54	¥ 381,125.00	
32	开发支出	26			所有者权益合计	55	¥ 586,425.00	
33	长期待摊费用	27						
34	其他非流动资产	28						
35	非流动资产合计	29	¥ 196,122.60	¥ －				
36	资产总计	30	¥1,032,582.64	¥ －	负债和所有者权益总计	56	¥1,032,582.64	¥ －

图7-14　继续引用并计算相应的数据

知识提示　　当全年业务记录完毕后，单击"科目汇总表"工作表中月字段旁的▼按钮，在打开的列表框中选择"全部"选项，然后单击 确定 按钮可生成全年的资产负债表。

7.3　编制利润表

由于利润既是企业经营业绩的综合体现，又是企业进行利润分配的主要依据，因此编制利润表可以反映企业在一定会计期间经营成果及其分配情况方面的信息。

7.3.1　利润表的概念与格式

利润表又称损益表，它是企业会计报表中的基本报表之一，是反映企业在一定会计期间经营成果及其分配情况的报表。通过利润表可以从总体上了解企业的收入、成本、费用、净利润（或亏损）的实现及构成情况，同时，通过利润表提供的不同时期的比较数字（本月数、本年累计数、上年数），可以分析企业的获利能力及利润的未来发展趋势，了解投资者投入资本的保值增值情况。

利润表与资产负债表一样，由表头、表身、表尾等部分组成，其中表身部分反映利润的构成内容，该部分是利润表的主体和核心。利润表的格式主要分为多步式和单步式，我国企业的利润表采用多步式，多步式利润表反映了构成营业利润、利润总额、净利润的各项要素的情况，有助于使用者从不同利润类别中了解企业经营成果的不同来源，样式如图7-15所示。

利润表

会企 02 表

编制单位：　　　　　　　　　　　年　月　日　　　　　　　　　　单位：元

项　目	行次	本期金额	上期金额
一、营业收入			
减：营业成本			
营业税金及附加			
销售费用			
管理费用			
财务费用			
资产减值损失			
加：公允价值变动收益（损失以"－"号填列）			
投资收益（损失以"－"号填列）			
其中：对联营单位和合营单位的投资收益			
二、营业利润（亏损以"－"号填列）			
加：营业外收入			
减：营业外支出			
其中：非流动资产处置损失			
三、利润总额（亏损总额以"－"号填列）			
减：所得税费用			
四、净利润（净亏损以"－"号填列）			

图7-15　利润表

7.3.2　利润表的编制方法

利润表中各项目的数据来源主要是根据各损益类科目的发生额分析填列。其中"上期金额"栏内各项数字应根据上年利润表中"本期金额"栏内所列数字填列，如果上年利润表规定的各项目的名称和内容同本期不一致，应对上年利润表各项目的名称和数字按本期的规定进行调整，填入利润表"上期金额"栏内；"本期金额"栏内各项数字一般应根据损益类科目的发生额分析填列，具体填列方法如下。

◎ **"营业收入"项目**：反映企业经营主要业务和其他业务所确认的收入总额。该项目应根据"主营业务收入"和"其他业务收入"科目的发生额分析填列。

◎ **"营业成本"项目**：反映企业经营主要业务和其他业务所发生的成本总额。该项目应根据"主营业务成本"和"其他业务成本"科目的发生额分析填列。

◎ **"营业税金及附加"项目**：根据"营业税金及附加"科目的发生额分析填列。

◎ **"销售费用"项目**：根据"销售费用"科目的发生额分析填列。

◎ **"管理费用"项目**：根据"管理费用"科目的发生额分析填列。

◎ **"财务费用"项目**：根据"财务费用"科目的发生额分析填列。

◎ **"资产减值损失"项目**：根据"资产减值损失"科目的发生额分析填列。

◎ **"公允价值变动收益"项目**：根据"公允价值变动收益"科目的发生额分析填列，如为净损失，该项目以"－"号填列。

◎ **"投资收益"项目**：根据"投资收益"科目的发生额分析填列，如为投资损失，该项目以"－"号填列。

◎ **"营业利润"项目**：反映企业实现的营业利润，该项目应用公式（营业利润＝营业收入－营业成本－营业税金及附加－销售费用－管理费用－财务费用－资产减值损失＋

公允价值变动收益（－公允价值变动损失）＋投资收益（－投资损失））计算填列，如为亏损，该项目以"－"号填列。

◎ "营业外收入"项目：根据"营业外收入"科目的发生额分析填列。

◎ "营业外支出"项目：根据"营业外支出"科目的发生额分析填列。

◎ "利润总额"项目：反映企业实现的利润，该项目应用公式（利润总额＝营业利润＋营业外收入－营业外支出）计算填列，如为亏损，该项目以"－"号填列。

◎ "所得税费用"项目：根据"所得税费用"科目的发生额分析填列。

◎ "净利润"项目：反映企业实现的净利润，该项目应用公式（净利润＝利润总额－所得税费用）计算填列，如为亏损，该项目以"－"号填列。

7.3.3 使用定位条件

Excel的定位条件功能用于快速一次性选择比较特殊的单元格或单元格区域。通过定位条件可以快速定位到批注、常量、公式、空值、当前区域、当前数组、对象、行内容差异单元格、列内容差异单元格、引用单元格、从属单元格、最后一个单元格、可见单元格、条件格式、数据有效性。定位条件的具体操作如下。

（1）选择需使用定位条件的单元格区域，在【开始】→【编辑】组中单击"查找和选择"按钮，在打开的下拉列表中选择"定位条件"选项。

（2）在打开的"定位条件"对话框中选择所需的定位选项，如果要查找包含公式的单元格，可单击选中"公式"单选项，如果需要更精确的定位，可在该选项下单击选中所需的复选框，如图7-16所示。

（3）完成后单击 确定 按钮，即可在所选的单元格区域中快速选择所有的公式单元格。

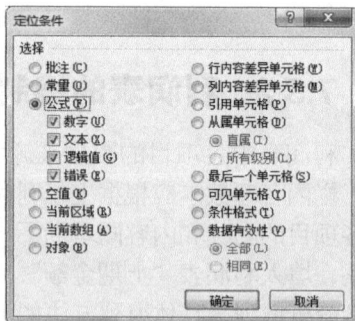

图7-16 "定位条件"对话框

操作技巧　按【Ctrl+G】组合键或按【F5】键可快速打开"定位"对话框，然后在其中单击 定位条件(S) 按钮也可打开"定位条件"对话框选择所需的定位选项。

7.3.4 课堂案例2——制作利润表

本案例将制作多步式利润表。由于利润表的制作与资产负债表的制作方法基本相同，因此首先需要创建利润表，然后计算并引用"本月数"和"本年累计数"，完成后的参考效果如图7-17所示。

素材所在位置　光盘:\素材文件\第7章\课堂案例2\科目余额表.xlsx、资产负债表.xlsx

效果所在位置　光盘:\效果文件\第7章\课堂案例2\利润表.xlsx

视频演示　　　光盘:\视频文件\第7章\制作利润表.swf

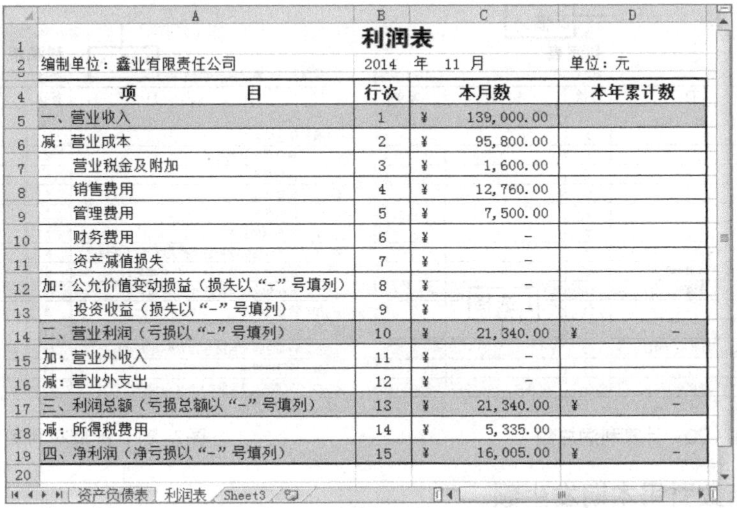

利润表			
编制单位：鑫业有限责任公司	2014 年 11 月		单位：元
项　　目	行次	本月数	本年累计数
一、营业收入	1	¥ 139,000.00	
减：营业成本	2	¥ 95,800.00	
营业税金及附加	3	¥ 1,600.00	
销售费用	4	¥ 12,760.00	
管理费用	5	¥ 7,500.00	
财务费用	6	¥ -	
资产减值损失	7	¥ -	
加：公允价值变动损益（损失以“-”号填列）	8	¥ -	
投资收益（损失以“-”号填列）	9	¥ -	
二、营业利润（亏损以“-”号填列）	10	¥ 21,340.00	¥ -
加：营业外收入	11	¥ -	
减：营业外支出	12	¥ -	
三、利润总额（亏损总额以“-”号填列）	13	¥ 21,340.00	¥ -
减：所得税费用	14	¥ 5,335.00	
四、净利润（净亏损以“-”号填列）	15	¥ 16,005.00	¥ -

图7-17　利润表的参考效果

1. 使用公式计算并填列相关项目

下面首先根据多步式利润表的格式使用Excel创建“利润表”框架，然后使用公式计算营业利润、利润总额和净利润项目的数据，具体操作如下。

（1）打开“资产负债表.xlsx”工作簿，将其以“利润表”为名进行另存，然后将“Sheet2”工作表重命名为“利润表”，在其中输入相应的数据并设置单元格格式，完成后分别在A2和B2单元格的相应位置输入单位名称和日期，如图7-18所示。

（2）在“利润表”工作表中选择C14:D14单元格区域，输入公式“=C5-C6-C7-C8-C9-C10-C11+C12+C13”，然后按【Ctrl+Enter】组合键计算出营业利润，如图7-19所示。

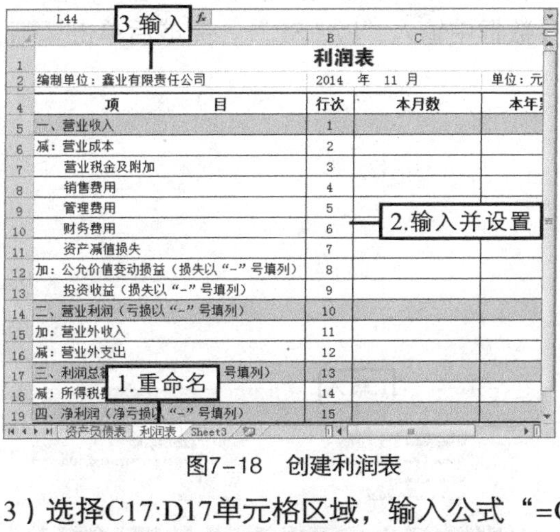

图7-18　创建利润表

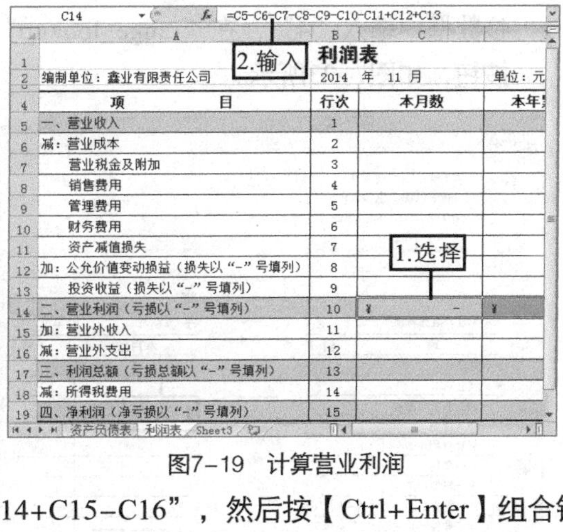

图7-19　计算营业利润

（3）选择C17:D17单元格区域，输入公式“=C14+C15-C16”，然后按【Ctrl+Enter】组合键计算出利润总额，如图7-20所示。

（4）选择C19:D19单元格区域，输入公式“=C17-C18”，然后按【Ctrl+Enter】组合键计算出净利润，如图7-21所示。

图7-20　计算利润总额

图7-21　计算净利润

2．使用函数引用本期发生额

利润表的编制也是建立在科目余额表上，只不过收入、费用类账户是虚账户，每期没有期初、期末余额。在编制利润表时，需要根据科目余额表中本期发生额的有关会计科目进行编制。因此要填制本月数，需要建立利润表与科目余额表的链接，前面编制资产负债表时使用了直接引用，这里将使用函数引用相应单元格中的数据，具体操作如下。

（1）打开"科目余额表.xlsx"工作簿，然后在"利润表.xlsx"工作簿的"利润表"工作表中选择C5单元格，在【公式】→【函数库】组中单击 按钮，在打开的下拉列表中选择"VLOOKUP"选项，如图7-22所示。

（2）在打开的"函数参数"对话框的"lookup_value"参数框中输入""主营业务收入""，在"table_array"参数框中输入搜索区域"[科目余额表.xlsx]科目余额表!¥B¥5:¥E¥35"（也可切换到"科目余额表"工作表中选择相应的单元格区域），在"col_index_num"参数框中输入"4"，在"range_lookup"参数框中输入"FALSE"，完成后单击 确定 按钮，如图7-23所示。

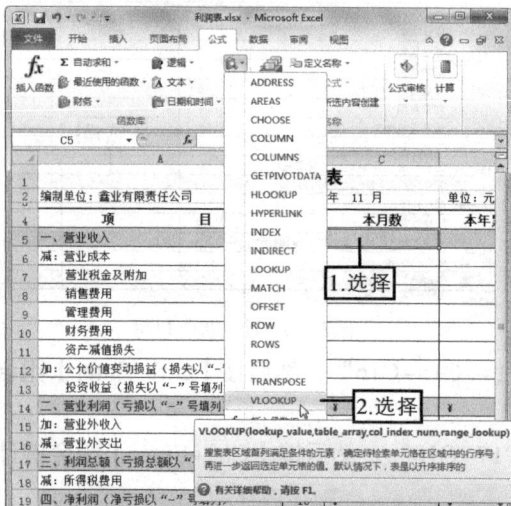

图7-22　选择"VLOOKUP"函数

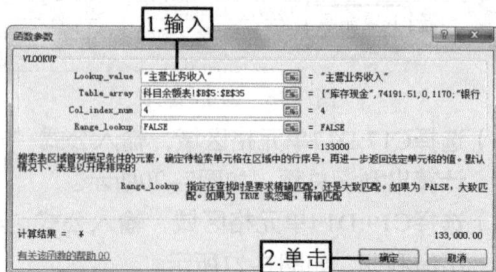

图7-23　设置函数参数

（3）选择C5单元格，在编辑栏的公式后输入"+VLOOKUP("其他业务收入",[科目余额表.xlsx]科目余额表!¥B¥5:¥E¥35,4,FALSE)"，完成后按【Ctrl+Enter】组合键引用并计算营业收入的本月数，如图7-24所示。

（4）选择C6单元格，直接输入公式"=VLOOKUP("主营业务成本",[科目余额表.xlsx]科目余额表!¥B¥5:¥E¥35,4,FALSE)+VLOOKUP("其他业务成本",[科目余额表.xlsx]科目余额表!¥B¥5:¥E¥35,4,FALSE)"，完成后按【Ctrl+Enter】组合键引用并计算营业成本的本月数，如图7-25所示。

图7-24　计算营业收入的本月数

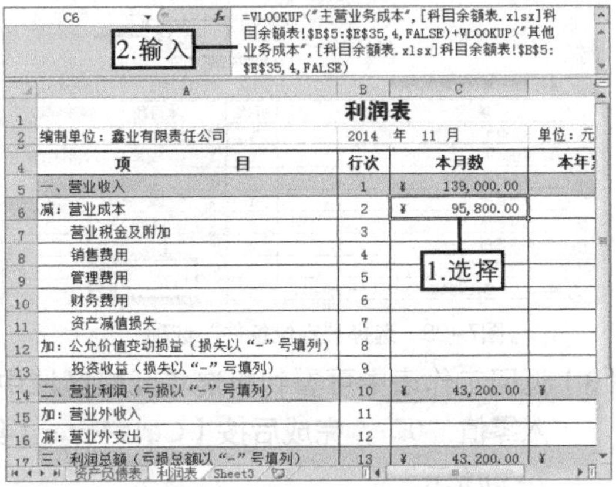

图7-25　计算营业成本的本月数

（5）选择C7单元格，输入公式"=VLOOKUP("营业税金及附加",[科目余额表.xlsx]科目余额表!¥B¥5:¥E¥35,4,FALSE)"，完成后按【Ctrl+Enter】组合键引用营业税金及附加的本月数，如图7-26所示。

（6）用相同的方法依次在C8、C9、C18单元格中输入相应的公式引用销售费用、管理费用、所得税费用的本月数，如图7-27所示。

图7-26　引用营业税金及附加的本月数

图7-27　引用其他项目的本月数

3. 使用零值填充空白单元格

在Excel中如果有一列单元格是间断性空白，此时可使用"定位"中的"空值"条件查找并选择多个空白单元格。下面使用零值填充空白单元格，具体操作如下。

（1）在"利润表"工作表中选择C5:C19单元格区域，在【开始】→【编辑】组中单击"查找和选择"按钮，在打开的下拉列表中选择"定位条件"选项，如图7-28所示。

（2）在打开的"定位条件"对话框中单击选中"空值"单选项，然后单击 确定 按钮，如图7-29所示。

图7-28 选择"定位条件"选项

图7-29 选择"空值"定位条件

（3）返回工作表中可看到所选单元格区域中的所有空白单元格被选中，然后在编辑栏中输入零值"0"，完成后按【Ctrl+Enter】组合键即可在多个空白单元格中填充零值，如图7-30所示。

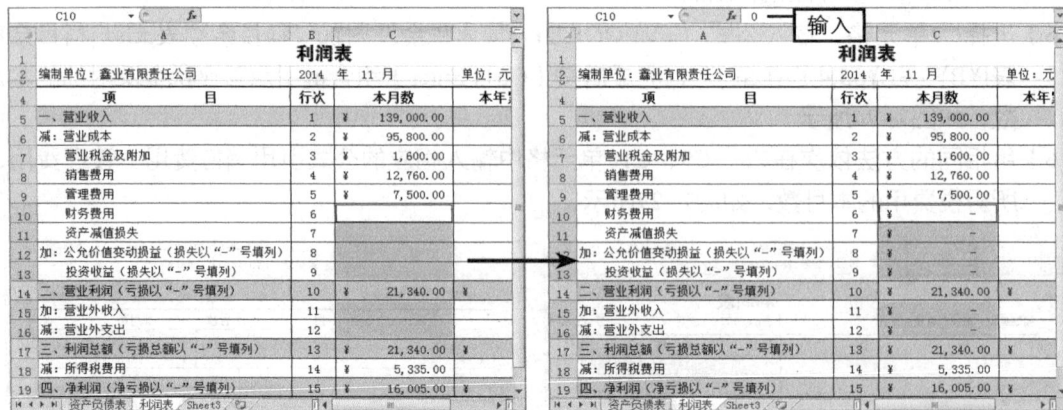

图7-30 使用零值快速填充空白单元格

知识提示

利润表中的本年累计数是指从本年1月份起至本月份止若干月份累计实现的利润数。要得到本年累计数，只需单击"科目汇总表"工作表中月字段旁的 按钮，在打开的列表框中选择"全部"选项，然后单击 确定 按钮可生成利润表的本年累计数。

7.4 课堂练习

分别制作利润分配表和现金流量表，通过学习使读者熟练掌握Excel在会计报表中的应用。

7.4.1　制作利润分配表

1．练习目标

制作利润分配表的目的是为了了解企业实现净利润的分配情况或亏损的弥补情况以及利润分配的构成和年末未分配利润的数据。本练习制作"利润分配表"的过程中，需要将"资产负债表"和"利润表"工作表中的相关数据引用到"利润分配表"工作表的相应项目中，然后利用公式计算出可供分配的利润、可供投资者分配的利润、未分配利润，将用到的公式如下。

◎ 可供分配的利润=净利润+年初未分配利润+其他转入

◎ 可供投资者分配的利润=可供分配的利润-提取法定盈余公积-提取任意盈余公积-提取职工奖励及福利基金-提取储备基金-提取企业发展基金-利润归还投资

◎ 未分配利润=可供投资者分配的利润-应付利润

本练习完成后的参考效果如图7-31所示。

素材所在位置	光盘:\素材文件\第7章\课堂练习\利润表.xlsx
效果所在位置	光盘:\效果文件\第7章\课堂练习\利润分配表.xlsx
视频演示	光盘:\视频文件\第7章\制作利润分配表.swf

图7-31　利润分配表的参考效果

职业素养

利润分配表是利润表的附表，反映企业一定会计期间对实现净利润的分配或亏损弥补的会计报表，说明利润表中反映的净利润的分配去向。利润分配表中的每项内容通常分为"本年实际"和"上年实际"两栏进行填列，"本年实际"数据来源于本年最后一个月的利润表和利润分配科目及所属明细科目的记录分析表；"上年实际"数据来源于上年"利润分配表"的"年末余额"，若上年与本年利润分配表项目的名称和内容不同，应对上年度利润分配表项目的名称和数据按本年度的规定进行调整，并将调整后的数据输入到本年"利润分配表"的"上年实际"中。

2．操作思路

首先列示出"利润分配表"中相应的项目数据，然后根据公式计算并引用相应的数据（这里将省略"上期金额"数据），操作思路如图7-32所示。

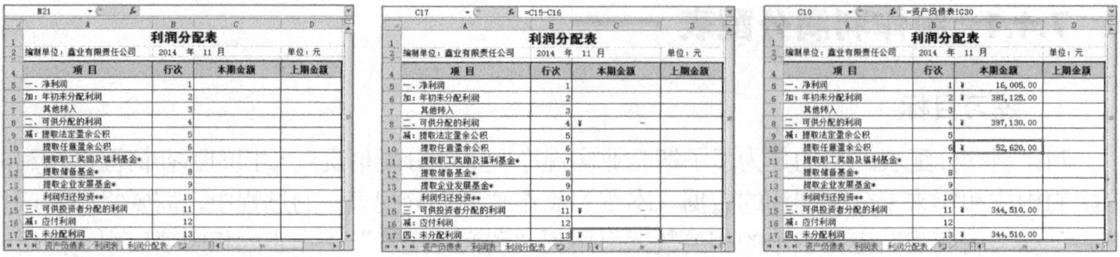

① 输入数据并设置单元格格式   ② 输入公式计算数据   ③ 引用相关的项目数据

图7-32　利润分配表的制作思路

（1）打开"利润表.xlsx"工作簿，将其以"利润分配表"为名进行另存，然后将"Sheet3"
工作表重命名为"利润分配表"，在其中输入编制单位、日期、项目名称等数据，并设
置单元格格式。

（2）分别在C8、C15和C17单元格中输入公式"=C5+C6+C7""=C8-
SUM(C9:C14)""=C15-C16"，完成后按【Ctrl+Enter】组合键。

（3）分别引用"资产负债表"和"利润表"工作表中的相关数据到"利润分配表"工作表的相
应项目中，完成后自动计算出可供分配的利润、可供投资者分配的利润、未分配利润。

7.4.2　编制现金流量表

1. 练习目标

会计报表使用者需要了解和评价企业获取现金和现金等价物的能力，并据以预测企业未来
现金流量。本练习的目标是编制现金流量表，首先需要对前面建立会计凭证表中的相关经济业
务进行分析，然后根据分析结果计算现金流量表中相应的项目。本练习完成后的参考效果如图
7-33所示。

图7-33　现金流量表的参考效果

素材所在位置	光盘:\素材文件\第7章\课堂练习\会计凭证表.xlsx	
效果所在位置	光盘:\效果文件\第7章\课堂练习\现金流量表.xlsx	
视频演示	光盘:\视频文件\第7章\编制现金流量表.swf	

职业素养　现金流量表反映在一定会计时期内企业经营活动、投资活动、筹资活动对其现金及现金等价物所产生影响。企业的现金流量由经营活动产生的现金流量、投资活动产生的现金流量、筹资活动产生的现金流量3部分构成,其中经营活动是指企业投资活动和筹资活动以外的所有交易和事项;投资活动是指企业长期资产的购建和不包括在现金等价物范围内的投资及其处置活动;筹资活动是指导致企业资本及债务规模和构成发生变化的活动。编制现金流量表的最简单方法是根据如图7-34所示相关项目的依据和公式进行编制。

	序号	相关项目	内容	依据	公式
经营活动	1	销售商品、提供劳务收到的现金	含销项税金、销售材料、代购代销业务	主营业务收入、其他业务收入、应收账款、应收票据、预收账款、现金、银行存款	主营业务收入+销项税金+其他业务收入(不含租金)+应收账款(初-末)+应收票据(初-末)+预收账款(末-初)+本期收回前期核销坏账(本收本不考虑)-本期计提的坏账准备-本期核销坏账-现金折扣-票据贴现利息支出-视同销售的销项税-以物抵债的减少+收到的补价
	2	收到的税金返还	返还的增值税、消费税、营业税、关税、所得税、教育费附加	主营业务税金及附加、补贴收入、应收补贴款、现金、银行存款	
	3	收到的其他与经营活动有关的现金	罚款收入、个人赔偿、经营租赁收入等	营业外收入、其他业务收入、现金、银行存款	
	4	购买商品、接受劳务支付的现金	扣除购货退回、含进项税	主营业务成本、存货、应付账款、应付票据、预付账款	主营业务成本+进项税金+其他业务支出(不含租金)+存货(末-初)+应付账款(初-末)+应付票据(初-末)+预付账款(末-初)+存货损耗+工程领用、投资的存货-收到非现金抵债的存货-成本中非物料消耗(人工、水电、折旧)-接受投资、捐赠的存货-视同购货的进项税+支付的补价
	5	支付给职工以及为职工支付的现金	支付给职工的工资、奖金、津贴、劳动保险、社会保险、住房公积金、其他福利费(不含离退休人员)	应付工资、应付福利费、现金、银行存款	成本、制造费用、管理费用中工资及福利费+应付工资减少(初-末)+应付福利费减少(初-末)
	6	支付的各项税费	本期实际缴纳的增值税、消费税、营业税、关税、所得税、教育费附加、矿产资源补偿费、"四税"等各项税费(含属于的前期、本期、后期,不计入资产的耕地占用税)	应交税金、管理费用(印花税)、现金、银行存款	所得税+主营业务税金及附加+已交增值税等
	7	支付的其他与经营活动有关的现金	罚款支出、差旅费、业务招待费、保险金支出、经营租赁支出等	制造费用、营业费用、管理费用、营业外支出	
投资活动	1	收回投资所收到的现金	短期股权、短期债权、长期股权、长期债权本金(不含长债利息、非现金资产)	短期投资、长期股权投资、长期债权投资、现金、银行存款	
	2	取得股利和利息所收到的现金	收到的股利、利息、利润(不含股票股利)	投资收益、现金、银行存款	
	3	处置固定资产、无形资产和其他长期资产所收回的现金净额	处置固定资产、无形资产、其他长期资产收回的现金,减去处置费用后的净额,包括保险赔偿	固定资产清理、现金、银行存款	
	4	收到的其他与投资活动有关的现金	收回购买时宣告未付的股利及利息	应收股利、应收利息、现金、银行存款	
	5	购建固定资产、无形资产和其他长期资产所支付的现金	分期购建资产首期付款(不含以后期付款、利息资本化部分)、融资租入资产租赁费、在筹资活动中	固定资产、在建工程、无形资产	
	6	投资所支付的现金	进行股权性投资、债权性投资支付的本金及佣金、手续费等附加费	短期投资、长期股权投资、长期债权投资、现金、银行存款	
	7	支付的其他与投资活动有关的现金	支付购买股票时宣告未付的股利及利息	应收股利、应收利息	
筹资活动	1	吸收投资所收到的现金	发行股票、发行债券收入净值(扣除发行费用,不含企业直接支付的审计、咨询费)	实收资本、应付债券、现金、银行存款	
	2	借款所收到的现金	借各种短期借款、长期借款收到的现金	短期借款、长期借款、现金、银行存款	
	3	收到的其他与筹资活动有关的现金	接受现金捐赠等	资本公积、现金、银行存款	
	4	偿还债务所支付的现金	偿还借款本金、债券本金(不含利息)	短期借款、长期借款、应付债券、现金、银行存款	
	5	分配股利、利润或偿付利息所支付的现金	支付给其他单位的股利、利息、利润	应付股利、长期借款、财务费用、现金、银行存款	
	6	支付的其他与筹资活动有关的现金	捐赠支出、融资租赁支出、企业直接支付的发行股票债券的审计、咨询等费用等		

表标题:**现金流量表最简单的编制方法**

图7-34　现金流量表的编制方法

2. 操作思路

　　首先对之前建立会计凭证表中的相关经济业务进行分析,计算出相关项目的金额,然后根据现金流量表格式创建现金流量表,并在其中输入并计算相关项目,操作思路如图7-35所示。

① 分析经济业务　　　② 创建"现金流量表"　　　③ 输入并计算相关项目

图7-35　现金流量表的制作思路

（1）将新建的空白工作簿以"现金流量表"为名进行保存，然后将"Sheet1"和"Sheet2"工作表分别重命名为"根据经济业务的分析结果"和"现金流量表"，并在"根据经济业务的分析结果"工作表中对会计凭证表中的相关经济业务进行分析，计算出相关项目的金额。

（2）在"现金流量表"工作表中输入相应的数据并设置单元格格式，然后根据分析结果按照业务发生的类别将相应的数据输入到"经营活动""投资活动""筹资活动"的相关项目中，在分析经济业务时凡是涉及"原材料""库存商品""生产成本"等会计科目均以"存货"会计科目进行填列。

（3）分别使用SUM函数计算"经营活动""投资活动""筹资活动"中的现金流入合计和现金流出合计，然后使用公式"产生现金净额=现金流入合计-现金流出合计"和"现金及现金等价物增加额=经营活动产生现金净额+投资活动产生现金净额+筹资活动产生现金净额"计算出相应的结果。

7.5 拓 展 知 识

在Excel中使用超链接功能可以在工作表中设置相应的数据或图片，然后通过单击数据或图片，切换到所需的工作表中。使用该功能，不仅可以提高工作效率，而且操作方便，可以帮助用户从多个工作表中快速切换到所需的工作表。创建超链接的具体操作如下。

（1）选择需要创建超链接的工作表，在【插入】→【链接】组中单击"超链接"按钮🔗，或在需创建超链接的单元格上单击鼠标右键，在弹出的快捷菜单中选择"超链接"命令。

（2）在打开的"插入超链接"对话框的"链接到"栏中选择需要链接的位置，在右侧的"查找范围"下拉列表框中选择链接的文件地址，在其下的列表框中选择链接的文件或工作表中的单元格，或新建文档，在"要显示的文字"文本框中输入要用于表示超链接的文字，如图7-36所示。

（3）如果需要创建书签超链接，可单击 书签(O)... 按钮，在打开的"在文档中选择位置"对话框的"或在此文档中选择一个位置"列表框中展开"单元格引用"目录，在其下选择所需的工作表，然后在"请键入单元格引

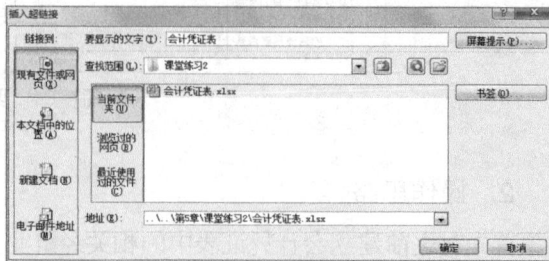

图7-36　创建超链接

用"文本框中输入要链接到该表格中的单元格地址，如图7-37所示，然后单击 确定 按钮，返回"插入超链接"对话框，选择的单元格的绝对地址将自动填入该对话框底部的"地址"下拉列表框中。

（4）如果需要当鼠标光标悬停在超链接上时显示的信息，可单击 屏幕提示(P)... 按钮，在打开的"设置超链接屏幕提示"对话框的文本框中输入所需的文字，如图7-38所示，完成后依次单击 确定 按钮即可在所选工作表的单元格中创建超链接到另一工作表的相应单元格。

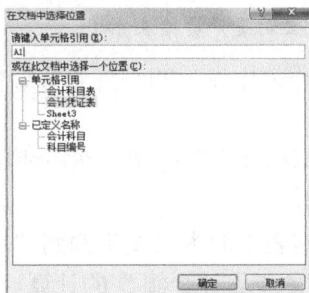

图7-37 创建书签超链接

图7-38 设置超链接屏幕提示

知识提示

在创建的超链接上单击鼠标右键，在弹出的快捷菜单中选择"编辑超链接"命令，可打开"编辑超链接"对话框重新设置要链接的位置和显示的文字；选择"取消超链接"命令，则可删除超链接，保留显示的文字内容。

7.6 课后习题

（1）根据提供的"××公司科目余额表.xlsx"工作簿中发生的经济业务编制"××公司资产负债表"，完成后的效果如图7-39所示。

图7-39 XX公司资产负债表的参考效果

提示：◎　根据"资产负债表"的格式创建"××公司资产负债表"框架，然后使用公式计算资产与负债的期初与期末数。

　　　◎　将"××公司科目余额表"工作表中的相应项目数据引用到"资产负债表"工作表中，资产与负债的期初与期末数将自动显示其结果。

素材所在位置	光盘:\素材文件\第7章\课后习题\××公司科目余额表.xlsx
效果所在位置	光盘:\效果文件\第7章\课后习题\××公司资产负债表.xlsx
视频演示	光盘:\视频文件\第7章\编制××公司资产负债表.swf

（2）根据提供的"××公司科目余额表.xlsx"工作簿中发生的经济业务编制"××公司利润表"，完成后的效果如图7-40所示。

提示：◎　根据"利润表"的格式创建"××公司利润表"框架，然后使用公式计算营业利润、利润总额、净利润项目的数据。

　　　◎　直接引用"××公司科目余额表"工作表中的本月发生额到"××公司利润表"工作表的相关项目中，这里省略"本年累计金额"的计算。

素材所在位置	光盘:\素材文件\第7章\课后习题\××公司科目余额表.xlsx
效果所在位置	光盘:\效果文件\第7章\课后习题\××公司利润表.xlsx
视频演示	光盘:\视频文件\第7章\编制××公司利润表.swf

利润表

编制单位：XX公司　　　　　　　　2014 年 11 月　　　　　　　　单位：元

项　　　目	行次	本月金额	本年累计金额
一、营业收入	1	￥　　450,000.00	
减：营业成本	2	￥　　60,000.00	
营业税金及附加	3	￥　　50,000.00	
销售费用	11	￥　　800.00	
管理费用	14	￥　　14,080.00	
财务费用	18	￥　　520.00	
加：投资收益（损失以"-"号填列）	20	￥　　－	本栏（略）
二、营业利润（亏损以"-"号填列）	21	￥　　324,600.00	
加：营业外收入	22	￥　　－	
减：营业外支出	24	￥　　－	
三、利润总额（亏损总额以"-"号填列）	30	￥　　324,600.00	
减：所得税费用	31	￥　　5,335.00	
四、净利润（净亏损以"-"号填列）	32	￥　　319,265.00	

图7-40　编制XX公司利润表后的效果

第 8 章

Excel在应收账款管理中的应用

随着商品经济的发展，商业信用越来越重要，应收账款管理已经成为企业流动资产管理中的一个重要项目。本章将主要使用Excel强大的计算功能进行应收账款的账龄分析和计提坏账准备。读者通过学习应了解并掌握Excel在应收账款管理中的应用。

✴ 学习要点

◎ 应收账款管理
◎ 逾期应收账款管理概述
◎ 应收账款的账龄分析
◎ 计提应收账款坏账准备

✴ 学习目标

◎ 通过了解应收账款管理的概念与内容等相关知识，掌握登记并分析应收账款数据的方法
◎ 通过了解逾期应收账款管理和计提应收账款坏账准备的相关知识，掌握应收账款账龄分析和使用账龄分析法计提坏账准备的方法

8.1 应收账款管理

为了促进产品销售、增加企业经营成本、减少坏账损失、保证企业持续经营，应加强应收账款的管理。使用Excel管理应收账款之前，首先要了解应收账款的作用与影响，以及应收账款管理的概念与内容。

8.1.1 应收账款的作用与影响

应收账款是指企业在正常的经营过程中因销售商品、产品、提供劳务等业务，应向购买单位或接受劳务单位收取的款项，主要包括企业销售商品或提供劳务等应向有关债务人收取的价款及代购货单位垫付的包装费、运杂费等。

1. 应收账款的作用

应收账款在企业生产经营过程中的作用主要体现在以下两个方面。

◎ **增加销售**：商业竞争是应收账款产生的直接原因。在市场竞争日益激烈的情况下，信用销售（赊销）是促进销售的一种重要方式，它不仅可以通过赊欠方式使客户得到需要的材料物资和劳务，同时客户可以保留一段时间的支付期以检验商品和复核单据，因此信用销售方式能够吸引大量的客户。另外，企业采用信用销售方式可以扩大市场占有率和增加销售收入。

◎ **减少存货**：若企业持有产成品存货，其持有成本将相对较高，需追加管理费、仓储费、保险费等支出；相反，企业持有应收账款，则无需上述支出。因此，当企业产成品存货较多时，一般可采用较为优惠的信用条件进行赊销，把存货转化为应收账款，减少产成品存货，节约相关的开支。

2. 应收账款的主要影响

对一个企业来说，应收账款的存在本身就是一个产销的统一体。一方面企业需要借助应收账款促进销售、扩大销售收入、增强竞争能力，同时又希望尽量避免给企业带来的资金周转困难、坏账损失等弊端。因此应收账款对于企业的生产经营既有正面影响，也有负面影响。

◎ **对企业生产经营的正面影响**：在激烈的商业竞争中，企业为了获得利润，就必须销售商品，取得销售收入。因此企业为了获得更多的销售收入就会采取多种方式促进销售，而赊销是重要的销售方式之一，赊销产生了应收账款，吸引了大量客户，增加了销售额，为企业带来了效益，所以应收账款对企业的经营有着重大的影响。

◎ **对企业生产经营的负面影响**：应收账款的增加为企业带来效益的同时，也带来了风险。如果应收账款未及时收回，将发生坏账损失，减少企业利润，影响企业的生产经营。应收账款是企业的一项资金投放，长期占用企业资金将造成企业资金周转减慢，增加企业的经营成本，严重的将影响其再生产能力。

因此企业应及时收回应收账款以弥补企业在生产经营过程中的各种耗费，保证企业持续经营；对于被拖欠的应收账款应采取措施组织催收；对于确实无法收回的应收账款，凡符合坏账条件的应在取得有关证明并按规定程序报批后，做坏账损失处理。

8.1.2　应收账款管理的概念

应收账款管理是指在赊销业务中从授信方（销售商）将货物或服务提供给受信方（购买商），债权成立开始到款项实际收回或作为坏账处理结束，授信企业采用系统的方法和科学的手段对应收账款回收全过程所进行的管理。应收账款管理的目的是保证足额、及时收回应收账款，降低和避免信用风险。通常情况下，可将应收账款管理分为以下两个阶段。

◎ **拖欠前的账款管理**：是指从债权开始成立到应收账款到期这段时间的管理，为了区分这两个阶段的管理，信用管理机构往往将账款被拖欠前的管理称为应收账款管理。

◎ **拖欠后的账款管理**：是指应收账款到期日后的账款管理，即逾期后的账款管理（也可称为商账追收）。

企业应收账款管理的重点是根据企业的实际经营情况和客户的信誉情况制定企业合理的信用政策，努力降低成本，争取获得最大效益，从而保证应收账款的安全性，最大限度地降低应收账款的风险。

> **知识提示**　　为了加强应收账款管理，企业在赊销前应对客户进行资信调查，尽可能防范和降低交易风险。资信调查需要解决的问题有：能否和该客户进行商品交易？每次信用额应控制在多少为宜？采用什么样的交易方式、付款期限和保障措施？通常情况下，客户的资信程度取决于5个方面：客户的品德、能力、资本、担保、条件。

8.1.3　应收账款管理的内容

拖欠前的应收账款管理主要是登记应收账款信息并分析应收账款数据。在应收账款管理表中需要登记的应收账款信息主要有以下项目。

◎ **赊销日期**：应收账款产生日期。

◎ **客户名称**：债务人单位名称。

◎ **应收账款**：是指应收取而未收取的款项，一般指销售货物后的应收账款金额。

◎ **已收账款**：应收账款已收回的部分金额。

◎ **结余金额**：是指购货单位或个人没有全额付款或已支付部分货款后余下的货款金额，其计算公式为"结余金额=应收账款-已收账款"。

◎ **付款期限**：信用期，一般以天为单位。

◎ **到期日期**：即信用期满后的最后一日，其计算公式为"到期日期=开票日期+收款期"。

8.1.4　课堂案例1——登记并分析应收账款数据

本案例将制作应收账款管理表，在其中首先输入应收账款的详细信息，并使用公式计算数据，然后使用数据排序和分类汇总功能管理应收账款数据，完成后使用图表分析各债务人的应收账款。应收账款管理表的参考效果如图8-1所示。

> **效果所在位置**　光盘:\效果文件\第8章\课堂案例1\应收账款管理表.xlsx
>
> **视频演示**　　　光盘:\视频文件\第8章\登记并分析应收账款数据.swf

应收账款管理表

当前日期：	2014-12-26					单位：元
赊销日期	客户名称	应收账款	已收账款	结余金额	付款期限（天）	到期日期
2014-7-10	A公司	¥150,000.00	¥150,000.00	¥ -	15	2014-7-25
2014-8-8	A公司	¥ 35,000.00	¥ -	¥ 35,000.00	90	2014-11-6
2014-9-18	A公司	¥ 30,000.00	¥ 30,000.00	¥ -	15	2014-10-3
	A公司 汇总	¥215,000.00	¥180,000.00	¥ 35,000.00		
2014-3-6	B公司	¥ 40,000.00	¥ 40,000.00	¥ -	7	2014-3-13
2014-8-10	B公司	¥ 10,000.00	¥ 10,000.00	¥ -	20	2014-8-30
2014-11-16	B公司	¥ 50,000.00	¥ 30,000.00	¥ 20,000.00	15	2014-12-1
	B公司 汇总	¥100,000.00	¥ 80,000.00	¥ 20,000.00		
2014-5-2	C公司	¥ 80,000.00	¥ 15,000.00	¥ 65,000.00	40	2014-6-11
2014-9-24	C公司	¥ 50,000.00	¥ 32,000.00	¥ 18,000.00	90	2014-12-23
2014-10-26	C公司	¥ 20,000.00	¥ 20,000.00	¥ -	10	2014-11-5
2014-12-15	C公司	¥ 10,000.00	¥ -	¥ 10,000.00	30	2015-1-14
	C公司 汇总	¥160,000.00	¥ 67,000.00	¥ 93,000.00		
2014-3-25	D公司	¥ 30,000.00	¥ 10,000.00	¥ 20,000.00	60	2014-5-24
2014-6-10	D公司	¥ 50,000.00	¥ 20,000.00	¥ 30,000.00	60	2014-8-9
2014-8-27	D公司	¥ 30,000.00	¥ 15,000.00	¥ 15,000.00	90	2014-11-25
	D公司 汇总	¥110,000.00	¥ 45,000.00	¥ 65,000.00		
2014-5-29	E公司	¥ 30,000.00	¥ 30,000.00	¥ -	15	2014-6-13
2014-9-29	E公司	¥ 38,600.00	¥ 10,000.00	¥ 28,600.00	90	2014-12-28
2014-11-15	E公司	¥ 68,000.00	¥ 32,000.00	¥ 36,000.00	90	2015-2-13
	E公司 汇总	¥136,600.00	¥ 72,000.00	¥ 64,600.00		
2014-4-2	F公司	¥ 20,000.00	¥ 20,000.00	¥ -	30	2014-5-2
2014-10-18	F公司	¥ 50,000.00	¥ 30,000.00	¥ 20,000.00	90	2015-1-16
2014-12-24	F公司	¥ 68,500.00	¥ 42,500.00	¥ 26,000.00	60	2015-2-22
	F公司 汇总	¥138,500.00	¥ 92,500.00	¥ 46,000.00		
	总计	¥860,100.00	¥536,500.00	¥323,600.00		

应收账款管理 / 应收账款分析 / Sheet3

分析各债务人拖欠的应收账款

客户名称	拖欠账款金额
A公司	¥ 35,000.00
B公司	¥ 20,000.00
C公司	¥ 93,000.00
D公司	¥ 65,000.00
E公司	¥ 64,600.00
F公司	¥ 46,000.00

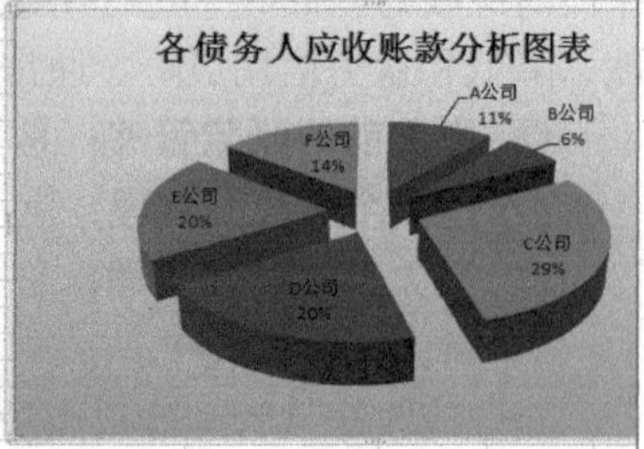

应收账款管理 / 应收账款分析 / Sheet3

图8-1　应收账款管理表的参考效果

1. 登记应收账款管理信息

在Excel中进行应收账款管理，首先应将企业现有应收账款信息登记到工作表中，然后使用公式计算赊销金额和到期日期，其具体操作如下。

（1）启动Excel，将新建的工作簿以“应收账款管理表”为名进行保存。然后输入应收账款基本信息项目：赊销日期、客户名称、应收账款、已收账款、结余金额、付款期限、到期日期，并设置单元格格式，如图8-2所示。

（2）选择B2单元格，输入当前日期“2014-12-26”，然后分别在A4:D22和F4:F22单元格区域中输入应收账款管理信息，如图8-3所示。

应收账款管理表

当前日期：						单位：元
赊销日期	客户名称	应收账款	已收账款	结余金额	付款期限（天）	到期日期

Sheet1 / Sheet2 / Sheet3

图8-2　创建应收账款管理表框架

应收账款管理表

当前日期：	2014-12-26					单位：元
赊销日期	客户名称	应收账款	已收账款	结余金额	付款期限（天）	到期日期
2014-3-6	B公司	¥ 40,000.00	¥ 40,000.00		7	
2014-3-25	D公司	¥ 30,000.00	¥ 10,000.00		60	
2014-4-2	F公司	¥ 20,000.00	¥ 20,000.00		30	
2014-5-2	C公司	¥ 80,000.00	¥ 15,000.00		40	
2014-5-29	E公司	¥ 30,000.00	¥ 30,000.00		15	
2014-6-10	D公司	¥ 50,000.00	¥ 20,000.00		60	
2014-7-10	A公司	¥150,000.00	¥150,000.00		15	
2014-8-8	A公司	¥ 35,000.00	¥ -		90	
2014-8-10	B公司	¥ 10,000.00	¥ 10,000.00		20	
2014-8-27	D公司	¥ 30,000.00	¥ 15,000.00		90	
2014-9-18	A公司	¥ 30,000.00	¥ 30,000.00		15	
2014-9-24	C公司	¥ 50,000.00	¥ 32,000.00		90	
2014-9-29	E公司	¥ 38,600.00	¥ 10,000.00		90	
2014-10-18	F公司	¥ 50,000.00	¥ 30,000.00		90	
2014-10-26	C公司	¥ 20,000.00	¥ 20,000.00		10	
2014-11-15	E公司	¥ 68,000.00	¥ 32,000.00		90	
2014-11-16	B公司	¥ 50,000.00	¥ 30,000.00		15	
2014-12-15	C公司	¥ 10,000.00	¥ -		30	
2014-12-24	F公司	¥ 68,500.00	¥ 42,500.00		60	

Sheet1 / Sheet2 / Sheet3

图8-3　输入应收账款管理信息

（3）选择E4:E22单元格区域，输入公式“=C4-D4”，然后按【Ctrl+Enter】组合键计算赊销金额，如图8-4所示。

（4）选择G4:G22单元格区域，输入公式“=A4+F4”，然后按【Ctrl+Enter】组合键计算到期日期，如图8-5所示。

图8-4　计算赊销金额　　　　　　　　　　　图8-5　计算到期日期

2. 管理各债务人的应收账款

登记应收账款管理信息后，由于债务人较多，为了方便查看某一债务人所欠本公司款项的总额，可利用Excel的数据排序和分类汇总功能针对不同债权人所欠金额进行汇总，具体操作如下。

（1）选择A3:G22单元格区域，在【数据】→【排序和筛选】组中单击"排序"按钮 。

（2）在打开的"排序"对话框的"主要关键字"下拉列表框中选择"客户名称"选项，然后单击 确定 按钮，如图8-6所示。

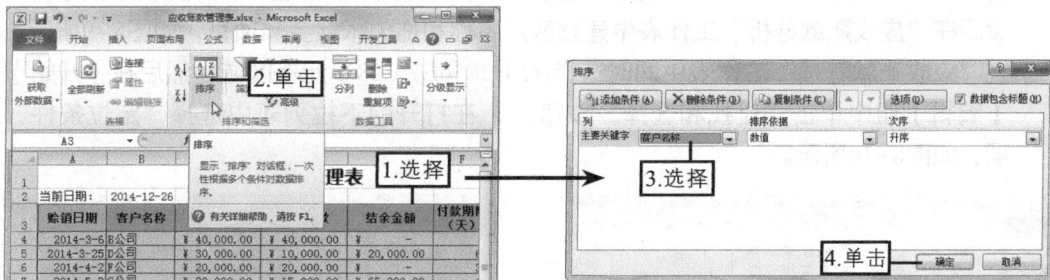

图8-6　数据的排序

（3）在【数据】→【分级显示】组中单击"分类汇总"按钮 。

（4）在打开的"分类汇总"对话框的"分类字段"下拉列表框中选择"客户名称"选项，在"选定汇总项"列表框中单击选中"应收账款""已收账款""赊销金额"选项对应的复选框，其他各项保持默认设置，完成后单击 确定 按钮，如图8-7所示。

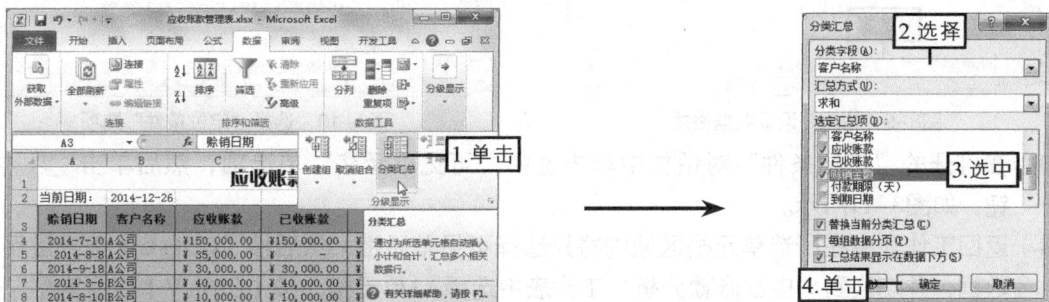

图8-7　数据的分类汇总

（5）返回工作表中可看到根据客户名称汇总后的应收账款、已收账款、赊销金额数据，完成后在工作表编辑区左上角单击②按钮将只显示各客户名称对应的汇总项和所有客户名称的合计数据，如图8-8所示。

图8-8　查看分类汇总后的效果

3. 分析各债务人的应收账款

在Excel中可使用饼图更加直观地显示各债务人拖欠的应收账款占拖欠账款总额的百分比，具体操作如下。

（1）将"Sheet1"和"Sheet2"工作表分别重命名为"应收账款管理"和"应收账款分析"，然后在"应收账款分析"工作表中建立客户名称和拖欠账款金额项目，如图8-9所示。

（2）在"应收账款管理"工作表中同时选择B7:B28和E7:E28单元格区域，然后在【开始】→【编辑】组中单击"查找和选择"按钮，在打开的下拉列表中选择"定位条件"选项，如图8-10所示。

图8-9　输入并设置数据格式　　　　　图8-10　选择"定位条件"选项

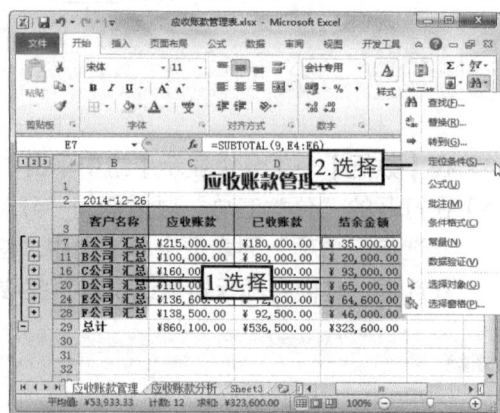

（3）在打开的"定位条件"对话框中单击选中"可见单元格"单选项，然后单击 确定 按钮，如图8-11所示。

（4）返回工作表中在所选单元格区域内将只选择可见单元格，然后按【Ctrl+C】组合键复制数据，并切换到"应收账款分析"工作表中选择A3单元格，按【Ctrl+V】组合键粘贴数据，如图8-12所示。

图8-11 设置定位条件

图8-12 复制并粘贴数据

（5）在A3:A8单元格区域中清除数据"汇总"，然后选择A3:B8单元格区域，在【插入】→【图表】组中单击"饼图"按钮📊，在打开的下拉列表中选择"分离型三维饼图"选项，如图8-13所示。

（6）选择创建的饼图，将其拖动到数据区域下方，然后在图表工具的【设计】→【图表布局】组中单击"快速布局"按钮🔲，在打开的下拉列表中选择"布局1"选项，如图8-14所示，完成后将图表标题修改为"各债务人应收账款分析图表"。

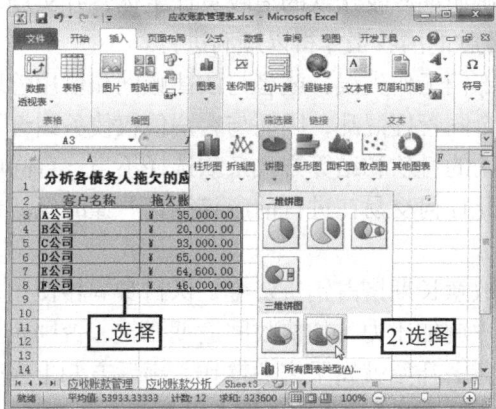

图8-13 选择图表类型

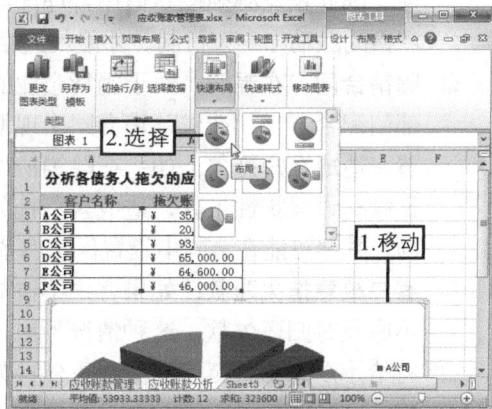

图8-14 设计图表布局

（7）在【格式】→【形状样式】组的列表框中单击 按钮，在打开的下拉列表中选择"细微效果-红色，强调颜色 2"选项，然后在图表中可清楚地看出拖欠账款金额最多的是C公司，占所有拖欠账款总额的29%（因此需加强该公司的账款催收），如图8-15所示。

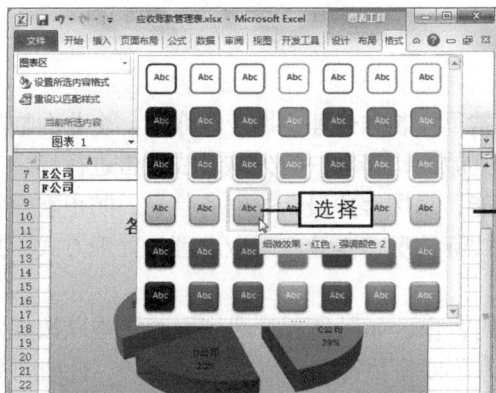

图8-15 设置图表格式

8.2 逾期应收账款管理

在赊销合同到期后，客户仍然没有还款，则应收账款变为逾期应收账款。使用Excel对逾期应收账款进行管理时，首先应统计本期是否有应收账款到期，如果到期应收账款尚未收款，必须反映逾期天数，以便及时采取催收措施，从而减少坏账发生的可能性，降低企业应收账款的坏账成本。

8.2.1 逾期应收账款的产生原因

逾期应收账款形成后，为了化解和防范信用风险，可通过对企业逾期应收账款的形成原因进行分析，制定科学可靠的催收业务流程，使逾期应收账款尽快催收到位。产生逾期应收账款的原因主要有以下几个方面。

◎ **企业管理机制不健全**：销货企业没有设立信用管理部门或信用管理部门人员不作为，销售与收款脱节，企业内部又没有制约机制，使得应收账款未能得到主动催收造成逾期。因此企业必须设立信用管理部门，明确逾期应收账款的清收责任主体，并实施以严格的激励与约束机制，才能使逾期应收账款的清收工作得以顺利进行。

◎ **赊销合同存在漏洞**：由于销货企业的销售部门工作失误，或者与法律顾问和信用管理部门配合不当，造成赊销合同出现漏洞或合同管理混乱，因而与客户债权债务纠缠不清，造成客户拖欠。如：在赊销协议中使用的付款和结算方式条款选择不当，合同中又没有设保护性条款，造成客户拖欠。因此任何交易在进行前应该签订严谨的经济合同，并尽可能在合同中设置保护性条款。

◎ **客户故意拖欠账款**：如果客户不讲信用，故意长期挤占销货资金，供自身周转使用，不愿及时归还欠款，这种情况下应该给客户施加压力，加快收回逾期账款，否则企业将给予严惩，直至追究法律责任；如果业务一开始就属于客户欺诈，事后方知上当受骗，这种情况下企业应立即跟律师商讨如何取得客户欺诈的证据，以便诉诸法律。

◎ **客户经营出现困难**：如果客户经营只是出现暂时性困难，企业信用管理部门应考虑是否给予客户延期付款期限；如果客户因自身经营不善，造成企业亏损或产品积压经营情况严重恶化，无力偿还欠款，这种情况下应该尽快与企业法律顾问进行沟通，采取对策，减少应收账款可能收不回来的损失。

8.2.2 逾期应收账款的处理方式

对待逾期应收账款，企业应该时刻保持警惕，越早控制和处理逾期应收账款，企业面临的损失就越少。在实践中应收账款逾期后应立即分析其原因，将客户的欠款形成报告进行综合分析。企业信用管理部门还应分析收回应收账款的可能，掌握客户最新的财务信息，防止客户转移资产和抵押物。根据分析结果，针对不同客户的实际情况，企业应采取合理的处理方式，其处理方式主要有以下几种。

◎ **采取延期付款的方式**：对于存在特殊困难的客户，如只是暂时遇到困难、难以按规定期限付款的客户，处理逾期应收账款时千万不要盲目行动，以免失去客户，此时可根据客户的请求，给予一定限度的延展期政策。对于海外应收账款要注意诉讼时效。

◎ **采取加压追收的方式**：对于无理由拖欠的客户可采取加压追收的方式。企业对不同的客户应制定不同的追收措施，如定期向客户发出追讨函、采取电话和上门追收，目的是不断向客户施加压力。

◎ **采取必要的惩罚措施**：在各种加压追收都无效时，企业可视情况采取更为严厉的惩罚措施。商业制裁是企业可采取的必要的惩罚措施，主要有停止向客户发货、减少或撤销对客户的信用额度、对拖欠货款进行罚息等方式。

◎ **采取委托收账机构或启动法律诉讼程序**：通过各种追收和制裁仍无法收回逾期账款的情况下，可寻求外部机构的帮助。一般情况下，可委托专业和规范的收账机构追收逾期账款，但是如果收账机构仍无法将委托的逾期账款收回的话，那么只有通过法律诉讼或仲裁来维护债权人的权利了。

◎ **其他处理方式**：逾期应收账款的处理方式有好多种，如计提坏账核销准备金、使用风险转移手段、执行收账政策。但是，企业信用管理部门对于逾期应收账款的处理注重于主动性，而企业会计部门计提坏账准备金是一种被动的处置方式。

> **知识提示**　企业在启动法律诉讼程序之前，应综合评估胜诉的可能性以及成本收入等因素，然后再做最后的决策。因为从通过法律诉讼的大量实践来看，诉讼清偿程序较为复杂，费用较高，时间过程也较长，这对企业十分不利。

8.2.3　应收账款的账龄分析

应收账款账龄分析法是指根据应收账款的时间长短来估计坏账损失的方法。如果客户出现延迟交款的现象会严重影响企业的流动资金，增加企业的坏账，制作应收账款账龄分析表可以根据应收账款账龄（即拖欠时间）的长短划分时间段，以查看客户的回款时间，分析应收账款的拖欠情况。

在本节中将应收账款账龄分为四个时间段：0~30天、30~60天、60~90天、90天以上，计算逾期应收账款的相关公式如下。

◎ 是否到期=IF(到期日期<当前日期,"Y","N")

◎ 未到期金额=IF(当前日期−到期日期<0,结余金额,0)

◎ 逾期0~30天 = IF(AND(当前日期−到期日期>0,当前日期−到期日期<=30),结余金额,0)

◎ 逾期30~60天 = IF(AND(当前日期−到期日期>30,当前日期−到期日期<=60),结余金额,0)

◎ 逾期60~90天 = IF(AND(当前日期−到期日期>60,当前日期−到期日期<=90),结余金额,0)

◎ 逾期90天以上 = IF(AND(当前日期−到期日期>90,结余金额,0)

◎ 逾期账款所占的百分比 = 每笔逾期账款/总逾期账款

8.2.4　课堂案例2——进行应收账款账龄分析

本案例将在应收账款管理表的基础上制作应收账款账龄分析表，在其中首先编辑"应收账款账龄分析"工作表，然后使用公式与函数判断现有各项应收账款是否到期、未到期金额，以及应收账款逾期天数等。完成后的参考效果如图8-16所示。

素材所在位置	光盘:\素材文件\第8章\课堂案例2\应收账款管理表.xlsx
效果所在位置	光盘:\效果文件\第8章\课堂案例2\应收账款账龄分析表.xlsx
视频演示	光盘:\视频文件\第8章\进行应收账款账龄分析.swf

应收账款账龄分析表

当前日期: 2014-12-26 　　　　　　　　　　　　　　　　　　　　　　　　　　　　　　　　　　　　单位: 元

赊销日期	客户名称	应收账款	已收账款	结余金额	付款期限(天)	到期日期	是否到期	未到期金额	0~30	30~60	60~90	90天以上	合计	逾期账款占总额的百分比
2014-7-10	A公司	¥150,000.00	¥150,000.00	¥ —	15	2014-7-25	Y	¥ —	¥ —	¥ —	¥ —	¥ —	¥ —	0.00%
2014-8-8	A公司	¥ 35,000.00	¥ —	¥ 35,000.00	90	2014-11-6	Y	¥ —	¥ —	¥ 35,000.00	¥ —	¥ —	¥ 35,000.00	17.24%
2014-9-18	A公司	¥ 30,000.00	¥ 30,000.00	¥ —	15	2014-10-3	Y	¥ —	¥ —	¥ —	¥ —	¥ —	¥ —	0.00%
2014-3-6	B公司	¥ 40,000.00	¥ 40,000.00	¥ —	7	2014-3-13	Y	¥ —	¥ —	¥ —	¥ —	¥ —	¥ —	0.00%
2014-8-10	B公司	¥ 10,000.00	¥ 10,000.00	¥ —	20	2014-8-30	Y	¥ —	¥ —	¥ —	¥ —	¥ —	¥ —	0.00%
2014-11-16	B公司	¥ 50,000.00	¥ 30,000.00	¥ 20,000.00	15	2014-12-1	Y	¥ —	¥ 20,000.00	¥ —	¥ —	¥ —	¥ 20,000.00	9.85%
2014-5-2	C公司	¥ 80,000.00	¥ 15,000.00	¥ 65,000.00	40	2014-6-11	Y	¥ —	¥ —	¥ —	¥ 65,000.00	¥ —	¥ 65,000.00	32.02%
2014-9-24	C公司	¥ 50,000.00	¥ 32,000.00	¥ 18,000.00	90	2014-12-23	Y	¥ —	¥ 18,000.00	¥ —	¥ —	¥ —	¥ 18,000.00	8.87%
2014-10-26	C公司	¥ 20,000.00	¥ 20,000.00	¥ —	10	2014-11-5	Y	¥ —	¥ —	¥ —	¥ —	¥ —	¥ —	0.00%
2014-12-15	C公司	¥ 10,000.00	¥ —	¥ 10,000.00	30	2015-1-14	N	¥ 10,000.00	¥ —	¥ —	¥ —	¥ —	¥ —	0.00%
2014-3-25	D公司	¥ 30,000.00	¥ 10,000.00	¥ 20,000.00	60	2014-5-24	Y	¥ —	¥ —	¥ —	¥ —	¥ 20,000.00	¥ 20,000.00	9.85%
2014-6-10	D公司	¥ 30,000.00	¥ —	¥ 30,000.00	60	2014-8-9	Y	¥ —	¥ —	¥ —	¥ —	¥ 30,000.00	¥ 30,000.00	14.78%
2014-8-27	D公司	¥ 30,000.00	¥ 15,000.00	¥ 15,000.00	90	2014-11-25	Y	¥ —	¥ —	¥ 15,000.00	¥ —	¥ —	¥ 15,000.00	7.39%
2014-5-29	E公司	¥ 30,000.00	¥ 30,000.00	¥ —	90	2014-6-13	Y	¥ —	¥ —	¥ —	¥ —	¥ —	¥ —	0.00%
2014-9-29	E公司	¥ 38,600.00	¥ 10,000.00	¥ 28,600.00	90	2014-12-28	N	¥ 28,600.00	¥ —	¥ —	¥ —	¥ —	¥ —	0.00%
2014-11-15	E公司	¥ 68,000.00	¥ 32,000.00	¥ 36,000.00	90	2015-2-13	N	¥ 36,000.00	¥ —	¥ —	¥ —	¥ —	¥ —	0.00%
2014-4-2	F公司	¥ 20,000.00	¥ 20,000.00	¥ —	30	2014-5-2	Y	¥ —	¥ —	¥ —	¥ —	¥ —	¥ —	0.00%
2014-10-18	F公司	¥ 50,000.00	¥ 50,000.00	¥ —	30	2015-1-16	Y	¥ —	¥ —	¥ —	¥ —	¥ —	¥ —	0.00%
2014-12-24	F公司	¥ 68,500.00	¥ 42,500.00	¥ 26,000.00	60	2015-2-22	N	¥ 26,000.00	¥ —	¥ —	¥ —	¥ —	¥ —	0.00%
		¥860,100.00	¥536,500.00	¥323,600.00				¥120,600.00	¥ 38,000.00	¥ 50,000.00	¥ 65,000.00	¥115,000.00	¥203,000.00	

图8-16　应收账款账龄分析后的参考效果

职业素养　　进行应收账款账龄分析时，若收回的某笔应收账款与发生数存在对应关系或未明确归属于某笔应收账款时，可按个别认定法确定应收账款账龄。一般情况下，收回的应收款首先用于清偿早期的欠款，当早期的欠款清偿完成后，再用于清偿随后的欠款，即依时间先后顺序，先清偿旧账再清偿新账，即先发生先收回的原则。

1. 判断各项应收账款是否到期及未到期金额

首先编辑"应收账款账龄分析表"工作表，然后计算各项应收账款是否到期，如果未到期，那么还应计算未到期的应收账款金额，具体操作如下。

（1）打开"应收账款管理表.xlsx"工作簿，将其以"应收账款账龄分析表"为名进行另存，并将"应收账款管理"工作表重命名为"应收账款账龄分析"，然后重新合并A1:O1单元格区域，并将其表题编辑为"应收账款账龄分析表"。

（2）在H3:O3单元格区域中输入应收账款账龄分析项目：是否到期、未到期金额、0~30、30~60、60~90、90天以上、合计、逾期账款占总额的百分比，然后重新设置单元格格式，如图8-17所示。

图8-17　输入并设置单元格格式

（3）选择H4:H22单元格区域，输入公式"=IF(G4<¥B¥2,"Y","N")"，然后按【Ctrl+Enter】组合键判断应收账款是否到期，如图8-18所示。

（4）选择I4:I22单元格区域，输入公式"=IF(¥B¥2-G4<0,E4,0)"，然后按【Ctrl+Enter】组合键计算未到期金额，如图8-19所示。

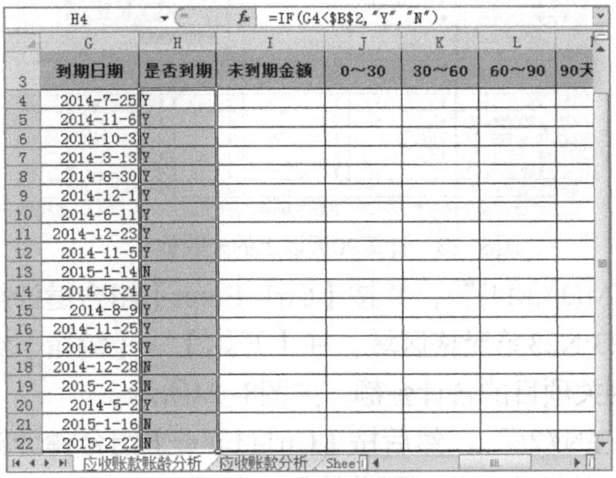

图8-18 判断是否到期

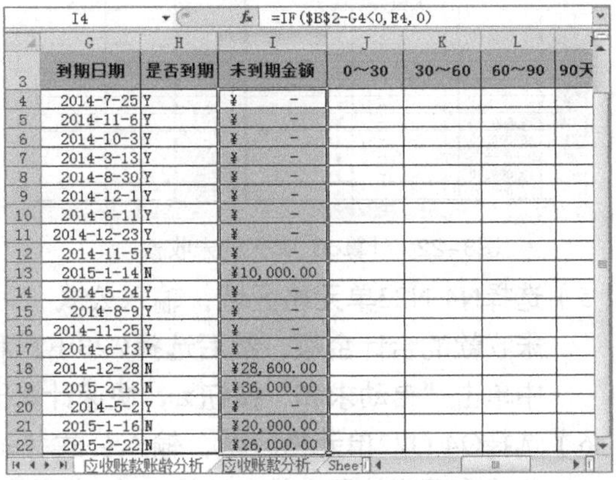

图8-19 计算未到期金额

2. 计算应收账款逾期天数

如果到期应收账款尚未收款，那么必须反映各项到期应收账款的逾期天数，以便提供更加详细的管理数据，有利于及时采取催收措施，具体操作如下。

（1）选择J4:J22单元格区域，输入公式"=IF(AND(¥B¥2-G4>0,¥B¥2-G4<=30),E4,0)"，然后按【Ctrl+Enter】组合键计算0~30天的未收款，如图8-20所示。

（2）选择K4:K22单元格区域，输入公式"=IF(AND(¥B¥2-G4>30,¥B¥2-G4<=60),E4,0)"，然后按【Ctrl+Enter】组合键计算30~60天的未收款，如图8-21所示。

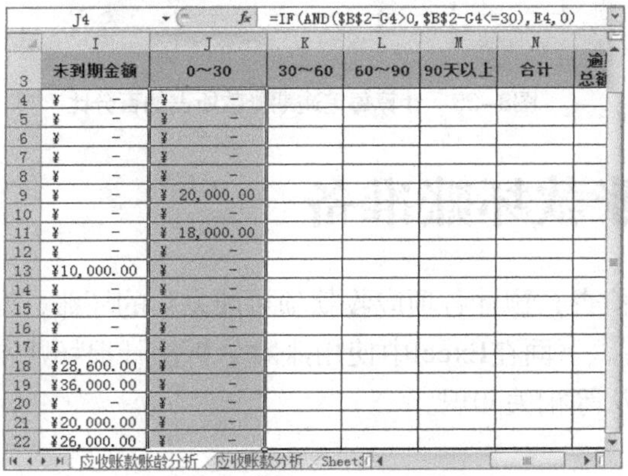

图8-20 计算0~30天的未收款

图8-21 计算30~60天的未收款

（3）选择L4:L22单元格区域，输入公式"=IF(AND(¥B¥2-G4>60,¥B¥2-G4<=90),E4,0)"，然后按【Ctrl+Enter】组合键计算60~90天的未收款，如图8-22所示。

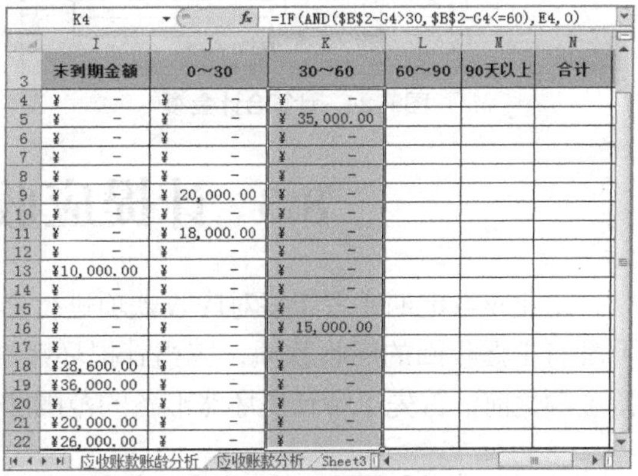

（4）选择M4:M22单元格区域，输入公式"=IF(¥B¥2-G4>90,E4,0)"，然后按【Ctrl+Enter】组合键计算90天以上的未收款，如图8-23所示。

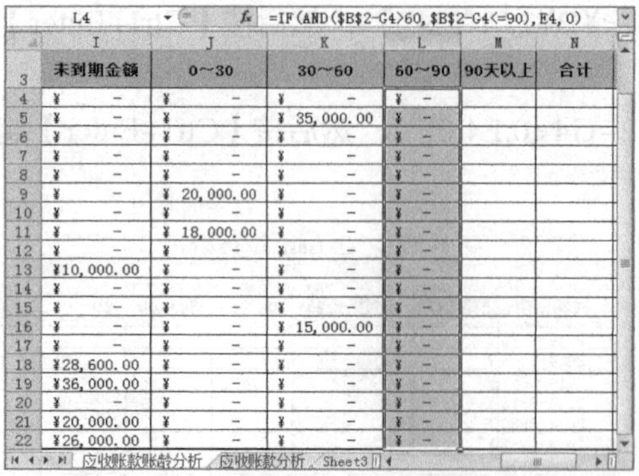

图8-22　计算60~90天的未收款

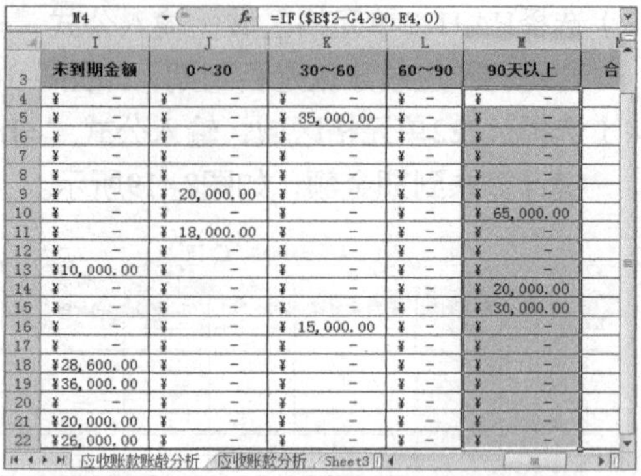

图8-23　计算90天以上的未收款

（5）选择N4:N22单元格区域，输入公式"=SUM(J4:M4)"，并按【Ctrl+Enter】组合键计算未收款的合计金额，然后选择C23:E23和I23:N23单元格区域，在【开始】→【编辑】组中单击"自动求和"按钮Σ，快速计算出相关项目的合计金额，如图8-24所示。

（6）选择O4:O22单元格区域，输入公式"=N4/¥N¥26"，然后按【Ctrl+Enter】组合键计算每笔逾期账款所占的百分比，完成后设置其数据格式为"百分比"，如图8-25所示。

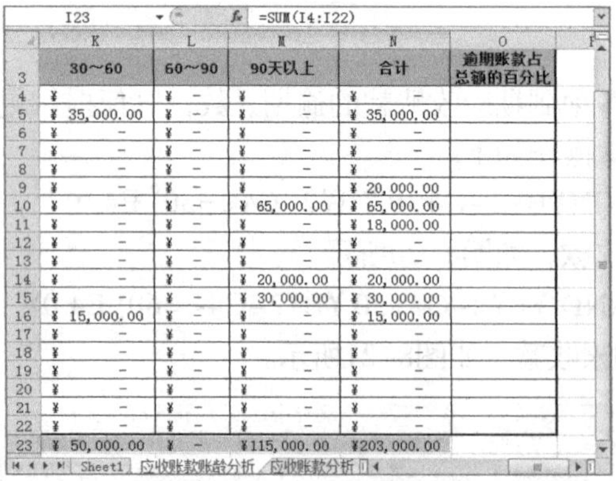

图8-24　计算合计金额

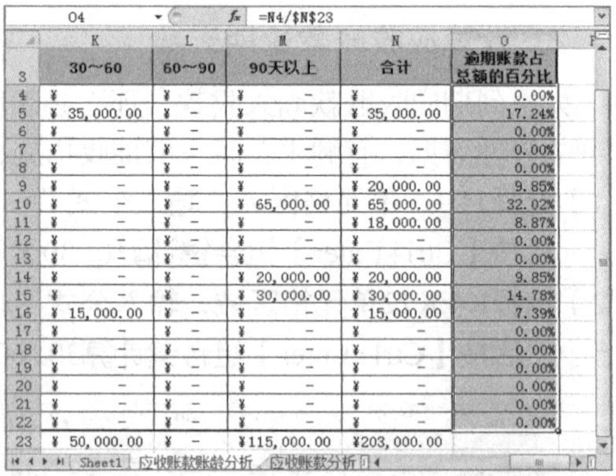

图8-25　计算每笔逾期账款所占的百分比

8.3　计提应收账款坏账准备

企业应当定期或者年终对应收款项进行全面检查，预计各项应收款项可能发生的坏账，对于没有把握收回的应收款项，应当计提坏账准备。下面在Excel中使用账龄分析法计提坏账准备金额之前，首先了解计提坏账准备的范围和方法等相关知识。

8.3.1　计提坏账准备的范围

坏账准备是企业对预计可能无法收回的应收票据、应收账款、预付账款、其他应收款、长期应收款等应收预付款项所提取的坏账准备金。根据《企业会计制度》规定，计提坏账准备的范围如下。

◎　应收账款与其他应收款。

◎　应收票据本身不得计提坏账准备，但应收票据的可收回性不确定时，应转为"应收账款"后计提"坏账准备"。

◎ 预付账款不应当计提坏账准备，但对于无法兑现的"预付账款"应转为"其他应收款"后计提"坏账准备"。

◎ 企业内部往来，关联企业之间发生的业务往来账款不计提坏账准备。

8.3.2 计提坏账准备的方法

根据《企业会计准则》规定：企业坏账损失的核算应采用备抵法，即企业首先应当按期估计坏账损失计入资产减值损失，形成坏账准备，并使各期末坏账准备余额合理地反映应收款项收现面临的风险水平，当某一应收款项全部或部分被确认为坏账时，再根据其损失金额冲减坏账准备，同时注销相应的应收款项金额。

计提坏账准备的方法有4种：应收账款余额百分比法、账龄分析法、赊销百分比法和个别认定法等，企业可自行确定计提坏账准备的方法。

1. 余额百分比法

余额百分比法是指按照期末应收账款余额的一定百分比估计坏账损失。坏账百分比由企业根据以往的资料或经验自行确定。在余额百分比法下，当期应提的坏账准备金额就是企业在每个会计期末根据本期末应收账款的余额和相应的坏账率估计出期末坏账准备账户应有的余额，与调整前坏账准备账户已有的余额的差额。

采用余额百分比法计提坏账准备的计算公式如下。

◎ **首次计提坏账准备的计算公式**：当期应计提的坏账准备=期末应收账款余额×坏账准备计提百分比

◎ **以后计提坏账准备的计算公式**：当期应计提的坏账准备=当期按应收账款计算应计提的坏账准备金额+（或−）坏账准备账户借方余额（或贷方余额）

2. 账龄分析法

账龄分析法是指根据应收账款账龄的长短来估计坏账损失。一般情况下，应收账款的账龄越长，发生坏账的可能性就越大。因此，将企业的应收账款按账龄长短进行分组，分别确定不同的计提百分比估算坏账损失，这样的计算结果将更符合客观情况。

采用账龄分析法计提坏账准备的计算公式如下。

◎ **首次计提坏账准备的计算公式**：当期应计提的坏账准备=Σ（期末各账龄组应收账款余额×各账龄组坏账准备计提百分比）

◎ **以后计提坏账准备的计算公式**：当期应计提的坏账准备=当期按应收账款计算应计提的坏账准备金额+（或−）坏账准备账户借方余额（或贷方余额）

知识提示　　使用账龄分析法和余额百分比法计提坏账准备时，需要考虑该账户原有的余额并做出相应的调整。这两种方法都是从资产负债表的观点来估计坏账，注重的是期末坏账准备应有的余额，使资产负债表中的应收账款更合理按变现价值评价。但是，期末的应收账款并不都是本期的赊销产生的，可能含有以往年度销售产生的账款，采用这两种方法计算出的坏账费用就不能完全于本期的销售收入配合，在实务上，账龄分析法也使得账务处理的成本有所提高。

3. 销货百分比法

销货百分比法是指根据企业销售总额的一定百分比估计坏账损失。百分比按本企业以往实际发生的坏账与销售总额的关系结合生产经营与销售政策变动情况测定。在实际工作中，企业也可以按赊销百分比估计坏账损失。采用销货百分比法计提坏账准备的计算公式如下：当期应计提的坏账准备=本期销售总额（或赊销额）×坏账准备计提比例。

采用销货百分比法计提坏账准备金额时，不需要考虑坏账准备账户上已有的余额。从利润表的观点看，销货百分比法主要是根据当期利润表上的销货收入数字来估计当期的坏账损失，因此坏账费用与销货收入较好地配合更符合配比概念。但是由于计提坏账时没有考虑到坏账准备账户以往原有的余额，如果以往年度出现坏账损失估计错误的情况就不能自动更正，资产负债表上的应收账款净额也就不一定能正确的反映其变现价值。因此，采用销货百分比法还应该定期地评估坏账准备是否适当，及时做出调整，以便更加合理地反映企业的财务状况。

4. 个别认定法

个别认定法是指针对每项应收款项的实际情况分别估计坏账损失。如某公司根据应收账款的5%来计算坏账，但是另一企业有明显的还款困难迹象，就可以对该企业的应收账款按10%或其他进行个别认定法计提坏账准备金。在同一会计期间内使用个别认定法的应收账款应从其他方法计提坏账准备的应收账款中剔除。

个别认定法只需调查清楚每个客户的信用状况和偿还能力，再以此确定每个客户的计提比率和欠款数额，就能核算出坏账准备。它区别于余额百分比法和销货百分比法，其主要特点体现在两个方面。

◎ **计提坏账准备的依据**：不是销货总额或赊销总额，而是客户的信用状况和偿还能力。

◎ **计提坏账准备的比率**：不是所有的欠款客户都用一个相同的比例，而是信用状况不同其适用的比率也不同。

8.3.3 课堂案例3——计提各账龄期间应收账款坏账准备

使用账龄分析法计提坏账准备金额，在其中首先计算本期末各账龄期间应收账款余额，然后根据应收账款余额和计提比率计算出期末坏账准备金额。完成后的参考效果如图8-26所示。

素材所在位置	光盘:\素材文件\第8章\课堂案例3\应收账款账龄分析表.xlsx
效果所在位置	光盘:\效果文件\第8章\课堂案例3\计提坏账准备.xlsx
视频演示	光盘:\视频文件\第8章\计提各账龄期间应收账款坏账准备.swf

职业素养　　　使用账龄分析法估计坏账时，应将应收账款拖欠时间（即账龄）的长短分为若干区间，计算各个区间上应收账款的金额，并为每一个区间估计一个坏账损失百分比（历史经验数）；然后用各区间上的应收账款金额乘以该区间的坏账损失百分比，估计各个区间上的坏账损失；最后，将各区间上的坏账损失估计数求和，即为坏账损失的估计总额。

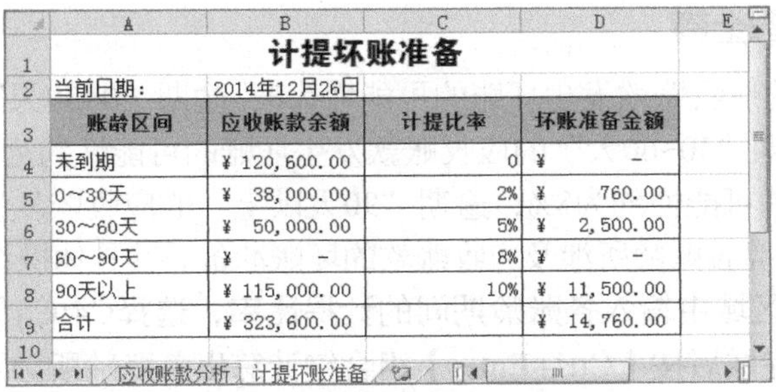

	A	B	C	D
1	计提坏账准备			
2	当前日期：	2014年12月26日		
3	账龄区间	应收账款余额	计提比率	坏账准备金额
4	未到期	￥ 120,600.00	0	￥ -
5	0～30天	￥ 38,000.00	2%	￥ 760.00
6	30～60天	￥ 50,000.00	5%	￥ 2,500.00
7	60～90天	￥ -	8%	￥ -
8	90天以上	￥ 115,000.00	10%	￥ 11,500.00
9	合计	￥ 323,600.00		￥ 14,760.00

图8-26　计提坏账准备后的参考效果

1. 计算各账龄期间应收账款余额

首先建立“计提坏账准备”工作表，在其中计算各账龄期间应收账款余额和总额，具体操作如下。

（1）打开“应收账款账龄分析表.xlsx”工作簿，将其以“计提坏账准备”为名进行另存，并将“Sheet3”工作表重命名为“计提坏账准备”，然后输入相应的数据，并设置单元格格式，完成后选择B4单元格，在【开始】→【编辑】组中单击“自动求和”按钮Σ，系统将自动插入SUM函数到所选的单元格中，如图8-27所示。

（2）切换到“应收账款账龄分析”工作表，选择I4:I22单元格区域，如图8-28所示，完成后按【Ctrl+Enter】组合键计算出当月的未到期金额。

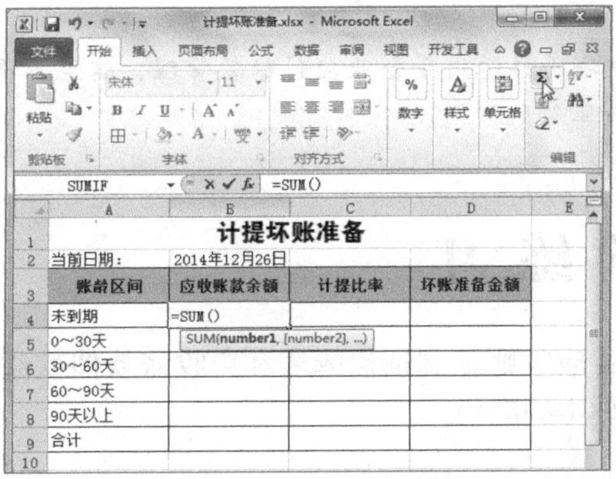

图8-27　输入数据并插入函数

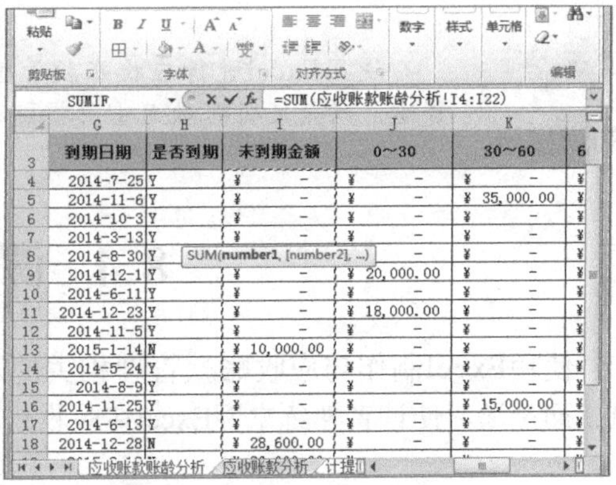

图8-28　设置SUM函数的参数

（3）分别使用SUM函数在B5:B8单元格区域中计算出各账龄期间应收账款余额，如图8-29所示，在B9单元格中汇总各账龄所涉及的应收账款总额，如图8-30所示。

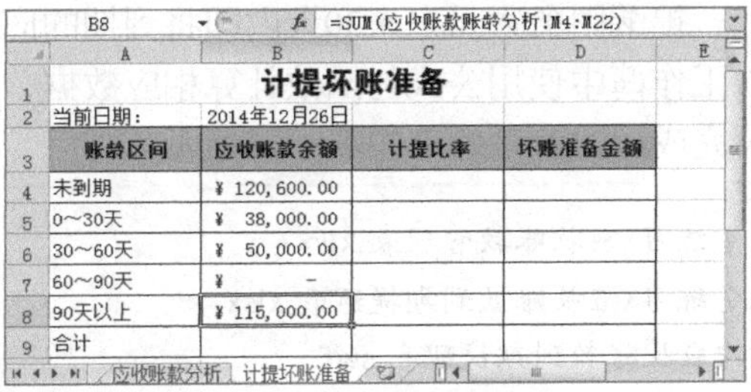

	A	B	C	D
1	计提坏账准备			
2	当前日期：	2014年12月26日		
3	账龄区间	应收账款余额	计提比率	坏账准备金额
4	未到期	￥ 120,600.00		
5	0～30天	￥ 38,000.00		
6	30～60天	￥ 50,000.00		
7	60～90天	￥ -		
8	90天以上	￥ 115,000.00		
9	合计			

图8-29　计算应收账款余额

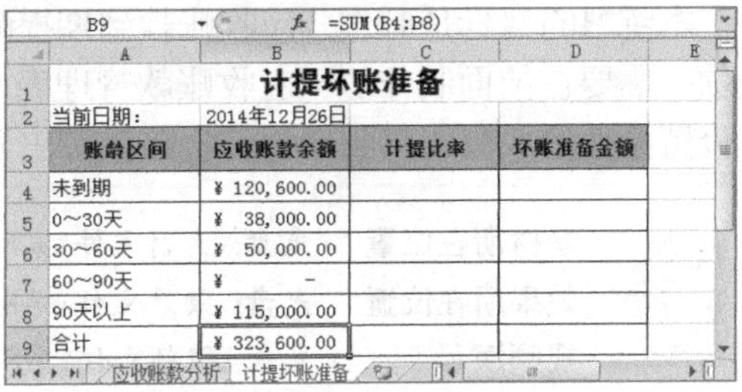

	A	B	C	D
1	计提坏账准备			
2	当前日期：	2014年12月26日		
3	账龄区间	应收账款余额	计提比率	坏账准备金额
4	未到期	￥ 120,600.00		
5	0～30天	￥ 38,000.00		
6	30～60天	￥ 50,000.00		
7	60～90天	￥ -		
8	90天以上	￥ 115,000.00		
9	合计	￥ 323,600.00		

图8-30　汇总各账龄所涉及的应收账款总额

2. 计提坏账准备金额

下面根据未到期的应收账款发生坏账的可能性为0，逾期“0~30天”的应收账款发生坏账的可能性约为2%，逾期“30~60天”的应收账款发生坏账的可能性约为5%，逾期“60~90天”的应收账款发生坏账的可能性约为8%，逾期“90天以上”的应收账款发生坏账的可能性约为10%的估计值，分别计算各账龄所涉及应收账款的坏账准备。其具体操作如下。

（1）在C4:C8单元格区域中输入各账龄期间的计提比率，选择C4:C8单元格区域，输入公式“=B4*C4”，完成后按【Ctrl+Enter】组合键计算出各账龄所涉及应收账款的坏账准备金额，如图8-31所示。

（2）选择D9单元格，在【开始】→【编辑】组中单击“自动求和”按钮Σ，完成后按【Ctrl+Enter】组合键计算出坏账准备总额，如图8-32所示。

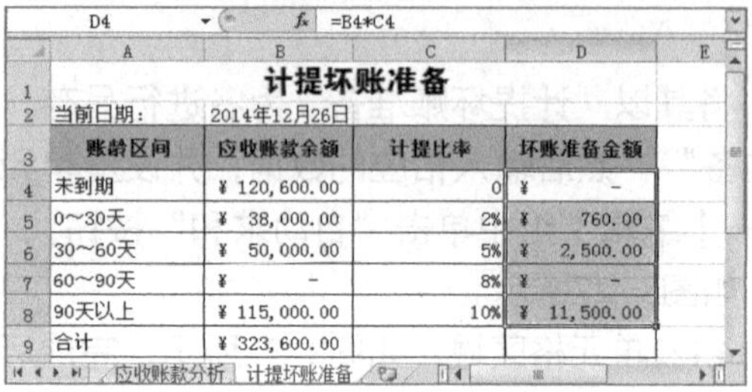

D4 =B4*C4

计提坏账准备

当前日期：2014年12月26日

账龄区间	应收账款余额	计提比率	坏账准备金额
未到期	¥ 120,600.00	0	¥ -
0~30天	¥ 38,000.00	2%	¥ 760.00
30~60天	¥ 50,000.00	5%	¥ 2,500.00
60~90天	¥ -	8%	¥ -
90天以上	¥ 115,000.00	10%	¥ 11,500.00
合计	¥ 323,600.00		

图8-31　计算各账龄期间坏账准备金额

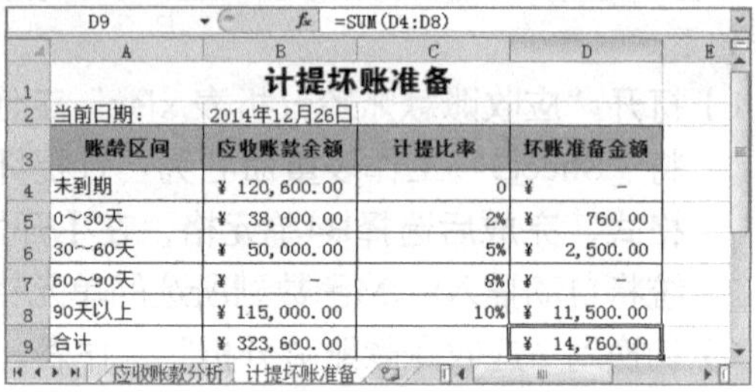

D9 =SUM(D4:D8)

计提坏账准备

当前日期：2014年12月26日

账龄区间	应收账款余额	计提比率	坏账准备金额
未到期	¥ 120,600.00	0	¥ -
0~30天	¥ 38,000.00	2%	¥ 760.00
30~60天	¥ 50,000.00	5%	¥ 2,500.00
60~90天	¥ -	8%	¥ -
90天以上	¥ 115,000.00	10%	¥ 11,500.00
合计	¥ 323,600.00		¥ 14,760.00

图8-32　计算坏账准备总额

知识提示

使用Excel进行应收账款管理的方法同样适用于企业应付账款管理，这里不再赘述，只是应付账款无需计提坏账准备金额。

8.4 课堂练习

使用Excel制作与应收账款管理相关的表格：应收账款到期提醒表和应收账款催款通知单，通过学习使读者熟练掌握Excel在应收账款管理中的应用。

8.4.1 制作应收账款到期提醒表

1. 练习目标

本练习的目标是制作“应收账款到期提醒表”，提醒财务人员未来30天内即将到期的应收账款，需要在前面制作的“应收账款管理表.xlsx”工作簿中使用公式与函数计算相应数据，然后设置条件格式将即将到期的应收账款突出显示。完成后的参考效果如图8-33所示。

素材所在位置	光盘:\素材文件\第8章\课堂练习\应收账款管理表.xlsx
效果所在位置	光盘:\效果文件\第8章\课堂练习\应收账款到期提醒表.xlsx
视频演示	光盘:\视频文件\第8章\制作应收账款到期提醒表.swf

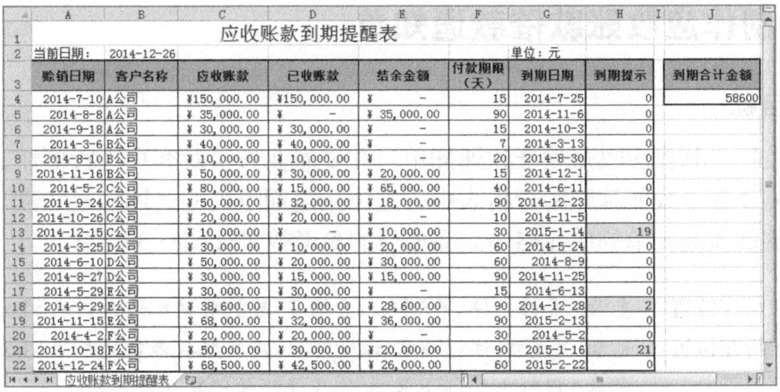

应收账款到期提醒表

当前日期：2014-12-26　　单位：元

赊销日期	客户名称	应收账款	已收账款	结余金额	付款期限（天）	到期日期	到期提示		到期合计金额
2014-7-10	A公司	¥150,000.00	¥150,000.00	¥ -	15	2014-7-25	0		58600
2014-8-8	A公司	¥ 35,000.00	¥ -	¥ 35,000.00	90	2014-11-6	0		
2014-9-18	A公司	¥ 30,000.00	¥ 30,000.00	¥ -	15	2014-10-3	0		
2014-3-6	B公司	¥ 40,000.00	¥ 40,000.00	¥ -	7	2014-3-13	0		
2014-8-10	B公司	¥ 10,000.00	¥ 10,000.00	¥ -	20	2014-8-30	0		
2014-11-16	B公司	¥ 50,000.00	¥ 30,000.00	¥ 20,000.00	15	2014-12-1	0		
2014-5-2	C公司	¥ 80,000.00	¥ 15,000.00	¥ 65,000.00	40	2014-6-11	0		
2014-9-24	C公司	¥ 50,000.00	¥ 32,000.00	¥ 18,000.00	90	2014-12-23	0		
2014-10-26	C公司	¥ 20,000.00	¥ 20,000.00	¥ -	10	2014-11-5	0		
2014-12-15	C公司	¥ 10,000.00	¥ -	¥ 10,000.00	30	2015-1-14	19		
2014-3-25	D公司	¥ 30,000.00	¥ 10,000.00	¥ 20,000.00	60	2014-5-24	0		
2014-6-10	D公司	¥ 50,000.00	¥ 20,000.00	¥ 30,000.00	60	2014-8-9	0		
2014-8-27	D公司	¥ 30,000.00	¥ 15,000.00	¥ 15,000.00	90	2014-11-25	0		
2014-5-29	E公司	¥ 30,000.00	¥ 30,000.00	¥ -	15	2014-6-13	0		
2014-9-29	E公司	¥ 38,600.00	¥ 10,000.00	¥ 28,600.00	90	2014-12-28	2		
2014-11-15	E公司	¥ 68,000.00	¥ 32,000.00	¥ 36,000.00	90	2015-2-13	0		
2014-4-2	F公司	¥ 20,000.00	¥ 20,000.00	¥ -	30	2014-5-2	0		
2014-10-18	F公司	¥ 50,000.00	¥ 30,000.00	¥ 20,000.00	90	2015-1-16	21		
2014-12-24	F公司	¥ 68,500.00	¥ 42,500.00	¥ 26,000.00	60	2015-2-22	0		

图8-33　应收账款到期提醒表的效果

2. 操作思路

完成本练习需要先利用到期提示公式"=IF(AND(到期日期-当前日期<=30,到期日期-当前日期>0),到期日期-当前日期,0)"计算以给定日期为标准，未来30天内到期的应收账款记录显示剩余天数，再利用SUMIF函数从H4:H22单元格区域查找大于零的记录，并对E列中同一行的相应单元格的数值进行汇总，计算出即将到期的应收账款的总额，完成后突出显示即将到期的应收账款，操作思路如图8-34所示。

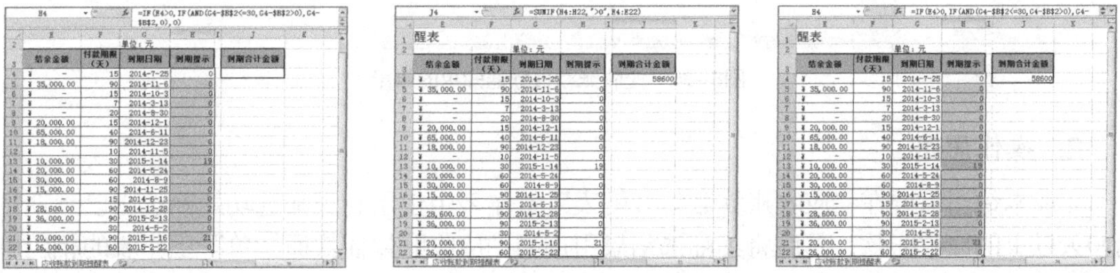

① 计算未来30天内即将到期的应收账款　② 计算即将到期的应收账款总额　③ 突出显示即将到期的应收账款

图8-34　应收账款到期提醒表的制作思路

（1）打开"应收账款管理表.xlsx"工作簿，将其以"应收账款到期提醒表"为名进行另存，并将"应收账款管理表"工作表重命名为"应收账款到期提醒表"，然后输入项目数据"到期提示"和"到期合计金额"，并设置单元格格式。

（2）选择H4:H22单元格区域，输入公式"=IF(E4>0,IF(AND(G4-¥B¥2<=30,G4-¥B¥2>0),G4-¥B¥2,0),0)"，完成后按【Ctrl+Enter】组合键计算出未来30内即将到期的应收账款的剩余天数。

（3）选择J4单元格，输入公式"=SUMIF(H4:H22,">0",E4:E22)"，完成后按【Ctrl+Enter】组合键计算出即将到期的应收账款总额。

（4）选择H4:H22单元格区域，在【开始】→【样式】组中单击"条件格式"按钮，在打开的下拉列表中选择【突出显示单元格规则】→【大于】选项。

（5）在打开的"大于"对话框左侧的列表框中输入"0"，在右侧的下拉列表框中选择"自定义格式"选项，在打开的对话框中设置其字体格式为"加粗、深红"，填充效果为"黄色"，完成后依次单击"确定"按钮即可。

8.4.2 制作应收账款催款通知单

1. 练习目标

本练习的目标是制作应收账款催款通知单，并委派业务员对客户进行催账，加大应收账款的回收力度，需要在应收账款账龄分析表中筛选出指定期限内的逾期应收账款，并将筛选结果引用到应收账款催款通知单的单元格中。完成后的参考效果如图8-35所示。

> **素材所在位置**　光盘:\素材文件\第8章\课堂练习\应收账款账龄分析表.xlsx
> **效果所在位置**　光盘:\效果文件\第8章\课堂练习\应收账款催款通知单.xlsx
> **视频演示**　　　光盘:\视频文件\第8章\制作应收账款催款通知单.swf

图8-35　应收账款催款通知单的效果

2. 操作思路

完成本练习需要在"应收账款账龄分析表"工作表中使用高级筛选功能筛选出已到期且逾期90天以上的应收账款，然后将其筛选结果引用到"应收账款催款通知单"工作表的相应单元格中，并计算合计数据，操作思路如图8-36所示。

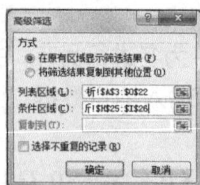

① 设置高级筛选功能　　　　② 查看筛选结果　　　　③ 引用并计算数据

图8-36　"应收账款催款通知单"的制作思路

（1）打开"应收账款账龄分析表.xlsx"工作簿，将其以"应收账款催款通知单"为名进行另存，然后将"Sheet3"工作表重命名为"应收账款催款通知单"，在其中输入相应的项目数据，并设置单元格格式。

（2）在"应收账款账龄分析表"工作表的H25:I26单元格区域中输入筛选条件，然后使用高级筛选功能设置A3:O22单元格区域为列表区域，设置H25:I26单元格区域为条件区域，同时在原有区域显示筛选结果。

（3）根据"应收账款催款通知单"工作表的相应项目引用筛选结果中的相关数据，然后使用求和功能计算合计数据，完成后根据实际情况指派业务员进行催收。

8.5 拓 展 知 识

在Excel中可将单元格中的数据分列显示，分列即将一列数据（包括文本、数值等）分成若干列，如将日期以月与日分列显示、将姓名以姓与名分列显示等。分列数据的方式有两种：一是按分隔符号分列（如逗号、引号）；二是按固定宽度，即间隔多少个字符就分一列。下面将分类汇总的汇总项数据"客户名称"列的数据（如图8-37所示）分列为如图8-38所示的效果，具体操作如下。

图8-37 分列显示数据前的效果

图8-38 分列显示数据后的效果

（1）在工作表中选择需分列显示数据的单元格区域，然后在【数据】→【数据工具】组单击"分列"按钮 🗒 。

（2）在打开的"文本分列向导-第1步"对话框中选择最合适的文件类型，如图8-39所示，然后单击 下一步(N) 按钮，若单击选中"分隔符号"单选项，在打开的"文本分列向导-第2步"对话框中可根据需要设置分列数据所包含的分隔符号，如图8-40所示；若单击选中了"固定宽度"单选项，在打开的对话框中可根据需要建立分列线，如图8-41所示，完成后单击 下一步(N) > 按钮。

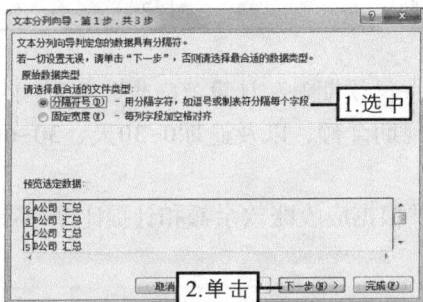

图8-39 选择"分隔符号"为最合适的文件类型

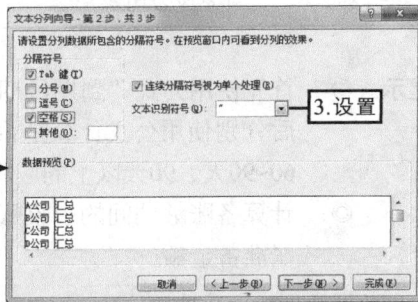

图8-40 设置分列数据所包含的分隔符号

（3）在打开的"文本分列向导-第3步"对话框中保持默认设置，单击 完成(F) 按钮，如图8-42所示，返回工作表中可看到分列显示数据后的效果。

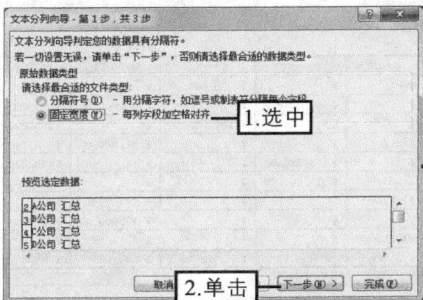

图8-41 选择"固定宽度"为最合适的文件类型

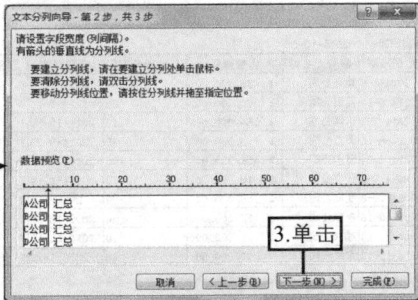

图8-42 确定选择列和数据格式

8.6 课后习题

假设阳光地产2014年12月30日发生的应收账款资料，如表8-1所示，现需分别计算各应收账款的到期日、是否到期、未到期金额，以及应收账款的账龄分析和各账龄期间所涉及的应收账款坏账准备金额等，完成后的效果如图8-43所示。

表 8-1　应收账款信息

赊销日期	债务人名称	应收账款	付款期限 / 天
2014-5-8	建兴公司	35000	150
2014-6-11	蓝田公司	80000	30
2014-7-2	永辉公司	150000	120
2014-8-15	天立公司	6500	45
2014-8-24	蓝田公司	458220	90
2014-9-5	天立公司	10000	60
2014-10-8	龙凤公司	58000	90
2009-10-16	永辉公司	12000	60
2014-11-10	建兴公司	4800	30
2014-12-12	龙凤公司	90000	45

提示：◎　首先使用公式“到期日期=赊销日期+付款期限”计算各应收账款到期日，然后分别使用公式计算是否到期、未到期金额，以及逾期0~30天、30~60天、60~90天、90天以上的应收账款。

◎　计算各账龄期间的应收账款余额，并根据应收账款余额和计提比率5%计算坏账准备金额。

效果所在位置　光盘:\效果文件\第8章\课后习题\应收账款管理表.xlsx

视频演示　光盘:\视频文件\第8章\制作应收账款管理表.swf

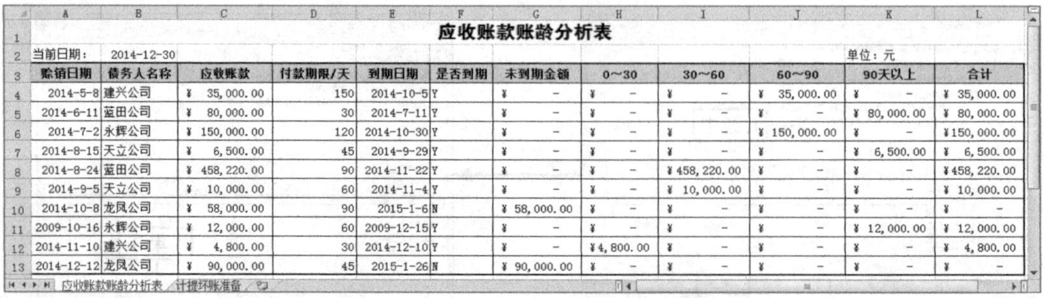
应收账款账龄分析表

当前日期：2014-12-30　　单位：元

赊销日期	债务人名称	应收账款	付款期限/天	到期日期	是否到期	未到期金额	0~30	30~60	60~90	90天以上	合计
2014-5-8	建兴公司	¥ 35,000.00	150	2014-10-5	Y	¥ -	¥ -	¥ -	¥ 35,000.00	¥ -	¥ 35,000.00
2014-6-11	蓝田公司	¥ 80,000.00	30	2014-7-11	Y	¥ -	¥ -	¥ -	¥ -	¥ 80,000.00	¥ 80,000.00
2014-7-2	永辉公司	¥ 150,000.00	120	2014-10-30	Y	¥ -	¥ -	¥ -	¥ 150,000.00	¥ -	¥150,000.00
2014-8-15	天立公司	¥ 6,500.00	45	2014-9-29	Y	¥ -	¥ -	¥ -	¥ -	¥ 6,500.00	¥ 6,500.00
2014-8-24	蓝田公司	¥ 458,220.00	90	2014-11-22	Y	¥ -	¥ -	¥458,220.00	¥ -	¥ -	¥458,220.00
2014-9-5	天立公司	¥ 10,000.00	60	2014-11-4	Y	¥ -	¥ -	¥ 10,000.00	¥ -	¥ -	¥ 10,000.00
2014-10-8	龙凤公司	¥ 58,000.00	90	2015-1-6	N	¥ 58,000.00	¥ -	¥ -	¥ -	¥ -	¥ -
2009-10-16	永辉公司	¥ 12,000.00	60	2009-12-15	Y	¥ -	¥ -	¥ -	¥ -	¥ 12,000.00	¥ 12,000.00
2014-11-10	建兴公司	¥ 4,800.00	30	2014-12-10	Y	¥ -	¥4,800.00	¥ -	¥ -	¥ -	¥ 4,800.00
2014-12-12	龙凤公司	¥ 90,000.00	45	2015-1-26	N	¥ 90,000.00	¥ -	¥ -	¥ -	¥ -	¥ -

应收账款账龄分析表 / 计提坏账准备

图8-43　应收账款管理表的效果

第 9 章

Excel在工资管理中的应用

工资是企业在一定时间内直接支付给本单位员工的劳动报酬，也是企业进行各种费用计算的基础。工资管理是每个单位财务部门最基本的业务之一，它不仅关系到每个员工的切身利益，而且是直接影响产品成本核算的重要因素。由于手工进行工资核算需要占用财务人员大量的精力和时间，且容易出错，因此本章将使用Excel进行工资核算，从而有效地提高工资核算的准确性和及时性。读者通过学习应了解并掌握Excel在工资管理中的应用。

✳ 学习要点

◎ 收集工资管理的相关资料
◎ 设置工资项目
◎ 查询与分析工资数据
◎ 设置并打印工资条

✳ 学习目标

◎ 通过收集工资管理的相关资料、设置工资项目，掌握员工工资表的制作方法
◎ 掌握如何使用Excel对工资数据进行查询、汇总分析，以及工资条的设置与打印

9.1 收集工资管理的相关资料

使用Excel进行工资核算之前，必须了解公司的基本资料，如公司部门的设置、职务类别的设置、公司员工的基本信息，以及工资项目的设置和相关规定等。

9.1.1 公司的基本情况

假设鑫业有限责任公司是一家小型企业，主要包括管理部、运输部、生产部、销售部4个部门，其职务类别主要有公司高层管理人员、运输管理、运输人员、生产管理、生产工人、销售管理、销售人员7种。有18名员工，每个员工的基本信息和2014年11月的出勤情况如表9-1所示。

表 9-1 2014 年 11 月公司员工基本工资情况与出勤情况

员工编号	姓名	性别	部门	职务	基本工资	迟到次数	事假天数	病假天数
1001	张红林	男	管理部	管理人员	5000			
1002	梁丽	女	管理部	管理人员	4500			2
1003	陈建祥	男	管理部	管理人员	4000			
2001	鲜欣	女	运输部	运输管理	4500			
2002	母奎志	男	运输部	运输人员	3000	6		
2003	徐清	男	运输部	运输人员	3000			3
3001	王斌	男	生产部	生产管理	4500			
3002	孙雪梅	女	生产部	生产工人	3500			4
3003	刘贵珍	女	生产部	生产工人	3200		15	7
3004	高鑫	男	生产部	生产工人	3000			
3005	吴光阳	男	生产部	生产工人	3000	5		
3006	郑珊珊	女	生产部	生产工人	3000			
4001	许小源	女	销售部	销售管理	4500			
4002	杜鹏成	男	销售部	销售人员	3500	2		
4003	张利娟	女	销售部	销售人员	3200			
4004	杨强	男	销售部	销售人员	3000		3	
4005	柳佳艳	女	销售部	销售人员	3000			16
4006	何树坤	男	销售部	销售人员	3000	3		

另外，假设本月生产人员的生产情况和销售人员的销售情况如表9-2所示。

表9-2　生产情况与销售情况

员工编号	姓名	职务	生产数量（件）	销售总额（万元）
3001	王斌	生产管理	120	
3002	孙雪梅	生产工人	67	
3003	刘贵珍	生产工人	98	
3004	高鑫	生产工人	105	
3005	吴光阳	生产工人	86	
3006	郑珊珊	生产工人	112	
4001	许小源	销售管理		55
4002	杜鹏成	销售人员		105
4003	张利娟	销售人员		42
4004	杨强	销售人员		86
4005	柳佳艳	销售人员		38
4006	何树坤	销售人员		72

9.1.2　工资项目的相关规定

不同的公司中工资项目的设置与相关规定各不相同，假设鑫业有限责任公司每个员工的工资项目有基本工资、岗位工资、住房补贴、奖金、迟到扣款、事假扣款、病假扣款、养老保险扣款和医疗保险扣款等，相应工资项目的发放情况和相关规定如下。

◎ **岗位工资**：根据员工职务不同进行发放，管理人员（包括生产管理、销售管理、运输管理）为1000元，运输人员为300元，生产工人为500元，销售人员为800元。

◎ **住房补贴**：根据员工职务不同进行发放，管理人员为350元，运输人员为240元，生产工人为200元，销售人员为280元。

◎ **奖金**：奖金根据部门的效益决定，本月管理部奖金为500元，运输部奖金为300元，生产部奖金与个人生产数量有关，按件计提，每件的提成金额为10元，销售部奖金与个人销售额有关，完成基本销售额50万元的奖金为500元，超额完成的按超出金额的1%提成，未完成基本销售额的没有奖金。

◎ **迟到扣款规定**：每月迟到1次扣款20元；迟到2次每次扣款40元；迟到3次以上每次扣款80元。

◎ **事假扣款规定**：如果事假少于14天，将应发工资平均到每天（每月按22天计算），按天扣钱；如果事假多于14天，扣除应发工资的80%。

◎ **病假扣款规定**：如果病假少于14天，生产工人扣款300元，非生产工人扣款500元；如果病假多于14天，生产工人扣款500元，非生产工人扣款800元。

◎ **养老保险扣款**：按基本工资+岗位工资的8%扣除。

◎ **医疗保险扣款**：按基本工资+岗位工资的2%扣除。

◎ **个人所得税**：根据国家规定，个人月收入超出规定的金额后，应依法缴纳一定数量的个人收入所得税。就个人所得税而言，免征额一般是3500元，超过3500元的则根据超出额的多少按表9-3所示的现行工资、薪金所得适用的个税税率进行计算。

表9-3　7级超额累进税率表

级数	全月应纳税所得额	税率	速算扣除数（元）
1	全月应纳税额不超过 1500 元部分	3%	0
2	全月应纳税额超过 1500~4500 元部分	10%	105
3	全月应纳税额超过 4500~9000 元部分	20%	555
4	全月应纳税额超过 9000~35000 元部分	25%	1005
5	全月应纳税额超过 35000~55000 元部分	30%	2755
6	全月应纳税额超过 55000~80000 元部分	35%	5505
7	全月应纳税额超过 80000 元	45%	13505

9.2　设置工资项目

每个员工的工资项目除了基本工资固定不变外，其他的工资项目将根据员工职务类别和部门决定，且随时间的变化而变化。下面根据公司规定分别设置各工资项目。

9.2.1　设置应发工资项目

由于应发工资项目，包括"基本工资""岗位工资""住房补贴""奖金"项目，因此可先设置"岗位工资""住房补贴""奖金"项目，然后求和计算应发合计数。

1. 设置"岗位工资"和"住房补贴"项目

根据鑫业有限责任公司规定，"岗位工资"和"住房补贴"将根据员工职务不同而不同，具体要求如表9-4所示。

表9-4　岗位工资和住房补贴情况

员工职务	岗位工资	住房补贴
管理人员、运输管理、生产管理、销售管理	1000	350
运输人员	300	240
生产工人	500	200
销售人员	800	280

因此，要计算员工的岗位工资和住房补贴均可使用IF嵌套函数，公式如下。

◎ **计算岗位工资：** 岗位工资=IF(员工职务="运输工人",300,IF(员工职务="生产工人",500,IF(员工职务="销售人员",800,1000)))

◎ **计算住房补贴：** 住房补贴=IF(员工职务="运输工人",240,IF(员工职务="生产工人",200,IF(员工职务="销售人员",280,350)))

2. 设置"奖金"项目

根据鑫业有限责任公司规定，"奖金"将根据部门的效益决定，具体要求如表9-5所示。

表9-5 奖金情况

部门	奖金
管理部	500
运输部	300
生产部	与个人生产数量有关，按件计提，每件的提成金额为 10 元
销售部	与个人销售额有关，完成基本销售额 50 万元的奖金为 500 元，超额完成的按超出金额的 1% 提成，未完成基本销售额的没有奖金

因此，要计算不同部门的员工奖金，其公式如下。

◎ **计算管理部与运输部奖金：** 奖金=IF(部门="管理部",500,300)

◎ **计算生产部奖金：** 奖金=IF(部门="生产部",生产数量*10,0)

◎ **计算销售部奖金：** 奖金=IF(AND(部门="销售部",销售总额 > = 50),500+100*(销售总额−50),0)

9.2.2 设置应扣工资项目

由于应扣工资项目，包括"迟到扣款""事假扣款""病假扣款""养老保险""医疗保险"项目，因此可先设置出勤扣款和保险扣款项目，然后求和计算应扣合计数。

1. 设置出勤扣款项目

根据鑫业有限责任公司规定，出勤扣款将根据员工的出勤情况决定，具体要求如表9-6所示。

表9-6 出勤扣款情况

出勤情况		扣款情况
迟到	=1 次	20 元
	=2 次	每次 40 元
	≥ 3 次	每次 80 元
事假	≤ 14 天	（应发合计 /22）* 事假天数
	> 14 天	应发合计的 80%

续表

出勤情况		扣款情况
病假	≤ 14 天	生产工人扣款 300，非生产工人扣款 500
	> 14 天	生产工人扣款 500，非生产工人扣款 800

因此，计算员工出勤扣款的公式如下。

◎ **计算迟到扣款：** 迟到扣款=IF(迟到次数=1,20,IF(迟到次数=2,迟到次数*40,迟到次数*80))

◎ **计算事假扣款：** 事假扣款=IF(事假天数 < = 14,应发合计/22*事假天数,应发合计*0.8)

◎ **计算病假扣款：** 病假扣款=IF(病假天数=0,0,IF(病假天数 < = 14,IF(职务="生产工人",300,500),IF(职务="生产工人",500,800)))

2. 设置保险扣款项目

根据个人的缴费数额所占社保缴费总额的百分比，相应的保险扣款项目的公式如下。

◎ **计算养老保险扣款：** 养老保险=（基本工资+岗位工资）*8%

◎ **计算医疗保险扣款：** 医疗保险=（基本工资+岗位工资）*2%

9.2.3 设置实发工资项目

由于实发工资=应发工资-代扣税，且代扣税根据应发工资的数额而定，因此还必须掌握应发工资和代扣税项目的设置。

◎ **计算应发工资：** 应发工资=应发合计-应扣合计

◎ **计算代扣税：** 个人所得税=（应发工资-免征额）*税率-速算扣除数，根据个税税率表，代扣税的具体情况如表9-7所示。

表9-7 代扣税情况

应发工资 -3500	代扣税
应发工资 -3500 ≤ 0	0
0 < 应发工资 -3500 ≤ 1500	（应发工资 -3500）*0.03
1500 < 应发工资 -3500 ≤ 4500	（应发工资 -3500）*0.10-105
4500 < 应发工资 -3500 ≤ 9000	（应发工资 -3500）*0.20-555
9000 < 应发工资 -3500 ≤ 35000	（应发工资 -3500）*0.25-1005
35000 < 应发工资 -3500 ≤ 55000	（应发工资 -3500）*0.30-2755
55000 < 应发工资 -3500 ≤ 80000	（应发工资 -3500）*0.35-5505
80000 < 应发工资 -3500	复核应发工资

9.2.4 课堂案例1——制作员工工资表

制作员工工资表，在其中输入员工基本信息与工资项目，并使用公式计算各工资项目，完成后的参考效果如图9-1所示。

素材所在位置 光盘:\素材文件\第9章\课堂案例1\生产与销售数据统计表.xlsx

效果所在位置 光盘:\效果文件\第9章\课堂案例1\员工工资表.xlsx

视频演示 光盘:\视频文件\第9章\制作员工工资表.swf

员工工资表

工资结算日期：2014年11月

员工编号	姓名	性别	部门	职务	应发工资					应扣工资									应发工资	代扣税	实发工资
					基本工资	岗位工资	住房补贴	奖金	应发合计	迟到次数	事假天数	病假天数	迟到扣款	事假扣款	病假扣款	养老保险	医疗保险	应扣合计			
1001	张红林	男	管理部	管理人员	5000	1000	350	500	6850				0	0	0	480	120	600	6250	170	6080
1002	梁丽	女	管理部	管理人员	4500	1000	350	500	6350			2	0	0	500	440	110	1050	5300	75	5225
1003	陈建祥	男	管理部	管理人员	4000	1000	350	500	5850				0	0	0	400	100	500	5350	80	5270
2001	鲜欣	女	运输部	运输管理	4500	1000	350	300	6150				0	0	0	440	110	550	5600	105	5495
2002	母奎志	男	运输部	运输人员	3000	1000	350	300	4650	6			480	0	0	320	80	880	3770	8.1	3761.9
2003	徐清	男	运输部	运输人员	3000	1000	350	300	4650			3	0	0	500	320	80	900	3750	7.5	3742.5
3001	王斌	男	生产部	生产管理	4500	1000	350	1200	7050				0	0	0	440	110	550	6500	195	6305
3002	孙雪梅	女	生产部	生产工人	3500	500	200	670	4870			4	0	0	300	320	80	700	4170	20.1	4149.9
3003	刘贵珍	女	生产部	生产工人	3200	500	200	980	4880		15		0	3904	0	296	74	4274	606	0	606
3004	高鑫	男	生产部	生产工人	3000	500	200	1050	4750				0	0	0	280	70	350	4400	27	4373
3005	吴光阳	男	生产部	生产工人	3000	500	200	860	4560	5			400	0	0	280	70	750	3810	9.3	3800.7
3006	郑珊珊	女	生产部	生产工人	3000	500	200	1120	4820				0	0	0	280	70	350	4470	29.1	4440.9
4001	许小源	女	销售部	销售管理	4500	1000	350	1000	6850				0	0	0	440	110	550	6300	175	6125
4002	杜鹏成	男	销售部	销售人员	3500	800	280	6000	10580	2			80	0	0	344	86	510	10070	759	9311
4003	张利娟	女	销售部	销售人员	3200	800	280	0	4280				0	0	0	320	80	400	3880	11.4	3868.6
4004	杨强	男	销售部	销售人员	3000	800	280	4100	8180		3		0	1115.455	0	304	76	1495.455	6684.545	213.4545	6471.091
4005	柳佳艳	女	销售部	销售人员	3000	800	280	0	4080			16	0	0	800	304	76	1180	2900	0	2900
4006	何树坤	男	销售部	销售人员	3000	800	280	2700	6780	3			240	0	0	304	76	620	6160	161	5999

图9-1 员工工资表的参考效果

1. 输入员工基本信息与工资项目

下面首先创建“员工工资表.xlsx”工作簿，然后使用不同的方法输入员工基本信息和工资项目，具体操作如下。

（1）启动Excel，将新建的工作簿以“员工工资表”为名进行保存，然后输入各工资项目：员工编号、姓名、性别、部门、职务、基本工资、岗位工资、住房补贴、奖金、应发合计、迟到次数、事假天数、病假天数、迟到扣款、事假扣款、病假扣款、养老保险、医疗保险、应扣合计、应发工资、代扣税、实发工资，并设置单元格格式。

（2）在A5单元格中输入员工编号“1001”，然后选择该单元格，向下拖动至A7单元格，使其自动填充序列数据，完成后用相同的方法填充其他部门的员工编号，并在B5:B22单元格区域中输入员工姓名，如图9-2所示。

员工工资表

工资结算日期：2014年11月

员工编号	姓名	性别	部门	职务	应发工资					应扣工资									应发工资	代扣税	实发工资
					基本工资	岗位工资	住房补贴	奖金	应发合计	迟到次数	事假天数	病假天数	迟到扣款	事假扣款	病假扣款	养老保险	医疗保险	应扣合计			
1001	张红林																				
1002	梁丽																				
1003	陈建祥																				
2001	鲜欣																				
2002	母奎志																				
2003	徐清																				
3001	王斌																				
3002	孙雪梅																				
3003	刘贵珍																				
3004	高鑫																				
3005	吴光阳																				
3006	郑珊珊																				
4001	许小源																				
4002	杜鹏成																				

图9-2 输入相应的数据

操作技巧

由于表头数据占了两行，若合并A3:A4、B3:B4、C3:C4、D3:D4、E3:E4、T3:T4、U3:U4、V3:V4单元格区域，将不利于后面查询并分析工资数据，因此无需合并以上单元格区域，为了美观只需设置单元格边框即可。

（3）选择C5:C22单元格区域，在【数据】→【数据工具】组中单击"数据有效性"按钮 。

（4）在打开的"数据有效性"对话框的"设置"选项卡的"允许"下拉列表框中选择"序列"选项，在"来源"参数框中输入"男,女"，然后单击 确定 按钮，如图9-3所示。

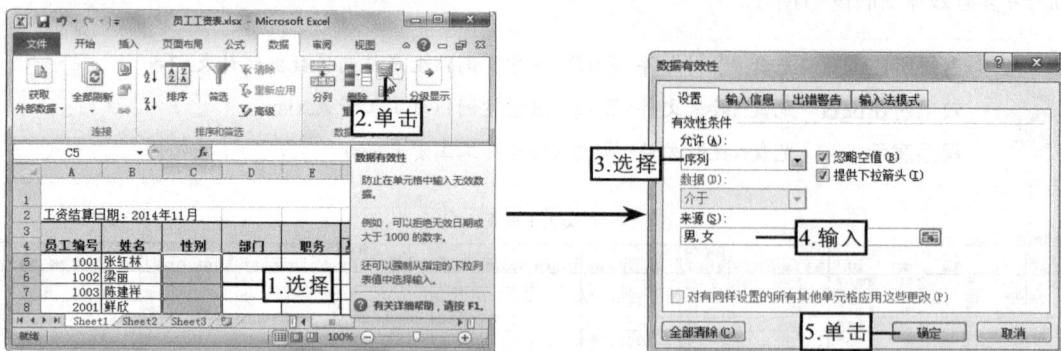

图9-3　设置数据有效性

（5）在设置了数据有效性的单元格右侧单击 按钮，在打开的下拉列表中可选择所需的选项，如选择"男"选项即可快速输入性别到相应的单元格中。

（6）用相同的方法设置"部门"的有效性序列数据为"管理部,运输部,生产部,销售部"，"职务"的有效性序列数据为"管理人员,运输管理,运输人员,生产管理,生产工人,销售管理,销售人员"，完成后选择输入各员工的部门和职务，如图9-4所示。

图9-4　通过数据有效性选择输入相应的数据

（7）继续依次输入各员工的"基本工资""迟到次数""事假天数""病假天数"项目，如图9-5所示。

图9-5　输入其他项目数据

2. 计算工资项目

根据前面设置的工资项目，分别使用不同的公式计算各工资项目，具体操作如下。

（1）选择G5:G22单元格区域，在编辑栏中输入公式"=IF(E5="运输工人",300,IF(E5="生产工人",500,IF(E5="销售人员",800,1000)))"，完成后按【Ctrl+Enter】组合键计算各员工的岗位工资，如图9-6所示。

（2）选择H5:H22单元格区域，在编辑栏中输入公式"=IF(E5="运输工人",240,IF(E5="生产工人",200,IF(E5="销售人员",280,350)))"，完成后按【Ctrl+Enter】组合键计算各员工的住房补贴，如图9-7所示。

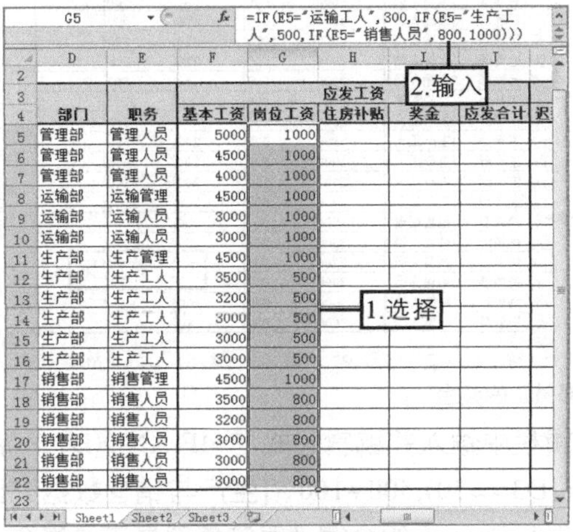

图9-6 计算岗位工资

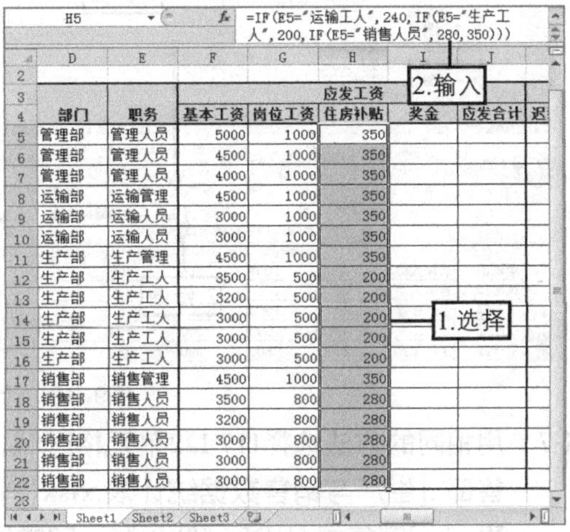

图9-7 计算住房补贴

（3）选择I5:I10单元格区域，在编辑栏中输入公式"=IF(D5="管理部",500,300)"，完成后按【Ctrl+Enter】组合键计算管理部与运输部员工的奖金，如图9-8所示。

（4）打开"生产与销售数据统计表"工作簿，在"员工工资表"工作簿中选择I11:I16单元格区域，在编辑栏中输入公式"=IF(D11="生产部",生产数量*10,0)"，然后选择公式中的"生产数量"数据，如图9-9所示。

图9-8 计算管理部与运输部员工的奖金

图9-9 编辑公式

（5）切换到"生产与销售数据统计表.xlsx"工作簿的"生产情况"工作表中选择D3单元格，此时"员工工资表.xlsx"工作簿的编辑栏中的"生产数量"数据自动变为"[生产与销售数据统计表.xlsx]生产情况!¥D¥3"，然后将鼠标光标定位到"¥D¥3"数据前或后。

（6）按3次【F4】组合键将其转换为相对引用"D3"，完成后按【Ctrl+Enter】组合键计算生产部员工的奖金，如图9-10所示。

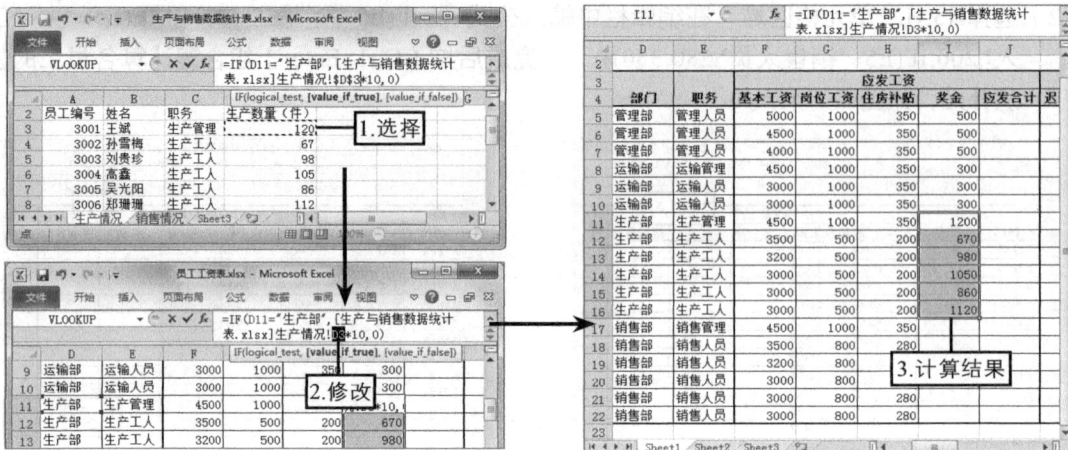

图9-10　计算生产部员工的奖金

（7）用相同的方法选择I17:I22单元格区域，在编辑栏中输入并编辑公式"=IF(AND(D17="销售部",[生产与销售数据统计表.xlsx]销售情况!D3>=50),500+100*([生产与销售数据统计表.xlsx]销售情况!D3-50),0)"，完成后按【Ctrl+Enter】组合键计算销售部员工的奖金，如图9-11所示。

（8）选择J5:J22单元格区域，在【开始】→【编辑】组中单击"自动求和"按钮Σ，系统将自动计算所选单元格对应行的求和数，即应发合计，如图9-12所示。

图9-11　计算销售部员工的奖金　　　　图9-12　计算应发合计

（9）选择N5:N22单元格区域，在编辑栏中输入公式"=IF(K5=1,20,IF(K5=2,K5*40,K5*80))"，完成后按【Ctrl+Enter】组合键计算各员工的迟到扣款，如图9-13所示。

（10）选择O5:O22单元格区域，在编辑栏中输入公式"=IF(L5<=14,J5/22*L5,J5*0.8)"，完成后按【Ctrl+Enter】组合键计算各员工的事假扣款，如图9-14所示。

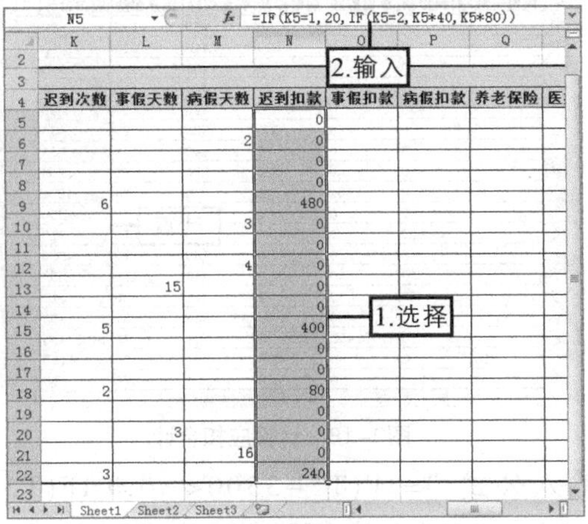

图9-13 计算迟到扣款

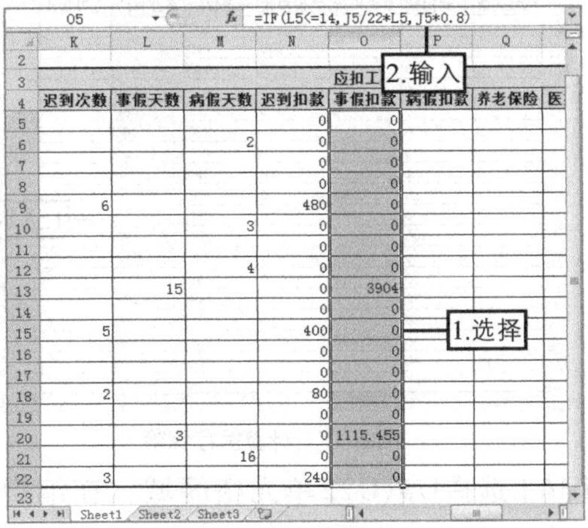

图9-14 计算事假扣款

（11）选择P5:P22单元格区域，在编辑栏中输入公式"=IF(M5=0,0,IF(M5<=14,IF(E5="生产工人",300,500),IF(E5="生产工人",500,800)))"，完成后按【Ctrl+Enter】组合键计算各员工的病假扣款，如图9-15所示。

（12）选择Q5:Q22单元格区域，在编辑栏中输入公式"=(F5+G5)*0.08"，完成后按【Ctrl+Enter】组合键计算各员工的养老保险扣款，如图9-16所示。

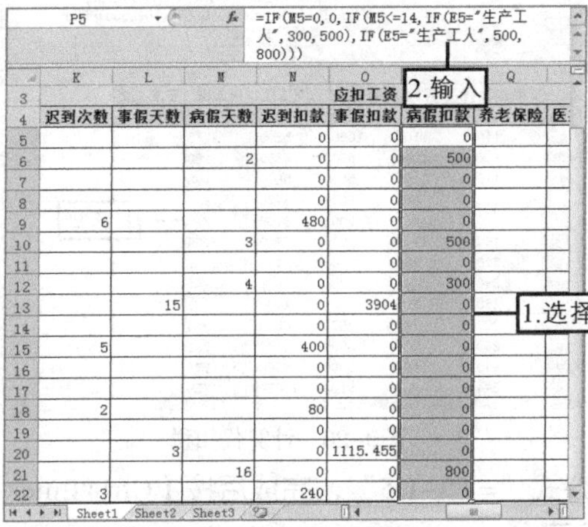

图9-15 计算病假扣款

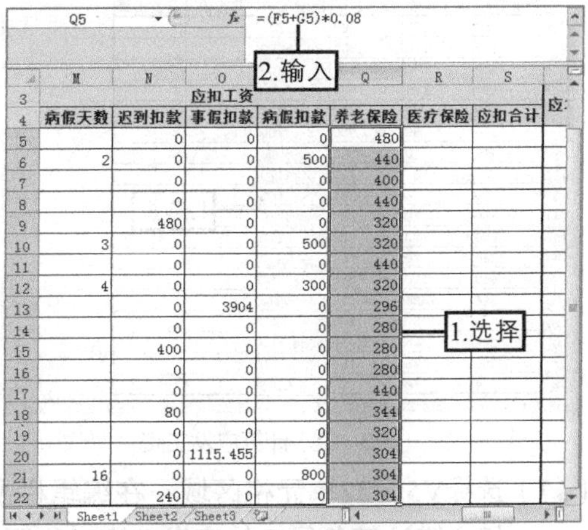

图9-16 计算养老保险

（13）选择R5:R22单元格区域，在编辑栏中输入公式"=(F5+G5)*0.02"，完成后按【Ctrl+Enter】组合键计算各员工的医疗保险扣款，如图9-17所示。

（14）选择S5:S22单元格区域，在【开始】→【编辑】组中单击"自动求和"按钮Σ，系统将自动计算所选单元格对应行的求和数，即应扣合计，如图9-18所示。

（15）选择T5:T22单元格区域，在编辑栏中输入公式"=J5-S5"，完成后按【Ctrl+Enter】组合键计算各员工的应发工资，如图9-19所示。

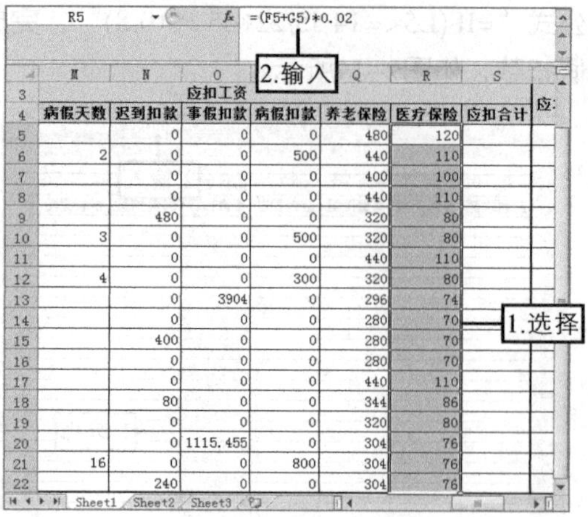

图9-17 计算医疗保险

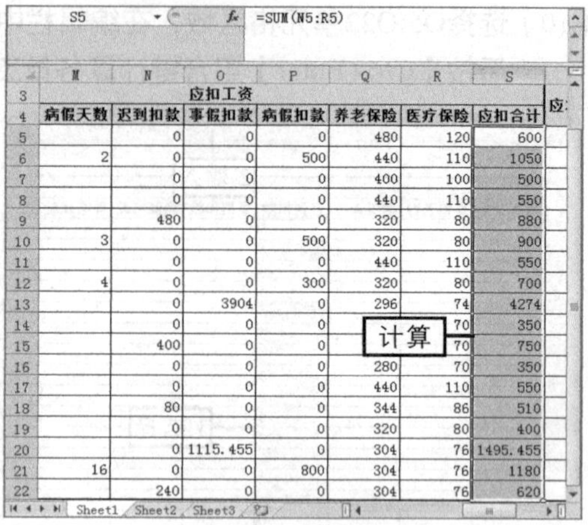

图9-18 计算应扣合计

（16）选择U5:U22单元格区域，在编辑栏中输入公式"=IF(T5−3500<=0,0,IF(T5−3500<=1500,0.03*(T5−3500),IF(T5−3500<=4500,0.1*(T5−3500)−105,IF(T5−3500<=9000,0.2*(T5−3500)−555,IF(T5−3500<=35000,0.25*(T5−3500)−1005,IF(T5−3500<=55000,0.3*(T5−3500)−2755,IF(T5−3500<=80000,0.35*(T5−3500)−5505,"复核应发工资")))))))"，完成后按【Ctrl+Enter】组合键计算各员工的代扣税，如图9-20所示。

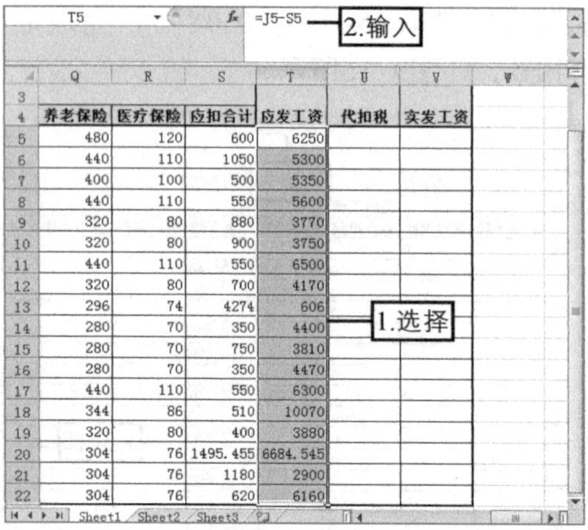

图9-19 计算应发工资

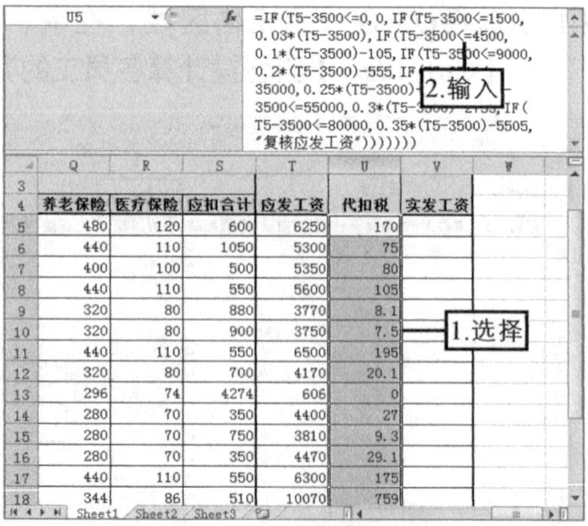

图9-20 计算代扣税

（17）选择V5:V22单元格区域，在编辑栏中输入公式"=T5−U5"，完成后按【Ctrl+Enter】组合键计算各员工的实发工资，如图9-21所示。

图9-21 计算实发工资

9.3 查询与分析工资数据

由于员工工资表中的工资项目繁多，为了方便查询和管理，可使用不同的方法查询并汇总分析工资数据。

9.3.1 查询工资数据

使用Excel管理工资数据时，经常会遇到查询个人工资的情况。因此，要快速地查询所需员工的工资情况，有如下两种方法。

◎ **使用数据筛选功能进行查询**：选择创建的工资项目表头数据，在【数据】→【排序和筛选】组中单击"筛选"按钮 ▼，进入筛选状态，然后根据筛选条件筛选出所需的数据。

◎ **使用VLOOKUP函数进行查询**：创建工资查询表，在其中依次输入各个工资项目，然后使用VLOOKUP函数查询并引用工资表中与工资项目对应的数据，完成后输入员工姓名即可查出该员工的工资情况，如图9-22所示。

图9-22 工资查询表

9.3.2 分析工资数据

分析工资数据就是以工资数据为基础，对部门、职务的工资数据进行分析和比较，产生各种分析表，供决策人员使用。由于图表分析法具有直观、形象、鲜明、清晰、简洁等特点，因此使用图表分析法对工资数据进行统计汇总，不仅可以对数据进行整理，还可按照一定的格式制作统计表，并根据需要制作所需的图表类型。

9.3.3 课堂案例2——查询并分析工资数据

本案例将在前面制作的员工工资表中使用不同的方法查询工资数据，然后利用数据透视图表汇总分析工资数据。分析工资数据后的参考效果如图9-23所示。

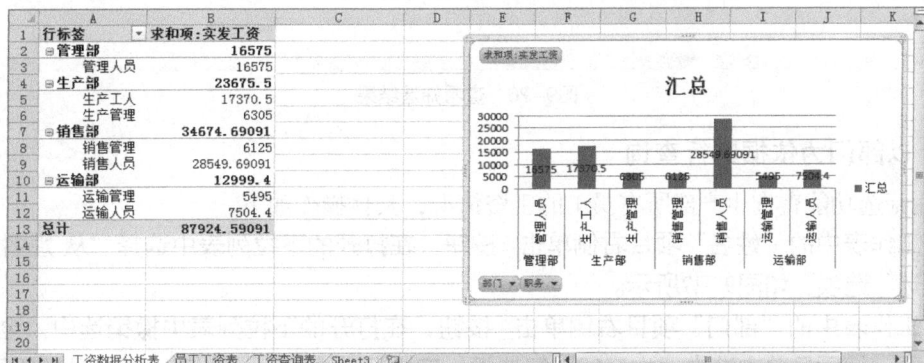

图9-23 分析工资数据后的参考效果

素材所在位置	光盘:\素材文件\第9章\课堂案例2\员工工资表.xlsx
效果所在位置	光盘:\效果文件\第9章\课堂案例2\查询并分析工资数据.xlsx
视频演示	光盘:\视频文件\第9章\查询并分析工资数据.swf

1. 以员工姓名为依据进行查询

下面使用筛选功能查询员工姓名为"孙雪梅"的工资情况，具体操作如下。

（1）打开"员工工资表.xlsx"工作簿，将其以"查询并分析工资数据"为名进行另存，然后选择A4:V4单元格区域，在【数据】→【排序和筛选】组中单击"筛选"按钮，如图9-24所示。

（2）在工作表中的"姓名"项目右侧单击 按钮，在打开的下拉列表中撤销选中"全选"复选框，然后只单击选中"孙雪梅"复选框，完成后单击 确定 按钮，如图9-25所示。

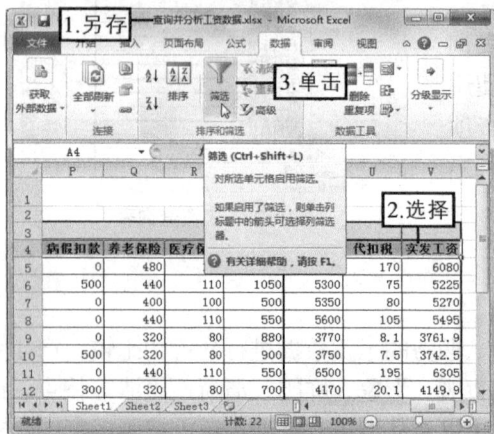

图9-24 准备筛选数据

图9-25 设置筛选条件

（3）返回工作表中筛选出员工"孙雪梅"的工资情况，如图9-26所示。

图9-26 查看筛选结果

2. 以部门为依据进行查询

使用筛选功能查询生产部所有员工的工资情况，具体操作如下。

（1）在工作表中的"姓名"项目右侧单击 按钮，在打开的下拉列表中选择"从'姓名'中清除筛选"选项，如图9-27所示。

（2）在工作表中的"部门"项目右侧单击 按钮，在打开的下拉列表中撤销选中"全选"复选框，然后只单击选中"生产部"复选框，完成后单击 确定 按钮，如图9-28所示。

图9-27　清除筛选条件　　　　　　图9-28　重新设置筛选条件

（3）返回工作表中筛选出生产部所有员工的工资情况，如图9-29所示。

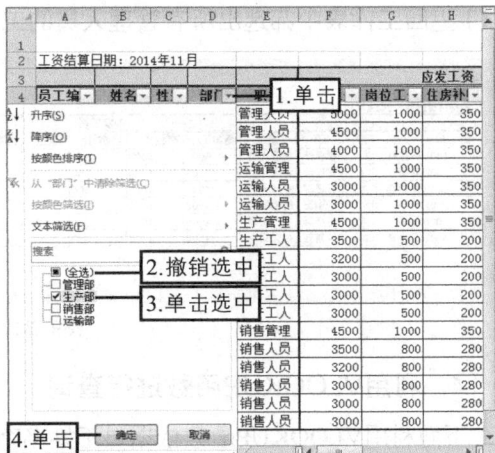

图9-29　查看筛选结果

3.　以职务为依据进行查询

使用筛选功能查询所有管理人员（包括生产管理、销售管理、运输管理）的工资情况，具体操作如下。

（1）在工作表中的"部门"项目右侧单击 按钮，在打开的下拉列表中选择"从'部门'中清除筛选"选项，然后在"职务"项目右侧单击 按钮，在打开的下拉列表中选择【文本筛选】→【包含】选项。

（2）在打开的"自定义自动筛选方式"对话框的"包含"下拉列表框右侧的下拉列表框中输入文本"管理"，完成后单击 按钮，如图9-30所示。

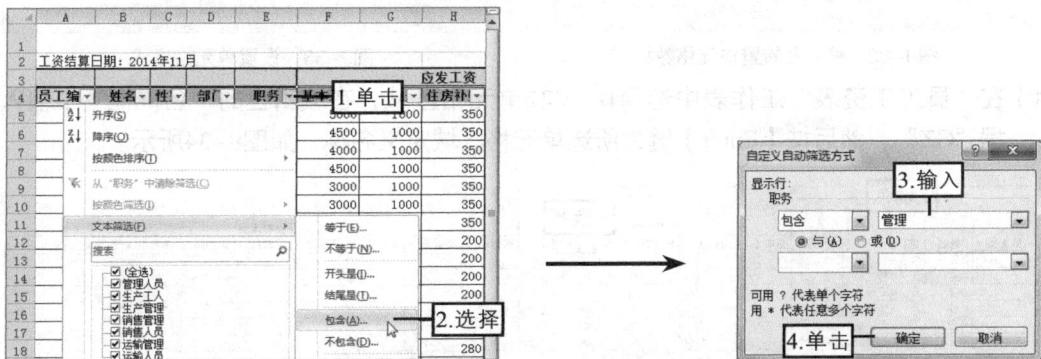

图9-30　自定义筛选条件

（3）返回工作表中筛选出所有管理人员的工资情况，如图9-31所示。

员工工资表

工资结算日期：2014年11月

员工编	姓名	性	部门	职务	基本工	岗位工	住房补	奖金	应发合	迟到次	事假天	病假天	迟到扣	事假扣	病假扣	养老保	医疗保	应扣合
							应发工资									应扣工资		
1001	张红林	男	管理部	管理人员	5000	1000	350	500	6850				0	0	0	480	120	600
1002	梁丽	女	管理部	管理人员	4500	1000	350	500	6350	2	0	0	500	440	110	1050		
1003	陈建祥	男	管理部	管理人员	4000	1000	350	500	5850				0	0	0	400	100	500
2001	鲜欣	女	运输部	运输管理	4500	1000	350	500	6150				0	0	0	440	110	550
3001	王斌	男	生产部	生产管理	4500	1000	350	1200	7050				0	0	0	440	110	550
4001	许小源	女	销售部	销售管理	4500	1000	350	1000	6850				0	0	0	440	110	550

图9-31　查看筛选结果

4．利用VLOOKUP函数进行查询

下面利用VLOOKUP函数依据员工姓名查询个人的工资情况，具体操作如下。

（1）将"Sheet1"工作表重命名为"员工工资表"，"Sheet2"工作表重命名为"工资查询表"，然后在"工资查询表"工作表中合并A1:C1单元格区域，并输入数据"工资查询表"，设置其字体格式"方正大黑简体，18"。

（2）在"员工工资表"工作表中选择B3:V4单元格区域，按【Ctrl+C】组合键，然后在"工资查询表"工作表中选择A2单元格，在【开始】→【剪贴板】组中单击"粘贴"按钮下方的按钮，在打开的下拉列表中单击"转置"按钮，如图9-32所示。

（3）在"工资查询表"工作表中选择A2:C22单元格区域，合并单元格区域并设置边框样式，然后调整单元格列宽，如图9-33所示。

图9-32　输入并转置单元格数据

图9-33　设置单元格格式

（4）在"员工工资表"工作表中选择B5:V22单元格区域，在编辑栏的"名称框"中输入数据"GZ"，然后按【Enter】键为所选单元格区域定义名称，如图9-34所示。

员工编	姓名	性	部门	职务	基本工	岗位工	住房补	奖金	应发合	迟到次	事假天	病假天	迟到扣	事假扣	病假扣	养老保	医疗保	应扣合
							应发工资									应扣工资		
1001	张红林	男	管理部	管理人员	5000	1000	350	500	6850				0	0	0	480	120	600
1002	梁丽	女	管理部	管理人员	4500	1000	350	500	6350	2	0	0	500	440	110	1050		
1003	陈建祥	男	管理部	管理人员	4000	1000	350	500	5850				0	0	0	400	100	500
2001	鲜欣	女	运输部	运输管理	4500	1000	350	300	6150				0	0	0	440	110	550
2002	母奎志	男	运输部	运输人员	3000	1000	350	300	4650	6			480	0	0	320	80	880
2003	徐涛	男	运输部	运输人员	3000	1000	350	300	4650				0	500	0	320	80	900

图9-34　定义名称

（5）在"工资查询表"工作表中选择C3单元格，输入公式"=VLOOKUP(￥C￥2，GZ,2,FALSE)"，然后按【Ctrl+Enter】组合键，如图9-35所示。

（6）将C3单元格的公式复制到C4:C22单元格区域，然后依次修改C4:C22单元格区域中各函数的col_index_num参数值（即该值与定义的名称GZ中对应项目的列数相等），如图9-36所示。

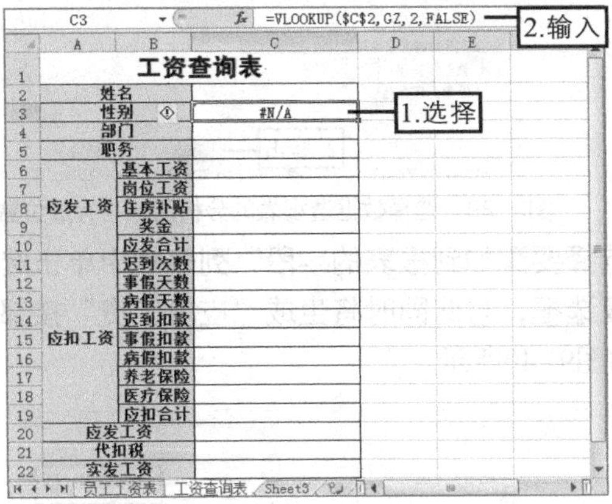

图9-35　输入公式

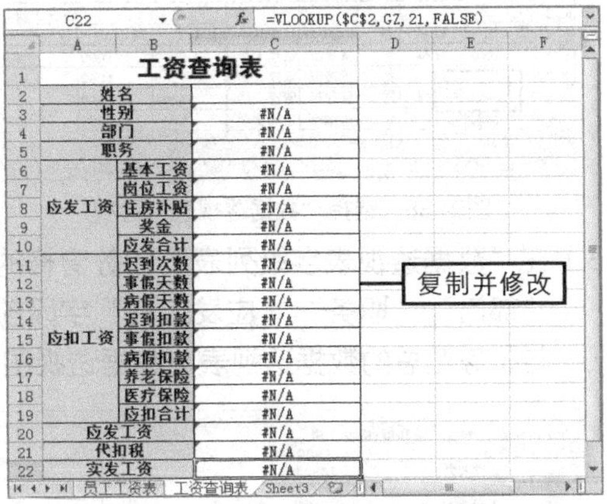

图9-36　复制并修改公式

（7）在C2单元格中输入要查询的员工姓名，即可查询出该员工的工资情况，如查询"鲜欣"和"杜鹏成"的工资情况如图9-37所示。

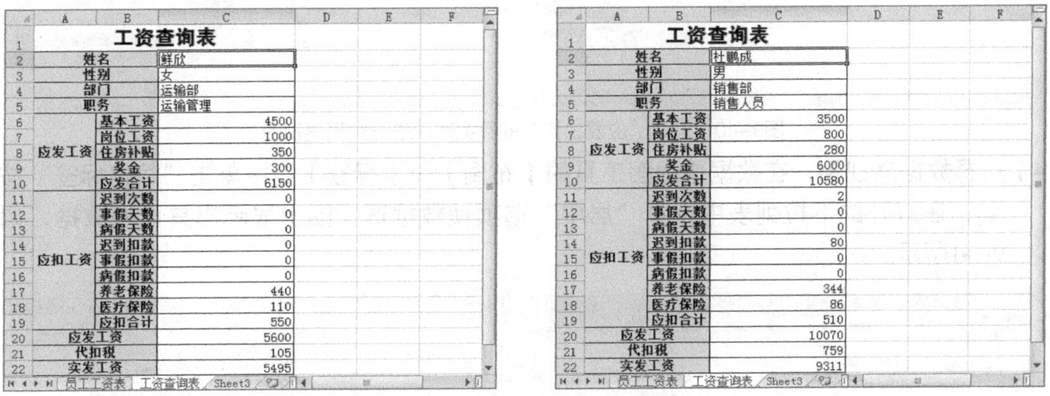

图9-37　查询某员工的工资情况

5. 依据部门和职务进行统计分析

利用数据透视图表统计分析每一部门每一员工职务的"应发工资"和"实发工资"汇总数，具体操作如下。

（1）选择"员工工资表.xlsx"工作表，在【插入】→【表格】组中单击"数据透视表"按钮下方的·按钮，在打开的下拉列表中选择"数据透视图"选项，如图9-38所示。

（2）在打开的"创建数据透视表及数据透视图"对话框中单击选中"选择一个表或区域"单选项，并确认要分析的数据区域为"员工工资表!￥A￥4:￥V￥22"，然后单击选中"新工作表"单选项，完成后单击 确定 按钮，如图9-39所示。

图9-38 选择"数据透视表"选项

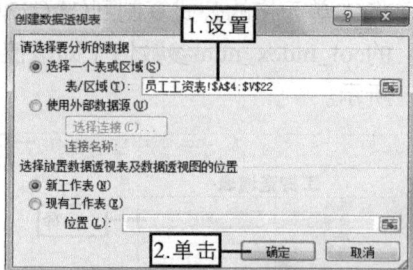

图9-39 选择数据透视表的分析区域与存放位置

（3）在"数据透视表字段列表"任务窗格的"选择要添加到报表的字段"列表框中单击选中"部门""职务""应发工资"字段前的复选框，与此同时将生成"应发工资"按部门与职务汇总的数据透视表与数据透视图，如图9-40所示。

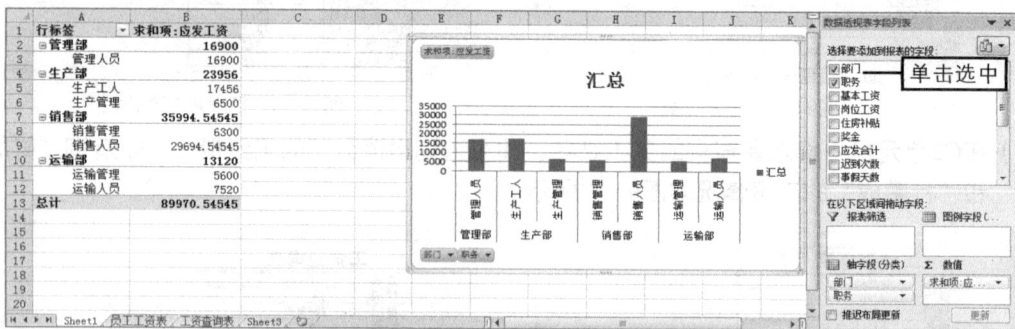

图9-40 汇总"应发工资"的数据透视表与数据透视图

（4）选择数据透视图，在数据透视图工具的【布局】→【标签】组中单击"数据标签"按钮，在打开的下拉列表中选择"居中"选项使数据透视图上显示出具体的数据，如图9-41所示。

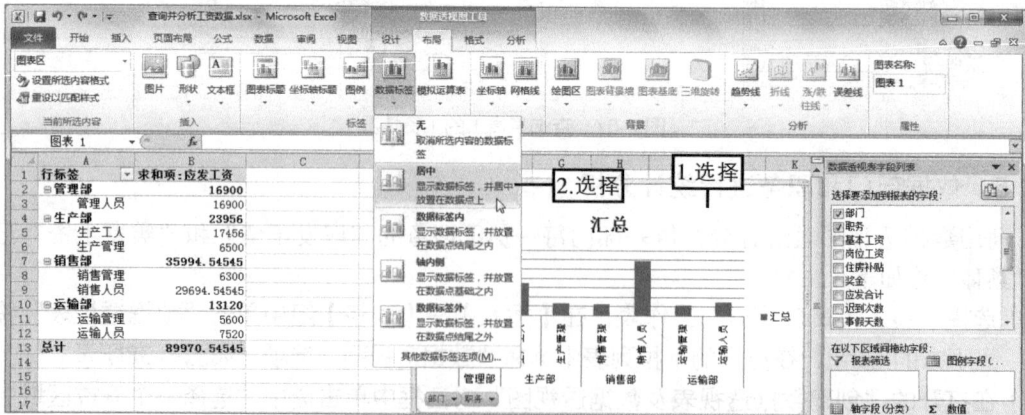

图9-41 设置数据标签

（5）在"数据透视表字段列表"任务窗格的"选择要添加到报表的字段"列表框中撤销选中"应发工资"字段前的复选框，然后单击选中"实发工资"字段前的复选框，此时将变成"实发工资"按部门与职务汇总的数据透视表与数据透视图，完成后将存放数据透视图表的工作表重命名为"工资数据分析表"，如图9-42所示。

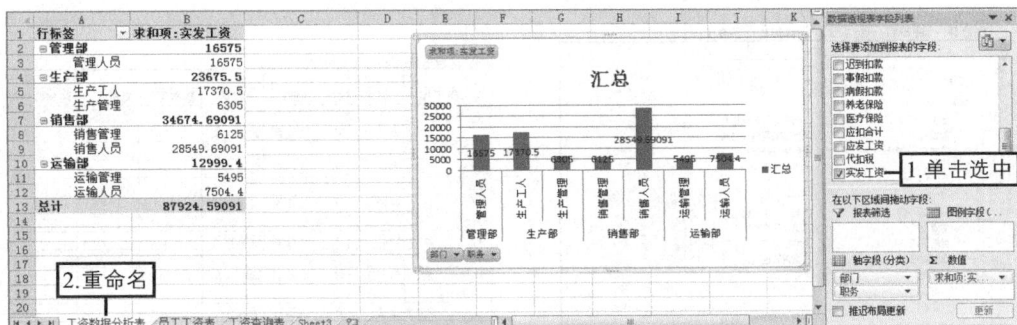

图9-42 汇总"实发工资"的数据透视表与数据透视图

9.4 设置并打印工资条

工资发放条需要每月打印出来发放给员工，每个员工的工资条上都需要打印标题，即一行工资明细项目数据，一行员工工资记录。因此为了避免在生成每月的工资发放条时都进行繁琐的操作，在打印前需先设置所需格式的工资条。

9.4.1 生成工资条

要实现每行员工工资记录对应一行工资明细项目数据，即生成所需的工资发放条，有以下几种方法。

1. 通过复制粘贴生成工资发放条

在Excel中复制工资表，然后在各员工的工资记录上方插入一空行，并复制工资明细项目数据，将其分别粘贴到相应的工资记录上方，即可将工资表数据生成工资发放条，并保存在新工作表中，如图9-43所示。

图9-43 通过复制粘贴生成工资发放条

2. 通过定位功能快速生成工资条

利用Excel的定位功能也可快速生成工资条，具体操作如下。

（1）首先确定工资表的数据区域中没有空值单元格（若有空值单元格用零值填充），然后在工资明细项目右侧的两列中交叉输入任意数字（为了方便后面定位空值），并选择交叉的4个单元格，复制其数据到工资明细表的结束行。

（2）在工资明细项目右侧的两列中定位选择多个空值单元格，如图9-44所示，并在所选的多个空值单元格上方插入一个空行，如图9-45所示。

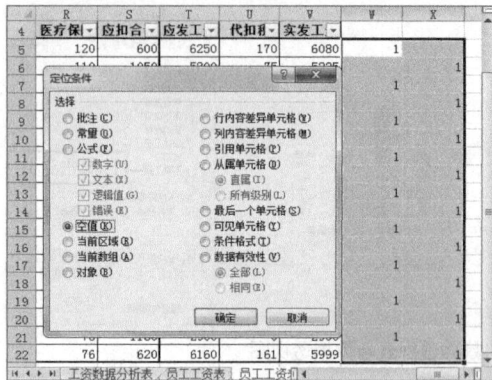

图9-44　输入数据并定位空值

图9-45　通过定位空值插入多个空行

（3）复制表头的工资明细项目数据，然后定位选择工作表中刚插入的空行，并在其中粘贴工资明细项目行，即可生成工资发放条，如图9-46所示。

图9-46　生成工资发放条

3. 通过VBA宏代码快速生成工资条

在Excel中使用VBA代码可以实现工资条的自动生成，默认情况下，VBA代码的相关命令并没有显示在功能区中，因此需要添加"开发工具"选项卡到功能区中，然后执行如下操作。

（1）首先将工资表以"Excel启用宏的工作簿（*.xlsm）"保存类型进行另存，然后在工资表标题行上方插入一空行，在【开发工具】→【代码】组中单击"Visual Basic"按钮🖼。

（2）在打开的VBA编辑窗口中选择【插入】→【模块】菜单命令，在打开的模块窗口中输入以下代码（该代码可以根据实际情况进行修改）。

```
Sub 工资条()
 For i = 7 To 56 Step 3
  Range("A4:V5").Copy
  Rows(i).Select
  Selection.Insert Shift:=xlDown
  Application.CutCopyMode = False
 Next
End Sub
```

（3）在VBA编辑窗口中单击"运行子过程"按钮▶运行该代码，即可在每个工资记录行上方自动添加标题行，完成后单击💾按钮进行保存。

9.4.2 打印工资条

生成工资发放条后，会计人员需要对工资发放条中每一员工所在的行进行分页，并且工资发放条的每个员工的工资所在页都需要打印出标题和工资项目，因此还需要设置打印标题和区域，完成后即可预览并打印工资发放条，以便向员工发放工资条。

9.4.3 课堂案例3——设置并打印工资条

本案例将根据前面制作的员工工资表，利用VBA宏代码快速生成工资条，然后设置并打印工资发放条，完成后的参考效果如图9-47所示。

素材所在位置	光盘:\素材文件\第9章\课堂案例3\员工工资表.xlsx
效果所在位置	光盘:\效果文件\第9章\课堂案例3\员工工资表.xlsm
视频演示	光盘:\视频文件\第9章\设置并打印工资条.swf

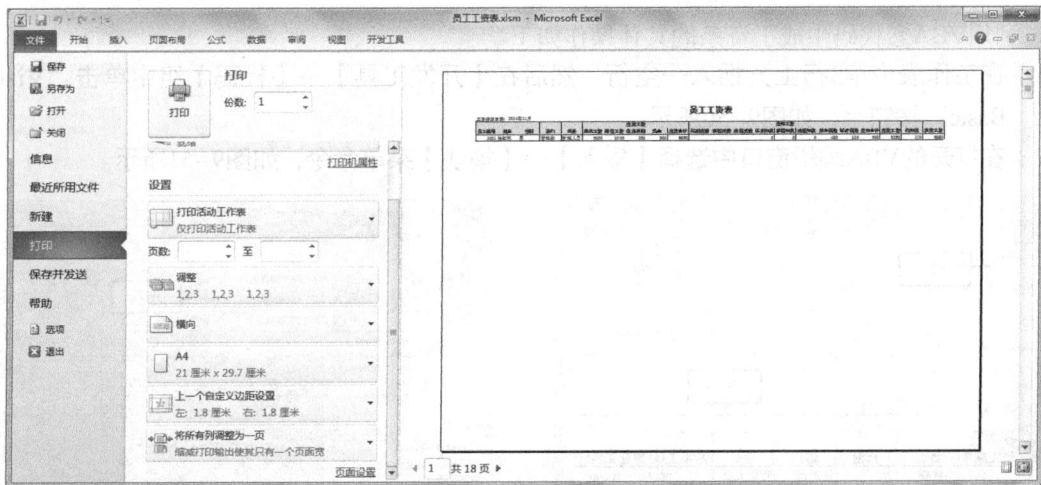

图9-47　设置并打印工资条的参考效果

1. 创建启用宏的工作簿

由于工作簿中将使用VBA代码，因此需要创建启用宏的工作簿，否则不能保存使用VBA代码后的效果。下面将前面制作的员工工资表以"Excel启用宏的工作簿（*.xlsm）"保存类型进行另存，然后添加"开发工具"选项卡到功能区中，具体操作如下。

（1）打开"员工工资表.xlsx"工作簿，选择【文件】→【另存为】菜单命令，在打开的"另存为"对话框中选择保存路径，在"保存类型"下拉列表框中选择"Excel启用宏的工作簿（*.xlsm）"选项，此时"文件名"下拉列表框中的后缀名将变为".xlsm"，然后单击 保存(S) 按钮，如图9-48所示，返回工作表中可看到标题栏变为"员工工资表.xlsm"。

（2）选择【文件】→【选项】菜单命令，在打开的"Excel选项"对话框中单击"自定义功能区"选项卡，在右侧的列表框中单击选中"开发工具"复选框，完成后单击 确定 按钮，

211

如图9-49所示，返回工作表中可看到功能区中显示出"开发工具"选项卡。

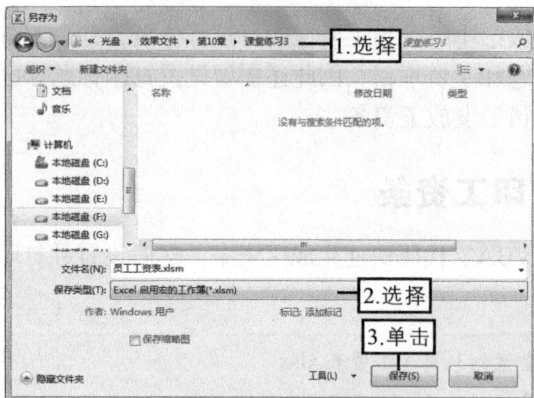

图9-48 选择另存类型

图9-49 添加"开发工具"选项卡

2. 利用VBA宏代码生成工资条

利用VBA宏代码生成工资条的具体操作如下。

（1）在工作表中第3行上方插入一空行，然后在【开发工具】→【代码】组中单击"Visual Basic"按钮，如图9-50所示。

（2）在打开的VBA编辑窗口中选择【插入】→【模块】菜单命令，如图9-51所示。

图9-50 插入空行并单击"Visual Basic"按钮

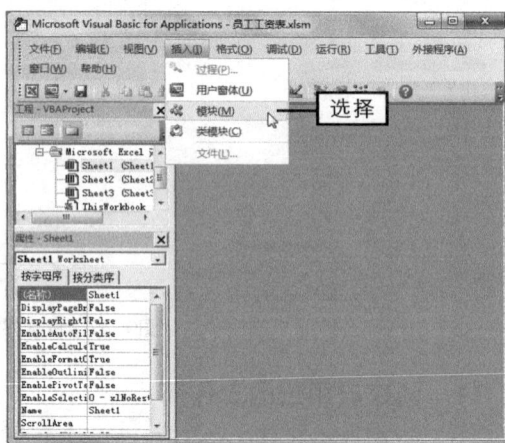

图9-51 打开模块窗口

（3）在打开的模块窗口中输入相应的代码，然后单击"运行子过程"按钮 运行该代码，如图9-52所示。

（4）切换到员工工资表窗口，在工作表中可看到每个工资记录行上方自动添加了工资项目明细数据，如图9-53所示，然后在VBA编辑窗口中单击 按钮进行保存，并单击 按钮关闭VBA编辑窗口。

> 执行VBA宏代码后，将不能通过快速访问工具栏的"撤销"按钮 撤销操作，此时若要使表格恢复到原来的状态，只有在没有保存VBA宏代码前关闭工作簿重新启动。
>
> 知识提示

图9-52 输入代码

图9-53 自动生成工资条

> **操作技巧** 在工作表中按【Alt+F11】组合键，也可打开VBA编辑窗口，在该窗口中若单击 ▌按钮将中断当前正在运行的代码程序，单击 ▌按钮可以停止正在运行的代码程序，然后根据需要重新设置。

3. 插入分页并设置打印标题

将每位员工的工资条分页显示，然后设置打印标题和区域，具体操作如下。

（1）选择第7行，在【页面布局】→【页面设置】组中单击 分隔符·按钮，在打开的下拉列表中选择"插入分页符"选项，如图9-54所示，即可在第一个员工下方开始插入行分页符进行强制分页。

（2）用相同的方法依次在每个员工下方插入行分页符，然后在【页面布局】→【页面设置】组中单击 打印标题按钮，如图9-55所示。

图9-54 插入分页符

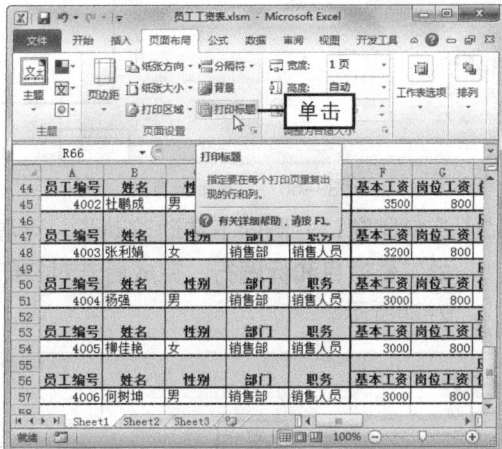

图9-55 准备打印标题

（3）打开"页面设置"对话框的"工作表"选项卡，将鼠标光标定位到"打印区域"文本框中，切换到工作表，选择A4:V57单元格区域，然后将鼠标光标定位到"顶端标题行"文本框中，切换到工作表选择每一行和第二行，完成后单击 打印预览(W)按钮，如图9-56所示。

（4）此时在打印窗口的右侧可预览设置的打印效果，如图9-57所示。

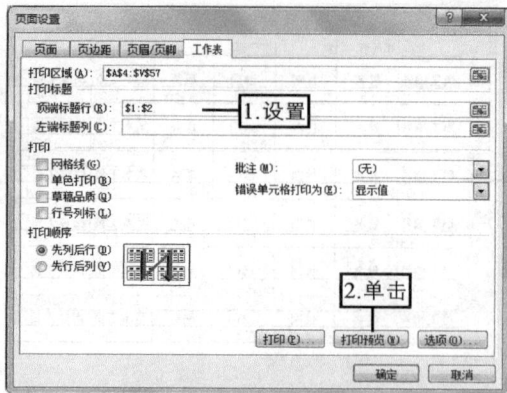

图9-56 设置打印标题

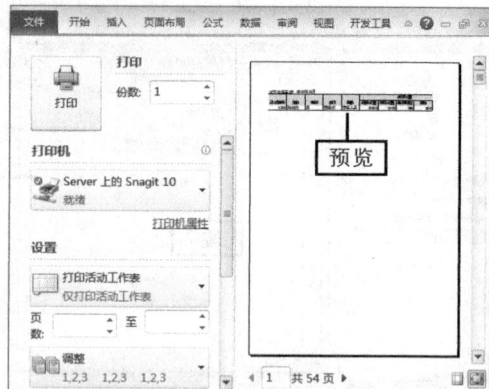

图9-57 预览设置的效果

4. 设置页面并打印工资条

设置页面并打印工资条的具体操作如下。

（1）选择【文件】→【打印】菜单命令，在中间区域的"设置"栏下设置纸张方向为"横向"，如图9-58所示，缩放大小为"将所有列调整为一页"，如图9-59所示。

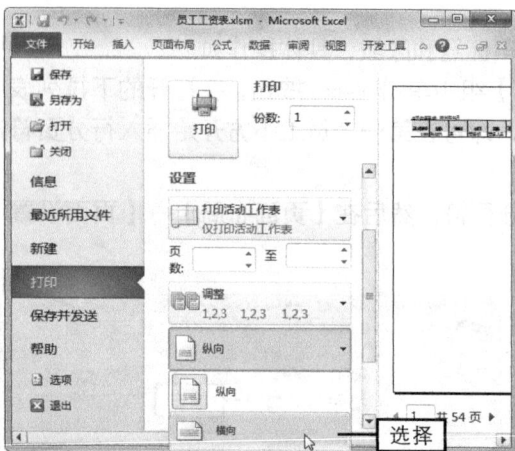

图9-58 设置纸张方向

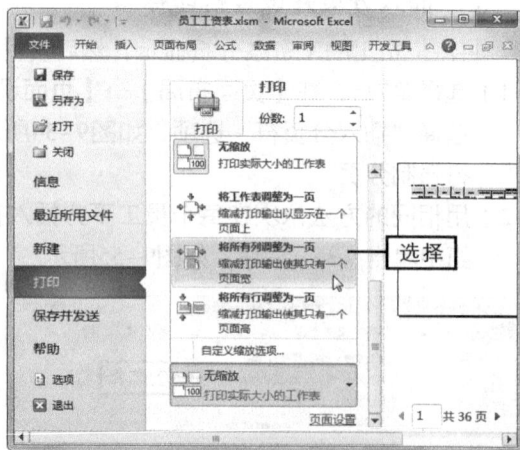

图9-59 设置缩放比例

（2）在打印窗口右侧向下拖动滚动条，可看到每页中包含一位员工的工资记录，且对应相应的工资项目和标题行，完成后若对打印效果满意可单击"打印"按钮 🖨 开始打印，如图9-60所示。

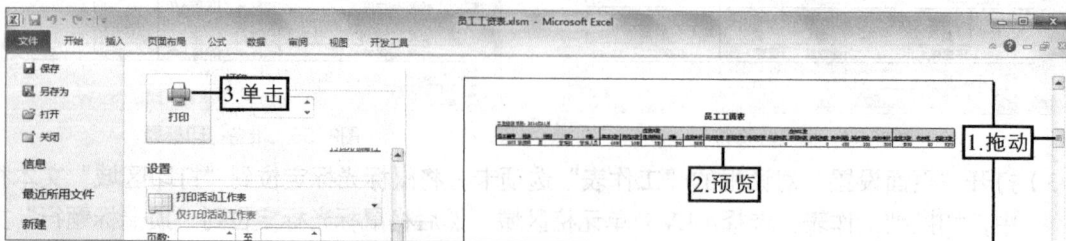

图9-60 预览并打印工资条

9.5 课堂练习

制作工资现金发放表和银行代发工资表，熟练掌握Excel在工资管理中的应用。

9.5.1 制作工资现金发放表

1. 练习目标

本练习的目标是为了避免工资以现金发放时遇到兑换零钱的情况，因此可制作一张工资现金发放表，在其中计算出从银行提取不同货币面额所需的面额张数。本练习完成后的参考效果如图9-61所示。

> 素材所在位置　光盘:\素材文件\第9章\课堂练习\员工工资表.xlsx
> 效果所在位置　光盘:\效果文件\第9章\课堂练习\工资现金发放表.xlsx
> 视频演示　　　光盘:\视频文件\第9章\制作工资现金发放表.swf

图9-61　"工资现金发放表"的参考效果

2. 操作思路

首先需要将"员工工资表.xlsx"工作簿另存为"工资现金发放表.xlsx"工作簿，然后输入并编辑数据，完成后计算并分析数据，操作思路如图9-62所示。

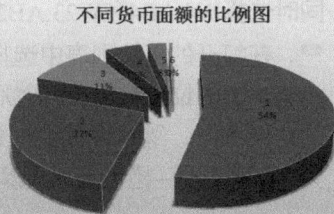

① 创建"工资现金发放表"工作簿　　　② 计算数据　　　③ 分析数据

图9-62　"工资现金发放表"的制作思路

（1）打开"员工工资表.xlsx"工作簿，将其以"工资现金发放表"为名进行另存，然后隐藏 C~U列，并在W4:AB4单元格区域中输入和设置相应数据的单元格格式。

（2）选择W4:W22单元格区域，输入公式"=INT(V5/￥W￥4)"表示用实发工资除以100，并向下取整得到100元面额钞票的张数，完成后按【Ctrl+Enter】组合键。

（3）选择X4:X22单元格区域，输入公式"=INT(MOD(V5,￥W￥4)/￥X￥4)"，表示实发工资除以100的余数再除以50，向下取整得到50元面额钞票的张数，完成后按【Ctrl+Enter】组合键。

（4）用相同的方法在Y4:Y22单元格区域中输入公式"=INT(MOD(V5,￥X￥4)/￥Y￥4)"表示实发工资除以50的余数再除以20，向下取整得到20元面额钞票的张数；在Z4:Z22单元格区域中输入公式"=INT(MOD(MOD(V5,￥X￥4),￥Y￥4)/￥Z￥4)"，表示实发工资除以50的余数再除以20的余数再除以10，向下取整得到10元面额钞票的张数；在AA4:AA22单元格区域中输入公式"=INT(MOD(V5,￥Z￥4)/￥AA￥4)"，表示实发工资除以10的余数再除以5，向下取整得到5元面额钞票的张数；在AB4:AB22单元格区域中输入公式"=INT(MOD(V5,￥AA￥4)/￥AB￥4)"表示实发工资除以5的余数再除以1，向下取整得到1元面额钞票的张数。

（5）继续在AC4:AC22单元格区域中输入公式"=W5*￥W￥4+X5*￥X￥4+Y5*￥Y￥4+Z5*￥Z￥4+AA5*￥AA￥4+AB5*￥AB￥4"计算本月实发工资，在AD4:AD22单元格区域中输入公式"=V5−AC5"计算领取工资后的余额（即提取工资中的角与分），完成后在W23:AB23单元格区域中自动求和各类面额的张数。

（6）同时选择W4:AB4和W23:AB23单元格区域，在【插入】→【图表】组中单击"饼图"按钮，在打开的下拉列表中选择"分离型三维饼图"选项创建出相应的饼图。

（7）调整饼图的位置与大小，然后设置图表布局为"布局1"，并输入图表标题"不同货币面额的比例图"，继续设置数据标签为"居中"显示，设置图表样式为"样式10"，形状样式为"细微效果–橙色，强调颜色6"。

9.5.2　制作银行代发工资表

1．练习目标

由于大部分公司已将传统的财务人员发放现金工资，转换成银行按月将工资发放到员工的银行卡上，因此本练习的目标是制作一张"银行代发工资表"交付银行，以方便银行按月发放工资。本练习完成后的参考效果如图9−63所示。

素材所在位置	光盘:\素材文件\第9章\课堂练习\员工工资表.xlsx、员工信息表.xlsx
效果所在位置	光盘:\效果文件\第9章\课堂练习\银行代发工资表.xlsx
视频演示	光盘:\视频文件\第9章\制作银行代发工资表.swf

职业素养

　　为了方便员工储蓄、简化企事业单位发放工资手续，企事业单位可与银行协商，并委托银行代发其单位员工工资。为了保证该项工作的顺利进行，首先银行负责为本单位参加代发工资的员工开立个人银行结算账户，然后企事业单位则应照银行提供的相关数据和要求，制作代发工资数据，银行将企事业单位提供的代发工资数据入账后，即打印代发工资明细清单，企事业单位可在代发工资日后到银行指定的网点进行核对。

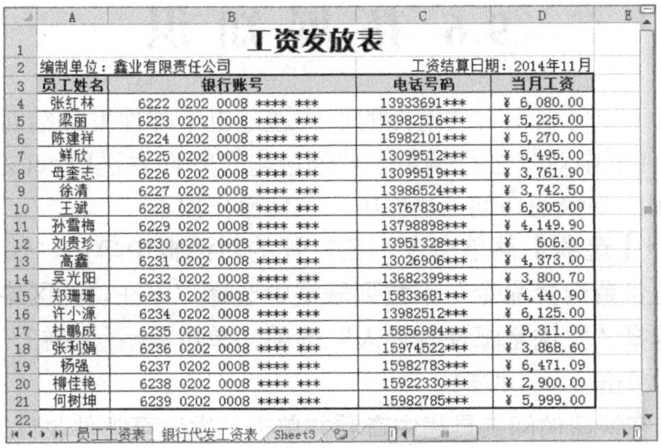

	A	B	C	D
1	工资发放表			
2	编制单位：鑫业有限责任公司		工资结算日期：2014年11月	
3	员工姓名	银行账号	电话号码	当月工资
4	张红林	6222 0202 0008 **** ***	13933691***	¥ 6,080.00
5	梁丽	6223 0202 0008 **** ***	13982516***	¥ 5,225.00
6	陈建祥	6224 0202 0008 **** ***	15982101***	¥ 5,270.00
7	鲜欣	6225 0202 0008 **** ***	13099512***	¥ 5,495.00
8	母奎志	6226 0202 0008 **** ***	13099519***	¥ 3,761.90
9	徐清	6227 0202 0008 **** ***	13986524***	¥ 3,742.50
10	王斌	6228 0202 0008 **** ***	13767830***	¥ 6,305.00
11	孙雪梅	6229 0202 0008 **** ***	13798898***	¥ 4,149.90
12	刘贵珍	6230 0202 0008 **** ***	13951328***	¥ 606.00
13	高鑫	6231 0202 0008 **** ***	13026906***	¥ 4,373.00
14	吴光阳	6232 0202 0008 **** ***	13682399***	¥ 3,800.70
15	郑珊珊	6233 0202 0008 **** ***	15833681***	¥ 4,440.90
16	许小源	6234 0202 0008 **** ***	13982512***	¥ 6,125.00
17	杜鹏成	6235 0202 0008 **** ***	15856984***	¥ 9,311.00
18	张利娟	6236 0202 0008 **** ***	15974522***	¥ 3,868.60
19	杨强	6237 0202 0008 **** ***	15982783***	¥ 6,471.09
20	柳佳艳	6238 0202 0008 **** ***	15922330***	¥ 2,900.00
21	何树坤	6239 0202 0008 **** ***	15982785***	¥ 5,999.00
22				

图9-63 “银行代发工资表”最终效果

2. 操作思路

完成本练习需要将“员工工资表.xlsx”工作簿中另存为“银行代发工资表.xlsx”工作簿，然后在“银行代发工资表”工作表中输入相应的数据，并使用不同的方法引用和计算数据，其操作思路如图9-64所示。

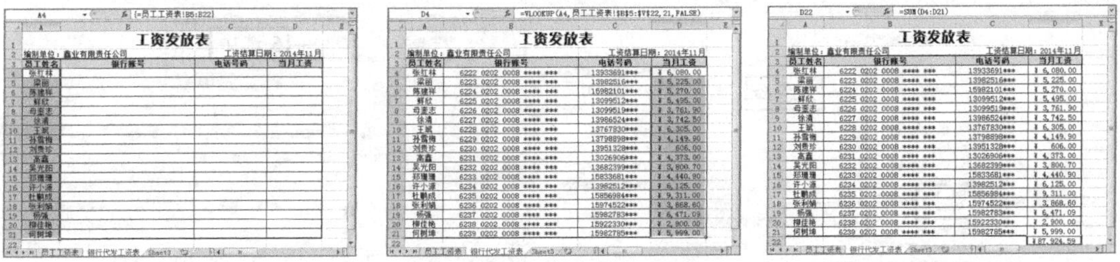

① 使用数组公式引用数据　② 使用VLOOKUP函数引用数据　③ 自动求和计算数据

图9-64 “银行代发工资表”的制作思路

（1）打开“员工工资表.xlsx”工作簿，将其以“银行代发工资表”为名进行另存，然后将“Sheet1”和“Sheet2”分别重命名“员工工资表”和“银行代发工资表”，在“银行代发工资表”工作表中输入并设置相应数据的单元格格式。

（2）在“银行代发工资表”工作表中选择A4:A21单元格区域，输入“=”，然后切换到“员工工资表”工作表中，选择B5:B22单元格区域，完成后按【Ctrl+Shift+Enter】组合键使用数组公式引用员工姓名。

（3）在“银行代发工资表”工作表中选择B4:B21和C4:C21单元格区域，分别输入公式“=VLOOKUP(A4,[员工信息表.xlsx]员工信息表!¥B¥4:¥K¥21,10,FALSE)”和“=VLOOKUP(A4,[员工信息表.xlsx]员工信息表!¥B¥4:¥K¥21,9,FALSE)”，然后按【Ctrl+Enter】组合键在“员工信息表”工作簿中引用各员工的银行账号和电话号码。

（4）在“银行代发工资表”工作表中选择D4:D21单元格区域，输入公式“=VLOOKUP(A4,员工工资表!¥B¥5:¥V¥22,21,FALSE)”，完成后按【Ctrl+Enter】组合键引用各员工的当月工资。

（5）选择D22单元格，使用自动求和功能计算当月工资的合计金额。

9.6 拓 展 知 识

在Excel中可以将工作簿以正文或附件的形式通过电子邮件发送给对方。当对方收到该邮件后，可以直接在附件栏中对其进行编辑。要通过电子邮件发送Excel文档，首先应添加"发送至邮件收件人"按钮 到快速访问工具栏中，具体操作如下。

（1）选择【文件】→【选项】菜单命令，在打开的对话框中单击"快速访问工具栏"选项卡，在"从下拉位置选择命令"下拉列表框中选择"不在功能区中的命令"选项，在中间的列表框中选择"发送至邮件收件人"选项，单击 添加(A) >> 按钮，将其添加到右侧的列表框中，完成后单击 确定 按钮。

（2）返回工作簿中，在快速访问工具栏中查看并单击"发送至邮件收件人"按钮 。

（3）在打开的"电子邮件"对话框中选择电子邮件发送方式，这里单击选中"以附件形式发送整个工作簿"单选项，然后单击 确定 按钮。

（4）在打开的"邮件"栏中自动添加了该工作簿文件，然后在"收件人"文件框中输入收取该工作簿文件的邮件地址，然后单击"发送"按钮 ，在打开的对话框中将显示发送进度，稍等片刻即可将所选工作簿以附件形式发送，如图9-65所示。

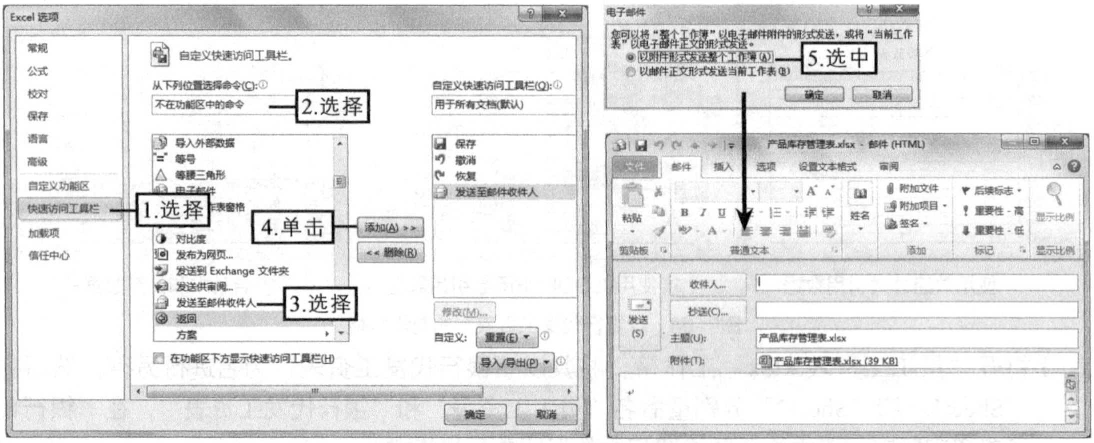

图9-65 通过电子邮件发送Excel工作簿

> **知识提示** 若在"电子邮件"对话框中单击选中"以邮件正文形式发送当前工作表"单选项，则只能发送当前工作表。

9.7 课 后 习 题

（1）根据提供的数据资料，如图9-66所示，设置工资项目并利用Excel函数制作工资表，完成后的效果如图9-67所示。

提示： ◎ 将提供的数据资料存放到工作表中，作为已知数据库资料。

◎ 创建"外聘教师工资表"工作表，在其中输入工资项目，并设置单元格格式。

◎ 利用函数和公式结合已知数据库资料设置工资项目完成工资表的制作。

素材所在位置	光盘:\素材文件\第9章\课后习题\数据库资料.xlsx
效果所在位置	光盘:\效果文件\第9章\课后习题\外聘教师工资表.xlsx
视频演示	光盘:\视频文件\第9章\外聘教师工资表.swf

课时价目表

职称	基本工资	课时数（周）	课时费（元/小时）
教授	4000	3	50
副教授	3500	5	45
讲师	3000	8	40
实习教师	2500	6	35

外聘教师职称对照表

教师编号	教师姓名	职称
101	王琪	教授
102	张辉明	副教授
103	王国刚	讲师
104	孙靖	实习教师
105	梁睿	实习教师
106	兰多多	讲师
107	周菲	教授
108	霍少阳	副教授

图9-66 提供的数据库资料

外聘教师工资表

教师编号	教师姓名	职称	基本工资	基本课时	课时费标准	实际课时	超课时数	超课时费	应发工资	应扣税金	实发工资
101	王琪	教授	4000	3	50	5	2	100	4100	18	4082
102	张辉明	副教授	3500	5	45	10	5	225	3725	6.75	3718.25
103	王国刚	讲师	3000	8	40	15	7	280	3280	0	3280
104	孙靖	实习教师	2500	6	35	7	1	35	2535	0	2535
105	梁睿	实习教师	2500	6	35	8	2	70	2570	0	2570
106	兰多多	讲师	3000	8	40	12	4	160	3160	0	3160
107	周菲	教授	4000	3	50	8	5	250	4250	22.5	4227.5
108	霍少阳	副教授	3500	5	45	12	7	315	3815	9.45	3805.55

图9-67 制作"外聘教师工资表"后的效果

（2）在已制作的"外聘教师工资表.xlsx"工作簿中查询并汇总分析工资数据，完成后的效果如图9-68、图9-69和图9-70所示。

提示： ◎ 使用数据筛选功能查询某教师的工资情况，如"兰多多"。

◎ 使用数据透视图表以职称和教师姓名为依据汇总分析"超课时费"和"实发工资"数据。

素材所在位置	光盘:\素材文件\第9章\课后习题\外聘教师工资表.xlsx
效果所在位置	光盘:\效果文件\第9章\课后习题\查询并分析工资数据.xlsx
视频演示	光盘:\视频文件\第9章\查询并分析工资数据.swf

外聘教师工资表

教师编号	教师姓名	职称	基本工资	基本课时	课时费标准	实际课时	超课时数	超课时费	应发工资	应扣税金	实发工资
106	兰多多	讲师	3000	8	40	12	4	160	3160	0	3160

图9-68 查询工资数据

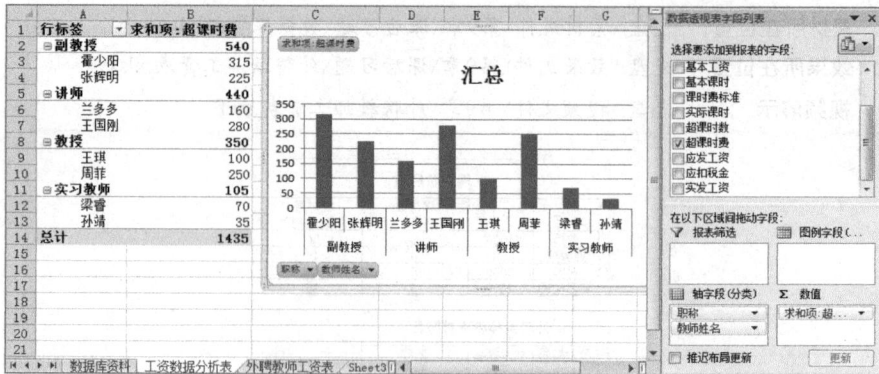

图9-69　汇总分析"超课时费"

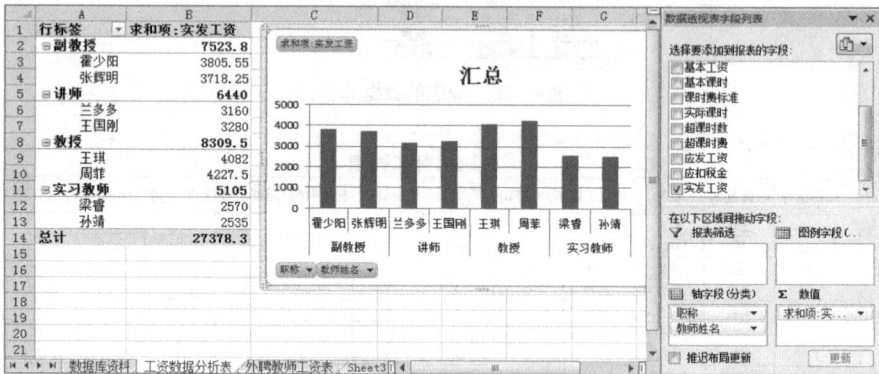

图9-70　汇总分析"实发工资"

第 10 章

Excel在固定资产管理中的应用

　　固定资产管理是财务管理工作的一个重要组成部分，每个企业应根据实际情况加强固定资产的管理，掌握固定资产的构成与使用情况，提高资产的使用效率，确保公司财产不受损失。本章将首先使用Excel登记并查询固定资产信息，然后使用公式和函数进行固定资产折旧处理。读者通过学习应了解并掌握Excel在固定资产管理中的应用。

✳ 学习要点

- ◎ 固定资产管理概述
- ◎ 固定资产的基础资料
- ◎ 固定资产的折旧处理
- ◎ 折旧函数的使用

✳ 学习目标

- ◎ 通过了解固定资产的概念与分类、固定资产管理的重要性以及固定资产卡片账中包含的基础资料，掌握登记并查询固定资产信息的方法
- ◎ 通过了解固定资产折旧的影响因素、固定资产折旧方法以及折旧函数和相关公式的使用，掌握使用Excel进行固定资产折旧处理的方法

10.1 固定资产管理概述

固定资产是企业的劳动手段，也是企业赖以生产经营的主要资产。下面首先了解固定资产的概念与分类，以及对其实施单独管理的重要性。

10.1.1 固定资产的概念与分类

固定资产是指企业为生产产品、提供劳务、出租或经营管理而持有的、使用期限超过12个月的，价值达到一定标准的非货币性资产，包括房屋、建筑物、机器、机械、运输工具以及其他与生产经营活动有关的设备、器具、工具等。不属于生产经营主要设备的物品，单位价值在2000元以上，且使用年限超过2年的，也应当作固定资产。

为了加强固定资产管理，必须对固定资产进行科学的分类。不同的企业应当根据实际情况选择适当的分类标准对固定资产进行分类，以满足经营管理的需要。固定资产可按经济用途、使用情况、产权归属、实物形态等进行分类。

◎ **按经济用途分为生产经营用和非生产经营用**：生产经营用固定资产是指直接服务于企业生产经营全过程的固定资产，如厂房、机器设备、仓库、销售场所、运输车辆等；非生产经营用固定资产是指不直接服务于生产经营，而是为了满足职工物质文化、生活福利需要的固定资产，如职工宿舍、食堂、幼儿园、医务室、图书馆、科研等其他方面使用的房屋和设备等固定资产。

◎ **按使用情况分为使用中、未使用、不需用**：使用中固定资产是指企业正在使用的各种固定资产，包括由于季节性或修理等原因暂时停用以及存放在使用部门以备替换使用的机器设备；未使用固定资产是指尚未投入使用的新增固定资产和经批准停止使用的固定资产；不需用固定资产是指企业多余或不适用、准备处理的固定资产。

◎ **按产权归属分为自有、接受投资和租入**：自有固定资产是指企业拥有所有权的各种固定资产；租入固定资产是指企业从外部租赁来的固定资产。租入固定资产又可分为经营租赁和融资租赁固定资产，经营租赁固定资产所有权不属于承租人，而融资租赁固定资产在到期后所有权归承租人，承租人可以视为自有资产进行管理，要计提折旧。

◎ **按实物形态分为房屋及建筑物、机械设备、电子设备、运输设备及其他设备**：房屋和建筑物是指产权属于本企业的所有房屋和建筑物，包括办公室（楼）、车库、仓库、油库、档案馆、活动室等及其附属的水、电、气、取暖、卫生等设施；机械设备是指企业后勤部门用于自身维修的机床、动力机、工具等和备用的发电机等，以及计量仪器、检测仪器和医院的医疗器械设备；电子设备是指由集成电路、晶体管、电子管等电子元器件组成，应用电子技术发挥作用的设备，包括计算机、手机、电视机、空调、洗衣机、打印机、传真机等；运输设备是指后勤部门使用的各种交通运输工具，包括轿车、摩托车、客车、轮船、运输汽车、三轮车、自行车等。

> **知识提示**　从会计的角度划分，固定资产一般分为生产用固定资产、非生产用固定资产、租出固定资产、未使用固定资产、不需用固定资产、融资租赁固定资产、接受捐赠固定资产等。其中租出固定资产是指出租给其他企业单位使用的多余、闲置的固定资产；接受捐赠固定资产是指接受捐赠的各种达到固定资产标准的物品。

10.1.2 固定资产管理的重要性

固定资产是企业的重要资源,占用了企业的大量资金,固定资产的管理与核算是企业会计核算流程中的重要组成部分,其重要性主要体现在以下几个方面。

◎ **固定资产是生产资料,是物质生产的基础**:固定资产属于生产资料,生产资料是劳动者用来影响或改变劳动对象的性能或形态的物质资料,如厂房、机器设备、运输工具等。生产资料是物质生产的基础,在企业经济活动中处于举足轻重的地位。

◎ **固定资产单位价值高,所占资金比重大**:与流动资产相比,固定资产的购置或取得通常需要花费大量的资金。在大多数企业中固定资产所占的资金在其资金总额中占有较大的比重,是企业资金的"大头"。由于经济价值大,固定资产对企业财务状况的反映也有较大的影响,任何在固定资产计价或记录上的错误,都可能在较大程度上改变企业真实的财务状况。

◎ **固定资产的折旧计提对成本费用的影响较大**:固定资产在使用过程中其价值应以折旧的形式逐渐转移到产品或服务成本中去。但是固定资产的价值较大,即使其折旧计提几乎贯穿所有使用期间,在某一会计期间计入产品或服务成本中的折旧额依然较大,因此固定资产的折旧计提方法是否合理,折旧额的计算是否正确,将影响当期的成本费用水平以及固定资产的净值。

◎ **固定资产管理工作的难度较大,问题较多**:由于固定资产种类多、数量大、使用分散、使用期限长,因此在使用和管理中容易发生被遗忘、遗失、损坏、失盗等事件。

10.1.3 固定资产管理的任务

固定资产管理具有数据存储量大、日常数据输入量少、输出内容多等特点。在手工记账的管理方式下,由于工作量大,将占用大量的人力物力,且受手工条件的限制,容易出现数据不一致的差错。采用Excel进行固定资产管理不仅可以快速生成相关报表和账簿,提高工作效率,而且可以避免数据不一致的现象。

为了真实地反映和监督固定资产管理情况,企业必须完善固定资产管理体制,建立健全各项固定资产管理规章制度,明晰产权关系,合理配置固定资产,保证固定资产安全、完整、完好。固定资产管理的任务如图10-1所示。

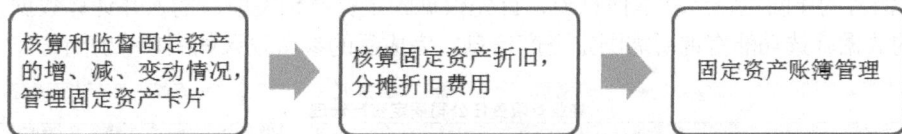

核算和监督固定资产的增、减、变动情况,管理固定资产卡片 → 核算固定资产折旧,分摊折旧费用 → 固定资产账簿管理

图10-1 固定资产管理的任务

10.2 固定资产卡片账的管理

固定资产卡片账是企业为了加强对固定资产的管理,更加详细地了解某方面的信息而设置的一种辅助账簿。它是每一项固定资产的全部档案记录,即固定资产从进入企业开始到退出企业的整个生命周期所发生的全部情况,都要在卡片上予以记载。纸质卡片账存在记录和保存的

不便，通过Excel对固定资产取得的信息进行记录、查询、修改、删除，比纸质卡片账更加准确、快捷、方便、安全。

10.2.1 固定资产的增减变动

固定资产的变动包括购置、损毁、盘盈盘亏、清理、大修、报废、停用、启用等。在Excel中进行固定资产卡片账管理时，可详细登记各类固定资产的增加和减少情况。

◎ **固定资产增加：** 包括购置、自建、融资租入、投资人投入、接受捐赠、盘盈等情况。

◎ **固定资产减少：** 包括被盗、报废、清理、调拨、出售、损毁、盘亏等情况。

10.2.2 固定资产的基础资料

使用Excel管理固定资产卡片账时，其基础资料部分可输入与固定资产有关的基本信息，如固定资产购置日期、固定资产名称、购置单位、数量、初始购置成本、预计使用年限、预计净残值率等项目可直接输入。

另外，为了保证固定资产管理的统一规范，可通过设置数据有效性提供下拉列表选择输入相关项目的数据。在实际操作中，应根据企业情况设置固定资产项目的数据有效性。

◎ **固定资产类别：** 根据其实物形态分类依据，可设置其序列值为"房屋类,机械类,电子类,运输类,其他设备类"等。

◎ **增加方式：** 根据固定资产增加情况，可设置其序列值为"直接购入,投资投入,捐赠,在建工程转入"等。

◎ **减少方式：** 根据固定资产减少情况，可设置其序列值为"出售,报废,部门调拨,投资输出"等。

◎ **使用部门：** 根据企业的具体情况，可设置其序列值为"一车间,二车间,管理部,销售部"等。

◎ **使用状况：** 根据固定资产的当前使用情况，可设置其序列值为"在用,季节性停用,大修停用"等。

10.2.3 课堂案例1——登记并查询固定资产信息

本案例将制作固定资产基本信息表，首先根据固定资产相关项目输入并计算数据，然后利用Excel的数据筛选功能查询所需固定资产信息，完成后的参考效果如图10-2所示。

购置日期	资产类别	资产名称	使用部门	使用状况	增加方式	减少方式	单位	数量	初始购置成本	合计金额	预计使用年限	预计净残值率	预计净残值
2008-8-10	房屋类	厂房	一车间	在用	在建工程转入		间	1	￥385,000.00	￥385,000.00	20	0.50%	￥1,925.00
2009-9-18	机械类	机床	二车间	在用	直接购入		台	2	￥85,650.00	￥171,300.00	10	0.50%	￥856.50
2010-5-10	电子类	空调	管理部	大修停用		报废	台	2	￥6,880.00	￥13,760.00	5	0.50%	￥68.80
2010-10-16	运输类	汽车	管理部	在用	直接购入		辆	1	￥158,000.00	￥158,000.00	10	0.50%	￥790.00
2011-3-13	机械类	包装机器	一车间	在用	直接购入		台	3	￥5,500.00	￥16,500.00	8	0.50%	￥82.50
2012-12-20	房屋类	办公室	销售部	在用	直接购入		间	1	￥200,000.00	￥200,000.00	20	0.50%	￥1,000.00
2012-8-25	其他设备类	办公桌椅	销售部	在用	直接购入		套	6	￥650.00	￥3,900.00	3	0.50%	￥19.50
2013-6-20	电子类	打印机	管理部	在用	直接购入		台	2	￥3,688.00	￥7,376.00	5	0.50%	￥36.88
2013-10-15	运输类	货车	销售部	在用		部门调拨	台	1	￥98,000.00	￥98,000.00	10	0.50%	￥490.00
2014-5-20	电子类	电脑	管理部	在用	直接购入		台	5	￥5,999.00	￥29,995.00	5	0.50%	￥149.98

图10-2 固定资产基本信息表的参考效果

效果所在位置　光盘:\效果文件\第10章\课堂案例1\固定资产基本信息表.xlsx

视频演示　　　光盘:\视频文件\第10章\登记并查询固定资产信息.swf

1. 登记固定资产基本信息

根据设置的固定资产相关项目，创建"固定资产基本信息表"框架并输入各固定资产基本信息，具体操作如下。

（1）启动Excel，将新建的工作簿以"固定资产基本信息表"为名进行保存，然后输入固定资产基本信息项目：购置日期、资产类别、资产名称、使用部门、使用状况、增加方式、减少方式、单位、数量、初始购置成本、合计金额、预计使用年限、预计净残值率、预计净残值，并设置单元格格式，如图10-3所示。

图10-3　创建固定资产基本信息表框架

（2）选择B3:B12单元格区域，在【数据】→【数据工具】组中单击"数据有效性"按钮 。

（3）在打开的"数据有效性"对话框的"设置"选项卡的"允许"下拉列表框中选择"序列"选项，在"来源"参数框中输入"房屋类,机械类,电子类,运输类,其他设备类"，然后单击 确定 按钮，如图10-4所示。

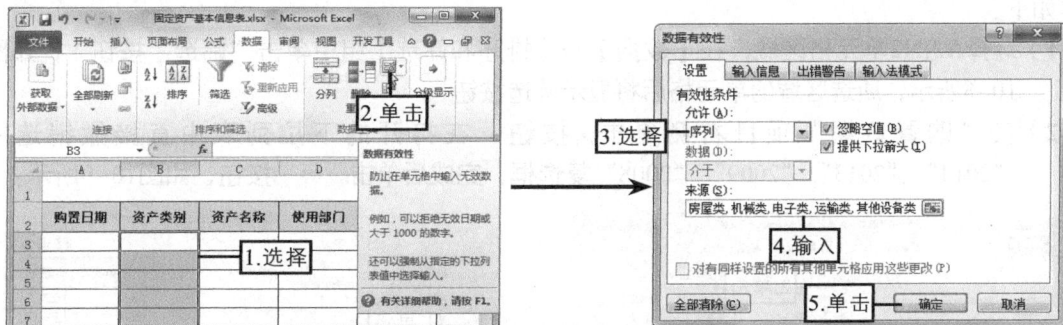

图10-4　设置数据有效性

（4）用相同的方法设置"使用部门"的有效性序列数据为"一车间,二车间,管理部,销售部"，"使用状况"的有效性序列数据为"在用,季节性停用,大修停用"，"增加方式"的有效性序列数据为"直接购入,投资投入,捐赠,在建工程转入"，"减少方式"的有效性序列数据为"出售,报废,部门调拨,投资输出"。

（5）选择K3:K12单元格区域，输入公式"=I3*J3"，表示"合计金额=数量*初始购置成本"，然后按【Ctrl+Enter】组合键，如图10-5所示。

（6）选择N3:N12单元格区域，输入公式"=K3*M3"，表示"预计净残值=原值*预计净残值率"，然后按【Ctrl+Enter】组合键，如图10-6所示。

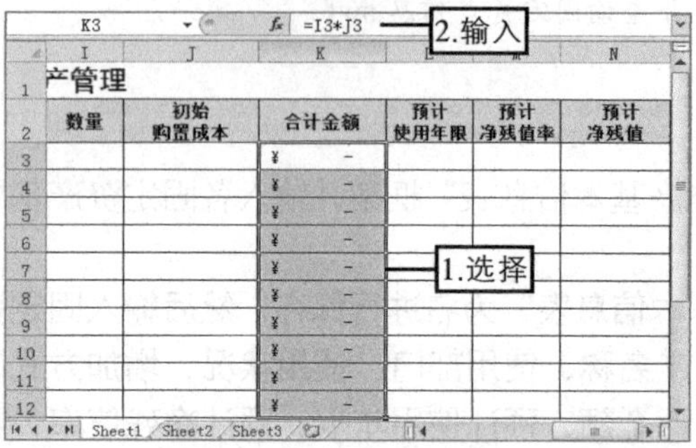

图10-5　计算合计金额

图10-6　计算预计净残值

（7）根据固定资产的变动情况依次输入各固定资产的基本信息，如图10-7所示。

图10-7　输入各固定资产的基本信息

2. 查询固定资产信息

当企业拥有的固定资产登记完毕后，由于固定资产数量众多，为了方便查找某一项固定资产，可利用自动筛选功能查询固定资产信息。下面查询2010-2012年购置的固定资产，具体操作如下。

（1）选择A2:N2单元格区域，在【数据】→【排序和筛选】组中单击"筛选"按钮，如图10-8所示，所选区域的单元格后将显示筛选按钮。

（2）在"购置日期"项目右侧单击按钮，在打开的下拉列表中直接撤销选中"2014""2013""2009""2008"复选框，完成后单击 确定 按钮，如图10-9所示。

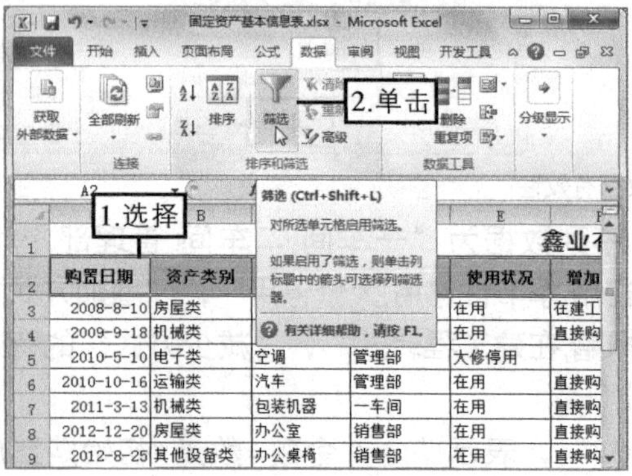

图10-8　单击"筛选"按钮

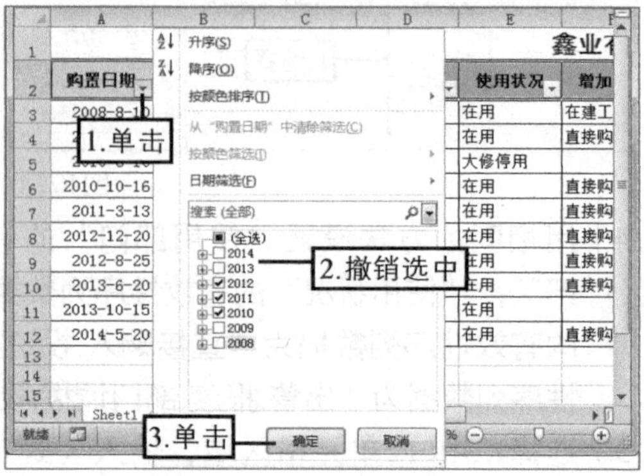

图10-9　设置筛选条件

（3）返回工作表中可查询到2010-2012年固定资产的项目数据，如图10-10所示。

	A	B	C	D	E	F	G	H	I	J	K	L	M	N
1	鑫业有限责任公司固定资产管理													
2	购置日期	资产类别	资产名称	使用部门	使用状况	增加方式	减少方式	单位	数量	初始购置成本	合计金额	预计使用年	预计净残值率	预计净残值
5	2010-5-10	电子类	空调	管理部	大修停用		报废	台	2	¥ 6,880.00	¥ 13,760.00	5	0.50%	¥ 68.80
6	2010-10-16	运输类	汽车	管理部	在用	直接购入		辆	1	¥158,000.00	¥158,000.00	10	0.50%	¥ 790.00
7	2011-3-13	机械类	包装机器	一车间	在用	直接购入		台	3	¥ 5,500.00	¥ 16,500.00	8	0.50%	¥ 82.50
8	2012-12-20	房屋类	办公室	销售部	在用	直接购入		间	1	¥200,000.00	¥200,000.00	20	0.50%	¥ 1,000.00
9	2012-8-25	其他设备类	办公桌椅	销售部	在用	直接购入		套	6	¥ 650.00	¥ 3,900.00	3	0.50%	¥ 19.50

图10-10　查看筛选结果

10.3　固定资产的折旧处理

由于固定资产的折旧处理是固定资产卡片账管理的关键，它可以根据固定资产的基础资料计算出相应的数据，实现固定资产卡片账"基础资料"和"计算数据"两个部分的动态关联。因此这里将其单独列示出来进行讲解。

10.3.1　固定资产折旧概述

固定资产折旧是指固定资产在使用过程中逐渐损耗所减少的那部分价值，即在固定资产的使用寿命内按照确定的方法对应计折旧额进行系统分摊。其中应计折旧额是指应计提折旧的固定资产的原价扣除其预计净残值后的金额。

1．影响固定资产折旧的因素

一般情况下，影响固定资产折旧的因素有以下几个方面。

◎ **固定资产原值**：即固定资产的账面成本。

◎ **固定资产减值准备**：是指固定资产已计提的固定资产减值准备累计金额。

◎ **固定资产的净残值**：是指预计固定资产清理报废时可收回的残值扣除清理费用后的数额。

◎ **固定资产的使用寿命**：是指企业使用固定资产的预计寿命，或者该固定资产所能生产产品或提供劳务的数量。其使用寿命的长短直接影响各期应计提的折旧额。确定固定资产使用寿命时，应当考虑的主要因素有：该项资产预计生产能力或实物产量；该项资产预计有形损耗（有形损耗：也称物质磨损，是指固定资产由于使用而发生的机械磨损，以及由于自然力的影响所引起的自然损耗）；该项资产预计无形损耗（无形损耗：也称精神磨损，是指由于科学进步和劳动生产率提高等原因而引起的固定资产价值的损失）；法律或者类似规定对该项资产使用的限制。

因此企业应当根据固定资产的性质和使用情况，合理确定固定资产的使用寿命和预计净残值，并根据科技发展、环境及其他因素，选择合理的固定资产折旧方法。

2．固定资产折旧的范围

企业中并不是所有固定资产都需计提折旧，需计提折旧的固定资产应具备一定的条件：使用年限有限且可以合理估计，即固定资产在使用过程中会被逐渐损耗直到没有使用价值。固定资产的折旧范围如下。

◎ **计提折旧的固定资产**：（1）房屋建筑物；（2）在用的机器设备、食品仪表、运输车辆、工具器具；（3）季节性停用及修理停用的设备；（4）以经营租赁方式租出的固定资产和以融资租赁方式租入的固定资产。

◎ **不计提折旧的固定资产**：（1）已提足折旧仍继续使用的固定资产；（2）以前年度已经估价单独入账的土地；（3）提前报废的固定资产；（4）以经营租赁方式租入的固定资产和以融资租赁方式租出的固定资产。

另外，企业新建或改扩建的固定资产，已达到可使用状态的，如果尚未办理竣工决算，应当按照估计价值暂估入账，并计提折旧，待办理了竣工决算手续后，将原来暂估价值调整为实际成本，同时调整原已计提的折旧额。处于更新改造过程停止使用的固定资产，应将其账面价值转入在建工程，不再计提折旧。更新改造项目达到预定可使用状态转为固定资产后，再按照重新确定的折旧方法和该项固定资产尚可使用寿命计提折旧。因进行大修而停用的固定资产，应当照提折旧，计提的折旧额应计入相关资产成本或当期损益。

> **知识提示**
> 在实际工作中，企业一般应按月计提固定资产折旧，当月增加的固定资产，当月不计提折旧，从下月起计提折旧；当月减少的固定资产，当月仍计提折旧，从下月起停止计提折旧。提足折旧后，不管能否继续使用，均不再提取折旧；提前报废的固定资产，也不再补提折旧。

10.3.2 固定资产折旧方法

固定资产折旧方法是指将应提折旧总额在固定资产各使用期间内进行分配时使用的计算方法。固定资产计提折旧的方法有多种，企业应当根据固定资产所含经济利益预期实现方式合理选择折旧方法。根据《企业会计制度》的规定，固定资产计提折旧方法包括：年限平均法、工作量法、双倍余额递减法、年数总和法。

1. 年限平均法

年限平均法又称直线法，是指将固定资产的应计折旧额均衡地分摊到固定资产预定使用寿命内的一种方法。此方法是最简单且常用的一种方法，它计算的每期折旧额均相等。其计算公式如下。

年折旧率=（1-预计净残值率）/预计使用寿命（年）*100%

月折旧率=年折旧率/12

月折旧额=固定资产原值*月折旧率

2. 工作量法

工作量法又称变动费用法，是根据实际工作量计算每期应提折旧额的一种方法。其计算公式如下。

单位工作量折旧额=固定资产原值*（1-预计净残值率）/预计总工作量

某项固定资产月折旧额=该项固定资产当月工作量*单位工作量折旧额

3. 双倍余额递减法

双倍余额递减法，是指在不考虑固定资产预计净残值的情况下，根据每期期初固定资产原值减去累计折旧后的金额（即固定资产净值）和双倍的直线法折旧率计算固定资产折旧的一种方法。其计算公式如下。

年折旧率=2÷预计使用寿命（年）×100%

月折旧额=固定资产净值×年折旧率÷12

> **知识提示** 由于每年年初固定资产净值没有扣除预计净残值。因此，在双倍余额递减法下，必须注意不能使固定资产的净值低于其预计净残值以下。通常在其折旧年限到期前两年内，将固定资产净值扣除预计净残值后的余额平均摊销。

4. 年数总和法

年数总和法也称合计年限法，是指将固定资产的原值减去预计净残值后的净额，乘以一个以各年年初固定资产尚可使用年限做分子，以预计使用年限逐年数字之和做分母的逐年递减的分数计算每年折旧额的一种方法。其计算公式如下。

年折旧率=尚可使用年限/预计使用年限的年数总和*100%

预计使用年限的年数总和=预计使用年限*（预计使用年限+1）/2

月折旧率=年折旧率/12

月折旧额=（固定资产原值−预计净残值）*月折旧率

10.3.3 折旧函数的使用

手动计算固定资产的折旧金额过程非常复杂，且容易出错，因此可利用Excel中提供的折旧函数快速计算出固定资产折旧值。常用的折旧函数有如下几种。

1. DB函数

DB函数是使用固定余额递减法计算指定期间内某项固定资产的折旧值。其语法结构为：DB(cost,salvage,life,period,month)，各参数的含义如下。

◎ cost：表示资产原值。

◎ salvage：表示资产在折旧期末的价值，即残值。

◎ life：表示资产的折旧期数，即使用年限。

◎ period：表示需要计算折旧值的期间，使用时period与life的衡量单位必须相同。

◎ month：表示第一年的月份数，如果省略该参数，则系统默认其值为12。

固定余额递减法用来计算固定利率下的资产折旧值，因此DB函数的计算公式可表示为"折旧值=（资产原值−前期折旧总值）*rate"，其中rate=1−((salvage/cost)^(1/life))，计算结果保留3位小数。

> **知识提示** 在实际工作中，购买固定资产的日期并不一定是1月份，计算折旧额的日期也并不一定是12月份，因此DB函数对第一个周期和最后一个周期的折旧算法与其他周期的算法不同。第一个周期，DB函数的计算公式为"cost*rate*month/12"，其中month/12表示使用的月数占全年月数的比例。最后一个周期，DB函数的计算公式为"((cost−前期折旧总值)*rate*(12−month))/12"。

假设某固定资产的初始购置成本为80 000元，预计净残值率为5%，预计使用年限为6年，采用固定余额递减法计提折旧，计算该固定资产使用年限内每年的折旧值，如图10-11所示。

2. DDB函数

DDB函数是使用双倍余额递减法或其他指定方法计算一笔资产在指定期间内的折旧值。其语法结构为：DDB(cost,salvage,life,period,factor)，各参数的含义如下。

◎ cost：表示资产原值。

◎ salvage：表示资产在折旧期末的价值，即残值。

◎ life：表示资产的折旧期数，即使用年限。

◎ period：表示需要计算折旧值的期间。使用时period与life的衡量单位必须相同。

◎ factor：表示余额递减速率。如果省略该参数，则系统默认其值为2。

双倍余额递减法以加速的比率计算折旧。折旧在第一阶段是最高的，在后继阶段中会减少。DDB函数的计算公式可表示为“折旧值=((资产原值-资产残值)-前面阶段的折旧总值)*(余额递减速率/生命周期)”。

下面使用DDB函数计算上例中固定资产指定期间内的折旧值，如图10-12所示。

	A	B	C
1	资产原值	80000	
2	预计净残值率	0.05	
3	资产残值	=B1*B2	
4	使用寿命	6	
5		计算公式	说明
6	计算第1年的折旧值	=DB(B1,B3,B4,1)	Excel自动将month参数设置为12
7	计算第2年的折旧值	=DB(B1,B3,B4,2)	
8	计算第3年的折旧值	=DB(B1,B3,B4,3)	
9	计算第4年的折旧值	=DB(B1,B3,B4,4)	
10	计算第5年的折旧值	=DB(B1,B3,B4,5)	
11	计算第6年的折旧值	=DB(B1,B3,B4,6)	
12			

图10-11　DB函数的应用

	A	B	C
1	资产原值	80000	
2	预计净残值率	0.05	
3	资产残值	=B1*B2	
4	使用寿命	6	
5		计算公式	说明
6	计算第1天的折旧值	=DDB(B1,B3,B4*365,1)	Excel自动将factor参数设置为2（双倍余额递减）
7	计算第1个月的折旧值	=DDB(B1,B3,B4*12,1)	
8	计算第1年的折旧值	=DDB(B1,B3,B4,1)	
9	计算第2年的折旧值	=DDB(B1,B3,B4,2)	
10	计算第6年的折旧值	=DDB(B1,B3,B4,6)	
11			
12			

图10-12　DDB函数的应用

3. SLN函数

SLN函数是使用年限平均法返回某项资产在一个期间内的线性折旧值。其语法结构为：SLN(cost,salvage,life)，各参数的含义如下。

◎ cost：表示资产原值。

◎ salvage：表示资产在折旧期末的价值，即残值。

◎ life：表示资产的折旧期数，即使用年限。

SLN函数是计算折旧额最简单的一种方法，所需的参数也最少，其计算公式为“（资产原值-资产残值）/折旧期限”。

下面使用SLN函数计算上例中固定资产每年的折旧值（使用年限平均法计算的每期折旧额均相等），如图10-13所示。

4. SYD函数

SYD函数是按年限总和折旧法返回某项资产在指定期间的折旧值。其语法结构为：SYD(cost,salvage,life,per)，各参数的含义如下。

◎ cost：表示资产原值。

◎ salvage：表示资产在折旧期末的价值，即残值。

◎ life：表示资产的折旧期数，即使用年限。

◎ per：表示期间，其单位与life相同。

SYD函数的计算公式可表示为“折旧值=((资产原值-资产残值)*(使用年限-期间数+1)*2)/(使用年限*(使用年限+1))”。

下面使用SYD函数计算上例中固定资产指定期间内的折旧值，如图10-14所示。

	A	B	C
1	资产原值	80000	
2	预计净残值率	0.05	
3	资产残值	=B1*B2	
4	使用寿命	6	
5			
6	每年的折旧值	=SLN(B1,B3,B4)	
7			
8			
9			

Sheet2　Sheet3　Sheet4　Sheet5

图10-13　SLN函数的应用

	A	B	C
1	资产原值	80000	
2	预计净残值率	0.05	
3	资产残值	=B1*B2	
4	使用寿命	6	
5			
6	计算第1年的折旧值	=SYD(B1,B3,B4,1)	
7	计算第6年的折旧值	=SYD(B1,B3,B4,6)	
8			
9			

Sheet1　Sheet2　Sheet3　Sheet4　Sheet5

图10-14　SYD函数的应用

5. VDB函数

VDB函数是使用双倍余额递减法或其他指定的方法返回指定的任何期间内（包括部分期间）的资产折旧值，VDB函数代表可变余额递减法。其语法结构为：VDB(cost,salvage,life,start_period,end_period,factor,no_switch)，各参数的含义如下。

◎ cost：表示资产原值。

◎ salvage：表示资产在折旧期末的价值，即残值。

◎ life：表示资产的折旧期数，即使用年限。

◎ start_period：表示进行折旧计算的起始期间，start_period必须与life的单位相同。

◎ end_period：表示进行折旧计算的截止期间，end_period必须与life的单位相同。

◎ factor：表示余额递减速率（折旧因子），如果省略该参数，则系统默认其值为2。

◎ no_switch：表示逻辑值，指定当折旧值大于余额递减计算值时，是否转用直线折旧法。如果no_switch为TRUE，即使折旧值大于余额递减计算值，Excel也不转用直线折旧法；如果no_switch为FALSE或被忽略，且折旧值大于余额递减计算值时，Excel将转用线性折旧法。除no_switch外所有参数必须为正数。

下面使用VDB函数计算上例中固定资产指定期间内的折旧值，如图10-15所示。

	A	B	C
1	资产原值	80000	
2	预计净残值率	0.05	
3	资产残值	=B1*B2	
4	使用寿命	6	
5		计算公式	说明
6	第一天的折旧值	=VDB(B1,B3,B4*365,0,1)	Excel自动将factor参数设置为2，且忽略no_switch参数
7	第一个月的折旧值	=VDB(B1,B3,B4*12,0,1)	
8	第一年的折旧值	=VDB(B1,B3,B4,0,1)	
9	在第六个月与第十八个月之间的折旧值	=VDB(B1,B3,B4*12,6,18)	
10			

Sheet2　Sheet3　Sheet4　Sheet5

图10-15　VDB函数的应用

10.3.4　固定资产折旧的计算部分

为了方便、正确地计提现有的每一项固定资产折旧值，在固定资产卡片账中还将用到如下计算公式和函数。

◎ **当前日期**：首先确定计算机的系统日期与实际日期是否一致，然后使用TODAY函数自动返回当前日期，TODAY函数没有参数，其语法结构为“TODAY()”。

在Excel中日期和时间是以数值方式存储的，且日期具有连续性，因此日期实际上就是一个"序列号"。序列号是Excel日期和时间计算使用的日期-时间代码。默认情况下，日期范围为1900年1月1日到9999年12月31日，其中1900年1月1日的序列号是1，9999年12月31日的日期系列编号为2958465，这是因为它距1900年1月1日有2958465天。因此可以使用日期函数返回相应的序列号并计算出时间间隔。

知识提示

◎ **已计提折旧月数**：根据会计制度的规定，已提足折旧继续使用的固定资产不再计提，即已计提折旧月数的上限为固定资产的预计使用期限。由于固定资产存在超期服役的可能，因此可使用公式"= IF(INT(DAYS360(启用日期，当前日期)/30) < =预计使用年限*12，INT(DAYS360(启用日期，当前日期)/30)，预计使用年限*12)"，其中DAYS360函数是按一年360天的算法（每个月以30天计，一年共计12个月）返回两日期间相差的天数，其语法结构为"DAYS360(start_date,end_date,method)"，start_date和end_date表示计算期间天数的起止日期，method是逻辑值，当该值为TRUE时表示采用欧洲方法，当该值为FALSE或省略时表示采用美国方法；而INT函数用来将数字向下舍入到最接近的整数，其语法结构为"INT(number)"，其中number表示需要进行向下舍入取整的实数；因此DAYS360(启用日期，当前日期)/30表示从固定资产启用日期到当前日期的月份数，如果该数据不是整数，则使用INT函数取整。

◎ **预计使用期内每期折旧**：一般采用年限平均法计提折旧，在整个固定资产的预计使用年限内每期的折旧额都一样，因此可使用公式"=（资产原值-预计残值）／预计使用期限"计算折旧，也可使用SLN函数计算折旧。

◎ **本期折旧额**：如果固定资产在预计使用期限内，当期折旧额等于预计使用期内每期折旧，如果固定资产超期使用的话当期则无折旧，所以可使用IF函数进行判断"= IF(INT(DAYS360(启用日期，当前日期)/30) >预计使用年限*12，0，预计使用期内每期折旧)"。

◎ **累计折旧额**：截至本期的累计折旧额从逻辑上讲等于预计使用期限内的每期折旧额乘以已计提折旧的月数，因此可使用公式"=本期折旧额*已计提折旧月数"。

◎ **净值**：固定资产净值等于固定资产原值减去至本期累计折旧额，因此可使用公式"=资产原值－累计折旧额"。

设置完成固定资产卡片账的计算部分后，每次打开固定资产卡片账，其当前日期将自动更新为系统日期，系统日期发生变化后，已计提折旧月数、本期折旧额、至本期累计折旧额、本期末固定资产净值等项目的数值也随着更新。

10.3.5 课堂案例2——进行固定资产折旧处理

本案例将在前面制作的固定资产基本信息表中计提固定资产折旧，然后为工作簿设置加密功能以保护表格数据。其参考效果如图10-16所示。

素材所在位置	光盘:\素材文件\第10章\课堂案例2\固定资产基本信息表.xlsx
效果所在位置	光盘:\效果文件\第10章\课堂案例2\固定资产管理.xlsx
视频演示	光盘:\视频文件\第10章\进行固定资产折旧处理.swf

责任公司固定资产管理														
减少方式	单位	数量	初始购置成本	合计金额	预计使用年	预计净残值	预计净残值	当前日期	已计提折旧月数	预计使用期内每期折旧	本期折旧额	累计折旧额	净值
	间	1	¥385,000.00	¥385,000.00	20	0.50%	¥1,925.00	2015-1-9	76	¥1,596.15	¥1,596.15	¥121,307.08	¥263,692.92
	台	2	¥85,650.00	¥171,300.00	10	0.50%	¥856.50	2015-1-9	63	¥706.61	¥706.61	¥44,516.59	¥41,133.41
报废	台	2	¥6,880.00	¥13,760.00	5	0.50%	¥68.80	2015-1-9	55	¥113.52	¥113.52	¥6,243.60	¥636.40
	辆	1	¥158,000.00	¥158,000.00	10	0.50%	¥790.00	2015-1-9	50	¥1,310.08	¥1,310.08	¥65,504.17	¥92,495.83
	台	3	¥5,500.00	¥16,500.00	8	0.50%	¥82.50	2015-1-9	45	¥56.43	¥56.43	¥2,539.45	¥2,960.55
	间	1	¥200,000.00	¥200,000.00	20	0.50%	¥1,000.00	2015-1-9	24	¥829.17	¥829.17	¥19,900.00	¥180,100.00
	套	6	¥650.00	¥3,900.00	3	0.50%	¥19.50	2015-1-9	28	¥17.51	¥17.51	¥490.39	¥159.61
	台	2	¥3,688.00	¥7,376.00	5	0.50%	¥36.88	2015-1-9	18	¥60.85	¥60.85	¥1,095.34	¥2,592.66
部门调拨	辆	1	¥98,000.00	¥98,000.00	10	0.50%	¥490.00	2015-1-9	14	¥812.58	¥812.58	¥11,376.17	¥86,623.83
	台	5	¥5,999.00	¥29,995.00	5	0.50%	¥149.98	2015-1-9	7	¥97.48	¥97.48	¥682.39	¥5,316.61

图10-16　固定资产折旧处理后的参考效果

1. 计算固定资产折旧项目

使用不同的函数计提固定资产折旧项目，具体操作如下。

（1）打开“固定资产基本信息表.xlsx”工作簿，将其以“固定资产管理”为名进行另存，然后在O2:T2单元格区域中输入需要计算的固定资产折旧项目，并设置单元格格式，如图10-17所示。

	H	I	J	K	L	M	N	O	P	Q	R	S	T
1	固定资产管理												
2	单位	数量	初始购置成本	合计金额	预计使用年	预计净残值	预计净残值	当前日期	已计提折旧月数	预计使用期内每期折旧	本期折旧额	累计折旧额	净值
3	间	1	¥385,000.00	¥385,000.00	20	0.50%	¥1,925.00						
4	台	2	¥85,650.00	¥171,300.00	10	0.50%	¥856.50						
5	台	2	¥6,880.00	¥13,760.00	5	0.50%	¥68.80						
6	辆	1	¥158,000.00	¥158,000.00	10	0.50%	¥790.00						
7	台	3	¥5,500.00	¥16,500.00	8	0.50%	¥82.50						
8	间	1	¥200,000.00	¥200,000.00	20	0.50%	¥1,000.00						
9	套	6	¥650.00	¥3,900.00	3	0.50%	¥19.50						
10	台	2	¥3,688.00	¥7,376.00	5	0.50%	¥36.88						

图10-17　输入需要计算的固定资产折旧项目

（2）选择O3:O12单元格区域，输入公式“=TODAY()”，然后按【Ctrl+Enter】组合键返回当前日期，如图10-18所示。

（3）选择P3:P12单元格区域，输入公式“=IF(INT(DAYS360(A3,O3)/30)<=L3*12,INT(DAYS360(A3,O3)/30),L3*12)”，然后按【Ctrl+Enter】组合键计算各固定资产的已计提折旧月数，如图10-19所示。

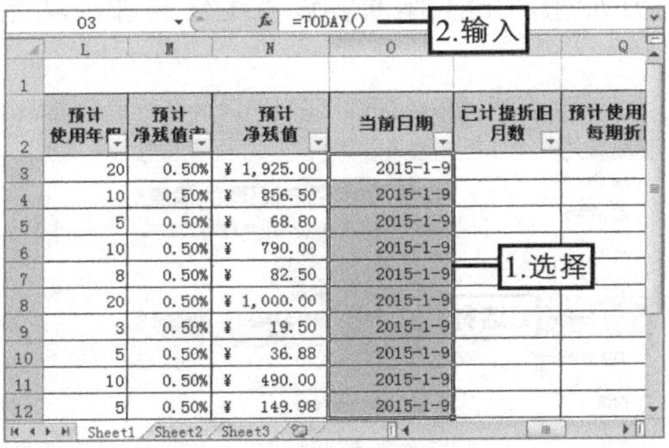

图10-18　计算当前日期

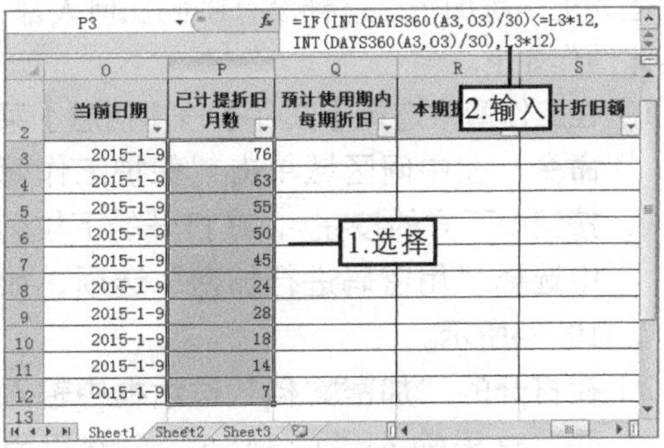

图10-19　计算已计提折旧月数

（4）选择Q3:Q12单元格区域，输入公式“=SLN(J3,N3,L3*12)”，然后按【Ctrl+Enter】组合键计算各固定资产的预计使用期内每期折旧，如图10-20所示。

（5）选择R3:R12单元格区域，输入公式“=IF(INT(DAYS360(A3,O3)/30)>L3*12,0,Q3)”，然后按【Ctrl+Enter】组合键计算各固定资产的本期折旧额，如图10-21所示。

图10-20　计算预计使用期内每期折旧

图10-21　计算本期折旧额

（6）选择S3:S12单元格区域，输入公式"=R3*P3"，然后按【Ctrl+Enter】组合键计算各固定资产的累计折旧额，如图10-22所示。

（7）选择T3:T12单元格区域，输入公式"=J3-S3"，然后按【Ctrl+Enter】组合键计算各固定资产的净值，如图10-23所示。

图10-22　计算累计折旧额

图10-23　计算净值

2. 设置工作簿的加密功能

为了增加表格的安全性，防止他人不小心误删除或改动表格的某部分数据，最简单的方法就是为工作簿加密，这样没有密码任何人都不能打开加密后的工作簿。设置工作簿加密功能的具体操作如下。

（1）在工作簿中选择【文件】→【信息】菜单命令，在中间区域单击"保护工作簿"按钮下方的按钮，在打开的下拉列表中选择"用密码进行加密"选项，如图10-24所示。

（2）在打开的"加密文档"对话框中输入密码，这里输入"123456"，然后单击确定按钮，在打开的"确认密码"对话框中重新输入设置的密码，完成后单击确定按钮，如图10-25所示。

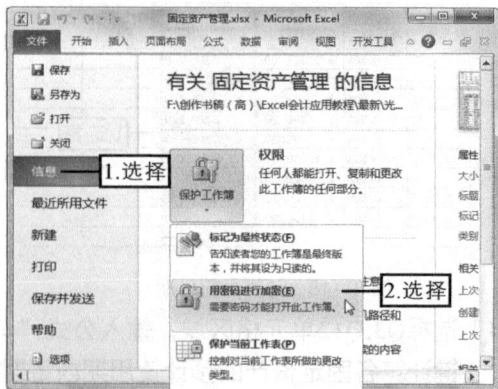

图10-24　选择"用密码进行加密"选项

知识提示

要撤销为工作簿设置的密码，可再次选择【文件】→【信息】菜单命令，在中间区域单击"保护工作簿"按钮下方的按钮，在打开的下拉列表中选择"用密码进行加密"选项，在打开的"加密文档"对话框中删除设置的密码，然后单击确定按钮即可。

（3）保存并关闭工作簿后，当再次打开该工作簿，将先打开"密码"对话框，用户只有正确输入相应的密码后，单击确定按钮才能打开该工作簿，如图10-26所示。

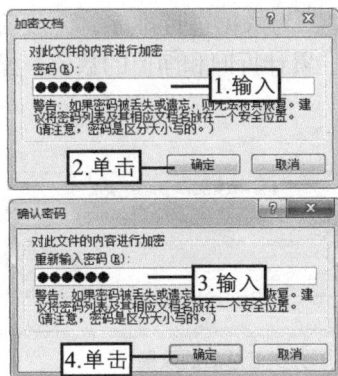

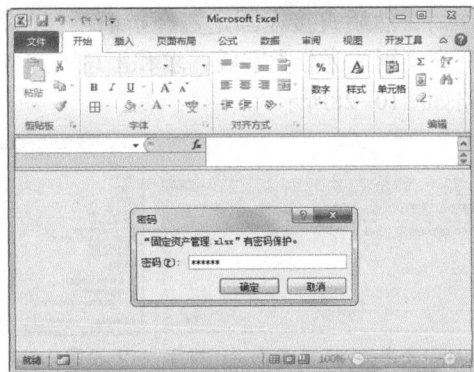

图10-25　设置密码　　　　　　　　图10-26　再次打开工作簿需输入密码

10.4　课堂练习

使用不同的方法汇总固定资产折旧项目，熟练掌握Excel在固定资产管理中的应用。

10.4.1　分类汇总固定资产折旧项目

1. 练习目标

本练习的目标是分类汇总固定资产折旧项目，需要在前面制作的"固定资产管理.xlsx"工作簿中使用数据的分类汇总功能根据资产类别汇总资产原值、本期折旧、累计折旧、净值等项目。本练习完成后的参考效果如图10-27所示。

素材所在位置	光盘:\素材文件\第10章\课堂练习\固定资产管理.xlsx
效果所在位置	光盘:\效果文件\第10章\课堂练习\分类汇总固定资产折旧项目.xlsx
视频演示	光盘:\视频文件\第10章\分类汇总固定资产折旧项目.swf

图10-27　分类汇总固定资产折旧项目的效果

职业素养　　　汇总固定资产折旧项目就是查询指定期间按指定项目汇总的固定资产的价值及折旧信息，它可以以资产类别、使用部门、使用状况等项目为依据进行汇总。与固定资产折旧处理不同，汇总固定资产折旧项目不需要显示具体的固定资产信息。

2. 操作思路

完成本练习需要将"固定资产管理.xlsx"工作簿中另存为"分类汇总固定资产折旧项目"工作簿，然后直接在固定资产折旧项目的基础上以"资产类别"为依据进行排序，完成后以"资产类别"为分类字段，求和汇总固定资产原值、本期折旧、累计折旧和净值的数值，操作思路如图10-28所示。

① 以"资产类别"为依据进行排序　　② 设置分类汇总　　　③ 分类汇总后的效果

图10-28　分类汇总固定资产折旧项目的制作思路

（1）打开"固定资产管理.xlsx"工作簿，将其以"分类汇总固定资产折旧项目"为名进行另存，然后选择A2:T12单元格区域，在【数据】→【排序和筛选】组中单击"排序"按钮。

（2）在打开的"排序"对话框的"主要关键字"下拉列表框中选择"资产类别"选项，然后单击 确定 按钮。

（3）在【数据】→【分级显示】组中单击"分类汇总"按钮，在打开的"分类汇总"对话框的"分类字段"下拉列表框中选择"资产类别"选项；在"汇总方式"下拉列表框中选择"求和"选项；在"选定汇总项"列表框中单击选中"合计金额""本期折旧额""累计折旧额""净值"选项对应的复选框，完成后单击 确定 按钮。

（4）返回工作表中在工作表编辑区左上角单击 2 按钮即可显示出各资产类别对应的汇总项和所有固定资产的合计数据。

10.4.2　使用函数汇总固定资产折旧项目

1. 练习目标

本练习的目标是使用SUMPRODUCT函数根据资产类别汇总固定资产原值、本期折旧、累计折旧、净值等项目。本练习完成后的参考效果如图10-29所示。

素材所在位置	光盘:\素材文件\第10章\课堂练习\固定资产管理.xlsx
效果所在位置	光盘:\效果文件\第10章\课堂练习\使用函数汇总固定资产折旧项目.xlsx
视频演示	光盘:\视频文件\第10章\使用函数汇总固定资产折旧项目.swf

固定资产折旧汇总表				
编制单位：鑫业有限责任公司				单位：元
类别	原值	本期折旧	累计折旧	净值
房屋类	¥ 585,000.00	¥ 2,425.31	¥ 142,803.23	¥ 442,196.77
机械类	¥ 187,800.00	¥ 763.04	¥ 47,056.04	¥ 44,093.96
电子类	¥ 51,131.00	¥ 271.86	¥ 8,134.84	¥ 8,432.16
运输类	¥ 256,000.00	¥ 2,122.67	¥ 76,880.33	¥ 179,119.67
其他设备类	¥ 3,900.00	¥ 17.51	¥ 490.39	¥ 159.61
合　计	¥1,083,831.00	¥ 5,600.39	¥ 275,364.83	¥ 674,002.17
				制表日期：2015-1-12

图10-29　使用函数汇总固定资产折旧项目的效果

2. 操作思路

完成本练习首先需要创建“固定资产折旧汇总表”工作表，在其中输入相应的数据，并设置单元格格式，然后使用SUMPRODUCT函数计算各资产类别的汇总数据，使用自动求和功能计算所有资产类别的合计数据，操作思路如图10-30所示。

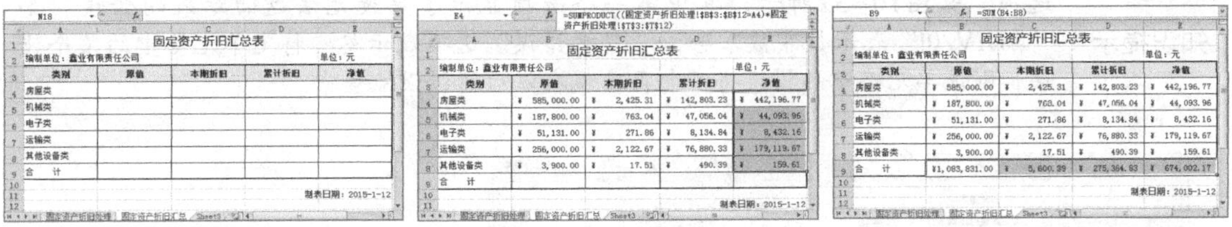

① 输入并设置数据　② 使用SUMPRODUCT函数计算数据　③ 使用自动求和功能计算数据

图10-30　“使用函数汇总固定资产折旧项目”的制作思路

（1）打开“固定资产管理.xlsx”工作簿，将其以“使用函数汇总固定资产折旧项目”为名进行另存，然后将“Sheet1”和“Sheet2”工作表重命名为“固定资产折旧处理”和“固定资产折旧汇总”。

（2）在“固定资产折旧汇总”工作表中输入相应的数据，并设置单元格格式，然后选择B4:B8单元格区域，输入公式“=SUMPRODUCT((固定资产折旧处理!¥B¥3:¥B¥12=A4)*固定资产折旧处理!¥K¥3:¥K¥12)”，完成后按【Ctrl+Enter】组合键汇总计算资产原值。

（3）选择C4:C8单元格区域，输入公式“=SUMPRODUCT((固定资产折旧处理!¥B¥3:¥B¥12=A4)*固定资产折旧处理!¥R¥3:¥R¥12)”，完成后按【Ctrl+Enter】组合键汇总计算本期折旧额。

（4）用相同的方法在D4:D8单元格区域中输入公式“=SUMPRODUCT((固定资产折旧处理!¥B¥3:¥B¥12=A4)*固定资产折旧处理!¥S¥3:¥S¥12)”汇总计算累计折旧额；在E4:E12单元格区域中输入公式“=SUMPRODUCT((固定资产折旧处理!¥B¥3:¥B¥12=A4)*固定资产折旧处理!¥T¥3:¥T¥12)”汇总计算净值。

（5）选择B9:E9单元格区域，使用自动求和功能计算各固定资产折旧合计数据。

知识提示

SUMPRODUCT函数用来将给定数组间对应的元素相乘并返回乘积之和。其语法结构为“SUMPRODUCT(array1,array2,array3,...)”，其中Array1表示相应元素需要进行相乘并求和的第一个数组参数，Array2, array3,...表示2到255个数组参数，其相应元素需要进行相乘并求和。使用SUMPRODUCT函数时，其数组参数必须具有相同的位数，否则将返回错误值#VALUE!。

10.5 拓 展 知 识

在Excel中输入公式后，并不能保证公式完全正确，此时可使用Excel的错误检查功能检查公式中是否存在错误。用户可通过以下两种方法来设置错误。

◎ **通过"Excel选项"对话框设置错误检查**：选择【文件】→【选项】菜单命令，在打开的"Excel选项"对话框中单击"公式"选项卡，在"错误检查"栏中确认单击选中"允许后台错误检查"复选框后，可单击"使用此颜色标识错误"按钮 ，在打开的色块中选择所需的颜色更改标记错误发生位置的三角形的颜色；在"错误检查规则"栏中可单击选中或撤销选中相应规则对应的复选框设置错误检查规则，完成后单击 确定 按钮，如图10-31所示。

> **知识提示**
> 在工作表中检查出错误后，在单元格的左上角将出现一个三角形状，若选择该单元格，则该单元格的右边将变为感叹号提示按钮，单击它可显示错误选项，如图10-32所示，其中第一个选项显示了导致无法返回结果的错误，如"#DIV/0!"表示数字被零除，"忽略错误"选项表示忽略特定单元格中的某个错误，则该单元格中的错误将不会再出现在以后的错误检查中。

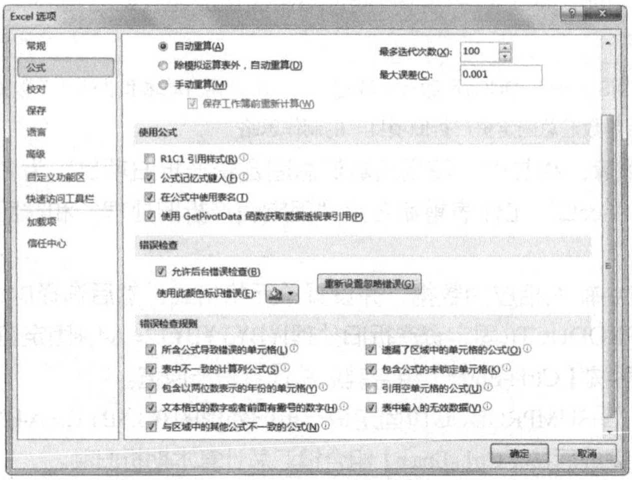

图10-31 打开"Excel选项"对话框 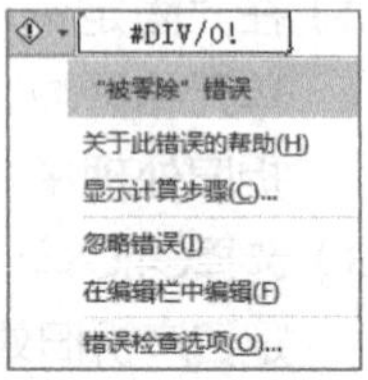　　　　　　　　　　　　　　　图10-32 显示错误选项

◎ **通过"公式"选项卡设置错误检查**：在【公式】→【公式审核】组中单击 错误检查 按钮，当工作表中存在错误，将打开"错误检查"对话框，如图10-33所示，在其中单击 关于此错误的帮助(H) 按钮可了解当前错误的相关帮助，单击 显示计算步骤(C) 按钮可显示当前错误的计算步骤，单击 忽略错误(I) 按钮可忽略当前错误，单击 在编辑栏中编辑(E) 按钮可切换到工作簿的编辑栏重新编辑公式，单击 下一个(N) 按钮可继续检查下一个错误，直到错误检查完成。

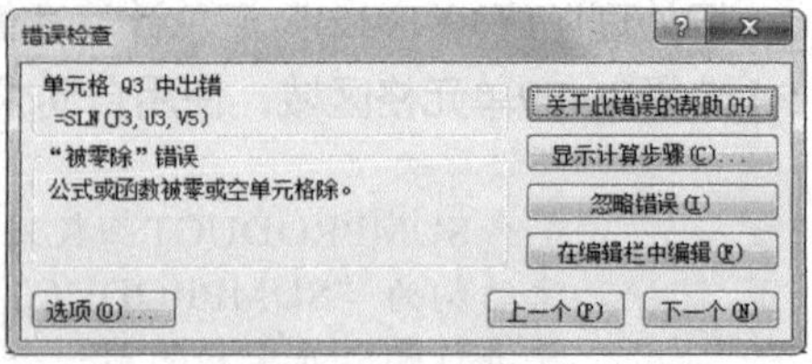

图10-33 打开"错误检查"对话框

知识提示 在“错误检查”对话框中单击 选项(O)... 按钮也可打开“Excel选项”对话框，在“公式”选项卡的“错误检查”栏中单击 重新设置忽略错误(G) 按钮可重置以前忽略的所有错误，返回“错误检查”对话框单击 继续(I) 按钮可继续进行错误检查。

10.6 课后习题

（1）假设某固定资产的初始购置成本为125 000元，预计净残值率为3%，预计使用年限为10年，然后使用固定余额递减法、双倍余额递减法、年限平均法、年数总和法计算该固定资产每年的折旧值，完成后的效果如图10-34所示。

提示：◎ 分别使用DB、DDB、SLN、SYD函数计算出第一年的折旧额后，然后复制公式到相应的单元格区域计算出各年的折旧额（复制公式时注意相对引用与绝对引用的转换）。

效果所在位置 光盘:\效果文件\第11章\课后习题\不同的折旧计算方法.xlsx

视频演示 光盘:\视频文件\第11章\使用不同的函数计算折旧值.swf

	A	B	C	D	E
1		购置金额	预计使用年限	预计净残值率	预计净残值
2		120000	10	3%	3600
3					
4	折旧年份	固定余额递减法	双倍余额递减法	年限平均法	年数总和法
5	1	¥35,520.00	¥24,000.00	¥11,640.00	¥21,163.64
6	2	¥25,006.08	¥19,200.00	¥11,640.00	¥19,047.27
7	3	¥17,604.28	¥15,360.00	¥11,640.00	¥16,930.91
8	4	¥12,393.41	¥12,288.00	¥11,640.00	¥14,814.55
9	5	¥8,724.96	¥9,830.40	¥11,640.00	¥12,698.18
10	6	¥6,142.37	¥7,864.32	¥11,640.00	¥10,581.82
11	7	¥4,324.23	¥6,291.46	¥11,640.00	¥8,465.45
12	8	¥3,044.26	¥5,033.16	¥11,640.00	¥6,349.09
13	9	¥2,143.16	¥4,026.53	¥11,640.00	¥4,232.73
14	10	¥1,508.78	¥3,221.23	¥11,640.00	¥2,116.36
15					

Sheet1 Sheet2 Sheet3

图10-34 使用不同的函数计算折旧值

（2）根据提供的固定资产信息，如表10-1所示，计算各项固定资产的已计提折旧月数、月折旧额、累计折旧额、净值，完成后的效果如图10-35所示。

表 10-1 固定资产基本信息

启用日期	资产类别	资产原值	预计使用年限	预计净残值率
2007-5-8	建筑物	650 000	20	5%
2009-10-16	机器设备	120 000	10	5%
2013-8-10	办公设备	4 800	5	3%
2015-1-12	运输设备	90 000	10	3%

提示：◎ 首先计算预计净残值，然后使用TODAY函数录入当前日期。

◎ 分别使用公式和函数计算已计提折旧月数、月折旧额、累计折旧额、净值。

效果所在位置 光盘:\效果文件\第10章\课后习题\固定资产折旧处理.xlsx

视频演示 光盘:\视频文件\第10章\固定资产折旧处理.swf

固定资产折旧处理										
启用日期	资产类别	资产原值	预计使用年限	预计净残值率	预计净残值	当前日期	已计提折旧月数	月折旧额	累计折旧额	净值
2007-5-8	建筑物	￥ 650,000.00	20	5%	￥32,500.00	2015-1-12	92	￥2,572.92	￥ 236,708.33	￥ 413,291.67
2009-10-16	机器设备	￥ 120,000.00	10	5%	￥ 6,000.00	2015-1-12	62	￥950.00	￥ 58,900.00	￥ 61,100.00
2013-8-10	办公设备	￥ 4,800.00	5	3%	￥ 144.00	2015-1-12	17	￥77.60	￥ 1,319.20	￥ 3,480.80
2015-1-5	运输设备	￥ 90,000.00	10	3%	￥ 2,700.00	2015-1-12	0	￥727.50	￥ －	￥ 90,000.00

图10-35 固定资产折旧处理

第11章

综合案例——使用Excel进行会计财务处理案例

本章将结合前面章节所学的内容，将Excel相关知识应用到会计核算的整个流程中，从而掌握编制会计凭证表、总分类账、科目汇总表、科目余额表、资产负债表、利润表的具体环节和步骤，使读者更加直观、清晰地认识使用Excel进行会计财务处理的整个流程。

✳ 学习要点

◎ 建立账务处理系统
◎ 填制会计凭证
◎ 生成总分类账
◎ 编制科目汇总表
◎ 编制科目余额表
◎ 编制资产负债表
◎ 编制利润表
◎ 编制现金流量表

✳ 学习目标

◎ 综合使用所学的Excel知识进行会计财务处理，进一步巩固Excel操作知识
◎ 掌握从编制会计凭证表到资产负债表、利润表、现金流量表等的整个会计财务处理流程

11.1 实 例 目 标

本实例要求使用Excel进行会计财务处理，在制作过程中不仅需要掌握Excel的操作知识，如Excel的基本操作、公式与函数的使用，Excel表格数据的管理与分析等，还需要掌握整个会计财务处理流程，如编制会计凭证表、科目汇总表、资产负债表、利润表、现金流量表等。图11-1为财务处理系统的效果图。

效果所在位置	光盘:\效果文件\第11章\综合案例\财务处理系统.xlsx
视频演示	光盘:\视频文件\第11章\财务处理系统.swf

图11-1 财务处理系统的参考效果

11.2 实 例 背 景

使用Excel进行会计财务处理前，必须了解企业的相关资料，以及相应的期初数据和当月发生的经济业务等。

11.2.1 企业资料和期初数据

万程有限责任公司是一家中小型企业，主要经营产品为"X产品、Y产品"，法人名称为"张程"，单位地址为"武汉市汉阳区汉阳大道"，开户行为"工行十里支行"，账号为"XXX"、国税登记号为"XXX"，核算要求为"材料发出采用先进先出法"，固定资产月折旧率为"0.4%"，增值税率为"17%"，所得税率为"25%"。

1. 科目余额表的期初数据

假设万程有限责任公司2014年12月初科目余额表的相关数据如表11-1所示。

表 11-1　2014 年 12 月初科目余额表

科目名称	借方余额	贷方余额
库存现金	21 960	
银行存款	1 308 640	
应收票据	15 000	
应收账款	42 000	
预付账款	11 000	
原材料	976 000	
库存商品	260 000	
长期股权投资	600 000	
固定资产	4 500 000	
累计折旧		1 020 000
无形资产	500 000	
短期借款		400 000
应付票据		65 000
应付账款		17 000
预收账款		8 000
应付职工薪酬		12 800
应交税费		9 800
应付利息		2 000
实收资本		5 000 000
资本公积		200 000
盈余公积		1460000
利润分配		40 000
合计	8 234 600	8 234 600

2. 明细账期初余额

假设该公司明细账期初余额的相关数据如下。

应收账款——长治公司　　　　　　　　　　借：30 000

　　　　——齐天公司　　　　　　　　　　借：12 000

应收票据——大通公司	借：15 000

应收票据——大通公司　　　　　　　　　　　　　　借：15 000
预付账款——云阳公司　　　　　　　　　　　　　　借：11 000
原材料——甲380吨，每吨1600元　　　　　　　　　借：608 000
　　　　——乙150吨，每吨2000元　　　　　　　　借：300 000
　　　　——丙40吨，每吨1700元　　　　　　　　　借：68 000
库存商品——X产品20台，每台6400元　　　　　　　借：128 000
　　　　——Y产品22台，每台6000元　　　　　　　借：13 200
固定资产——车间用　　　　　　　　　　　　　　　借：2 500 000
　　　　——厂部用　　　　　　　　　　　　　　　借：2 000 000
应付账款——宁泰公司　　　　　　　　　　　　　　贷：17 000
应付票据——鼎力公司　　　　　　　　　　　　　　贷：65 000
预收账款——成功公司　　　　　　　　　　　　　　贷：8 000
应交税费——应交增值税　　　　　　　　　　　　　贷：8 909.09
　　　　——应交城建税　　　　　　　　　　　　　贷：623.64
　　　　——应交教育费附加　　　　　　　　　　　贷：267.27
盈余公积——法定盈余公积　　　　　　　　　　　　贷：1 000 000
　　　　——任意盈余公积　　　　　　　　　　　　贷：460 000

11.2.2　发生的相关经济业务

列出该公司2014年12月发生的经济业务，并根据经济业务编制会计分录。

（1）12月1日用现金购买办公用品400元。

借：管理费用　　　　　　　　　　　　　　400
　　贷：库存现金　　　　　　　　　　　　　400

（2）12月2日用支票偿还前欠宁泰公司货款17 000元。

借：应付账款——宁泰公司　　　　　　　　17 000
　　贷：银行存款　　　　　　　　　　　　　　　17 000

（3）12月2日以银行存款购买转账支票共计60元。

借：财务费用　　　　　　　　　　　　　　60
　　贷：银行存款　　　　　　　　　　　　　　　60

（4）12月3日车间领用甲材料10吨，每吨1 600元用于X产品的生产。

借：生产成本——X产品　　　　　　　　　　16 000
　　贷：原材料——甲材料　　　　　　　　　　　16 000

（5）12月3日从银行提取现金2 000元作为备用金使用。

借：其他应收款——备用金　　　　　　　　2 000
　　贷：银行存款　　　　　　　　　　　　　　　2 000

（6）12月4日向万峰公司购入甲材料10吨，每吨1 600元，货款共计16 000元，增值税2720元，用支票支付，材料已入库。

借：原材料——甲材料　　　　　　　　　　16 000
　　应交税费——应交增值税（进项税额）　2 720

貸：银行存款　18 720

（7）12月5日缴纳上月增值税、城建税和教育费附加。

借：应交税费——应交增值税　8 909.09

　　　　——应交城建税　623.64

　　　　——应交教育费附加　267.27

　　貸：银行存款　9 800

（8）12月6日采购员李辉出差预借差旅费2 000元。

借：其他应收款——李辉　2 000

　　貸：银行存款　2 000

（9）12月7日向盛大公司出售Y产品10件，每件售价9 100元，增值税为15 470元，货款收回，已存入银行。

借：银行存款　106 470

　　貸：主营业务收入——Y产品　91 000

　　　应交税费——应交增值税（销项税额）　15 470

（10）12月7日用支票支付第三季度养路费3 000元。

借：管理费用　3 000

　　貸：银行存款　3 000

（11）12月8日车间领用乙材料1吨，每吨2 000元，用于车间一般耗用。

借：制造费用　2 000

　　貸：原材料——乙材料　2 000

（12）12月9日用现金支付车间设备修理费500元。

借：管理费用　500

　　貸：库存现金　500

（13）12月10日用现金预付明年上半年的报刊费600元。

借：管理费用　600

　　貸：库存现金　600

（14）12月11日签发现金支票，提取现金准备支付本月工资46 900元。

借：库存现金　46 900

　　貸：银行存款　46 900

（15）12月11日发放本月工资46 900元。

借：应付职工薪酬　46 900

　　貸：库存现金　46 900

（16）12月12日厂部招待客户，支付现金460元。

借：管理费用　460

　　貸：库存现金　460

（17）12月13日职工崔珍报销医药费240元。

借：应付职工薪酬——崔珍　240

　　貸：库存现金　240

（18）12月14日向宁泰公司购入乙材料3吨，每吨2 000元，款项尚未支付，材料已入库。

借：原材料——乙材料　6 000

应交税费——应交增值税（进项税额）	1 020
贷：应付账款——宁泰公司	7 020

（19）12月14日由银行支付本月生产车间水费600元。

借：制造费用	600
贷：银行存款	600

（20）12月15日车间领用乙材料15吨，每吨2 000元，用于Y产品的生产。

借：生产成本——Y产品	30 000
贷：原材料——乙材料	30 000

（21）12月16日向齐天公司销售X产品12件，每件售价9 800元，货款共计117 600元，增值税为19992元，货款尚未收回。

借：应收账款——齐天公司	137 592
贷：主营业务收入——X产品	117 600
应交税费——应交增值税（销项税额）	19 992

（22）12月17日用支票支付广告费2 000元。

借：销售费用	2 000
贷：银行存款	2 000

（23）12月18日采购员李辉出差归来报销差旅费2 700元，不足部分用现金支付。

借：管理费用	2 700
贷：其他应收款——李辉	2 000
库存现金	700

（24）12月19日用银行存款支付本月电费2 700元，厂部用电800元，车间用电1 900元。

借：管理费用	800
制作费用	1 900
贷：银行存款	2 700

（25）12月20日发生本月借款利息费用1 000元。

借：财务费用	1 000
贷：应付利息	1 000

（26）12月21日向成功公司销售丙材料10吨，每吨1 900元，共计19 000元，冲销预收账款8 000元，其余收转账支票，丙材料成本为每吨1 700元。

借：预收账款——成功公司	8 000
银行存款	14 230
贷：其他业务收入——丙材料	19 000
应交税费——应交增值税（销项税额）	3 230
借：其他业务成本——丙材料	17 000
贷：原材料——丙材料	17 000

（27）12月22日以银行存款支付本月电话费1 000元。

借：管理费用	1 000
贷：银行存款	1 000

（28）12月22日分配本月工资，其中生产X产品的生产工人工资18 000元，生产Y产品的生产工人工资12 000元，车间管理人员工资6 600元，厂部人员工资10 300元。

```
借：生产成本 ——X产品                    18 000
            ——Y产品                    12 000
    制造费用                             6 600
    管理费用                            10 300
    贷：应付职工薪酬                              46 900
```

（29）12月22日按工资总额的14%计提福利费。

```
借：生产成本 ——X产品                     2 520
            ——Y产品                     1 680
    制造费用                               924
    管理费用                             1 442
    贷：应付职工薪酬                               6 566
```

（30）12月23日以银行存款支付车间大修理费用1 000元。

```
借：管理费用                             1 000
    贷：银行存款                                   1 000
```

（31）12月25日年终盘点，盘盈生产用设备一台（全新），同类固定资产市场价为8 000元。

```
借：固定资产                             8 000
    贷：以前年度损益调整                            8 000
借：以前年度损益调整                       2 000
    贷：应交税费——应交所得税                        2 000
```

（32）12月25日年终盘点，盘亏甲材料1吨，金额1 600元（应负担的增值税为272元）。

```
借：待处理财产损溢——待处理流动资产损溢    1 872
    贷：原材料——甲材料                            1 600
        应交税费——应交增值税（进项税额转出）     272
```

（33）12月26日用银行存款支付第四季度借款利息3 000元。

```
借：应付利息                             3 000
    贷：银行存款                                   3 000
```

（34）12月26日计提本月折旧费用，其中车间负担折旧10 000元，厂部负担折旧8 000元。

```
借：制造费用                            10 000
    管理费用                             8 000
    贷：累计折旧                                  18 000
```

（35）12月27日接受协作单位无偿捐赠电脑一台，市场价格12 000元，用于管理。

```
借：固定资产                            12 000
    贷：营业外收入                                12 000
```

（36）12月27日盘点结果，经领导审批后，盘盈的设备8 000元扣除计入所得税后净额6000元计入利润分配，盘亏的甲材料1 872元列入营业外支出。

```
借：以前年度损益调整                       6 000
    贷：利润分配——未分配利润                        6 000
借：营业外支出                           1 872
    贷：待处理财产损溢——待处理流动资产损溢         1 872
```

（37）12月28日结转本月制造费用，按工人工资比例分配。

借：生产成本——X产品　　　　　　13 214.40
　　　　　　——Y产品　　　　　　8 809.60
　　贷：制造费用　　　　　　　　　　22 024

（38）12月28日结转本月已完工的X产品成本（包括上期尚未生产完工的X产品），X产品共8台。

借：库存商品——X产品　　　　　　49 734.40
　　贷：生产成本——X产品　　　　　49 734.40

（39）12月29日计提本月城建税和教育费附加。

借：营业税金及附加　　　　　　　　3 522.40
　　贷：应交税费——应交城建税　　　2 465.68
　　　　　　——应交教育费附加　　　1 056.72

（40）12月29日企业已有丙材料现市场价为每吨1600元，按已给资料计提存货跌价准备。

借：资产减值损失　　　　　　　　　3 000
　　贷：存货跌价准备　　　　　　　　3 000

（41）12月30日用现金购买印花税票500元。

借：管理费用　　　　　　　　　　　500
　　贷：库存现金　　　　　　　　　　500

（42）12月30日厂部报销汽车加油费300元，经审核后以现金支付。

借：管理费用　　　　　　　　　　　300
　　贷：库存现金　　　　　　　　　　300

（43）12月31日按年末应收账款余额的5‰计提坏账准备。

借：资产减值损失　　　　　　　　　897.96
　　贷：坏账准备　　　　　　　　　　897.96

（44）12月31日结转本月销售成本，其中X产品12台，每台6400元，Y产品10台，每台6000元。

借：主营业务成本——X产品　　　　76 800
　　　　　　——Y产品　　　　　　60 000
　　贷：库存商品——X产品　　　　　76 800
　　　　　　——Y产品　　　　　　60 000

（45）12月31日结转本月各项收入与收益。

借：主营业务收入——X产品　　　　117 600
　　　　　　——Y产品　　　　　　91 000
　　其他业务收入　　　　　　　　　19 000
　　营业外收入　　　　　　　　　　12 000
　　贷：本年利润　　　　　　　　　　239 600

（46）12月31日结转本月各项成本、费用与支出。

借：本年利润　　　　　　　　　　　197 154.36
　　贷：管理费用　　　　　　　　　　31 002
　　　　财务费用　　　　　　　　　　1 060
　　　　销售费用　　　　　　　　　　2 000

资产减值损失	3 897.96
营业税金及附加	3 522.40
主营业务成本	136 800
其他业务成本	17 000
营业外支出	1 872

（47）12月31日计算并结转所得税费用（本年纳税调整项目有：实际发放工资超过计税工资970元，盘亏的甲材料1 872元税务部门不允许税前扣除）。所得税费用采用应付税款法计算。

借：所得税费用　　　　　　　　　11 321.91
　　贷：应交税费——应交所得税　　　11 321.91
借：本年利润　　　　　　　　　　11 321.91
　　贷：所得税费用　　　　　　　　11 321.91

（48）12月31日按净利润的10%计提法定盈余公积。

借：利润分配——计提法定盈余公积 31 12.37
　　贷：盈余公积——计提法定盈余公积　31 12.37

（49）12月31日将本年净利润转入利润分配科目。

借：本年利润　　　　　　　　　　31 123.73
　　贷：利润分配——未分配利润　　　31 123.73

11.3 实 例 分 析

制作本实例前，首先应收集相关资料并对发生的经济业务编制会计分录，做好前期准备工作，然后使用Excel建立账务处理系统，在其中根据提供的相关资料填制会计凭证表，并管理与分析表格数据，生成总分类账、科目汇总表、科目余额表，完成后编制资产负债表和利润表会计报表。本实例的操作思路如图11-2所示。

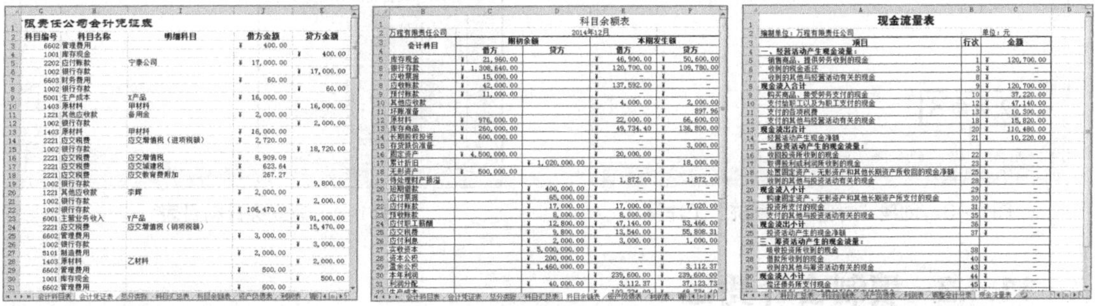

① 填制会计凭证表　　　② 建立科目余额表　　　③ 编制会计报表

图11-2 财务处理系统工作簿的制作思路

11.4 制 作 过 程

由于前面相关章节已经对相应的表格进行了详细讲解，下面将根据拟定好的制作思路制作相关表格，并对一些重要操作步骤进行详细讲解。首先建立"财务处理系统.xlsx"工作簿，然后在其中执行相应的操作。

11.4.1 建立财务处理系统

首先新建"财务处理系统.xlsx"工作簿，并在其中建立"会计科目表"工作表，具体操作如下。

（1）启动Excel，将新建的工作簿以"财务处理系统"为名进行保存，然后将"Sheet1"工作表重命名为"会计科目表"，并合并A1:B1单元格区域，输入表题文本"万程有限责任公司会计科目表"，设置其字体格式为"方正粗倩简体，16"，并自行换行使单元格的文本完整显示，完成后调整单元格行高与表宽，如图11-3所示。

（2）在A2:B2单元格中分别输入表头文本"科目编号"和"科目名称"，设置其字体格式为"加粗，12，居中"，完成后依次输入表格内容，即万程有限责任公司日常业务中所需的会计科目。

（3）为了方便后面引用该工作表中的数据，可选择A3:B71单元格区域，在名称框中输入文本"会计科目"，完成后按【Enter】键为所选的单元格区域定义名称，如图11-4所示。

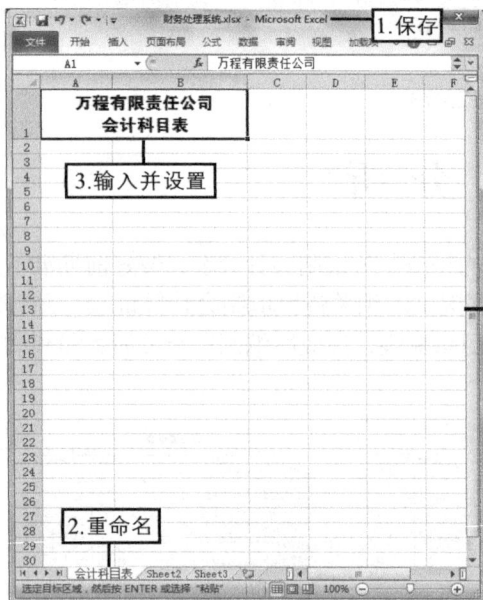

图11-3 创建"财务处理系统"工作簿

图11-4 建立会计科目表

11.4.2 填制会计凭证

根据该公司12月发生的经济业务建立"会计凭证表"，具体操作如下。

（1）将"Sheet2"工作表重命名为"会计凭证表"，合并A1:K1单元格区域，输入表题文本"万程有限责任公司会计凭证表"，设置其字体格式为"华文隶书，20"。

（2）在A2:K2单元格区域中依次输入相应的项目数据：年、月、日、序号、凭证编号、摘要、科目编号、科目名称、明细科目、借方金额、贷方金额，并设置其字体格式为"加粗，12，居中"，然后选择A~D列，设置其数字格式为"文本"，选择J~K列，设置其数字格式为“会计专用”。

（3）选择E4:E140单元格区域，输入公式“=CONCATENATE(A3,B3,C3,D3)”，完成后按【Ctrl+Enter】组合键，如图11-5所示。

（4）选择H4:H140单元格区域，输入公式“=IF(VLOOKUP(G3,会计科目,2,0)=0,"",VLOOKUP(G3,会计科目,2,0))”，完成后按【Ctrl+Enter】组合键，如图11-6所示。

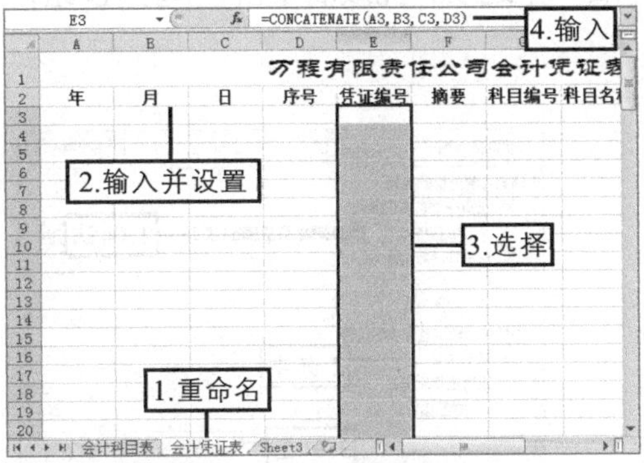

图11-5 输入并设置单元格格式

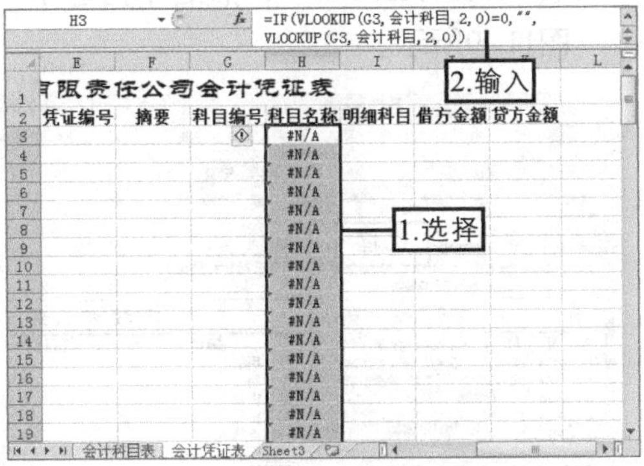

图11-6 输入函数计算数据

（5）根据发生的经济业务和编制的会计分录填制会计凭证表，完成后调整单元格列宽，如图11-7所示。

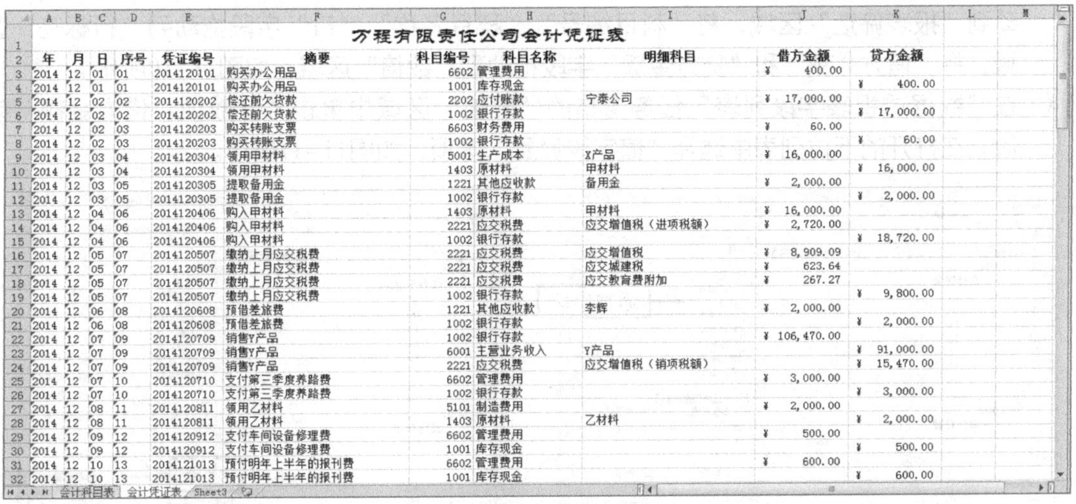

万程有限责任公司会计凭证表

年	月	日	序号	凭证编号	摘要	科目编号	科目名称	明细科目	借方金额	贷方金额
2014	12	01	01	2014120101	购买办公用品	6602	管理费用		¥ 400.00	
2014	12	01	01	2014120101	购买办公用品	1001	库存现金			¥ 400.00
2014	12	02	02	2014120202	偿还前欠货款	2202	应付账款	宁泰公司	¥ 17,000.00	
2014	12	02	02	2014120202	偿还前欠货款	1002	银行存款			¥ 17,000.00
2014	12	02	03	2014120203	购买转账支票	6603	财务费用		¥ 60.00	
2014	12	02	03	2014120203	购买转账支票	1002	银行存款			¥ 60.00
2014	12	03	04	2014120304	领用甲材料	5001	生产成本	X产品	¥ 16,000.00	
2014	12	03	04	2014120304	领用甲材料	1403	原材料	甲材料		¥ 16,000.00
2014	12	03	05	2014120305	提取备用金	1221	其他应收款	备用金	¥ 2,000.00	
2014	12	03	05	2014120305	提取备用金	1002	银行存款			¥ 2,000.00
2014	12	04	06	2014120406	购入甲材料	1403	原材料	甲材料	¥ 16,000.00	
2014	12	04	06	2014120406	购入甲材料	2221	应交税费	应交增值税（进项税额）	¥ 2,720.00	
2014	12	04	06	2014120406	购入甲材料	1002	银行存款			¥ 18,720.00
2014	12	05	07	2014120507	缴纳上月应交税费	2221	应交税费	应交增值税	¥ 8,909.09	
2014	12	05	07	2014120507	缴纳上月应交税费	2221	应交税费	应交城建税	¥ 623.64	
2014	12	05	07	2014120507	缴纳上月应交税费	2221	应交税费	应交教育费附加	¥ 267.27	
2014	12	05	07	2014120507	缴纳上月应交税费	1002	银行存款			¥ 9,800.00
2014	12	06	08	2014120608	预借差旅费	1221	其他应收款	李辉	¥ 2,000.00	
2014	12	06	08	2014120608	预借差旅费	1002	银行存款			¥ 2,000.00
2014	12	07	09	2014120709	销售Y产品	1002	银行存款		¥ 106,470.00	
2014	12	07	09	2014120709	销售Y产品	6001	主营业务收入	Y产品		¥ 91,000.00
2014	12	07	09	2014120709	销售Y产品	2221	应交税费	应交增值税（销项税额）		¥ 15,470.00
2014	12	07	10	2014120710	支付第三季度养路费	6602	管理费用		¥ 3,000.00	
2014	12	07	10	2014120710	支付第三季度养路费	1002	银行存款			¥ 3,000.00
2014	12	08	11	2014120811	领用乙材料	5101	制造费用		¥ 2,000.00	
2014	12	08	11	2014120811	领用乙材料	1403	原材料	乙材料		¥ 2,000.00
2014	12	09	12	2014120912	支付车间设备修理费	6602	管理费用		¥ 500.00	
2014	12	09	12	2014120912	支付车间设备修理费	1001	库存现金			¥ 500.00
2014	12	10	13	2014121013	预付明年上半年的报刊费	6602	管理费用		¥ 600.00	
2014	12	10	13	2014121013	预付明年上半年的报刊费	1001	库存现金			¥ 600.00

图11-7 填制会计凭证

知识提示

为了确保会计凭证表中登记的借方金额和贷方金额基本无误，可根据借贷记账法“有借必有贷，借贷必相等”的记账原则，对本期借方发生额与贷方发生额进行求和，如果借贷方发生额的合计数相等，则说明记账过程基本无误。但是有些账户记录错误很难通过该方法进行判断，这些错误包括：（1）借贷双方发生同等金额的记录错误；（2）全部漏记或重复记录同一项经济业务；（3）账户记录发生借贷方向错误；（4）用错有关账户名称。

11.4.3 生成总分类账

根据会计凭证表建立数据透视表"生成总分类账",具体操作如下。

（1）选择"会计凭证表"工作表,在【插入】→【表格】组中单击"数据透视表"按钮 🗔 下方的·按钮,在打开的下拉列表中选择"数据透视表"选项,如图11-8所示。

（2）在打开的"创建数据透视表"对话框中确认要分析的数据区域为"会计凭证表!￥A￥2:￥K￥140",然后单击选中"新工作表"单选项,完成后单击 确定 按钮,如图11-9所示。

图11-8 选择"数据透视表"命令

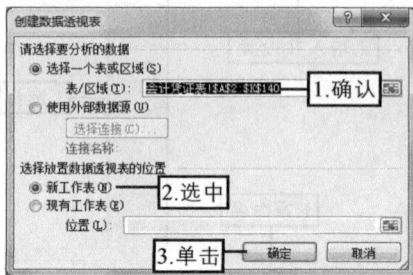

图11-9 选择数据透视表的分析区域与存放位置

（3）系统自动创建一个名为"Sheet4"的工作表存放数据透视表,然后在打开的"数据透视表字段列表"任务窗格的"选择要添加到报表的字段"列表框中将"年"和"月"字段拖动到"报表筛选"区域,将"科目编号""科目名称""日"字段拖动到"行标签"区域,将"借方金额"和"贷方金额"字段拖动到"数值"区域,如图11-10所示。

（4）在"数据透视表字段列表"任务窗格的"数值"区域中单击"计数项:借方金额"字段,在打开的下拉列表中选择"值字段设置"选项,如图11-11所示。

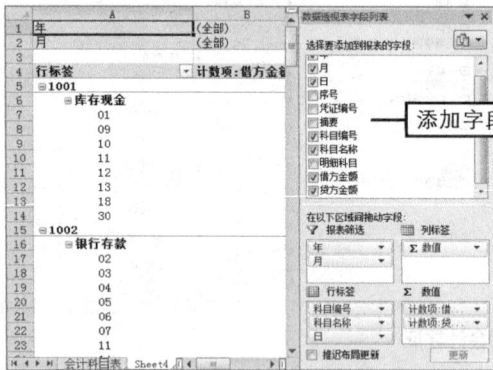

图11-10 添加字段到相应的区域

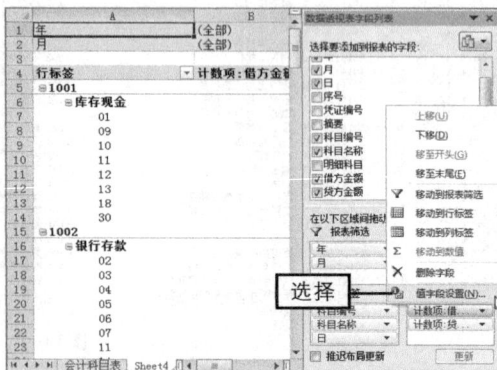

图11-11 选择"值字段设置"选项

（5）在打开的"值字段设置"对话框的"值汇总方式"选项卡的"计算类型"列表框中选择"求和"选项,然后单击 确定 按钮,如图11-12所示。完成后用相同的方法将"计数项:贷方金额"值字段的汇总方式修改为"求和项:贷方金额"。

（6）选择B¯C列,设置其数字格式为"会计专用",然后在数据透视表中选择任意单元格,然后在数据透视表工具的【设计】→【布局】组中单击"报表布局"按钮 🗔,在打开的下拉列表中选择"以表格形式显示"选项,如图11-13所示。

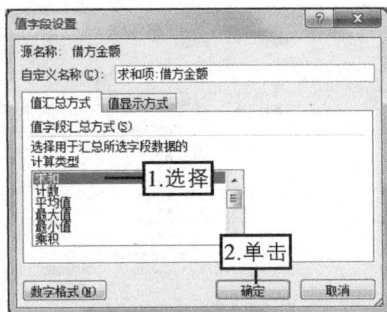

图11-12　修改值字段的汇总方式

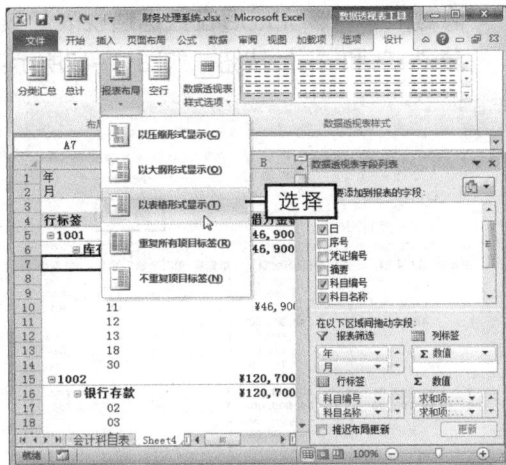

图11-13　设置数据透视表的布局样式

（7）生成的总分类账中只有借贷方金额，没有借贷方余额，因此还需选择数据透视表的任意单元格，在数据透视表工具的【选项】→【计算】组中单击"域、项目和集"按钮，在打开的下拉列表中选择"计算字段"选项，如图11-14所示。

（8）在打开的"插入计算字段"对话框的"名称"下拉列表框中输入"借方余额"，在"公式"文本框中输入公式"=IF((借方金额–贷方金额)>0,借方金额–贷方金额,0)"，然后单击 添加(A) 按钮，如图11-15所示。

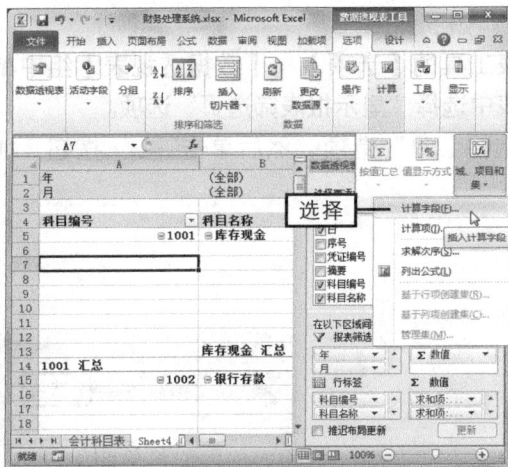

图11-14　选择"计算字段"选项

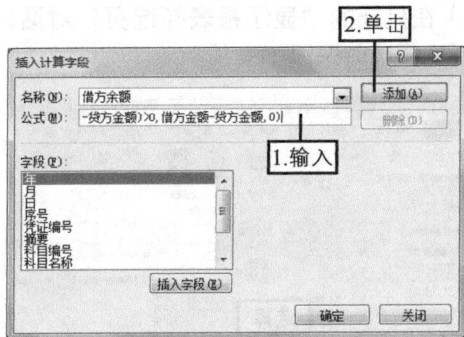

图11-15　添加"借方余额"字段

（9）继续在"插入计算字段"对话框的"名称"下拉列表框中输入"贷方余额"，在"公式"文本框中输入公式"=IF((贷方金额–借方金额)>0,贷方金额–借方金额,0)"，然后单击 确定 按钮，返回工作表中选择除数据透视表数据区域外的空白单元格，在其中可看到添加的"求和项：借方余额"和"求和项：贷方余额"字段，如图11-16所示。

（10）返回工作表中选择A14单元格，将鼠标光标移动到该单元格的左侧，当鼠标光标变成➡形状时单击，可同时选择相应科目编号的汇总行，然后在【开始】→【单元格】组中单击"格式"按钮，在打开的下拉列表中选择【隐藏和取消隐藏】→【隐藏行】选项隐藏汇总行，完成后在数据透视表工具的【选项】→【显示】组中单击 +/- 按钮 按钮隐藏"+"和"−"按钮，如图11−17所示。

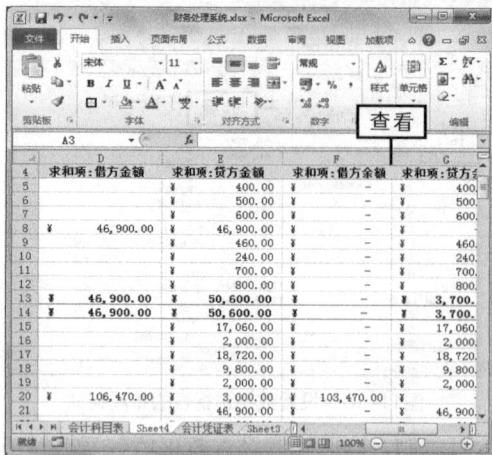

图11−16 查看添加的借贷方余额字段　　　图11−17 隐藏汇总行、"+"和"−"按钮

（11）完成后将"Sheet4"工作表重命名为"总分类账"，并将其移动到"会计凭证表"工作表之后。

11.4.4 编制科目汇总表

根据总分类账编制"科目汇总表"，具体操作如下。

（1）选择"总分类账"工作表，在数据透视表工具的【选项】→【数据透视表】组中单击 选项 按钮右侧的 按钮，在打开的下拉列表中选择"显示报表筛选页"选项。

（2）在打开的"显示报表筛选页"对话框中选择"月"选项，然后单击 确定 按钮，如图11−18所示。

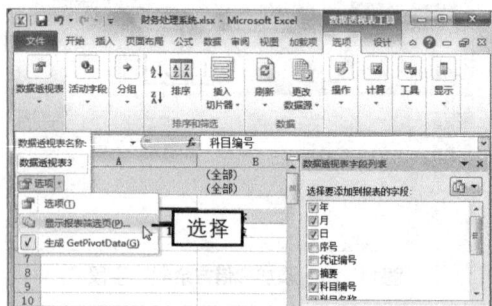

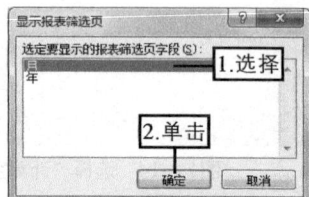

图11−18 选择显示报表筛选页字段

（3）此时在工作簿中将生成一个名为"12"，且与"总分类账"相同的工作表，即科目汇总表的底稿，如图11−19所示。

（4）将"12"工作表重命名为"科目汇总表"，并将其移动到"总分类账"工作表之后，然后选择数据透视表的任意单元格，在"数据透视表字段列表"任务窗格的"选择要添加到报表的字段"列表框中撤销选中"日""借方余额""贷方余额"复选框，如图11−20所示。

图11-19 生成科目汇总表的底稿

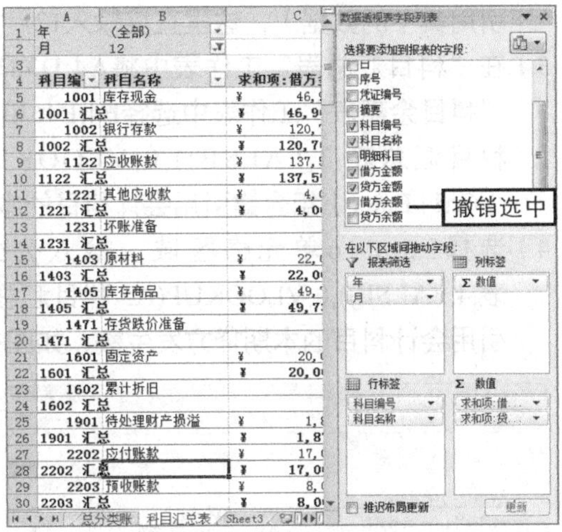

图11-20 删除字段

（5）在数据透视表工具的【设计】→【布局】组中单击"分类汇总"按钮，在打开的下拉列表中选择"不显示分类汇总"选项，如图11-21所示。

（6）返回工作表中，选择除数据透视表数据区域外的空白单元格，在其中可看到表格内容变为"科目汇总表"的格式，如图11-22所示。

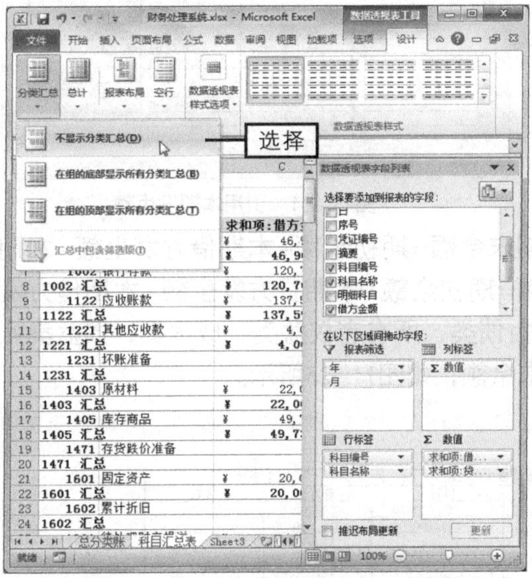

图11-21 选择"不显示分类汇总"选项

图11-22 生成科目汇总表

11.4.5 编制科目余额表

根据前面提供的2014年12月初科目余额表和生成的科目汇总表编制科目余额表，具体操作如下。

（1）将"Sheet3"工作表重命名为"科目余额表"，然后在其中输入数据并设置单元格格式，建立科目余额表的基本框架。

（2）在C5:D46单元格区域中输入或引用上月的期末余额（若上月建立有科目余额表，可直接引用其中的数据），这里直接输入12月初科目余额表中的相关数据，如图11-23所示。

（3）在“科目汇总表”工作表中将A4:D38单元格区域定义为“科目汇总表”名称，然后在“科目余额表”工作表中选择E4:E46单元格区域，输入公式“=IF(ISNA(VLOOKUP(A5,科目汇总表,3,FALSE)),0,VLOOKUP(A5,科目汇总表,3,FALSE))”，完成后按【Ctrl+Enter】组合键引用会计科目的本期借方发生额。

（4）选择F5:F46单元格区域，输入公式“=IF(ISNA(VLOOKUP(A5,科目汇总表,4,FALSE)),0,VLOOKUP(A5,科目汇总表,4,FALSE))”，完成后按【Ctrl+Enter】组合键引用会计科目的本期贷方发生额，如图11-24所示。

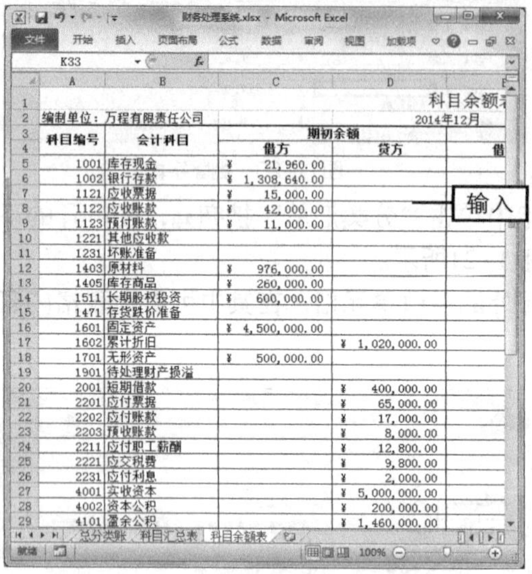

科目余额表

科目编号	会计科目	期初余额 借方	期初余额 贷方
编制单位：万程有限责任公司			2014年12月
1001	库存现金	¥ 21,960.00	
1002	银行存款	¥ 1,308,640.00	
1121	应收票据	¥ 15,000.00	
1122	应收账款	¥ 42,000.00	
1123	预付账款	¥ 11,000.00	
1221	其他应收款		
1231	坏账准备		
1403	原材料	¥ 976,000.00	
1405	库存商品	¥ 260,000.00	
1511	长期股权投资	¥ 600,000.00	
1471	存货跌价准备		
1601	固定资产	¥ 4,500,000.00	
1602	累计折旧		¥ 1,020,000.00
1701	无形资产	¥ 500,000.00	
1901	待处理财产损溢		
2001	短期借款		¥ 400,000.00
2201	应付票据		¥ 65,000.00
2202	应付账款		¥ 17,000.00
2203	预收账款		¥ 8,000.00
2211	应付职工薪酬		¥ 12,800.00
2221	应交税费		¥ 9,800.00
2231	应付利息		¥ 2,000.00
4001	实收资本		¥ 5,000,000.00
4002	资本公积		¥ 200,000.00
4101	盈余公积		¥ 1,460,000.00

图11-23 输入期初余额

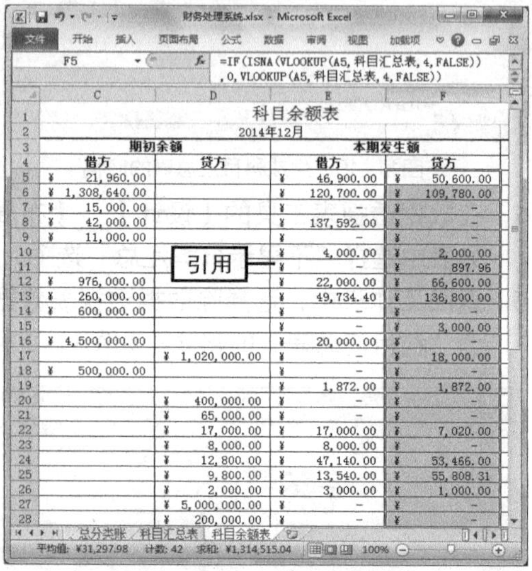

科目余额表

2014年12月

期初余额 借方	期初余额 贷方	本期发生额 借方	本期发生额 贷方
¥ 21,960.00		¥ 46,900.00	¥ 50,600.00
¥ 1,308,640.00		¥ 120,700.00	¥ 109,780.00
¥ 15,000.00		¥ -	¥ -
¥ 42,000.00		¥ 137,592.00	¥ -
¥ 11,000.00		¥ -	¥ -
		¥ 4,000.00	¥ 2,000.00
		¥ -	¥ 897.96
¥ 976,000.00		¥ 22,000.00	¥ 66,600.00
¥ 260,000.00		¥ 49,734.40	¥ 136,800.00
¥ 600,000.00		¥ -	¥ -
		¥ -	¥ 3,000.00
¥ 4,500,000.00		¥ 20,000.00	¥ -
	¥ 1,020,000.00	¥ -	¥ 18,000.00
¥ 500,000.00		¥ -	¥ -
		¥ 1,872.00	¥ 1,872.00
	¥ 400,000.00	¥ -	¥ -
	¥ 65,000.00	¥ -	¥ -
	¥ 17,000.00	¥ 17,000.00	¥ 7,020.00
	¥ 8,000.00	¥ 8,000.00	¥ -
	¥ 12,800.00	¥ 47,140.00	¥ 53,466.00
	¥ 9,800.00	¥ 13,540.00	¥ 55,808.31
	¥ 2,000.00	¥ 3,000.00	¥ 1,000.00
	¥ 5,000,000.00	¥ -	¥ -
	¥ 200,000.00	¥ -	¥ -

图11-24 引用本期发生额

（5）根据计算期末余额的公式“资产/成本类期末余额=期初余额+本期借方发生额-本期贷方发生额”“负债/所有者权益类期末余额=期初余额+本期贷方发生额-本期借方发生额”“损益类无余额”，分别在资产类、负债类、所有者权益类、成本类、损益类账户所对应的单元格中输入相应的公式计算期末余额，如图11-25所示。

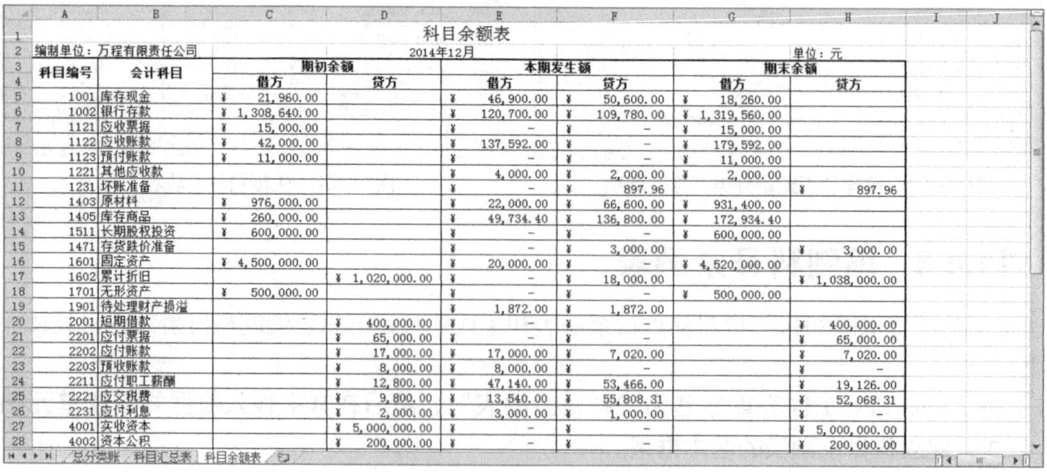

科目余额表

编制单位：万程有限责任公司　　2014年12月　　单位：元

科目编号	会计科目	期初余额 借方	期初余额 贷方	本期发生额 借方	本期发生额 贷方	期末余额 借方	期末余额 贷方
1001	库存现金	¥ 21,960.00		¥ 46,900.00	¥ 50,600.00	¥ 18,260.00	
1002	银行存款	¥ 1,308,640.00		¥ 120,700.00	¥ 109,780.00	¥ 1,319,560.00	
1121	应收票据	¥ 15,000.00		¥ -	¥ -	¥ 15,000.00	
1122	应收账款	¥ 42,000.00		¥ 137,592.00	¥ -	¥ 179,592.00	
1123	预付账款	¥ 11,000.00		¥ -	¥ -	¥ 11,000.00	
1221	其他应收款			¥ 4,000.00	¥ 2,000.00	¥ 2,000.00	
1231	坏账准备			¥ -	¥ 897.96		¥ 897.96
1403	原材料	¥ 976,000.00		¥ 22,000.00	¥ 66,600.00	¥ 931,400.00	
1405	库存商品	¥ 260,000.00		¥ 49,734.40	¥ 136,800.00	¥ 172,934.40	
1511	长期股权投资	¥ 600,000.00		¥ -	¥ -	¥ 600,000.00	
1471	存货跌价准备			¥ -	¥ 3,000.00		¥ 3,000.00
1601	固定资产	¥ 4,500,000.00		¥ 20,000.00	¥ -	¥ 4,520,000.00	
1602	累计折旧		¥ 1,020,000.00	¥ -	¥ 18,000.00		¥ 1,038,000.00
1701	无形资产	¥ 500,000.00		¥ -	¥ -	¥ 500,000.00	
1901	待处理财产损溢			¥ 1,872.00	¥ 1,872.00		
2001	短期借款		¥ 400,000.00	¥ -	¥ -		¥ 400,000.00
2201	应付票据		¥ 65,000.00	¥ -	¥ -		¥ 65,000.00
2202	应付账款		¥ 17,000.00	¥ 17,000.00	¥ 7,020.00		¥ 7,020.00
2203	预收账款		¥ 8,000.00	¥ 8,000.00	¥ -		¥ -
2211	应付职工薪酬		¥ 12,800.00	¥ 47,140.00	¥ 53,466.00		¥ 19,126.00
2221	应交税费		¥ 9,800.00	¥ 13,540.00	¥ 55,808.31		¥ 52,068.31
2231	应付利息		¥ 2,000.00	¥ 3,000.00	¥ 1,000.00		¥ -
4001	实收资本		¥ 5,000,000.00	¥ -	¥ -		¥ 5,000,000.00
4002	资本公积		¥ 200,000.00	¥ -	¥ -		¥ 200,000.00

图11-25 计算期末余额

11.4.6　编制资产负债表

根据科目余额表编制资产负债表，具体操作如下。

（1）在"科目余额表"工作表后插入一个空白工作表，将其重命名为"资产负债表"，在其中输入相应的数据并设置单元格格式，建立资产负债表的基本框架，如图11-26所示。

图11-26　建立资产负债表的基本框架

（2）在"资产负债表"工作表中选择C5单元格，输入"="，然后切换到"科目余额表"工作表中选择G5单元格，继续输入"+"，在"科目余额表"工作表中选择G6单元格，如图11-27所示，完成后按【Ctrl+Enter】组合键。

图11-27　引用期初数据

（3）用相同的方法将"科目余额表"工作表中的期初数据和期末数据分别引用到"资产负债表"工作表的期初数据和期末数据中。

> **知识提示**
>
> 一般情况下，资产负债表项目可以引用科目余额表对应的会计科目，而不需要进行调整，如应收票据、短期借款、应付票据、应付职工薪酬、实收资本等，但有些资产负债表项目则需要通过对科目余额表的数据进行分析调整。在本例中需要分析调整的资产负债表项目如下。
>
> （1）货币资金=库存现金+银行存款+其他货币资金；
>
> （2）应收账款=应收账款−坏账准备；
>
> （3）存货=原材料+库存商品+在途物资（即物资采购）+低值易耗品+分期收款发出商品+委托加工物资+包装物+委托代销商品+受托代销商品+生产成本−受托代销商品款−存货跌价准备；
>
> （4）固定资产=固定资产原价−累计折旧−固定资产减值准备。

（4）选择C20:D20单元格区域，输入公式"=SUM(C6:C14)+SUM(C19:C20)"，然后按【Ctrl+Enter】组合键计算出流动资产的期初数和期末数合计，完成后用相同的方法分别计算出非流动资产、流动负债、所有者权益的期初数、期末数合计。

（5）分别选择C35:D35和G35:H35单元格区域，输入公式"=C20+C34"和"=G16+G31"，完成后按【Ctrl+Enter】组合键计算出资产、负债、所有者权益的期初数和期末数合计，如图11-28所示。

资产负债表

编制单位：万程有限责任公司 　　2014年12月　　单位：元

资　产	行次	期初数	期末数	负债和所有者权益	行次	期初数	期末数
流动资产：				**流动负债：**			
货币资金	1	¥1,330,600.00	¥1,337,820.00	短期借款	31	¥400,000.00	¥400,000.00
短期投资	2			应付票据	32	65,000.00	65,000.00
应收票据	3	¥15,000.00	15,000.00	应付账款	33	17,000.00	7,020.00
应收账款	4	42,000.00	178,694.04	预收账款	34	8,000.00	
预付账款	5	¥11,000.00	11,000.00	应付职工薪酬	35	12,800.00	19,126.00
应收股利	6			应交税费	36	9,800.00	52,068.31
应收利息	7			应付利息	37	2,000.00	¥
其他应收款	8		¥2,000.00	应付股利	38		
存货	9	¥1,236,000.00	¥1,153,824.00	其他应付款	39		
其中：原材料	10	976,000.00	931,400.00	一年内到期的非流动负债	40		
库存商品	11	260,000.00	172,934.40	其他流动负债	41		
周转材料	12			流动负债合计	42	¥514,600.00	543,214.31
生产成本	13		¥52,489.60	**非流动负债：**			
一年内到期的非流动资产	14			长期借款	43		
其他流动资产	15			应付债券	44		
流动资产合计	16	¥2,634,600.00	¥2,698,338.04	长期应付款	45		
非流动资产：				递延所得税负债	46		
长期债券投资	17			预计负债	47		
长期股权投资	18	¥600,000.00	600,000.00	其他非流动负债	48		
固定资产原价	19	¥4,500,000.00	4,520,000.00	非流动负债合计	49		
减：累计折旧	20	1,020,000.00	1,038,000.00	负债合计	50		
固定资产净值	21	¥3,480,000.00	3,482,000.00	**所有者权益：**			
在建工程	22			实收资本（或股本）	51	¥5,000,000.00	¥5,000,000.00
工程物资	23			资本公积	52	200,000.00	200,000.00
固定资产清理	24			盈余公积	53	1,460,000.00	1,463,112.37
无形资产	25	¥500,000.00	500,000.00	未分配利润	54	40,000.00	74,011.36
开发支出	26			所有者权益合计	55	¥6,700,000.00	6,737,123.73
长期待摊费用	27						
其他非流动资产	28						
非流动资产合计	29	¥4,580,000.00	¥4,582,000.00				
资产总计	30	¥7,214,600.00	¥7,280,338.04	负债和所有者权益总计	56	¥7,214,600.00	¥7,280,338.04

图11-28　编制的资产负债表

> **知识提示**
>
> 完成资产负债表的编制后，可依据会计恒等式"资产=负债+所有者权益"对资产负债表中的数据进行判断，若资产的期初数和期末数合计与负债和所有者权益的期初数和期末数合计相等，则说明数据录入基本正确，否则录入有误，需要逐一进行检查，并更正错误。

11.4.7　编制利润表

根据科目余额表编制利润表，具体操作如下。

（1）在"资产负债表"工作表后插入一个空白工作表，将其重命名为"利润表"，在其中输入相应的数据并设置单元格格式，建立利润表的基本框架，如图11-29所示。

（2）在"利润表"工作表中选择C4单元格，输入"="，然后切换到"科目余额表"工作表中选择E34单元格，继续输入"+"，在"科目余额表"工作表中选择E36单元格，如图11-30所示，完成后按【Ctrl+Enter】组合键。

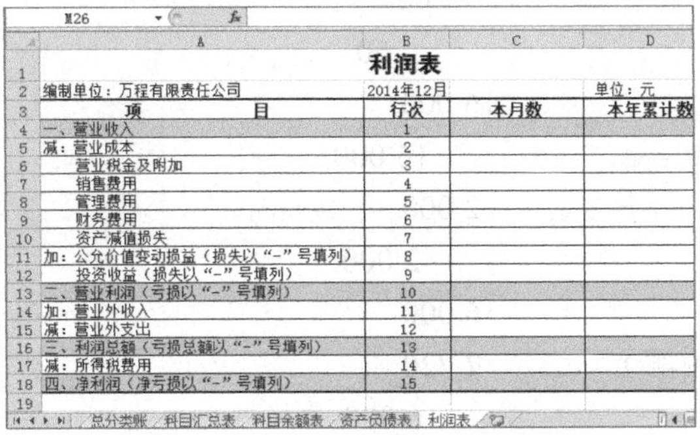

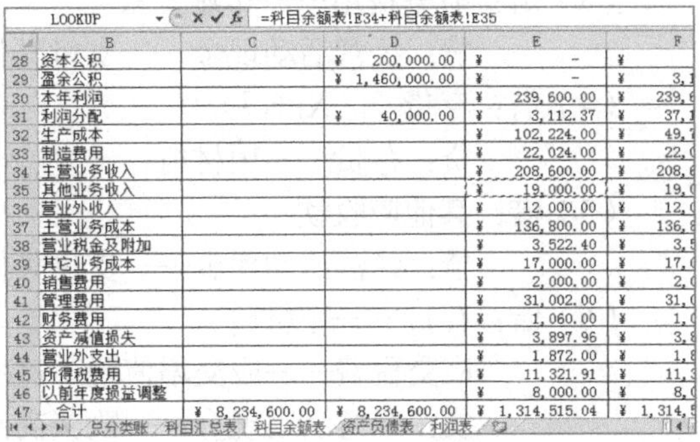

图11-29　建立利润表的基本框架

图11-30　引用数据

> **知识提示**　由于收入、费用类账户是虚账户，此类账户每期没有期初、期末余额，只有本期发生额。因此在编制利润表时，需要根据科目余额表中本期发生额的有关会计科目进行编制。

（3）用相同的方法将"科目余额表"工作表中的本期发生额数据分别引用到"利润表"工作表的相关项目中，如图11-31所示。

（4）分别选择C13、C16、C18单元格，分别输入公式"=C4-C5-C6-C7-C8-C9-C10+C11+C12""=C13+C14-C15""=C16-C17"，完成后按【Ctrl+Enter】组合键计算出营业利润、利润总额和净利润，如图11-32所示。

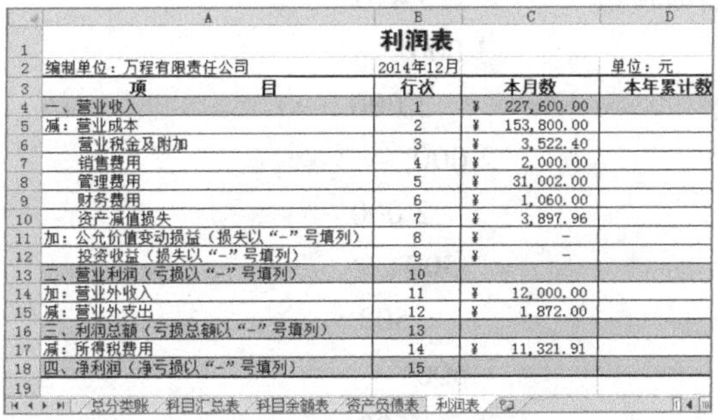

图11-31　继续引用数据

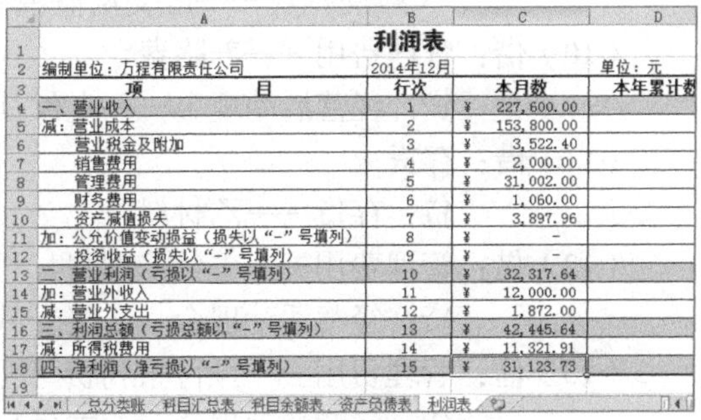

图11-32　计算营业利润、利润总额、净利润

11.4.8　编制现金流量表

下面首先编制调整会计分录，调整会计分录的方式为找到涉及库存现金和银行存款的单元格，按照业务发生的类型分别调整为"经营活动现金""投资活动现金""筹资活动现金"，其对应的会计科目调整为资产负债表或利润表报表项目，如凡是涉及"原材料""库存商品""生产成本""制造费用""存货跌价准备"等的会计科目均调整为"存货"资产负债表项目，但需说明明细内容。下面列出调整本例会计分录的具体内容。

（1）借：管理费用——办公用品　　　　　　　400
　　　贷：经营活动现金——支付其他　　　　　　　　400
（2）借：应付账款——宁泰公司　　　　　　　17 000
　　　贷：经营活动现金——购买商品　　　　　　　17 000
（3）借：财务费用——转账支票　　　　　　　60
　　　贷：经营活动现金——支付其他　　　　　　　　60
（4）借：存货——X产品　　　　　　　　　16 000
　　　贷：存货——甲材料　　　　　　　　　　　16 000
（5）借：其他应收款　　　　　　　　　　2 000
　　　贷：经营活动现金——支付其他　　　　　　　2 000
（6）借：存货——甲材料　　　　　　　　16 000
　　　应交税费——应交增值税（进项税额）　　2 720
　　　贷：经营活动现金——购买商品　　　　　　16 000
　　　　　　　　　　——进项税　　　　　　　　2 720
（7）借：应交税费——应交增值税　　　　　8 909.09
　　　　　　　——应交城建税　　　　　　　623.64
　　　　　　　——应交教育费附加　　　　　267.27
　　　贷：经营活动现金——支付税费　　　　　　9 800
（8）借：其他应收款——李辉　　　　　　　2 000
　　　贷：经营活动现金——支付其他　　　　　　2 000
（9）借：经营活动现金——销项税　　　　　1 5470
　　　经营活动现金——销售商品　　　　　　91 000
　　　贷：营业收入——Y产品　　　　　　　　91 000
　　　　　应交税费——应交增值税（销项税额）　15 470
（10）借：管理费用——养路费　　　　　　3 000
　　　贷：经营活动现金——支付其他　　　　　　3 000
（11）借：存货　　　　　　　　　　　　2 000
　　　贷：存货——乙材料　　　　　　　　　　2 000
（12）借：管理费用——支付修理费　　　　500
　　　贷：经营活动现金——接受劳务　　　　　　　500
（13）借：管理费用——预付报刊费　　　　600
　　　贷：经营活动现金——支付其他　　　　　　　600
（14）不涉及现金流入流出，即现金流量总额不动，不需要编制调整分录。
（15）借：应付职工薪酬　　　　　　　　46 900
　　　贷：经营活动现金——支付职工工资　　　　46 900
（16）借：管理费用——业务招待　　　　　460
　　　贷：经营活动现金——支付其他　　　　　　　460
（17）借：应付职工薪酬　　　　　　　　240
　　　贷：经营活动现金——支付职工福利　　　　　240
（18）借：存货——乙材料　　　　　　　6 000

	应交税费——应交增值税（进项税额）	1 020
	贷：应付账款——宁泰公司	7 020

（19）借：存货　　　　　　　　　　　　　600
　　　　　贷：经营活动现金——支付其他　　　　600

（20）借：存货——Y产品　　　　　　　　30 000
　　　　　贷：存货——乙材料　　　　　　　　30 000

（21）借：应收账款——齐天公司　　　　137 592
　　　　　贷：营业收入——X产品　　　　　　117 600
　　　　　　　应交税费——应交增值税（销项税额）19 992

（22）借：销售费用——广告费　　　　　　2 000
　　　　　贷：经营活动现金——支付其他　　　2 000

（23）借：管理费用——差旅费　　　　　　27 00
　　　　　贷：其他应收款——李辉　　　　　　2 000
　　　　　　　经营活动现金——支付其他　　　700

（24）借：管理费用　　　　　　　　　　　800
　　　　　存货　　　　　　　　　　　　　1 900
　　　　　贷：经营活动现金——支付其他　　2 700

（25）借：财务费用　　　　　　　　　　　1 000
　　　　　贷：应付利息　　　　　　　　　　1 000

（26）借：预收账款　　　　　　　　　　　8 000
　　　　　经营活动现金——销售商品　　　11 000
　　　　　　　　　　　　——销项税　　　3 230
　　　　　贷：营业收入——丙材料　　　　　19 000
　　　　　　　应交税费——应交增值税（销项税额）3 230
　　　借：营业成本——丙材料　　　　　17 000
　　　　　贷：存货——丙材料　　　　　　　17 000

（27）借：管理费用——电话费　　　　　　1 000
　　　　　贷：经营活动现金——支付其他　　　1 000

（28）借：存货——X产品　　　　　　　　18 000
　　　　　存货——Y产品　　　　　　　　12 000
　　　　　存货　　　　　　　　　　　　　6 600
　　　　　管理费用——工资　　　　　　　10 300
　　　　　贷：应付职工薪酬　　　　　　　　46 900

（29）借：存货——X产品　　　　　　　　2 520
　　　　　存货——Y产品　　　　　　　　1 680
　　　　　存货　　　　　　　　　　　　　924
　　　　　管理费用——福利费　　　　　　1 442
　　　　　贷：应付职工薪酬　　　　　　　　6 566

（30）借：管理费用　　　　　　　　　　　1 000
　　　　　贷：经营活动现金——接受劳务　　　1 000

（31）借：固定资产   8 000

           贷：以前年度损益调整   8 000

         借：以前年度损益调整   2 000

           贷：应交税费——应交所得税   2 000

（32）借：待处理财产损溢——待处理流动资产损溢   1 872

           贷：存货——甲材料   1 600

                 应交税费——应交增值税（进项税额转出）   272

（33）借：应付利息   3 000

           贷：筹资活动现金——偿付利息   3 000

（34）借：存货   10 000

          管理费用   8 000

           贷：固定资产——累计折旧   18 000

（35）借：固定资产   12 000

           贷：营业外收入   12 000

（36）借：以前年度损益调整   6 000

          贷：利润分配——未分配利润   6 000

       借：营业外支出   1 872

          贷：待处理财产损溢——待处理流动资产损溢   1 872

（37）借：存货——X产品   13 214.40

           存货——Y产品   8 809.60

           贷：存货   22 024

（38）借：存货——X产品   49 734.40

           贷：存货——X产品   49 734.40

（39）借：营业税金及附加   3 522.40

          贷：应交税费——应交城建税   2 465.68

                       ——应交教育费附加   1 056.72

（40）借：资产减值损失   3 000

          贷：存货——存货跌价准备   3 000

（41）借：管理费用——税票   500

          贷：经营活动现金——支付税费   500

（42）借：管理费用——加油费   300

          贷：经营活动现金——支付其他   300

（43）借：资产减值损失   897.96

          贷：应收账款——坏账准备   897.96

（44）借：营业成本——X产品   76 800

                    ——Y产品   60 000

          贷：存货——X产品   76 800

                    ——Y产品   60 000

     下面将以会计凭证表为基础编制调整会计分录表，然后根据调整会计分录表编制现金流量表，具体操作如下。

（1）将“会计凭证表”工作表移动并复制到“利润表”工作表后，将其重命名为“调整会计分录”，然后在“调整会计分录”工作表中根据列出的调整会计分录内容编制调整会计分录表，如图11–33所示。

（2）在“调整会计分录”工作表后插入一个空白工作表，将其重命名为“现金流量表”，在其中输入相应的数据并设置单元格格式，建立现金流量表的基本框架，如图11–34所示。

万程有限责任公司调整会计分录表

序号	摘要	报表项目名称	借方金额	贷方金额
01	购买办公用品	管理费用——办公用品	¥ 400.00	
01	购买办公用品	经营活动现金——支付其他		¥ 400.00
02	偿还前欠货款	应付账款——宁泰公司	¥ 17,000.00	
02	偿还前欠货款	经营活动现金——购买商品		¥ 17,000.00
03	购买转账支票	财务费用——转账支票	¥ 60.00	
03	购买转账支票	经营活动现金——支付其他		¥ 60.00
04	领用甲材料	存货——X产品	¥ 16,000.00	
04	领用甲材料	存货——甲材料		¥ 16,000.00
05	提取备用金	其他应收款	¥ 2,000.00	
05	提取备用金	经营活动现金——支付其他		¥ 2,000.00
06	购入甲材料	存货——甲材料	¥ 16,000.00	
06	购入甲材料	应交税费——应交增值税（进项税额）	¥ 2,720.00	
06	购入甲材料	经营活动现金——购买商品		¥ 16,000.00
06	购入甲材料	经营活动现金——进项税		¥ 2,720.00
07	缴纳上月应交税费	应交税费——应交增值税	¥ 8,909.09	
07	缴纳上月应交税费	应交税费——应交城建税	¥ 623.64	
07	缴纳上月应交税费	应交税费——应交教育费附加	¥ 267.27	
07	缴纳上月应交税费	经营活动现金——支付税费		¥ 9,800.00
08	预借差旅费	其他应收款——李辉	¥ 2,000.00	
08	预借差旅费	经营活动现金——支付其他		¥ 2,000.00
09	销售Y产品	经营活动现金——销项税	¥ 15,470.00	
09	销售Y产品	经营活动现金——销售商品	¥ 91,000.00	
09	销售Y产品	营业收入——Y产品		¥ 91,000.00
09	销售Y产品	应交税费——应交增值税（销项税额）		¥ 15,470.00
10	支付第三季度养路费	管理费用——养路费	¥ 3,000.00	
10	支付第三季度养路费	经营活动现金——支付其他		¥ 3,000.00
11	领用乙材料	存货	¥ 2,000.00	
11	领用乙材料	存货——乙材料		¥ 2,000.00
12	支付车间设备修理费	管理费用——支付修理费	¥ 500.00	

图11–33 编制调整会计分录表

现金流量表

编制单位：万程有限责任公司　　单位：元

项目	行次	金额
一、经营活动产生现金流量：		
销售商品、提供劳务收到的现金	1	
收到的税金返还	3	
收到的其他与经营活动有关的现金	8	
现金流入合计	9	
购买商品、接受劳务支付的现金	10	
支付给职工以及为职工支付的现金	12	
支付的各项税费	13	
支付的其他与经营活动有关的现金	18	
现金流出合计	20	
经营活动产生现金净额	21	
二、投资活动产生的现金流量：		
收回投资所收到的现金	22	
取得股利或利润所收到的现金	23	
处置固定资产、无形资产和其他长期资产所收回的现金净额	25	
收到的其他与投资活动有关的现金	28	
现金流入小计	29	
购建固定资产、无形资产和其他长期资产所支付的现金	30	
投资所支付的现金	31	
支付的其他与投资活动有关的现金	35	
现金流出小计	36	
投资活动产生的现金净额	37	
三、筹资活动产生的现金流量：		
吸收投资所收到的现金	38	
借款所收到的现金	40	
收到的其他与筹资活动有关的现金	43	
现金流入小计	44	
偿还债务所支付现金	45	

图11–34 建立现金流量表的基本框架

（3）选择C5单元格区域，输入公式“=SUMIF(会计凭证表!¥C¥3:¥C¥119,"经营活动现金——销售商品",会计凭证表!¥D¥3:¥D¥119)+SUMIF(会计凭证表!¥C¥3:¥C¥119,"经营活动现金——提供劳务",会计凭证表!¥D¥3:¥D¥119)+SUMIF(会计凭证表!¥C¥3:¥C¥119,"经营活动现金——销项税",会计凭证表!¥D¥3:¥D¥119)”，然后按【Ctrl+Enter】组合键计算出销售商品、提供劳务收到的现金，如图11–35所示，完成后用相同的方法计算并引用现金流量表中其他项目的相关数据。

知识提示

使用SUMIF函数计算并引用现金流量表中各项目的相关数据时，应根据现金流量表中各项目所反映的具体内容进行编辑，如“销售商品、提供劳务收到的现金”项目主要反映企业销售商品、提供劳务实际收到的现金（含销项税额）；“购买商品、接受劳务支付的现金”项目主要反映购买商品、接受劳务实际支付的现金（含进项税额）；“购建固定资产、无形资产和其他长期资产所支付的现金”项目主要反映企业购买和建造固定资产、无形资产、其他长期资产所支付的现金等。编辑SUMIF函数时还应注意“criteria ”参数的内容应与调整会计分录中的数据一致，否则引用结果将出错。

（4）分别使用SUM函数计算“经营活动”“投资活动”“筹资活动”中的现金流入合计和现金流出合计，然后根据公式“产生现金净额=现金流入合计–现金流出合计”和“现金及现金等价物增加额=经营活动产生现金净额+投资活动产生现金净额+筹资活动产生现金净额”计算出相应的结果，如图11–36所示。

知识提示

如果不考虑现金等价物的影响，现金流量表的现金流量净额项目应与资产负债表中的货币资金项目的期末余额与期初余额的差额相同。因此完成现金流量表的编制后，可根据“现金流量表的现金净流量=资产负债表中货币资金的期末余额–货币资金的期初余额”检验现金流量表编制的正确性。

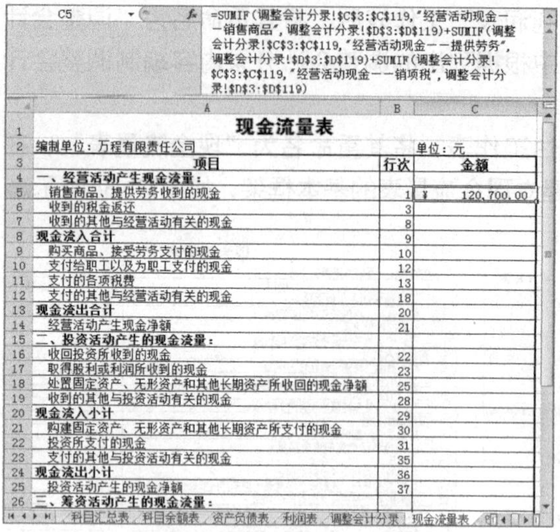

图11-35 计算并引用数据

图11-36 计算现金流入、流出合计和产生的现金净额

11.5 课堂练习

根据前面填制的"会计凭证表"和"总分类账"建立明细分类账和日记账,熟练掌握Excel在会计财务处理中的应用。

11.5.1 建立日记账

1.练习目标

本练习的目标是建立现金日记账和银行存款日记账,需要在前面填制的"会计凭证表"工作表中使用数据筛选功能筛选出符合条件的数据。本练习完成后的参考效果如图11-37所示。

图11-37 建立的日记账的效果

素材所在位置　　光盘:\素材文件\第11章\课堂练习\会计凭证表.xlsx

效果所在位置　　光盘:\效果文件\第11章\课堂练习\日记账.xlsx

视频演示　　　　光盘:\视频文件\第11章\建立日记账.swf

2. 操作思路

在“会计凭证表”工作表进行数据自动筛选操作，然后分别筛选出“库存现金”和“银行存款”对应的会计科目生成相应的日记账，操作思路如图11-38所示。

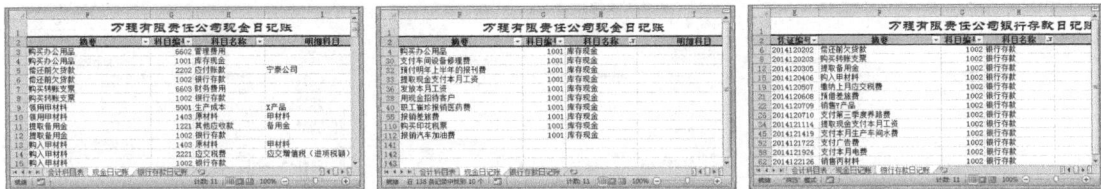

① 执行自动筛选功能　② 生成现金日记账　③ 生成银行存款日记账

图11-38 “日记账”的制作思路

（1）打开“会计凭证表.xlsx”工作簿，将其以“日记账”为名进行另存，然后将“会计凭证表”工作表重命名为“现金日记账”，并复制“现金日记账”工作表将其重命名为“银行存款日记账”。

（2）在“现金日记账”工作表中修改表题文本，然后选择A2:K2单元格区域，在【数据】→【排序和筛选】组中单击“筛选”按钮，在“科目名称”字段名右侧单击黑色三角形按钮，在打开的下拉列表的列表框中撤销选中“全选”复选框，并只单击选中“库存现金”复选框，完成后单击确定按钮生成现金日记账。

（3）用相同的方法在“银行存款日记账”工作表中筛选出“银行存款”会计科目生成银行存款日记账。

11.5.2 建立明细分类账

1. 练习目标

本练习的目标是建立明细分类账，需要在前面填制的“总分类账”工作表基础上编辑数据透视表并添加“明细科目”字段等。本练习完成后的参考效果如图11-39所示。

	A	B	C	D	E	F	G
1	年	(全部)					
2	月	(全部)					
3							
4	科目编号	科目名称	明细科目	求和项:借方金额	求和项:贷方金额	求和项:借方余额	求和项:贷方余额
5	1001	库存现金	(空白)	¥ 46,900.00	¥ 50,600.00	¥ -	¥ 3,700.00
6	1002	银行存款	(空白)	¥ 120,700.00	¥ 109,780.00	¥ 10,920.00	¥ -
7	1122	应收账款	齐天公司	¥ 137,592.00		¥ 137,592.00	¥ -
8	1221	其他应收款	备用金	¥ 2,000.00		¥ 2,000.00	¥ -
9			李辉	¥ 2,000.00	¥ 2,000.00	¥ -	¥ -
10	1231	坏账准备	(空白)		¥ 897.96	¥ -	¥ 897.96
11	1403	原材料	丙材料		¥ 17,000.00	¥ -	¥ 17,000.00
12			甲材料	¥ 16,000.00	¥ 17,600.00	¥ -	¥ 1,600.00
13			乙材料	¥ 6,000.00	¥ 32,000.00	¥ -	¥ 26,000.00
15			Y产品		¥ 60,000.00	¥ -	¥ 60,000.00
16	1471	存货跌价准备	(空白)		¥ 3,000.00	¥ -	¥ 3,000.00
17	1601	固定资产	(空白)	¥ 20,000.00		¥ 20,000.00	¥ -
18	1602	累计折旧	(空白)		¥ 18,000.00	¥ -	¥ 18,000.00
19	1901	待处理财产损溢	待处理流动资产损溢	¥ 1,872.00		¥ 1,872.00	¥ -
20			——待处理流动资产损溢		¥ 1,872.00	¥ -	¥ 1,872.00
21	2202	应付账款	宁泰公司	¥ 17,000.00	¥ 7,020.00	¥ 9,980.00	¥ -
22	2203	预收账款	成功公司	¥ 8,000.00		¥ 8,000.00	¥ -

会计科目表　会计凭证表　明细分类账

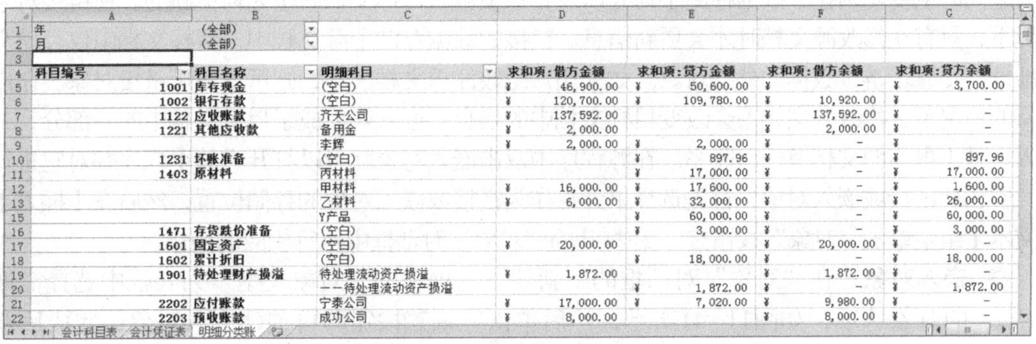

图11-39 明细分类账的参考效果

素材所在位置	光盘:\素材文件\第11章\课堂练习\总分类账.xlsx
效果所在位置	光盘:\效果文件\第11章\课堂练习\明细分类账.xlsx
视频演示	光盘:\视频文件\第11章\建立明细分类账.swf

2. 操作思路

在"总分类账"工作表的基本上添加"明细科目"并删除"日"字段，完成后设计数据透视表的布局，操作思路如图11-40所示。

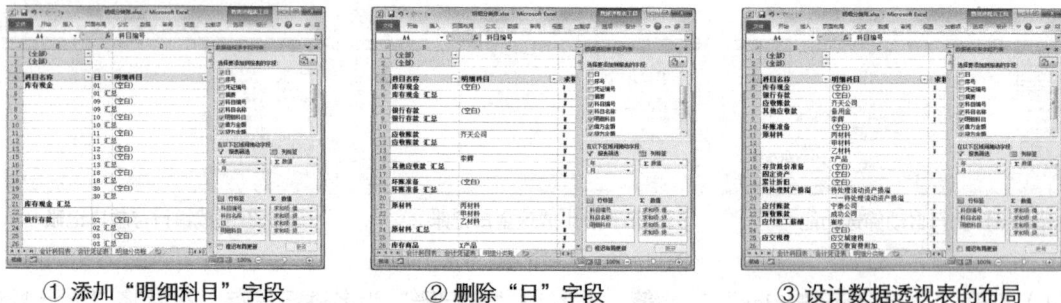

① 添加"明细科目"字段　　② 删除"日"字段　　③ 设计数据透视表的布局

图11-40　明细分类账的制作思路

（1）打开"总分类账.xlsx"工作簿，将其以"明细分类账"为名进行另存，并将"总分类账"工作表重命名"明细分类账"，然后选择数据透视表中的任意单元格，在"数据透视表字段列表"任务窗格的"选择要添加到报表的字段"列表框中单击选中"明细科目"复选框，该字段默认将添加到"行标签"区域。

（2）在"数据透视表字段列表"任务窗格的"选择要添加到报表的字段"列表框中撤销选中"日"复选框，将"日"字段从"行标签"区域中删除。

（3）在数据透视表工具的【设计】→【布局】组中单击"分类汇总"按钮，在打开的下拉列表中选择"不显示分类汇总"选项，完成后在工作表中选择除数据透视表数据区域外的空白单元格，在其中可看到建立的明细分类账。

11.6　拓 展 知 识

在Excel中可以通过链接对象与嵌入对象实现Office各个组件之间的协同工作。链接对象和嵌入对象之间的主要差别在于数据存储于何处以及将数据放入目标文档后是如何更新的。在链接对象的情况下，只有在修改源文档时才会更新信息。链接的数据存储于源文档中，目标文档中仅存储文档的地址，并显示链接数据的外部对象。如果用户比较注重文档大小，则可以使用链接对象。在嵌入对象的情况下，修改源文档不会改变目标文档中的信息。嵌入对象成了目标文档中的一部分，一旦插入，就不再与源文档有任何联系。在源程序中双击嵌入对象就可以打开它的主程序并对它进行编辑。要创建链接或嵌入对象，首先选择单元格作为链接或嵌入对象的存储位置，然后在【插入】→【文本】组中单击"对象"按钮，在打开的"对象"对话框中执行相应的操作。

◎ **嵌入对象**：在"对象"对话框的"新建"选项卡的"对象类型"列表框中选择需嵌入的对象选项，如图11-41所示，然后单击 确定 按钮即可创建嵌入对象，完成后双击嵌入对象，可对该对象进行编辑。

◎ **链接对象**：在"对象"对话框中单击"由文件创建"选项卡，再单击 浏览(B)... 按钮，在打开的"浏览"对话框中选择需链接的文件，然后单击 插入(S) 按钮，返回"对象"对话框单击选中"链接到文件"复选框，如图11-42所示，单击 确定 按钮即可创建链接对象，完成后双击链接对象，在Excel中可将该对象切换到相应的程序，在其中对链接的对象进行编辑。

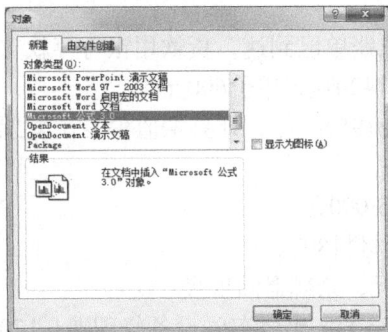

图11-41　嵌入对象

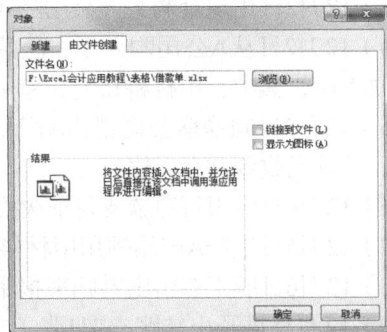

图11-42　链接对象

11.7　课后习题

假设四方股份有限公司为一家加工制造企业，属于增值税一般纳税人，增值税率为17%，所得税率为25%，存货采用先进先出法核算。2014年11月末公司各总分类账户及其所属明细分类账户的期末余额如表11-2所示。

表11-2　相关资料

资产类账户	借方金额	负债及所有者权益类账户	贷方金额
库存现金	2 500	短期借款	140 000
银行存款	600 000	应付账款	93 500
应收账款	172 000	其中：杰成公司	85 000
其中：顺通公司	32 000	创新公司	8 500
达运公司	140 000	应付职工薪酬	9 000
管理费用——办公费	800	应付利息——短期借款利息	2 000
原材料	240 000	长期借款	100 000
其中：甲材料（100吨，900元/吨）	90 000		
乙材料（250吨，600元/吨）	150 000		
生产成本——A产品	52 500		
库存商品	270 000		
其中：A产品（2800件，50元/件）	140 000		
B产品（1300件，100元/件）	130 000	股本	800 000
持有至到期投资	10 000	盈余公积	55 000
固定资产	186 000	本年利润	200 000
累计折旧	94 300	利润分配——未分配利润	40 000
合计	1 439 500	合计	1 439 500

列出该公司2014年12月发生的经济业务。

（1）12月1日开出现金支票1张（支票号码N0.560），从银行提取现金8 000元备用。

（2）12月1日职工李山预借差旅费3 500元，出纳以现金支付。

（3）12月2日用现金购买办公用品700元。

（4）12月2日从A公司购入甲、乙两种材料，发票账单已到达，货款用银行存款支付，材料已验收入库，其中：甲材料15吨，单价900元；乙材料20吨，单价600元。

（5）12月3日向鼎盛公司销售A产品2 000件，售价95元/件，开具增值税专用发票。产品已发出，货款已收到并存入银行。

（6）12月4日以银行存款支付前欠杰成公司货款85 000元。

（7）12月5日生产A产品领用甲材料15吨，领用乙材料8吨。

（8）12月6日职工李山出差归来报销差旅费3 300元，余额退回现金。

（9）12月15日开出转账支票1张（支票号码N0.763），支付车间设备修理费1 170元（价税合计）。

（10）12月17日向齐天公司销售B产品1 000件，每件售价130元，开具增值税专用发票。货款尚未收到。

（11）12月22日用银行存款支付明年全年的财产保险费3 600元。

（12）12月22日用现金支付职工报销医药费950元。

（13）12月23日本月应付职工工资150 000元，其中：A、B产品生产工人工资分别为50 000元，50 000元，厂部管理人员工资50 000元。

（14）12月23日按工资总额的14%提取职工福利费。

（15）12月24日通知银行转账150 000元，发放工资。

（16）12月26日以银行存款支付本月销售费用35 000元。

（17）12月27日预提本月短期借款利息7 000元。

（18）12月31日计提本月固定资产折旧20 000元，其中生产车间应负担折旧费15 000元，厂部负担折旧费5 000元。

（19）12月31日本月发生报刊费400元，以银行存款转账支付。

（20）12月31日分摊并结转本月发生的制造费用（按A、B两种产品的生产工人工资的比例分摊）。

（21）12月31日本月A产品全部完工，结转其完工成本（包括上月未完工成本）。

（22）12月31日结转本月A、B产品的销售成本，其中：A产品每件50元，B产品每件100元。

（23）12月31日本月经营业务应交城建税、教育费附加。城建税税率为7%，教育费附加税率为3%。

（24）12月31日结转本月收支至"本年利润"账户。

（25）12月31日按当月利润总额计算所得税（所得税税率为25%），并结转至"本年利润"账户。

（26）12月31日结转"本年利润"账户余额至"利润分配"账户。

根据以上资料，首先建立会计凭证表，然后生成总分类账、明细分类账、科目汇总表、科目余额表，完成后建立资产负债表、利润表、现金流量表。

效果所在位置	光盘:\效果文件\第11章\课堂练习1\四方公司财务处理系统.xlsx
视频演示	光盘:\视频文件\第11章\四方公司财务处理系统.swf

Excel财务与会计函数应用速查表

为了突出Excel在会计应用中强大的计算功能，使读者能灵活运用财务函数进行财务数据的计算与分析，本附录主要收集了财务与会计函数的应用技巧，方便用户进行查阅。通过本附录使读者进一步掌握和巩固Excel在会计应用中的相关知识。

1. 轻松计算每年还款金额

PMT函数主要用于计算在固定利率和等额分期付款方式的前提下，贷款的每期还款金额。下面将对每年还款金额进行计算，具体操作如下。

（1）选择B4单元格，在编辑栏中输入公式"=PMT(A2,B2,C2)"。

（2）按【Enter】键可计算出该项贷款每年的还款金额，如附图1所示。

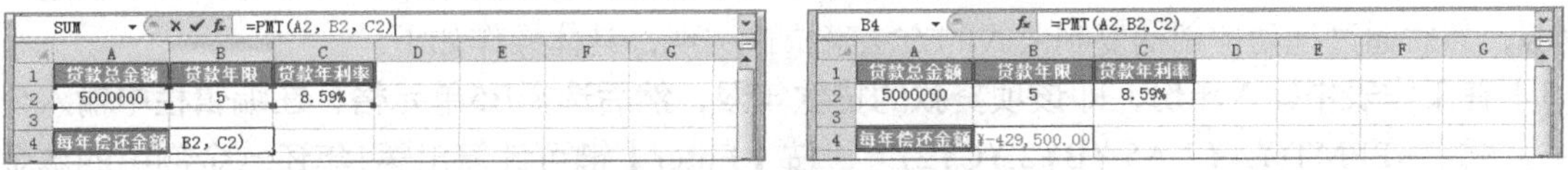

附图1　计算每年还款金额

> 默认情况下，Excel中负数金额的单元格以红色显示。进行财务计算时，Excel财务函数会自动根据会计借贷记账法下的计算规则进行计算，如输入的数据不符合规则，则函数将返回错误值。
>
> 知识提示

2. 计算按条件还款时每季度（月）应偿还金额

在计算还款金额时，根据支付次数和支付方式的不同，偿还贷款的金额也不相同。下面在表格中分别按季度和月支付的还款方式来计算每季度和每月应支付多少还款金额，具体操作如下。

（1）选择B4单元格，在编辑栏中输入公式"=PMT(A2,B2*4,C2/4)"，按【Enter】键可计算出该项贷款每季度的还款金额。

（2）选择B5单元格，在编辑栏中输入公式"=PMT(A2,B2*12,C2/12)"，按【Enter】键可计算出该项贷款每月的还款金额，如附图2所示。

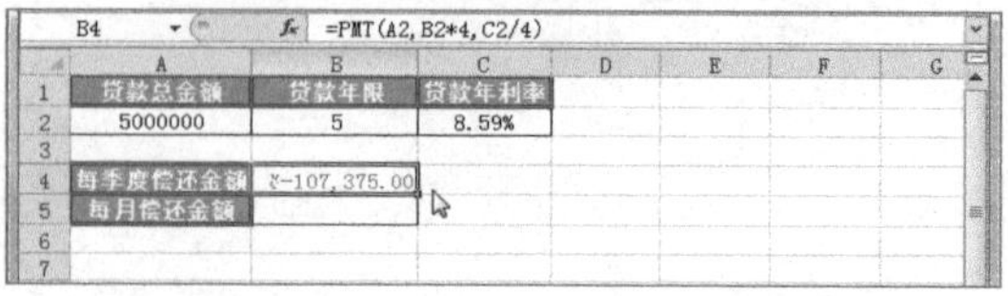

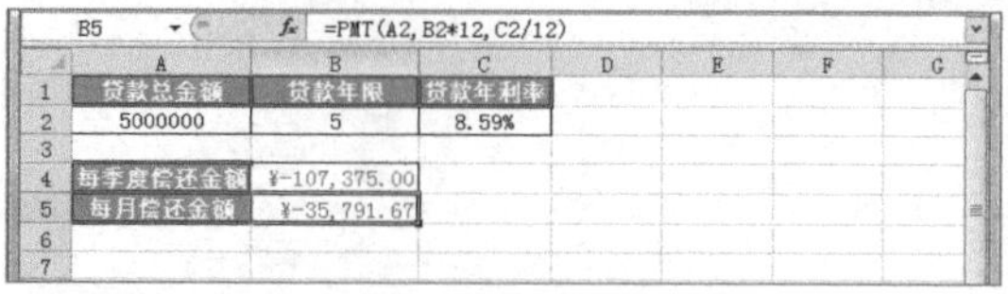

附图2　计算按条件还款时每季度（月）应偿还金额

3. 计算贷款指定期间的本金偿还金额

使用PMT函数计算的贷款偿还金额包括本金和利息两部分，如果只需计算出每期还款金额中的本金金额，可以使用PPMT函数来实现，具体操作如下。

（1）选择B4单元格，在编辑栏中输入公式"=PPMT(¥A¥2,2,¥B¥2,¥C¥2)"，按【Enter】键可计算出该项贷款第2年需要偿还的本金金额。

（2）选择B5单元格，在编辑栏中输入公式"=PPMT(¥A¥2,3,¥B¥2,¥C¥2)"，按【Enter】键可计算出该项贷款第3年需要偿还的本金金额，如附图3所示。

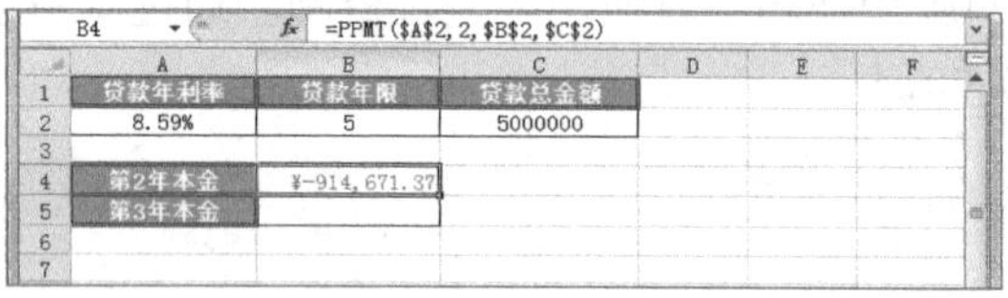

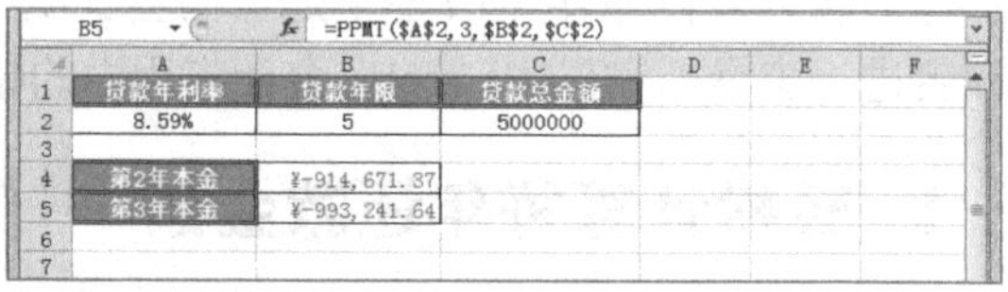

附图3　计算贷款指定期间的本金偿还金额

4. 根据贷款年限计算每年还款的本金金额

如果还款方式是以年支付，要快速查看每年的本金还款金额的结果，可在工作表中创建数据源，然后通过拖动控制柄复制公式的方法来快速实现，具体操作如下。

（1）在工作表中输入年份，即该项贷款的贷款年限，然后选择B5单元格，在编辑栏中输入公式"=PPMT(¥A¥2,A5,¥B¥2,¥C¥2)"，按【Enter】键可计算出第1年还款金额中的本金金额。

（2）选择B5单元格，向下复制公式，可快速计算出每年应偿还的本金金额，如附图4所示。

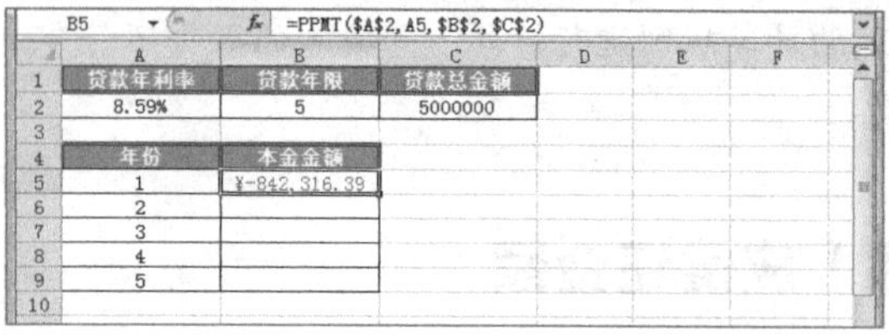

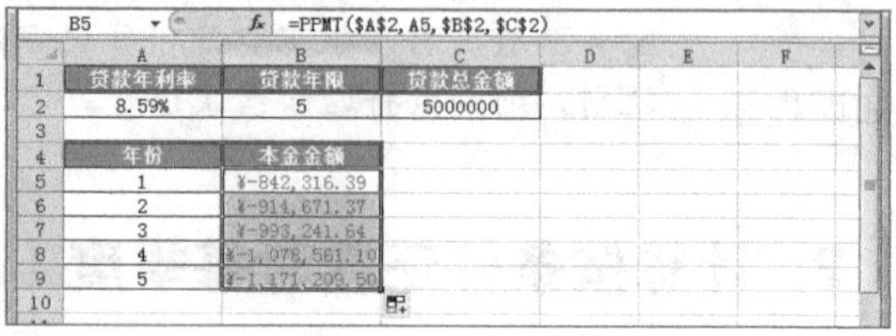

附图4　根据贷款年限计算每年还款的本金金额

5. 根据贷款年限计算每年利息金额

计算出每期的还款本金金额后，可使用IPMT函数计算出每期还款金额中包含的利息金额，具体操作如下。

（1）在工作表中输入年份，即该项贷款的贷款年限，然后选择B5单元格，在编辑栏中输入公式"=IPMT(¥A¥2,A5,¥B¥2,¥C¥2)"，按【Enter】键可计算出第1年还款金额中的利息金额。

（2）选择B5单元格，向下复制公式，可快速计算出每年应偿还的利息金额，如附图5所示。

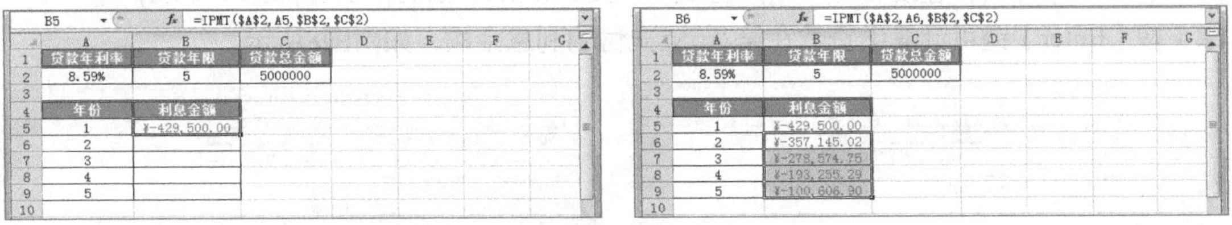

附图5　根据贷款年限计算每年利息金额

6. 根据贷款年限计算房屋贷款每月应还利息

已知某业主的住房贷款年利率、贷款年限和贷款总金额，下面在表格中计算前5个月中该业主每月的还款金额中包含的利息，具体操作如下。

（1）在工作表中输入要计算其利息额的月份，然后选择B5单元格，在编辑栏中输入公式"=IPMT（¥A¥2/12,A5,¥B¥2*12,¥C¥2）"，按【Enter】键可计算出该项贷款第1个月还款金额中应偿还的利息金额。

（2）选择B5单元格，向下复制公式，依次计算出该项住房贷款前5个月中每月的还款利息，如附图6所示。

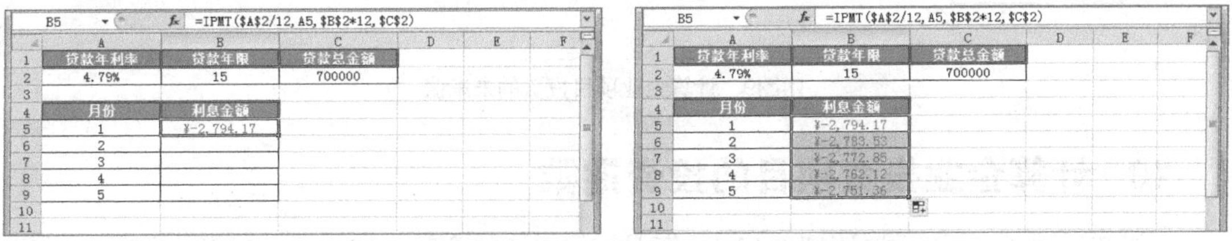

附图6　根据贷款年限计算房屋贷款每月应还利息

7. 计算贷款在一个期间累计偿还的本金金额

要计算一项贷款在给定的一个期间中累计偿还的本金数额，可以使用CUMPRINC函数来实现，下面在表格中计算第2年中应付的本金金额，具体操作如下。

（1）选择B4单元格，在编辑栏中输入公式"=CUMPRINC(A2/12,B2*12,C2, 13,24,0)"。

（2）按【Enter】键可计算出贷款在第2年中应支付的本金金额，如附图7所示。

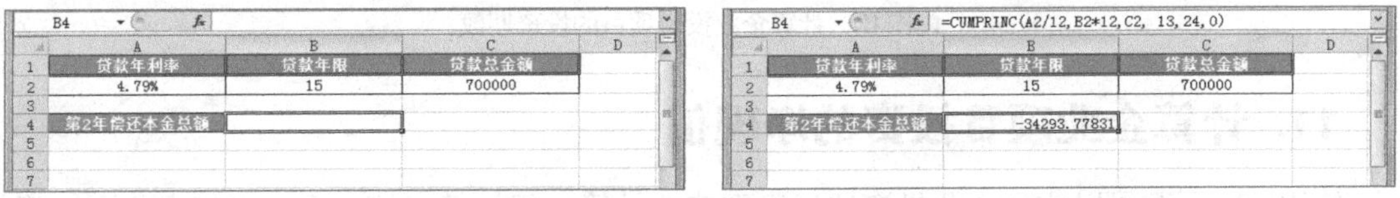

附图7　计算贷款在一个期间累计偿还的本金金额

8. 计算贷款在一个期间累计偿还的利息总额

使用CUMIPMT函数可以计算出贷款在给定的两个期间中累计偿还的利息总金额，下面在表格中计算第二年偿还利息总额，具体操作如下。

（1）选择B5单元格，在编辑栏中输入公式"=CUMIPMT(A2/12,B2*12,C2,13, 24,0)"。

（2）按【Enter】键可计算出贷款在第2年应支付的利息金额，如附图8所示。

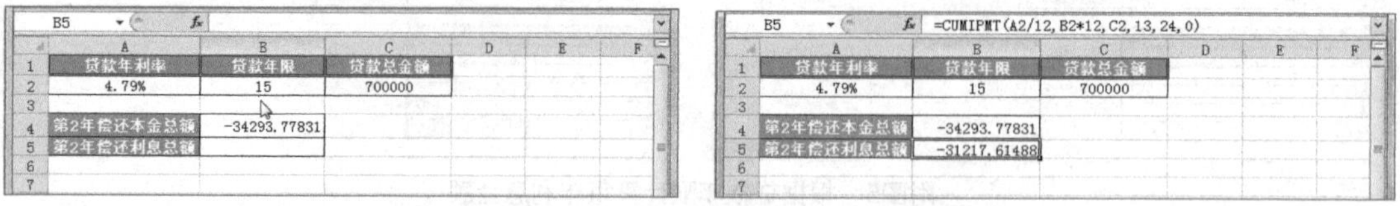

附图8　计算贷款在一个期间累计偿还的利息总额

9. 计算企业项目投资的未来值

对于企业投资的项目，在财务分析中，常需要计算出投资项目的未来价值，以便于企业管理人员分析项目投资的具体方案，此时可利用FV函数实现，具体操作如下。

（1）选择B4单元格，在编辑栏中输入公式"=FV(A2,B2,C2,1)"。

（2）按【Enter】键可计算出该投资金额的未来值，如附图9所示。

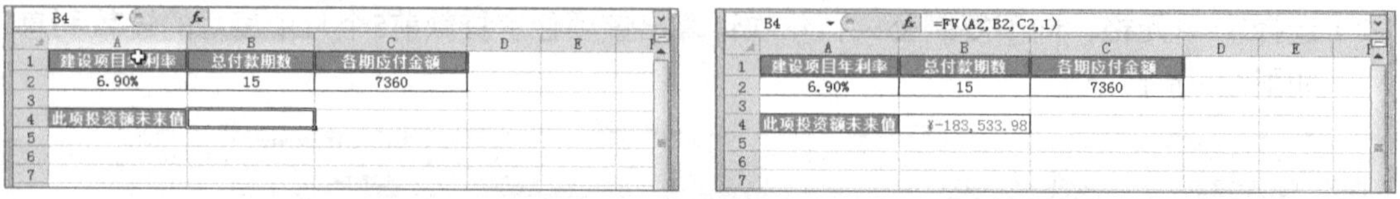

附图9　计算企业项目投资的未来值

10. 计算企业投资项目的投资期数

如果知道建设项目的回报率为8.12%，每月需要投资的金额为3000元，想最终取得的利润为500000元等投资信息，也可通过函数计算具体经过几个月才能达到预期利益，具体操作如下。

（1）选择B4单元格，在编辑栏中输入公式"=ABS(NPER(A2/12,B2,C2))"。

（2）按【Enter】键可计算出该投资要取得预计的收入金额需要的总期数，如附图10所示。

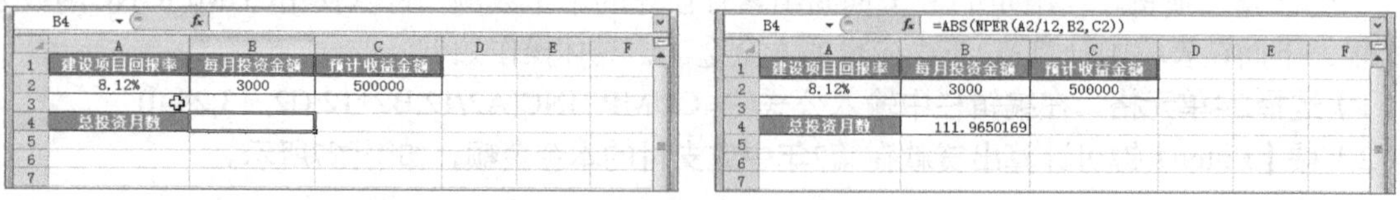

附图10　计算企业投资项目的投资期数

11. 计算企业项目投资的净现值

使用NPV函数可以实现企业投资项目净现值的计算，根据第一笔资金开支起点不同，将其与期初收益和年贴现率进行分析，即可计算投资项目的净现值，具体操作如下。

（1）选择B7单元格，在编辑栏中输入公式"=NPV(B1,B2:B5)"，按【Enter】键可计算出该企业项目投资的净现值（年末发生）。

（2）选择B8单元格，在编辑栏中输入公式"=NPV(B1,B3:B5)+B2"，按【Enter】键可计算出该投资的净现值（年初发生），如附图11所示。

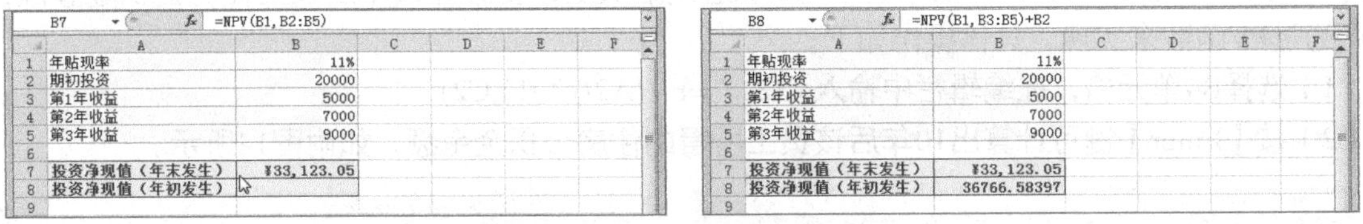

附图11　计算企业项目投资的净现值

12. 计算企业投资项目期间需要支付的投资利息

使用ISPMT函数可以计算出投资期间内需要支付的投资利息，如得知某项投资的回报率，投资期限和投资总金额，可计算出投资期限内第1年和第1个月需要支付的利息，具体操作如下。

（1）选择B4单元格，在编辑栏中输入公式"=ISPMT(A2,1,B2,C2)"，按【Enter】键可计算出企业投资项目在第1年中支付的利息金额。

（2）选择B5单元格，在编辑栏中输入公式"=ISPMT(A2/12,1,B2*12,C2)"，按【Enter】键可计算出该项投资项目在第1个月支付的利息金额，如附图12所示。

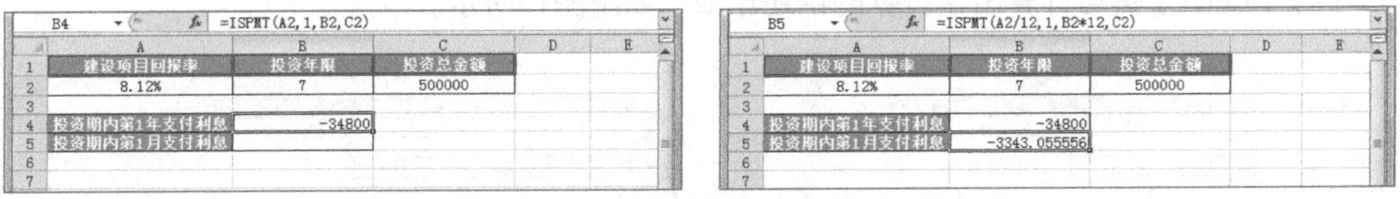

附图12　计算企业投资项目期间需要支付的投资利息

操作技巧　函数"=ISPMT(A2,1,B2,C2)"主要是计算第几年需要支付的投资利息，若要按月计算，则可将回报率和年限分别除以12来得到月份的利息支付额。

13. 计算不定期盈利额的净现值

要计算一组不定期盈利额的净现值时可使用XNPV函数实现，下面表格中显示了某项投资的年贴现率、投资额、不同日期中预计的投资回报金额，然后计算该投资的净现值，具体操作如下。

（1）选择C8单元格，在编辑栏中输入公式"=XNPV(C1,C2:C6,B2:B6)"。

（2）按【Enter】键可计算出该投资的净现值，如附图13所示。

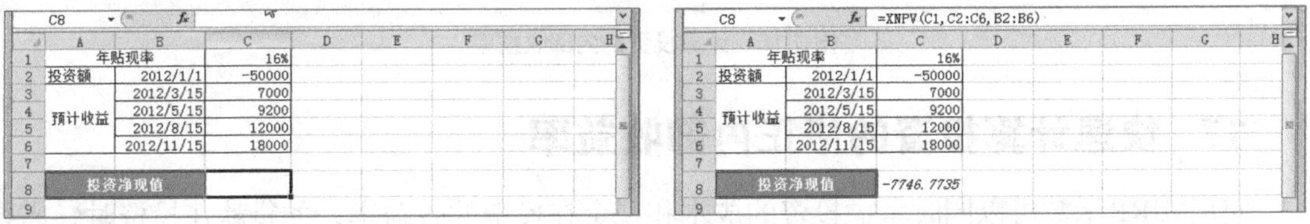

附图13　计算不定期盈利额的净现值

14. 使用FV函数计算住房公积金的未来值

购买"五险一金"已成为企业对员工必备的福利保障，如果企业每月从员工工资中扣除一定金额作为住房公积金，并按年利率为22%返还给员工，要计算10年后员工住房公积金金额，可通过FV函数来实现，具体操作如下。

（1）选择B4单元格，在编辑栏中输入公式"=FV(A2/12,B2,C2)"。

（2）按【Enter】键可计算出10年后该员工所得的住房公积金金额，如附图14所示。

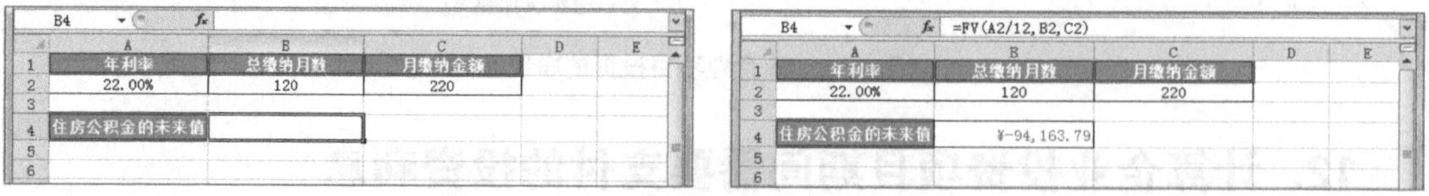

附图14　使用FV函数计算住房公积金的未来值

15. 计算贷款还清年限

已知一项贷款的总额、年利率、每年向贷款方支付的金额，可使用NPER函数计算出偿还此项贷款需要的年限，具体操作如下。

（1）选择B4单元格，在编辑栏中输入公式"=ABS(NPER(A2,B2,C2))"。

（2）按【Enter】键可计算出该贷款的偿还年限，如附图15所示。

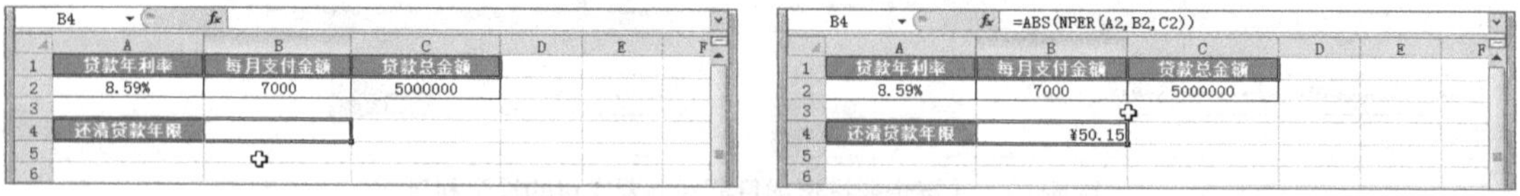

附图15　计算贷款还清年限

16. 计算投资的内部收益率

内部收益率是指支出和收入以固定时间间隔发生的一笔投资所获得的利率。要计算出某项投资的内部收益率，可以使用IRR函数来实现，具体操作如下。

（1）选择B7单元格，在编辑栏中输入公式"=IRR(B2:B5,B1)"。

（2）按【Enter】键可计算出投资内部收益率，如附图16所示。

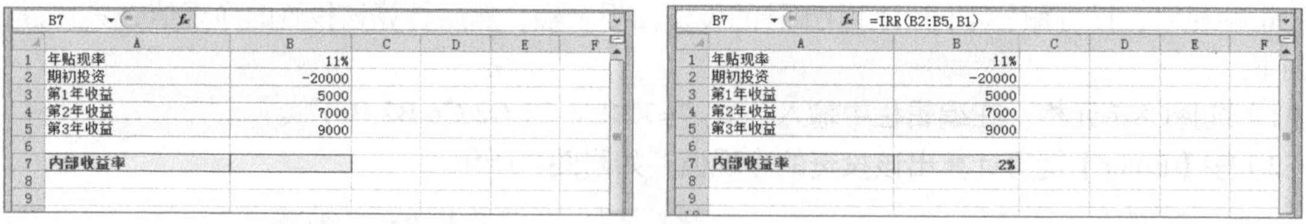

附图16　计算投资的内部收益率

17. 快速计算投资的修正内部收益率

使用MIRR函数可以同时考虑投资的成本和现金在投资的收益率，如贷款在投资时，需要考虑的贷款利率、再投资的收益率以及投资收益额，具体操作如下。

（1）选择B8单元格，在编辑栏中输入公式 "=MIRR(B3:B6,B1,B2)"。

（2）按【Enter】键可计算出该投资的修正收益率，如附图17所示。

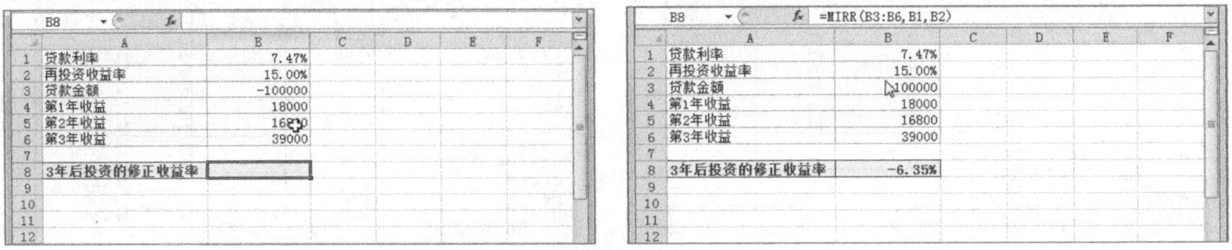

附图17　计算投资的修正内部收益

18. 快速计算某一借款的收益率

使用RATR函数可以计算出借款的收益率，该函数主要返回总金额的各期利息，下面表格中统计了某借款的金额、借款期限、年支付金额，然后计算收益率，具体操作如下。

（1）选择B4单元格，在编辑栏中输入公式 "=RATE(A2,B2,C2)"。

（2）按【Enter】键可计算出该借款的收益率，如附图18所示。

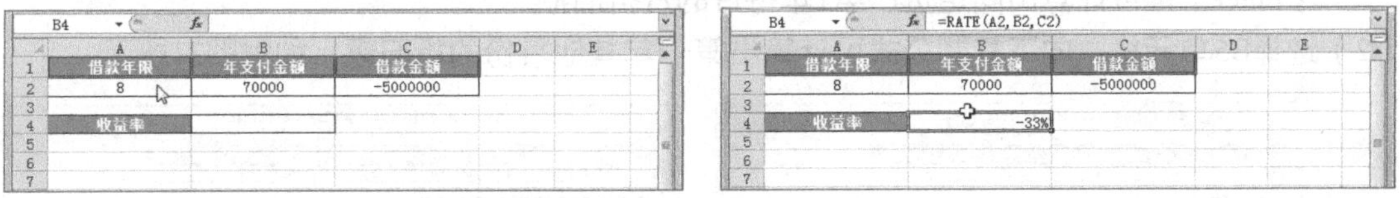

附图18　计算某一借款的收益率

19. 计算购买某项保险的收益率

购买保险时，保险的收益情况是顾客考虑的首选因素。如某公司购买某项保险业务需要一次性交费50000元，保险期限为20年，若保险期内没有出险，每月可返还600元，下面通过RATE函数计算该保险的收益率，具体操作如下。

（1）选择B4单元格，在编辑栏中输入公式 "=RATE(A2,B2*12,C2)"。

（2）按【Enter】键可计算出该保险的收益率，如附图19所示。

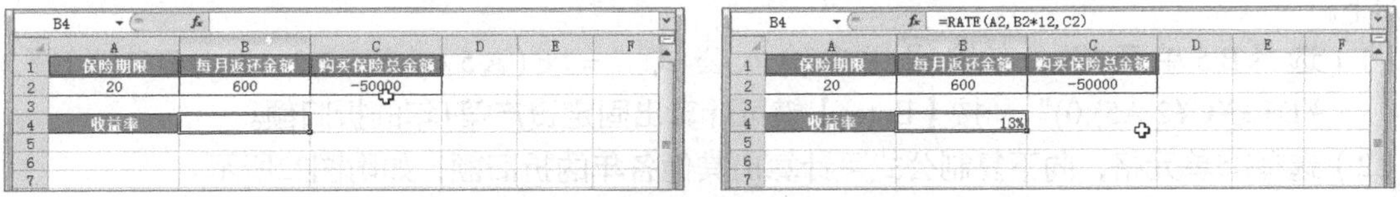

附图19　计算购买某项保险的收益率

20. 采用直线法计算固定资产的每月折旧额

直线法即平均年限法，它是根据固定资产的原值，预计净残值、预计使用年限平均计算折旧的一种方法，采用直线法可计算固定资产折旧额，具体操作如下。

（1）选择E3单元格，在编辑栏中输入公式 "=SLN(B3,D3,C3*12)"，按【Enter】键可计算出第一项固定资产每月折旧额。

（2）选择E2单元格，向下复制公式可计算出其他各项固定资产的每月折旧额，如附图20所示。

附图20　采用直线法计算固定资产的每月折旧额

21. 采用固定余额递减法计算每月折旧

固定余额递减法是一种加速折旧的计算方法，即在预计使用的年限内将后期折旧的一部分移至前期，是使前期折旧额大于后期折旧额的一种方法，常采用DB函数来实现计算，具体操作如下。

（1）选择B5单元格，在编辑栏中输入公式"=DB(¥B¥2,¥D¥2,¥C¥2,A5,¥E¥2)/¥E¥2"，按【Enter】键可计算出固定资产第1年每月的月折旧额。

（2）选择B5单元格，向下复制公式可计算出第一年其他月份的折旧额，如附图21所示。

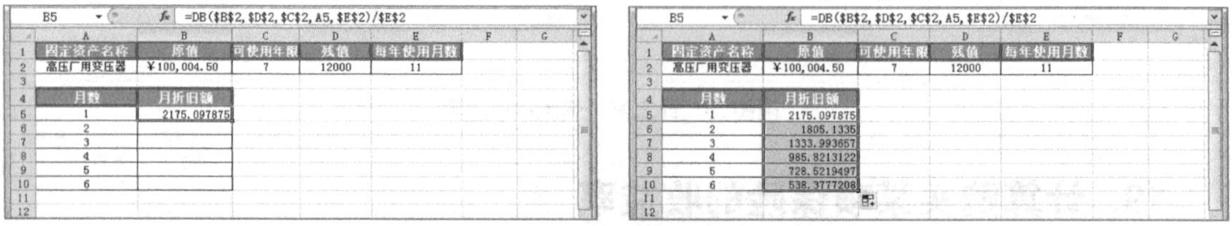

附图21　采用固定余额递减法计算每月折旧

22. 采用双倍余额递减法计算每年折旧

双倍余额递减法是在不考虑固定资产净残值的情况下，根据每期期初固定资产账面余额和双倍的直线法折旧率计算固定资产折旧额的一种方法，常采用DDB函数实现计算，具体操作如下。

（1）选择B5单元格，在编辑栏中输入公式"=IF(A5<=¥C¥2-2,DDB(¥B¥2,¥D¥2,¥C¥2,A5),0)"，按【Enter】键可计算出固定资产第1年的折旧额。

（2）选择B5单元格，向下复制公式可计算出其他各年的折旧额，如附图22所示。

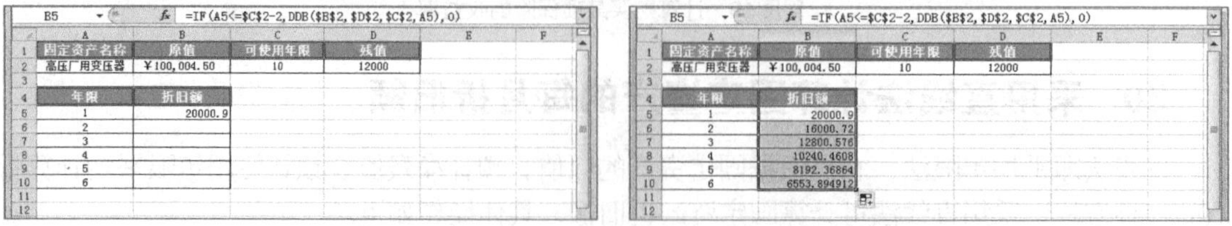

附图22　采用双倍余额递减法计算每年折旧

23. 计算固定资产某一时段的设备折旧值

计算固定资产某一段时间的设备折旧值可采用VDB函数来实现，下面表格中统计了一项固定资产的原值、可使用年限、残值，现需要计算出该固定资产在不同时间段的折旧额，具体操作如下。

（1）选择B4单元格，在编辑栏中输入公式"=VDB(B2,D2,C2*12,0,1)"，按【Enter】键可计算出固定资产第1个月的月折旧额。

（2）选择B5单元格，在编辑栏中输入公式"=VDB(B2,D2,C2,0,3)"，按【Enter】键可计算出固定资产第3年的折旧额。

（3）选择B6单元格，在编辑栏中输入公式"=VDB(B2,D2,C2*12,6,12)"，按【Enter】键可计算出固定资产第6ˉ第12月的折旧额。

（4）选择B7单元格，在编辑栏中输入公式"=VDB(B2,D2,C2,3,4)"，按【Enter】键可计算出固定资产第3ˉ第4年的折旧额，如附图23所示。

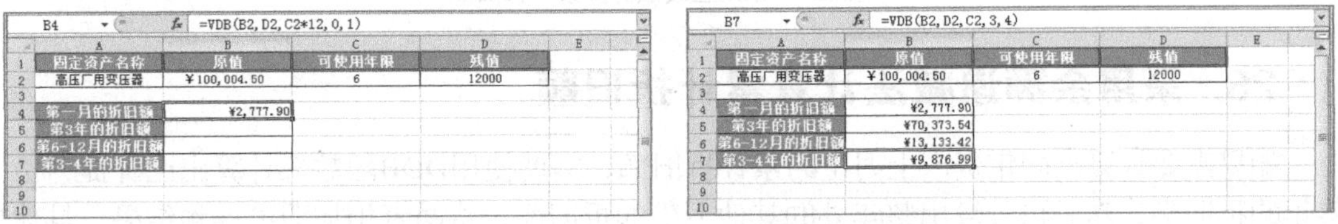

附图23　计算固定资产某一时段的设备折旧值

24. 采用年数总和法计算每月折旧额

年限总和法又称合计年限法，是用固定资产的原值减去净残值后的净额乘以一个逐年递减的分数来计算每月的折旧额，这个分数的分子代表固定资产可使用的年数，分母代表使用年限的逐年数字总和，常采用SYD函数来实现，具体操作如下。

（1）选择B5单元格，在编辑栏中输入公式"=SYD(¥B¥2,¥D¥2,¥C¥2,A5)"，按【Enter】键可计算出固定资产第1年折旧额。

（2）选择B5单元格，向下复制公式，可计算出其他各年份的折旧额，如附图24所示。

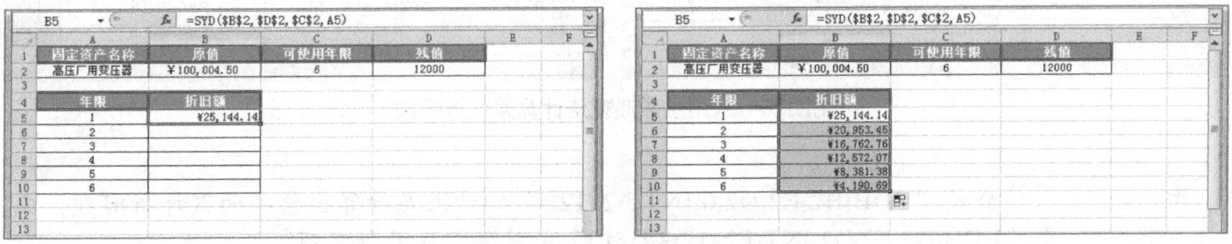

附图24　采用年数总和法计算每月折旧额

25. 采用直线法计算累计折旧额

根据固定资产的开始日期和当前日期，可以计算出该项固定资产的累计折旧额。使用直线法得到的每年和每月折旧额都相等，具体操作如下。

（1）选择F2单元格，在编辑栏中输入公式"=INT(DAYS360(C2, TODAY())/30)）"，按

【Ctrl+Enter】组合键计算出结果，并保持F2单元格的选择，向下复制公式，可计算出固定资产已计提的折旧月数。

（2）选择G2单元格，在编辑栏中输入公式"=SLN(B2,E2,D2*12)*F2"，按【Ctrl+Enter】组合键计算出结果，并保持G2单元格的选择，向下复制公式，可计算出固定资产的累计折旧额，如附图25所示。

附图25　采用直线法计算累计折旧额

26. 采用余额递减法计算累计折旧额

如果需要计算出固定资产上月止的累计折旧额，需要使用DDB函数来计算出已计提月份中整年的折旧额，然后再计算出整年外的其他月份的折旧额，将两者相加即可得到结果，具体操作如下。

（1）选择G2单元格，在编辑栏中输入公式"=VDB(B2,E2,D2,0,INT(F2/12))+DDB(B2,E2,D2,INT(F2/12)+1)/12*MOD(F2,12)"，按【Enter】键可计算出该固定资产的累计折旧值。

（2）选择G2单元格，向下复制公式，可计算出其他固定资产的累计折旧额，如附图26所示。

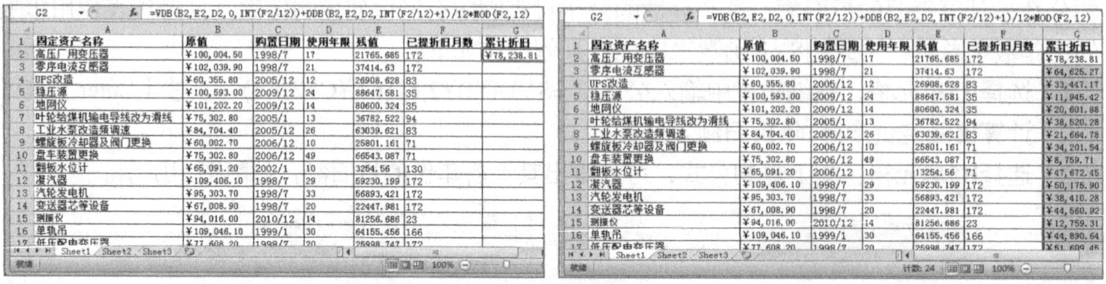

附图26　采用余额递减法计算累计折旧额

> **知识提示**
>
> 公式"VDB(B2,E2,D2,0,INT(F2/12))"的结果是计算出整年的累计折旧额，公式"DDB(B2,E2,D2,INT(F2/12)+1)/12"是计算零散月折旧额。